—浙江（嘉兴）—
中外政党研究中心

U0463998

当代世界政党研究论丛 2021—2022

周淑真　肖　欢　主编

当代世界出版社
THE CONTEMPORARY WORLD PRESS

图书在版编目（CIP）数据

当代世界政党研究论丛 . 2021—2022 / 周淑真，肖欢主编 . -- 北京：当代世界出版社，2023.8
ISBN 978-7-5090-1748-7

Ⅰ. ①当… Ⅱ. ①周… ②肖… Ⅲ. ①政党－世界－现代－文集 Ⅳ. ① D564-53

中国国家版本馆 CIP 数据核字（2023）第 099351 号

当代世界政党研究论丛 2021—2022

作　　者：周淑真　肖　欢
出 品 人：丁　云
责任编辑：魏银萍　田艳霞
出版发行：当代世界出版社
地　　址：北京市东城区地安门东大街 70-9 号
邮　　箱：ddsjchubanshe@163.com
编务电话：（010）83907528
发行电话：（010）83908410（传真）
13601274970
18611107149
13521909533
经　　销：新华书店
印　　刷：英格拉姆印刷（固安）有限公司
开　　本：710 毫米 ×1000 毫米 1/16
印　　张：17.75
字　　数：318 千字
版　　次：2023 年 8 月第 1 版
印　　次：2023 年 8 月第 1 次
书　　号：ISBN 978-7-5090-1748-7
定　　价：98.00 元

前言

2020年10月，由嘉兴市委市政府和嘉兴学院协同共建的实体化科研平台——“浙江（嘉兴）中外政党研究中心”（以下简称“中心”）正式成立。

自成立以来，在嘉兴学院人文社科处及人文社会科学研究院的具体指导下，中心坚持突出特色、错位发展的研究思路，结合嘉兴市政治优势，致力于建设成为传播新时代中国共产党新型政党制度的国际平台、世界重要国家共产党及左翼政党研究的高端智库、中外政党学术交流的特色基地，努力为嘉兴市加快建设中外政党研究交流中心、世界政党交流基地、多党合作示范城市，成为与世界对话的重要窗口和富有竞争力的国际化城市提供智力支撑。

2021年5月，中心与中共中央对外联络部世界政党研究所共同举办了“中国共产党百年与世界政党”高端论坛，与会专家学者围绕中国共产党百年成就、制度建设和治国理政的成功密码与世界政党发展状况和态势开展研讨，提出并形成了许多新的理论观点。

2021年11月，中心与深圳改革开放干部学院共同举办了“国外共产党现状与趋势”高端研讨会，与会专家学者深入研讨了国外共产党的发展现状、整体态势、社会环境、组织建设、未来趋向等重要问题，并就俄罗斯、印度、日本、拉丁美洲等国家和地区的共产党进行个案研究和国别比较，有力地推动了国外共产党研究再上新台阶。

本论丛收录了“国外共产党及左翼政党的现状与趋势”及“有关国家政党政治的特点与成因”两个研究领域的23篇论文。论文从一定程度上反映了国内世界政党研究的学术动向和前沿动态，是中心建立以来大力开展学术交流、提升学术界能见度的缩影，衷心希望本书能为推动世界政党政治研究的发展尽到微薄之力。

由于时间较为紧迫，加之编者水平有限，本书如有不当之处，敬请作者和读者批评指正。

周淑真　肖　欢

2023 年 3 月浙江嘉兴

目录

上篇

国外共产党及左翼政党的现状与趋势

下 篇

有关国家政党政治的特点与成因

—— 上篇 ——

国外共产党及左翼政党的现状与趋势

当代世界百年政党现状与百年大党标准[①]

周淑真[②]

摘　　要：当代世界政治是政党政治，摸清百年政党的底数，分析百年政党的历程和内涵，从政治光谱和政党与政权的关系研究厘清百年政党的主要类型，从意识形态与思想主张、组织结构体系与政党纪律、社会基础与社会资源、执政或参政行为能力等方面对百年大党进行界定，对于已经成为百年大党的中国共产党具有重要现实意义和创新理论价值。

当代世界绝大多数国家实行政党政治，政党是国家政治行为的主体，政党掌握政权并在社会政治生活、国家事务和政治体制运作中处于中心地位，发挥着社会整合、政治引领、思想传播等作用，政党是国家政治生活中的基本组织和重要力量。中国共产党从1921年7月召开一大诞生，到2021年7月已是具有百年历史的大党。从成立时自嘉兴南湖红船出发，冲破黑暗，用了百年的时间，将一个积贫积弱的国家建设成世界第二大经济体，自立并崛起于世界民族之林；从一个只有几十人的党，发展成为拥有9 600多万党员、在一个14亿多人口大国长期执政的大党。环顾世界，用政党政治规律的价值尺度分析研究当代世界6 000多个政党中的百年政党，特别是大党的分类与标准界定，对于建设好百年大党——中国共产党有着重要的理论意义和现实作用。

一、当代世界百年政党的区域分布与发展现状

世界上的政党数目繁多、各式各样，具有不同的社会阶级基础、政治立场和意识形态，在各自国家中的地位作用也不相同。世界上绝大多数国家的政权实际上都掌握在执政党的手中。一个个政党的产生、发展、壮大、掌权、下

---

① 此篇文章曾发表于《人民论坛》，2021年第19期，第16—20页。

② 周淑真，浙江（嘉兴）中外政党研究中心主任兼首席专家，中国人民大学国际关系学院教授，中国统一战线理论研究会政党理论研究基地首席专家兼副主任。

台、消亡，以及各政党之间的竞争、合作、争斗、兼并、分化、组合，构成了一副五彩斑斓的图景。要真正了解当代世界，就要了解世界各国的政治图景，了解主演这些政治图景的政党，特别是百年政党。到 2021 年 7 月，笔者根据中华人民共和国外交部关于各国主要政党和有关资料的粗略统计，世界上有百年政党 66 个，分布在全世界 22 个国家或地区，其中亚洲有中国共产党、在台湾的中国国民党、蒙古人民党、印度国大党、日本共产党；非洲有南非的非洲人国民大会党、南非共产党；欧洲有英国的保守党和工党，法国的社会党、共产党，德国社会民主党，奥地利的人民党和社会民主党，比利时法语社会党和法语革新运动，西班牙工人社会党，瑞士的自由民主党、社会民主党、基督教人民党，丹麦的社会民主党、激进党、自由党、保守党，挪威的保守党、自由党、工党、中间党，瑞典的社会民主党、温和党、中间党、左翼党，芬兰的中间党、民族联合党、社会民主党和瑞典族人民党；北美洲有美国的共和党、民主党，还有美国共产党，加拿大的自由党；南美洲有智利共产党，乌拉圭的民主党和红党；大洋洲有澳大利亚国家党和工党，新西兰工党。① 在这具有百年历史的 66 个政党中，有建立国家政权、创建一种新型政党制度并一党长期执政的中国共产党；有曾在一个国家或一个地区长期执政，但是近 20 年来时而执政、时而在野的印度国大党和在台湾的中国国民党；有在英美等国两党轮流执政，目前或执政或在野的政党；有北欧一些国家因一百多年的政治社会稳定持续发展的执政党或在野党；也有在南非反对殖民统治并已争取民族独立、现在仍处于执政地位的非洲人国民大会党；更有在百年历史变迁中经历过战争、曾被宣布为“非法组织”等社会政治重大震荡，依然奋斗不懈的日本共产党、法国共产党等左翼政党。在遍布各大洲具有百年历史的政党中，共产党、社会党、社会民主党等多个左翼政党和保守主义、自由主义右翼政党并存，呈现出五彩斑斓的政党景象。

二、百年政党的历程及其内涵

“政党”这一概念，由于历史和文化传统的不同，在世界各国有不同的理解和观念，对它所下的定义形形色色，各不相同。本文抛开各种关于“政党”定义之辨析，仅就人类社会这一共通称之为“政党”的客观事物来讲，政党是社会大众进行政治参与的政治组织、载体和工具，人类社会进入资本主义社会以后才有现代政党，封建王权统治甚至现代的宗教神权政治，都实行绝对的党

① https://www.fmprc.gov.cn/web/gjhdq_676201/.

禁政策而不允许政党存在。

从世界政党史来看，“政党”这一组织形式最早出现在 17 世纪 70 年代的英国，在 19 世纪下半叶现代意义的政党开始出现，欧美是世界政党的发源地。在英国号称“日不落帝国”的时代，政党这一政治组织形式，一方面向它的殖民地辐射，因而在加拿大、澳大利亚、新西兰这些现在仍属英联邦的国家都有百年政党；另一方面影响欧洲大陆，19 世纪下半叶，政党在欧洲大陆各国大量产生，并影响了拉丁美洲和非洲殖民地。在这些国家，政党是在资本主义经济发展所导致的社会阶级充分分化的基础上产生的，是各阶级政治发展和它们之间政治斗争的产物。亚洲各国政党的产生，则是在 19 世纪末 20 世纪初，在第一次世界大战后的民族独立的高潮中，因反对帝国主义、殖民主义和争取民族独立斗争的需要，仁人志士和先进的知识分子学习借鉴了西方国家的政党组织方式，建立政党以领导反对帝国主义和封建主义的民族民主革命。一百多年来，世界各国政党是推动本国政治社会进程的重要力量，它们相比较而存在，相对照而发展，各国历史上曾经产生的政党林林总总，不计其数，它们多数或只是昙花一现，或只有几十年的生命周期，有百年历史即有一个世纪阅历和资历的“百年政党”也叫“世纪政党”只占少数。

从第一次世界大战之后的 20 世纪 20 年代起，到 20 世纪 30 至 40 年代，世界经历过几次资本主义经济危机和大萧条，导致德意日法西斯主义崛起，它们发动的第二次世界大战包括日本军国主义发动的侵华战争，在给被侵略国家的人民带来毁灭性的打击和深重灾难的同时，也给自己国家的人民带来了灾难。20 世纪 30 年代初，德意日曾有多个政党，但相继被独裁的法西斯主义政党所取缔，到战败只有个别左翼政党在极度艰难困苦的地下状态中生存下来。从 1945 年第二次世界大战结束，美苏两大阵营形成并相互对抗，世界政党格局大变，民族解放运动空前高涨，一大批社会主义国家诞生，共产党、工人党成为执政党。20 世纪 80 年代末到 90 年代初发生了柏林墙倒塌、东欧剧变和苏联解体，冷战结束后，有一些政党改名和性质，有一些共产党人仍坚持社会主义信念，重新组织。俄罗斯和东欧各国的现有政党大多数是在冷战结束后另起炉灶新建立的，因而在这些国家不存在百年政党。21 世纪初因新科技革命带动的经济全球化快速发展，2008 年的金融危机又使南欧各国政党受到极大冲击。随后伴随着极端宗教势力、恐怖主义盛行，以及西方国家发动的“茉莉花革命”所造成的难民潮对欧洲各国政治造成新的冲击，在法国、意大利等国近几年发生了政党格局的大动荡和大调整。百年间，在残酷的战争和数次重大政治经济和金融危机冲击之下，无数政党生生死死、此消彼长、分化组合，有百年历史的政党屈指可数。从近代世界历史发展来看，具有百年奋斗历史的政党必定是面对百年激荡、走过无数的激流险滩、经历过重大考验的政党。

三、百年政党的主要类型

分析政党所秉持的政治理念和意识形态，考察政党与国家政权的关系、政党与社会之间的关系、政党与政党之间的关系，是观察研究政党地位作用的一个重要视角，也是区分百年政党类型的有效方法。

首先，百年政党可分为左翼政党和右翼政党。政治光谱中的左和右，是两个正相反术语。此术语的运用从 1789 年的法国大革命开始。两个多世纪以来被用来区分社会分裂的政治思想、意识形态、彼此对立冲突的立场及在此基础上产生的政治组织。在不同的历史时期，左、右翼政党各有不同的内涵。总体来说，左翼更多表现出要求社会变革以实现平等；而右翼则更倾向于要求保持传统社会秩序。左翼政党追求的治理价值的核心是社会公平，强调社会平等重于经济增长，在政策手段上强调干预经济发展和重新分配社会财富，在政治上赞成变革和革新；右翼政党追求目标重在经济增长，并把经济增长置于社会公平之上，追求总体经济成就和个人自由的最大化。左翼政党是由无产阶级和劳动者组成的信仰民主社会主义或共产主义的政党，一般信仰马克思主义，反对资本主义；右翼政党是由贵族、资产阶级和社会上层人士组成的政治组织，以信仰保守主义和自由主义政党居多。英美的两大政党和北欧国家的百年政党都是在本国的宪政体制之内产生和发展的，并以保守性政党居多。保守主义政党寻求制度的稳定性，认为“一套经过漫长的时间而沿袭下来的制度肯定代表了社会智慧的积累，或者至少代表了社会中惯常作决策的人们的智慧的积累”，认为“对它可以作适当性调整，然而不得实行突变和巨变”。[①] 在不同的历史阶段，这些国家的保守主义政党通过与自由主义政党或社会民主主义政党互相轮替，轮流执政，在既有的体制内，维护国家宪政体制和政治制度机制的运行。

其次，百年政党还可以分为执政党和在野党。因为政党政治是以政党控制着国家政权的权力机构为特征，以政党占有议席控制议会和组织内阁为前提的国家政治运行方式。政党组织的目的，不仅是为影响政策的制定和执行，如像利益集团那样，而且要为取得政权或维护既得的政权而努力。每个百年政党所处的国家不同，国家宪政体制不同，自身发展的历史阶段也不同。如今属左翼性质的执政党有蒙古人民党、瑞典社会民主党、丹麦社会民主党、西班牙工

---

① Stephen Ingle，*The British Party System*，Oxford：Basil Blackwell Ltd，1987，p.25.

人社会党、南非非洲人国民大会、新西兰工党；德国社会民主党则与右翼的基督教联盟党（基督教民主联盟和基督教社会联盟）联合执政。处于执政地位的右翼政党有英国保守党、美国共和党、奥地利人民党、挪威保守党、加拿大自由党，澳大利亚的国家党则与自由党联合执政。

应该指出，百年政党的类型除左翼和右翼、执政和在野的一般区分之外，其不同模式和风格也是由不同国家社会政治历史所决定的。每个国家都有自己与众不同的国情，因而也有自己与众不同的政党模式。在西方国家的谱系中，美国最为独特，其政党发展方式和遵循的路线与所有欧洲国家都有所不同。左翼政党中，中国共产党的发展道路、发展方式和地位作用在世界政党中是独一无二的。

四、百年大党的标准及其界定

百年大党的标准及其界定，既是在各国政党政治的发展过程中的实践问题，也是衡量、判断和认识各国政党的重大理论问题。判断是否为百年大党有发展规模与成员人数的因素，但这绝不是决定性的因素。对于什么是大党，托克维尔在《论美国的民主》一书中这样说："被我称为大党的政党，是那些注意原则胜于注意后果，重视一般甚于重视个别，相信思想高于相信人的政党。一般说来，同其他政党相比，他们的行为比较高尚，激情比较庄肃，信念比较现实，举止比较豪爽和勇敢。"① 从 2020 年的美国大选来看，托克维尔时代的民主在美国已荡然无存，但托克维尔在对美、英、法的比较中对于政党犀利的观察，鞭辟入里的分析，至今仍有启示意义。

第一，百年大党须是坚持自己的意识形态、思想主张原则的政党。政党是一部分政治主张相同的人所结合的政治团体。意识形态是人们对各种政治社会价值观念及政府和政治权力作用的思想信仰结构，是一套在思想上指导政治行动具有一致性的逻辑原则。在政治发展过程中，意识形态引导政党产生和发展，形塑政党的政治纲领，是左右政党政治主张与政策的重要因素。世界各国的大党，一般都有一以贯之的主义，并将其主义揭示在党的纲领之中，体现在具体的政策之中。政党的政纲是根据其奉行的主义，为适应时代和国家环境的需要，针对所面临的内政、外交、经济、社会、军事、文化等现实问题，所揭示的应对方案和努力目标，它是政党亮出的一面旗帜，对内凝聚党员，对外号

① ［法］托克维尔，董果良译：《论美国的民主》（上卷），北京：中国商务出版社，2015 年版，第 196 页。

召社会，具有其政策原则引领的地位和作用。意识形态并非停滞而僵化的理论说教，而是随着社会历史的发展与时俱进，贵在能给予不断发展的社会现实以客观深刻的理论阐释，这对左翼政党尤其重要。政党在一定的意识形态指引下，倾向于坚持它们一贯的政治立场、构建其特有的政治偏好，如一个明显属于左翼的政党不会为了短期的选举优势而突然转向右翼。如德国社会民主党成立于 1863 年，是世界上成立最早的工人党之一。现在与基民盟和基社盟组成大联合政府，是主要的执政党。[①] 又如法国社会党和法国共产党，法国社会党是一个曾经多次执政的左翼政党。其前身是 1905 年成立的“工人国际法国支部”，目前是处于衰弱时期的在野党。法国共产党则是 1920 年 12 月成立，二战后初期达到顶峰，最多时拥有党员 80 多万，曾是法国第一大党，现有党员约 7—8 万。法国共产党、日本共产党即使长期在野也注重思想观念上的与时俱进，根据不断发展着的社会现实，对自己的政治纲领作出符合本党信仰理论基本原则的解释。

第二，百年大党须是具有较为健全的组织结构体系和较为严格组织纪律的政党。一个政党必须具有包括政党成员、政党领袖、党务人员，以及由这些人员组成的各级党的组织结构体系。首先，百年大党在组织发展方面有着长达百年的历史，自有其连续性，也经历过几代人轮番交接的接力赛，跳出了“人亡政息”的周期率，不会因领导人的逝世而鸟散鱼溃。无论逆势而上还是处于顺境之中，百年大党既能在无数挫折和失败的惊涛骇浪面前百折不回，也能戒骄戒躁聚精会神朝着下一个目标努力奋斗。其次，就组织结构体系来讲，百年大党建立有长久的地方组织，在中央与地方机构之间，有固定的沟通渠道和制度关系。其组织结构较为稳固完善，覆盖整个国家的广阔地域并且互动沟通良好。再次，作为百年大党，在党内建成一套较为健全的制度机制，如领导体制、决策机制甚至包括选择和改变党的领导集体的程序机制已经形成并稳定运行，几乎没有一个政治家可以从根本上改变政党。同时，组织体系较为健全的政党一般说来具有比较严格的纪律规范，党的纪律是使党员自制、自律，并约束党员言论行动的一种纲纪。百年大党谋求政治斗争和竞选的胜利，必须使党员和党的各级组织做到团结一致、严守党纪，以统一党的组织行动。党纪的宽严程度在不同类型、不同性质的政党有所差异，但普遍意义来讲，党纪废弛和组织涣散的政党，在事实上是不能成为百年大党的。

第三，百年大党须具有较为广泛坚实的社会基础，拥有较为稳定的社会资

---

① 德国社会民主党历经坎坷和挫折，在 1878 年被俾斯麦政府宣布为非法组织，1890 年重新获得合法地位，1933 年又被纳粹政权取缔，战后重建。1990 年 9 月，东、西德社民党合并，到 2019 年 12 月，是一个有 41.93 万党员的政党。

源。具有较为深厚广泛的社会基础是百年大党所遵循的普遍原则。一般说来，政党有自己特定的联系对象和活动范围，有自己较为稳定的发展领域和活动区域。政党与民众之间的联系是比较固定的，因为以政治倾向为导向特征的政党认同，是引导社会大众确定选择支持对象和选举利益代表时的重要因素。政治纲领、政策主张能得到多数特定社会群体认同的政党，无论是左翼还是右翼，一定是在推动本国政治社会发展中作出过历史贡献并有深厚社会基础的政党，特别是在它作为执政党时，能够有效地治国理政、发展社会经济，给尽可能多的社会群体带来利益并改善他们的生活。安定社会、发展经济、惠及民众的能力是考察百年大党标准的重要因素之一。在关系到其社会基础和群众基础的一些问题，如局部与全局、个别与一般、短期与长远时，百年大党对于后者的重视甚于前者。在西方国家，选民的支持构成政党执政的合法性基础，政党为了赢得选举，必须加强与民众的联系，重视与选民的互动与沟通，扩大其在社会上的影响力，使更多的人理解和信服这些党所提出的政策主张，追随他们所提出的政治纲领，获得尽可能多的社会大众的支持而凝聚力量，这是摆在百年政党首位的重要工作。因之百年大党一般是认识到了政党政治的规律性因素，如世界各国政党与选民之间的关系可以归纳为这样的一个规律：对政党来说，争取更多的选票和更多的人能顺利当选；对选民来说，选择一个能给他们带来最大好处的政党，这种好处可以归纳为经济发展、社会安定和生活水平的提高。斗转星移，沧海桑田，随着社会经济的发展、社会结构的变化和新的社会群体的出现，政党的社会基础必须进行不断调整。百年大党在确定社会基础方面的成功经验，就在于根据社会结构发生的变化调整自己的政治定位，并及时调整纲领政策、巩固党的阶级基础、扩大党的社会基础，从而使自己拥有较为稳定的社会资源，以立于不败之地。

第四，百年大党须是在政党政治的运行中，具有较强的执政或参政能力的主体。政党的规模会因国家疆域大小和人口多少的不同而不同，但百年大党一定是具有较强的执政参政能力的政党。政党政治是一个国家通过政党行使国家政权的形式。广义指政党为实现其政纲和主张而展开的一切活动或斗争，具有政治参与能力的同时具有执政能力的政党，是国家政党政治发展的前提。百年大党应该具有如下能力：一是面对发展着的现实，能就国内外重大政治问题及时不断地提出切实的意见和主张，并能形成议题引导舆论。在社会阶层分化日益加快和多元化的现代社会，不同的社会阶层、不同的利益群体互相矛盾、互相冲突，各种利益关系错综复杂，各种利益诉求愈发强烈，要求政党比从前更有效地发挥利益表达和利益综合功能。面对政治经济社会包括内政外交纷繁复杂的方方面面，能提得出问题，抓得住关键，找得到办法，把各种要求整合为一套能够作为有效决策基础的重大选择方案，确定政治议题并对其进行深刻的理论论述，并以浅显易懂的话语对社会大众进行说明，是政党参与政治的首要政治行为能力。二是能通过国家宪政体制的运行机制、通过议会选举或总统选举，在议会制国家占有议会多数议席，或在总统制国家成功当选总统的情况下成为执政党，通过执掌国家行政权力来领导国家和社会，使党的纲领和政策及所代表的阶级阶层的意志成为国家意志，这是政党政治的核心内容，是政党政治行为的重要能力。三是能较为妥当地处理和协调与国家政权，以及与其他政党、社会团体和社会大众之间的关系，具有引导国家社会发展方向和发展节奏的能力。毫无疑问，这些政治行为能力是百年政党必须具备的，也是界定百年大党的重要标准。

从对百年政党和百年大党的研究分析来看，政党发展是一个国家政治生活中最充满生气的领域，从来没有静止的形态，没有终极的模式。随着经济社会的发展，政党的组织结构、意识形态、选民基础或者阶级基础都处于发展变化之中，在一些成立很早的老党中，有的因能适应历史的变迁依旧焕发生机成为百年政党，有的则逐渐衰落退出了历史舞台；一些新的政党不断出现，有的激流猛进，在政治舞台上大显身手，有的显赫一时昙花一现，退出了历史的舞台；一些国家或地区实行符合国情的政党政治，国家的社会经济得以步入正轨并获得快速发展；一些国家或地区则政党恶斗，人民深陷社会极化所导致的不安定之中。中国共产党作为百年政党，作为一个以不断发展着的马克思主义作为指导思想，在中国长期执政的使命型政党，不仅完全符合百年大党的特征和标准，而且带领全中国人民走出了一条中国特色社会主义发展道路，并为实现中华民族的伟大复兴不懈奋斗。

俄罗斯联邦共产党第十八次代表大会评析①

李亚洲　孙小菲②

摘　　要：俄共十八大是在退休金改革风波尚未完全平息、新冠肺炎疫情正在肆虐、俄罗斯新一届国家杜马选举之前召开的。大会回顾并高度评价俄共所走过的道路，结合新形势对俄罗斯资本主义进行批驳，重申在宪法改革问题上的基本主张，提出了未来一个时期的工作方向，对当前的国际局势进行了分析和研判，选举产生了新一届中央领导机构，就参加国家杜马选举作出一系列部署。大会表明了俄共坚持社会主义的决心和信心，强化了俄共的建设性政党形象，在领导人更替问题上显现出积极趋势。深入分析这次代表大会传递出的信息，有助于我们更好地把握俄共的理论与实践发展动向，加深对世界社会主义运动发展趋势的认识。

俄罗斯联邦共产党（以下简称“俄共”）第十八次代表大会分两个阶段举行。第一阶段会议于 2021 年 4 月 24 日在莫斯科召开，来自全国 215 名当选代表中的 211 名出席，还有党的积极分子、盟友代表及国外嘉宾等约 5000 人在线参加，该阶段会议侧重于总结 4 年来的工作、进行中央领导层换届等例行事项。第二阶段会议于 6 月 24 日继续在莫斯科召开，来自全国 215 名当选代表中的 198 名出席，还有来自全国多个地区的应邀代表以及社会组织的代表参加，由“红色路线”电视频道全程直播，所有有意愿的人都可以观看，该阶段会议侧重于对已于 2021 年 9 月份举行的国家杜马选举作出安排和部署。本文拟主要依据权威的第一手原文资料，对此次代表大会召开的背景、大会的主要内容进行梳理和分析，在此基础之上，努力作出符合客观实际的评价。

① 此篇文章曾发表于《当代世界社会主义问题》，2021 年第 3 期，第 80—90 页。

② 李亚洲，山东大学当代社会主义研究所、俄罗斯与中亚研究中心教授；孙小菲，山东大学政治学与公共管理学院博士研究生。

一、俄罗斯联邦共产党十八大召开的背景

2014 年乌克兰危机以来，俄罗斯受到西方的多轮制裁。与此同时，作为俄罗斯主要收入来源的石油产业持续低迷，国际油价处于低水平。这一系列内外因素叠加，导致俄罗斯的经济持续下滑。继 2015 年俄罗斯经济陷入严重困境、国内生产总值负增长 3.7% 之后，2016 年国内生产总值再次出现 0.3% 的负增长。2017 年形势略有好转，国内生产总值增长 1.5%，2018 年经济增长率为 2.3%。经过这几年的经济负增长或低增长，俄罗斯国内生产总值规模已经从 2013 年峰值时的 2.29 万亿美元，缩水至 2018 年的 1.66 万亿美元，回落到 2008 年的水平，在全球经济中占比 1.92%，排名已从第 8 位降至第 12 位。①

在这种情况下，俄罗斯政府捉襟见肘，被迫在 2018 年强推以提高退休年龄为主要内容的养老金改革法案。该法案遭到民众的普遍反对，此次改革的不受欢迎程度出乎预料。从 2018 年 7 月开始，因养老金改革而起的抗议集会在全俄各地接连爆发，组织者则从体制内外的反对党到各地区公民组织，已横跨了除政权党统一俄罗斯党之外的全部政治力量。自从 2006 年住房及公共事业改革以来，俄罗斯是第一次出现覆盖面如此之广、指向如此明确的政治不满情绪。俄政府以及统一俄罗斯党陷入孤立境地，而名义上同时领导着二者的总理梅德韦杰夫则一夜之间成了人民公敌。即使是此前颇受民众欢迎的普京总统，其支持率也出现了较大幅度的下跌，从 5 月份改革方案出台前的 79% 降至 6 月底的 65%。②

俄共作为社会主义政党和俄罗斯的最大的左翼反对派政党，始终把维护大多数普通民众的利益放在首要位置。自从 2018 年 6 月政府公布改革方案之日起，俄共便在该问题上表现出了空前的强硬和坚决。该党在利用议会讲坛抨击改革方案的同时，其地方组织不断在全俄各地发起抗议集会，俄共中央更直接提出，养老金改革的推动与否应交给全民公投决定。在此轮抗议运动中，俄共不仅是发起者，而且一直参与其中，起到了中流砥柱的作用。

俄共领导和组织的抗议运动产生了广泛的社会影响。在议会内，支持改革方案的政权党统一俄罗斯党遭到空前的孤立。在议会外，巨大的压力迫使俄罗斯政府一再退让：由俄共提交的集会申请在全俄各地几乎都得到了地方当局的批准，集会现场尽管不乏“人民公敌”等反政府标语和口号，各地警方仍保持了高度克制。8 月 8 日，俄罗斯中央选举委员会在拒绝过一次以后最终作出

---

① 李建民：《普京治下的俄罗斯经济：发展路径与趋势》，载《俄罗斯研究》，2019 年第 6 期。

② “Рейтинги власти：тенденции и прогнозы”，http://politcom.ru/23073.html.

让步，同意了俄共要求进行全民公投表决的申请。[①]

2018 年 8 月 29 日，普京发表电视讲话，对此前备受争议的养老金改革方案进行了详细的阐述并作出了让步，以防止不满情绪在地方选举中集中爆发。虽然经过修正的改革法案最终在国家立法和行政机关获得通过并付诸实施，但对于作为反对党的俄共来说，通过议会内外的斗争，不仅迫使当局作出最大限度的让步，维护了广大普通劳动者的利益，扩大了自身的群众基础，而且沉重地打击了政权党统一俄罗斯党，加强了自己的政治影响力。2018 年 9 月，俄共的支持率达到了 17% 以上的历史高值。[②]

就在养老金改革抗议运动尚未完全平息之际，2020 年初，一场席卷全球的新冠肺炎疫情向俄罗斯袭来，至今仍未被完全控制住。本来，普京在 2017 年宣布再次竞选总统时向选民承诺了比较宏大的改善经济目标。他当时谈到 2018—2024 年任期的目标时宣称，要让这 6 年的年均经济增长率达到 3%。但在 2018 年 12 月的大型记者会上，普京又把目标调整为“2021 年之后年均增长 3%”，此前三年年均希望超过 1.8%，最好能达 2.0% 以上。[③] 但 2019 年俄罗斯经济仅增长 1.3%。进入 2020 年，在经济还没有明显好转的情况下，俄罗斯又面临新冠肺炎疫情的严重冲击。雪上加霜的是，全球疫情的快速蔓延使很多国家采取“封城”、大量减少经济活动、停工停产和居民居家隔离等措施，各国对油气等能源产品的需求大大减少，对国际石油需求与市场价格下滑的底数都感到难于判断，这直接导致 2020 年 3 月后国际油价出现暴跌。在疫情和油价大幅下跌的双重夹击下，俄罗斯经济面临的下行压力越来越大，民众收入和生活水平也不断下降。据俄罗斯统计局 2021 年 2 月 1 日公布的数据，2020 年俄罗斯国内生产总值为 1.474 万亿美元，比上年下降 3.1%。2020 年第二季度，俄罗斯贫困人口已经增加到 1 990 万，占总人口的 13.5%。[④]

面对疫情对经济的严重冲击，俄罗斯采取的主要对策是：一方面实行积极的防疫措施，控制疫情的发展；另一方面实行宽松的财政政策，为经济的恢复和发展提供资金支持，同时实行稳定国内金融市场、卢布汇率的政策，以制止资本外逃与限制投机资本跨境流动。[⑤] 可以看出，俄罗斯应对疫情所采取的措

---

① “Пенсионная реформа：страсти по референдуму”，http://politcom.ru/23114.html.

② “Рейтинги доверия политикам，одобрения работы государственных институтов，рейтинги партий ”，https://wciom.ru/analytical-reviews/analiticheskii-obzor/rejtingi-doveriya-politikam-odobreniya-raboty-gosudarstvennykh-institutov-rejtingi-partij-13.

③ 徐坡岭：《俄罗斯经济在凛冽寒风中期盼春天》，载《世界知识》，2019 年第 3 期，第 34—35 页。

④ “число бедных россиян выросло во втором квартале 2020 года до 19，9 млн”，https://tass.ru/ekonomika/9498117.

⑤ 陆南泉：《俄罗斯经济转型 30 年评析》，载《探索与争鸣》，2021 年第 3 期，第 150—159 页。

施大多属于临时性的应急措施，并不能解决支撑经济发展的基础性问题。

对此，俄共认为，在新冠肺炎疫情造成的内需极度疲软和国际油价暴跌的双重打击下，俄罗斯政府首先维护的是国有公司和寡头企业而不是广大中小企业的利益，因为整个国家体系的资本主义性质，决定了俄政府必须继续维持这种畸形的经济结构。基于上述认识，俄共主张，要使俄罗斯能够获得可持续发展，就必须改变当前的资本主义化方针，将那些具有战略性质的部门和矿产资源的基地重新实施国有化，国家通过国有公司实施战略性的国家项目，可以大大加快俄的经济建设。与此同时，疫情使得民众不断要求国家援助，进而催生了人们重返社会主义制度的梦想，俄罗斯有社会主义的渊源，它比其他国家更需要从资本主义向社会主义跃进。

俄罗斯在内外交困、步履蹒跚中走进了 2021 年。2021 年是该国大选之年，9 月选举产生了第八届国家杜马。众所周知，在 2016 年 9 月举行的第七届国家杜马选举中，统一俄罗斯党得票率为 54.19%，加上获胜的单席位选区，共获得 343 个议席，比起上届杜马的 238 席增加了 105 席，垄断了国家杜马 450 个席位的 3/4 以上，远超可以修改宪法的绝对多数门槛（2/3），巨大的席位优势使得统一俄罗斯党完全控制了议会。而俄共得票率为 13.34%，虽然位居第二，但所获 42 席，比上届杜马中的 92 席少了一半以上，并且与统一俄罗斯党的差距之大为历史之最，同时有被俄罗斯自由民主党赶超的危险，该党得票率为 13.14%，获得 39 席。公正俄罗斯党得票率为 6.23%，获 23 席。因此，在第七届国家杜马中，力量对比发生了明显变化，统一俄罗斯党“一党独大”的局面进一步加强，俄共、自由民主党、公正俄罗斯党三党的力量遭到削弱。

面对不利的局面，俄共一方面利用议会讲坛，反复向民众宣传自己的政策主张；另一方面，在议会外不间断地组织抗议运动来反对政府和统一俄罗斯党违背民众利益的行为与措施。尤其是在 2018 年反对政府推行养老金改革法案的抗议运动中，俄共作为发起者和组织者，赢得了越来越多的支持民众。因此，在 2018 年、2019 年、2020 年的地方选举中，俄共都获得了较好的成绩，在大部分联邦主体巩固了阵地，在一些联邦主体的支持率甚至超过了统一俄罗斯党。例如，在 2018 年的地方选举中，俄共的候选人克雷奇科夫、科诺瓦洛夫分别在奥廖尔州、哈卡斯自治共和国获胜当选行政长官；在 2019 年备受关注的莫斯科市议会选举中，统一俄罗斯党赢得 45 个席位中的 26 席，相较上届下降 12 席，并且由于担心遭到惨败，该党候选人都不是由政党正式提名，而是以独立人士的身份参选，而俄共则由 5 席升至 13 席，并且候选人是以政党提名的方式参加选举，从这个意义上说，俄共获得了政党席位第一的好成绩。[①]

作为俄罗斯政坛上的主要政党之一和最大的反对派政党，俄共自然对2021年9月举行的国家杜马选举格外重视。早在2021年1月22—23日，俄共连续召开了地区党组织领导人研讨会和中央全会两场大型会议，就继续开展抗议运动、议会内斗争，联合其他左翼组织共同迎接国家杜马大选等各项工作作出安排。由此可以看出，俄共精心准备，提早布局，打算在近几年地方选举中获得的成绩基础上，进一步扩大战果，在新一届国家杜马选举中赢取更大的发言权。俄罗斯著名民意调查机构列瓦达中心的民调结果也揭示出该党较为乐观的发展趋势：与2019年8月相比，2021年2月俄共的受欢迎程度增加，从2020年8月到2021年2月，俄共的支持率增加了50%，准备支持俄共的受访者有15%—20%。[②] 正是在这种背景下，俄共召开了十八大。

二、俄罗斯联邦共产党十八大的主要内容

俄共十八大全面总结了上次大会以来4年期间各领域的工作，就一些重大的理论和现实问题通过了一系列决议，选举产生了新一届中央领导机构，并讨论通过了国家杜马竞选纲领，就竞选工作作出一系列安排和部署。综合来看，此次代表大会主要内容如下。

（一）回顾并高度评价俄共所走过的道路

俄共从1990年成立至今，已经走过了30年的艰难历程。如何评价30年来所走过的道路，是该党进一步发展、继续前行的基础和动力。基于这一点，代表大会回顾并高度评价了俄共所走过的道路。大会认为，完全有理由相信，如果历史的评判是严格、公正的话，那么它会高度评价俄共所走过的道路，高度评价俄共在决定祖国命运、维护劳动者利益和拯救人民方面所起到的作用。[③]

在经历了前所未有的背叛之后，在非同寻常的条件下，俄共从废墟和灰烬中得到恢复。它用最先进的思想武器武装自己的支持者，成功地使自己成

① “Иван Мельников о первых итогах единого дня голосования 2019”, https://kprf.ru/activity/elections/187878.html.

② “Образ парламентских партий в общественном сознании”, https://www.levada.ru/2021/04/28/obraz-parlamentskih-partij-v-obshhestvennom-soznanii.

③ “Политический отчёт Центрального Комитета КПРФ XVIII съезду партии”, https://kprf.ru/party-live/cknews/201822.html.

为后苏联空间最强大的共产党组织。近期俄共充实完善了关于国家社会经济发展的综合规划方案，并在奥廖尔国际经济论坛上获得了学术界和实业界的支持。

在叶利钦执政期间，俄共为共产党人的荣誉挺身而出，为共产党人捍卫正义的权利挺身而出。俄共向宪法法院提起并赢得了诉讼，使党及其意识形态免遭被彻底禁止的命运。得益于这一裁决，数以百万计的共产党员免遭清洗，并继续为开启民智、振奋民心而斗争。这一勇敢而果断的举动保护了成千上万的积极分子，使他们免于因“异端思想”而陷入牢狱之灾，从而维护了为劳动人民的政治、社会和经济权利而斗争的基础力量。

俄共使俄罗斯免遭毁灭性的“颜色革命”和内战，这一政治经验丰富了俄共的实践。今天，俄共必须再次使广大民众相信，只有积极支持俄共及其方案，才能和平、民主地使国家摆脱系统性危机，才能使俄罗斯免受中情局挑衅者的讹诈，才能使俄罗斯避免重新回到“野蛮的 90 年代”的命运，才能使俄罗斯避免出现乌克兰当前的悲剧。

在 30 年的斗争中，俄共积累了独特的管理和创新经验。中左翼的普里马科夫—马斯柳科夫—格拉先科政府将国家从深渊的边缘拯救出来，使国家避免了破产后崩溃的命运。在俄共的倡议下，政府将爱国力量纲领的一部分付诸实施。这为俄共的纲领提供了一个成功且富有前景的实例。俄共通过参加国家杜马选举，以便使国家有机会改变路线，组成一个真正的人民政府。

俄共创建的集体企业已经成为全国最优秀的企业，这些企业都是高效工作的典范、乐观生活的示范区。格鲁季宁的列宁农场、卡赞科夫的“兹韦尼戈夫斯基”联合企业、苏马罗科夫的乌索尔养猪联合体、勃加乔夫的“捷尔诺夫斯科耶”企业等都表现出很高的效率。它们的成功是充满智慧的企业家精神与新技术、自觉的纪律性，以及对劳动者、妇女、儿童和老人的关心相结合的成果。

俄共在保护国家安全方面的坚定立场有助于捍卫国家的主权。俄共的坚定态度使航天和航空综合体得以保留。俄共及其盟友坚决反对在乌里扬诺夫斯克建立北约基地，也不允许在阿尔扎马斯附近举行有美国军队参与的大型军事演习。俄共全力以赴支持俄罗斯境外同胞以及乌克兰和白俄罗斯、高加索和克里米亚、顿涅茨克和卢甘斯克的友人。对俄共来说，真正的爱国主义和国际主义是密不可分的。

在疯狂的反苏和恐俄条件下，俄共绝不允许践踏和摧毁共产主义思想。俄共像爱护自己的眼珠一样维护了“红色基因”，维护了友谊和集体主义、高尚的情操和历史继承性等珍贵价值观。这些年来，俄共一直在为人民的利益而战斗，一直在为拯救俄罗斯传统、维护苏联时代的独特遗产而斗争。俄共绝不允许出卖、摧毁俄罗斯的行为发生，并为实现公正和社会主义而与国家的所有寡头力量作斗争。

（二）结合新形势对俄罗斯资本主义进行批驳

如前所述，2020 年初席卷全球的新冠肺炎疫情给俄罗斯带来严重后果，经济下行压力越来越大，民众收入和生活水平不断下降。对此，俄共不断对当局的抗疫政策进行批评，并提出自己的解决方案。在这次代表大会上，俄共结合疫情不断蔓延的新形势，对俄罗斯资本主义进行了批驳，明确提出“最危险的病毒是资本主义”①的观点。

大会指出，终结资本主义的恣意妄为是维护国家主权及其生存的唯一条件，若要避免即将发生的灾难，唯一的选择就是复兴社会主义。过去 30 年的惨痛经历证实俄共是正确的。在此期间，俄罗斯经历了四次全面的经济危机。如果不改变这种破坏性的路线，危机将变本加厉地反复发生。苏联体制的崩溃对国民经济和社会领域造成了巨大的破坏。在 20 世纪 90 年代，国民收入每年下降近 6%。这比卫国战争开始时的损失更加惨烈。

21 世纪过去的 20 年是以灾难性的停滞为标志的。1990 年，俄罗斯在世界生产总值中所占的份额为 9%，但今天还不到 2%。1990 年，俄罗斯是世界第三大经济体，仅次于美国和日本。随着对社会主义的放弃，俄罗斯开始迅速地失去经济上的领先地位。普京总统在国情咨文和政令中多次提到俄罗斯重返世界前五大经济体的目标。然而，俄罗斯 2020 年的国内生产总值世界排名仅为第 11 位，而且一些指标在过去的一年中继续出现倒退。只要国家的经济和财政由所谓的自由主义者，即叶利钦和盖达尔“休克疗法”的追随者管理，再多的政令也无法使国家发展。贪婪的寡头掌握了巨大的资源，却不愿意为俄罗斯的发展作任何贡献。管理机构仍然腐败透顶，公民的权利仍然被践踏。用于支持经济和社会领域、医疗保健和教育、科学和文化的开支在国家预算中被逐渐削减。

新冠肺炎疫情的大流行特别有力和清晰地显示出资本主义的恶毒和危险。俄罗斯的经济在 2020 年缩减了 3% 以上。除殡葬业和快递业外，几乎所有行业都陷入亏损状态。社会危机急剧升级，数以百万计的民众失去了工作。在过去 6 年中，民众的收入下降了 8%，在新冠肺炎疫情大流行期间又缩减了 5%。

---

① “ На XVIII Съезде КПРФ Г.А. Зюганов представил Политический отчёт ЦК Съезду”, https://kprf.ru/party-live/cknews/202162.html.

实际通货膨胀率已达到14%，具体的反映是食品、药品和其他基本必需品的价格上涨。

在危机和大规模贫困化的背景下，寡头们的掠夺变得更加贪得无厌和厚颜无耻。它为寡头们带来了惊人的利润，而这些利润的获得是以数百万人的贫穷和不幸为代价的。在新冠肺炎疫情大流行的起始阶段，俄罗斯数百名顶级富豪的资产为3 920亿美元，如今这个数额已接近1万亿美元。寡头们从俄罗斯抽走资金，去供养外国的经济和金融系统。2020年，从俄罗斯流出的资金达480亿美元，比2019年增加70%，超过所有国家项目预算的总和。

在新冠肺炎疫情和社会危机日益严重的情况下，俄共向当局提出了一揽子要求：暂时免除被迫自我隔离公民的税收、住房和公用事业费用以及偿还贷款债务，向失业人员提供补偿金，放弃掠夺性的养老金改革，将生活最低保障线提高到25 000卢布。俄共认为，当局对于劳动者，它是“节俭的”，但是对于大资本来说，它是慷慨的，政府毫不吝惜地从国家福利基金向银行业拨款240亿卢布，给予大公司减税优惠，而不要求它们作出不裁员的承诺。

俄共认为新冠肺炎疫情危机表明，当局继续遵循20世纪90年代的方针，按照寡头们的指挥棒行事。这个方针是在国际货币基金组织、世界银行和其他代表国际资本利益的跨国机构的授意下制定的，这些组织决不希望俄罗斯走上可持续发展之路。而社会主义以劳动人民的利益为重，它实行的公平政策促进了生育率的提高，使民众过上体面的生活，并保障了民众的身体健康，这就是为什么俄罗斯的人口在苏维埃时代翻了一番。最近30年的资本主义“改革”给俄罗斯的医学造成了灾难性的打击，是对人民的真正犯罪。在这些年中，仅俄罗斯族的人口数量就减少了2 000万，比卫国战争时期损失的人口还要多。在过去的2年里，俄罗斯的人口又减少了100万。资本主义对俄罗斯和全人类来说，都是最危险的病毒。

俄共认为，俄罗斯政府推行的政策已经失败，接近崩溃的边缘。只有共产党人提供了克服社会经济危机、使国家免于毁灭的有效方略。为了应对新冠肺炎疫情的挑战，俄共提出了一个保护国民健康、拯救公共卫生体系的紧急方案，并得到了广泛的支持。中国和其他社会主义国家在应对疫情和全球危机方面最为成功，这并非巧合。只有社会主义国家才真正以创造和发展为目标。

（三）重申在宪法改革问题上的基本主张

宪法是一个国家的根本大法，具有最高的法律效力。俄罗斯现行宪法的基础是1993年经全民公决通过的宪法，简称“1993年宪法”，又称“叶利钦宪法”。在2020年宪法改革前，俄罗斯已对1993年宪法进行了多次修改，但是宪法的基本框架与核心内容保持不变。2020年，俄罗斯启动了以加强总统权力为核心的宪法改革，对宪法进行了较大幅度的修改，此次修改后的宪法体现了鲜明的普京特色。俄共作为社会主义政党和俄罗斯最大的左翼反对派政党，对修改宪法的问题一直极为关注。如果说在其他问题上，俄共采取了比较灵活的策略，那么在修宪问题上，俄共的态度则一直比较强硬，主张必须以“苏维埃民主政治的宪法”取代“总统专制的宪法”。俄共积极参与了2020年的宪法改革，但未实现从根本上改变宪法的目标。为此，代表大会聚焦该问题，重申了俄共在宪法改革问题上的基本主张和诉求。

大会认为，俄罗斯民众敬重苏联时代，这绝非偶然。苏联解体后的俄罗斯历史表明，只有贯彻苏维埃人民政权原则，才能保障民众的政治和社会权利。大会强调，1993年10月，叶利钦集团发动政变，废除了苏维埃宪法和全民选举产生最高苏维埃的制度，强加给俄罗斯一部寡头当政、总统专权的新宪法。自此以后，私有化、剥削和欺骗成为俄罗斯国家生活的主要内容：私有化成为资产阶级掠夺全体人民财产的一种方式，对劳动人民和国家资源的无情盘剥成为这个寄生虫阶级的生存方式，而欺骗成为保住权力、维护当前政治制度的一种机制。

大会认为，俄共已经成为反抗运动的中流砥柱，运动的目的是为了民众的权利和利益而进行坚决的斗争。俄共坚持认为，强加给俄罗斯的叶利钦宪法是邪恶的，必须赋予国家的根本大法以真正维护社会和国家利益的内容。当局沉默了近30年，但最终认识到俄共是对的。2020年1月15日，普京宣布，有必要修改宪法的内容。俄共支持这一决定，但明确指出，宪法改革的意义在于确保国家的基本大法能够满足大多数人的愿望。

俄共积极参与了这项工作，提出了100多条修正建议，其中包括15条非常具有原则性的修正建议。例如，要求在宪法中明确规定，总统、政府和议会必须奉行符合国家利益的政策；俄罗斯的地下资源属于全体人民，其收益应收归国库，并用于经济、社会领域，确保每个公民过上体面的生活；退休年龄应该恢复到以前的水平，即女性55岁，男性60岁；必须保证人人享有免费教育和医疗保健的权利；住房和公用事业服务的支出不能超过家庭收入的10%；对行政权力实行全面、有效的监督；制定防止滥用权力的法官遴选机制；等等。[①]

俄共认为，这些修正建议是对宪法的根本性改革，是有利于民众的真正

---

① “Политический отчёт Центрального Комитета КПРФ XVIII съезду партии”，https://kprf.ru/party-live/cknews/201822.html.

改革。采纳它们将有助于俄罗斯走上建设强大社会型国家的道路，并自信地击败任何敌人的进攻。民众、劳动集体和科学界都很了解这一点，他们支持这些建议。但是当局却拒绝接受，俄共认为，这一立场对国家安全构成了巨大威胁，并破坏了全国团结一致共同应对俄罗斯面临的历史性挑战的前景。

最终，修改宪法的工作没有被用来进行旨在使国家摆脱系统性危机的广泛参与的对话。获得通过的修正案是在极为仓促的情况下完成的，既没有积极的社会讨论，也没有顶级专家的适当审查。这次宪法改革并没有起到克服 20 世纪 90 年代那种混乱状况的作用，而是延长了总统任期，事实上使其成为无限期的。俄共认为，当局不仅没有兑现完善宪法的诺言，反而使总统专权和寡头操纵得到进一步加强，资产阶级民主的虚假性再一次被揭露。

俄共认为自己不可能支持这种改革，它是唯一在“全民公投”中反对统一俄罗斯党的力量，它顶住压力，投票反对这种改革，再一次经受住了政治成熟度的考验。当然，1 500 万反对票不只是俄共的功劳，但是，俄共通过对强化总统专权说“不”，确保了自己在抗议运动中的真正领导地位。

公正地说，这次通过的宪法修正案也纳入了一些俄共长期坚持的建议和想法，但是对宪法没有进行彻底的改革。俄共不接受对国家根本大法的修修补补，因为这无助于解决关键问题、克服深刻的公民分歧。俄共的要求是在公正和人民政权的基础上对宪法进行真正的改造。

（四）提出了未来一个时期的工作方向

从 2017 年 5 月俄共十七大以来的 4 年间，俄罗斯共举行了 4 轮地方选举和 1 次总统选举，除个别地区外，俄共几乎参加了所有的选举，并取得了较好的成绩。相较于 4 年前，俄共的积极支持者增加了 100 多万，地区议员数增加了 63%，并在克麦罗沃州、克里米亚自治共和国和塞瓦斯托波尔直辖市新组建了议会党团。① 在总统选举中，俄共推举的候选人格鲁季宁的支持率虽远低于普京，但超过了其他 6 位候选人的得票率总和。对此，大会认为，成绩的取得与持续加强党的建设密不可分，俄共要获得更大的成功，首先要不断加强党的建设，进一步提高党的战斗力。

大会强调指出，俄共目前有党员 16.2 万名，自俄共十七大以来，俄共吸纳了 6.4 万名新党员，他们中的大多数人都具有坚定的社会主义理想和信念，但是也有不少人是出于个人目的，在推荐人草率的荐举下入了党。因此，有必

① “На XVIII Съезде КПРФ Г.А. Зюганов представил Политический отчёт ЦК Съезду”，https://kprf.ru/party-live/cknews/202162.html.

要对党的队伍进行清理，将那些与俄共的思维和行为方式格格不入的人清除出去。在未来 1 年半或 2 年内，可以讨论在《党章》中增加一些条款，例如，必须有 3 年以上的党龄，才有推荐新同志入党的权利；被推荐人给党造成严重损失的，要对推荐人严肃追责；预备党员的预备期至少 1 年以上；对无正当理由连续 3 个月没有缴纳党费的人员记录在案；等等。

大会认为，当前俄共所处的社会环境决定了它不可能不受到资产阶级和小资产阶级意识形态的冲击，党的意识形态基础正在遭到蓄意破坏和歪曲。虽然资产阶级和小资产阶级意识形态的形式多种多样，有时甚至披上“人道的社会主义”“公正的社会主义”“新社会主义”“民主的社会主义”“宗教的社会主义”等外衣，但它们的目标是一致的：分散大众的注意力、破坏劳动人民的阶级团结并阻碍他们为社会主义而斗争。因此，俄共必须加强意识形态领域的工作，不允许党员以任何形式宣传唯心主义的观点，不允许出现对马克思列宁主义这一党的思想基础的任何破坏，违反了这一点就意味着丧失了党性。自觉遵守纪律是民主集中制的基本原则，从列宁时代起，民主集中制就是无产阶级政党建设的基础。

俄共的主要报纸《真理报》和《苏维埃俄罗斯报》在思想斗争中发挥了特殊作用。《真理报》作为中央机关报，不仅是党的媒体，而且是马克思主义思想中心。《苏维埃俄罗斯报》成为爱国人士和整个国家坚强的精神堡垒。大会要求，在当前困难时期，为了确保党的思想健康，订阅党报应该成为每个共产党员的义务；并且随着代际更替，掌握马克思主义基本知识、深入了解国家历史的党员越来越少，必须以党的决定的形式强化对党的出版物的基本态度，新一届中央委员会应当在近期的全会上通过一项特别决议：“关于《真理报》和《苏维埃俄罗斯报》在巩固党的思想统一和团结劳动人民方面的作用[①]”；这两份党报的订阅必须成为各级党委关注的重点。

大会认为，俄共中央已经作出加强宣传的重要决定，包括建立一个信息中心。在宣传方面，俄共的“红色路线”电视频道发挥着特殊的作用，没有它，就无法想象党的工作效果。就在大会召开的两周前，该频道的潜在观众人数为 3 700 万。俄共还在社交平台上与统一俄罗斯党进行了令人信服的竞争，拥有互联网个人主页的共产党员人数正在不断增加，俄共认为必须打造一支互联网宣传员和社会舆论引领者队伍。

大会认为，俄共是工人阶级和农民阶级的政党，与此同时，俄共的队伍

---

① “Политический отчёт Центрального Комитета КПРФ XVIII съезду партии”，https://kprf.ru/party-live/cknews/201822.html.

中从事创新职业的人员、企业主和失业人员的数量不断增加，这就要求必须强化俄共的阶级核心。此外，俄共面临着将队伍扩大一倍的任务，要做到这一点，就需要培养更多的积极分子，创建更多的青年组织、支持者协会、公共平台和其他类型的社会组织，全国有 1 500 多个协会已经为俄共的斗争作出了贡献，它们是俄共组建广泛左翼爱国人民阵线的主要依靠力量。还有，加强党的基层和地方支部建设也是极为重要的。

大会强调，俄共在各级杜马中的议会党团是实现目标极为重要的载体。在国家杜马中，俄共自信地为民众争取一切利益。但是统一俄罗斯党主导通过的大多数法律否定了俄共的很多积极的倡议，正是这些“邪恶的”法律构成了俄罗斯议会的真实形象。第七届国家杜马的任期即将结束，正是这届杜马提高了退休年龄，拒绝实行累进税制，不支持《战争之子》法案，使集会规则更加严苛，反复拒绝讨论将国家财富收归国有问题，等等。为此，俄共必须尽一切努力，确保新的国家杜马能够反映劳动人民的利益。要做到这一点，俄共必须勇敢、巧妙地进行斗争，学会取得成果并赢得胜利。

（五）对当前的国际局势进行了分析和研判

俄共作为苏联共产党的继承党，不仅是迄今为止俄罗斯社会政治生活中最有影响力的左翼反对派政党和原苏联东欧地区最大的共产党组织，而且处在俄罗斯这个举足轻重的大国，因而是一个特别引人关注、国际影响力非常大的党。俄共在探索社会主义发展道路的进程中，对国际局势的变化也极为关注。此次代表大会也不例外，大会通过分析国际形势，认为当今世界面临威胁与机遇并存的局面。①

大会指出，自从苏联被摧毁后，资本主义使人类陷入了极为严重的危机，世界经济处于停滞状态，大规模贫困日益严重，医学成就仅使少数人受益，高死亡率是资本主义野蛮行为和社会分裂的直接后果，国际安全机制遭到破坏，地区冲突、冷战和热战的威胁正在增加。为了保护自己免受威胁，人们必须作好应对准备，紧跟局势变化并勇敢向前。

资本主义长期存在的问题尚未消除，新问题又出现了。“数字化”正在将许多工作岗位变成机器和人工智能的天地。资本家正在解雇产业工人、经济学家、会计师和工程师，程序和算法正在取代许多专业人士的劳动。它们不会累，不生病，不犯错，不需要工资和社会福利，这正是一个真正资本家的

① “На XVIII Съезде КПРФ Г.А. Зюганов представил Политический отчёт ЦК Съезду”，https://kprf.ru/party-live/cknews/202162.html.

梦想。

显而易见，奴役人们的不是机器，而是社会关系，正是它造成了社会分化和大规模的贫困。马克思、列宁和斯大林都指出过这一点，事实证明他们是对的，他们的科学结论是有生命力的，马克思列宁主义的原则重新变得极具现实性。对全人类来说，一个决定性的选择摆在面前：要么资本将全世界人民变成获取利润的工具，要么社会主义使人类的和谐发展成为社会的目标；要么世界在一个“数字集中营”时代毁灭，要么在地球上建立起一个日益发达的人类联合体。谈到任何一个当代问题，无论是经济或教育方面的，还是人口或文化方面的，人类都面临着克服资本主义的任务。必须立即解决这个问题，否则人类就没有机会了。

俄共认为，对今天的俄罗斯来说，完成这一任务更是迫在眉睫。新自由主义及其畸形的社会经济模式和不断上演的“颜色革命”，带给俄罗斯的只能是毁灭。在与全球主义者的冲突中，一个繁荣的本土资本主义是无法建立起来的。普京似乎一度准备组建一支与北约相抗衡的地缘政治力量，但这支力量的领头羊只能是中国。是中国而不是俄罗斯，创造了世界工业产值的 25.26%。美国宣布中国共产党是其主要对手，这并非巧合。

中共中央总书记习近平强调，中国共产党以人民为中心，一切以人民的愿望和利益为出发点。而中国也已经证明了在此基础上的发展可以多么迅速，中国已有 7 亿多人摆脱了贫困。中国共产党成立 100 周年是 2021 年的盛典之一，俄共提出会宣传中国同志的成功。

俄共在全球左翼运动中的威望已经得到加强，与兄弟党的关系更加密切。来自 82 个国家的 132 个政党和国际组织的代表在伟大的十月革命 100 周年之际参加了俄共的庆祝活动。这是世界范围内支持公正和社会平等思想的表现。俄共在圣彼得堡主办了第十九次共产党和工人党国际会议，在莫斯科组织了世界左翼力量论坛和群众游行。

俄共与兄弟党积极发展友好关系，不断地互派代表团，学习对方的经验，并举行联合活动。俄共代表团参加了在比利时、英国、德国、希腊、墨西哥、尼泊尔、葡萄牙、塞尔维亚、叙利亚、捷克、南非和委内瑞拉举行的国际论坛和兄弟党大会。俄共与中国、越南、古巴、朝鲜和老挝的执政党也进行了卓有成效的合作，特别欢迎外国同志对列宁斯大林主义理论遗产表达兴趣、进行研究。2019 年，俄共代表团访问了中国，双方签署了中国共产党和俄共之间为期 5 年的合作备忘录。同年，俄共第一副主席梅利尼科夫出任俄中友好协会主席。

（六）选举产生了新一届中央领导机构

俄共《党章》规定，代表大会是党的最高领导机构，每 4 年至少召开一次，为例行代表大会，遇特殊情况，根据中央监察委员会的提议或应拥有全党 1/3 以上党员的地区分部的要求，可召开非例行（非常）代表大会，代表大会有权就党的活动的任何问题进行审议并通过决定。① 此次代表大会为例行代表大会，其中一项非常重要的议程就是选举任期为 4 年的中央领导机构。

大会顺利地选举出新一届中央领导机构。大会选举产生了由 188 名成员组成的中央委员会，另有 141 人被选为中央委员会候补委员，35 人被选入中央监察委员会。在随后举行的新一届中央委员会全体会议上，久加诺夫当选为中央主席，梅利尼科夫和阿福宁为第一副主席，卡申、诺维科夫、卡拉什尼科夫为副主席；同时，全会还选举产生了由 11 名成员组成的中央委员会书记处和由 19 名成员组成的中央委员会主席团。② 综合来看，此次大会选举产生的中央领导机构有以下几个特点。

一是俄共在大会召开之前做了大量的准备工作，其中包括在 1.4 万多个基层组织、2 500 多个地方组织，以及一些地区分支机构都进行了竞选活动，在竞选的过程中，中央要求各级组织注重推荐年轻人。因此，当选的 364 名新一届中央委员会和监察委员会成员都经历了层层考验，并且当选成员中有 150 多名才能卓著的年轻人。③ 这为俄共队伍注入了新鲜血液，有利于下一步工作的开展。

二是此次久加诺夫以全票连任俄共中央主席，这对保持俄共的连续性和队伍的稳定性有利。久加诺夫是俄罗斯颇具影响的政治家，他作为俄共领袖，在党内外享有很高的威望，一直处于国家有影响力人物排行榜前列。他当选了全部七届国家杜马议员，四度参加俄罗斯总统选举。在 1993 年俄共恢复重建大会上，久加诺夫当选为中央执行委员会主席，1995 年起担任俄共中央主席，并多次连任该职务至今。

三是在新一届领导层中，除久加诺夫外，两位第一副主席、三位副主席和书记处的所有书记也都是全票当选的。其中，第一副主席梅利尼科夫、副主席卡申和诺维科夫都是连任，新晋第一副主席的阿福宁和副主席的卡拉什尼科夫在上届领导层中担任书记处书记。④ 新领导层组成既体现了继承性，也有所

---

① “Устав КПРФ”，https://kprf.ru/party/charter.

② “Г.А. Зюганов подвел итоги работы первого этапа XVIII съезда КПРФ”，https://kprf.ru/party-live/cknews/202159.html.

③ “Отвечая на вызовы времени”，https://kprf.ru/party-live/cknews/202146.html.

④ “ Президиум и Секретариат Центрального Комитета КПРФ，избранного на XVIII съезде партии”，https://kprf.ru/party-live/cknews/202269.html.

更新。并且新领导层年龄结构层次分明，老中青三代组成了一个较为合理的梯队，成员各有专长，有利于协同工作。正如久加诺夫所说，俄共新领导层是“一个把国家从危机中拯救出来的和谐团队”。[①]

（七）就参加国家杜马选举作出一系列部署

如前所述，2021 年 9 月，俄罗斯举办了第八届国家杜马选举。由于在第七届国家杜马中，统一俄罗斯党完全控制了议会，俄共根本无力阻止很多不得民心的法案获得通过。但是俄共仍然对这些法案投出反对票，以此表明维护普通民众利益的决心，并及时把议会投票结果公布于众，让民众了解事情的真相。在利用议会讲坛开展斗争的同时，俄共积极开展和领导议会外抗议运动。近来，俄共的民众支持率有了大幅的提升。对于国家杜马选举，代表大会在前期充分准备的基础上，就参加选举作出一系列部署，其中最主要的两项是讨论并通过了候选人名单和竞选纲领。

大会经过讨论，最终通过了候选人名单，其中领衔参选的 15 人依次是：俄共主席久加诺夫，原苏联宇航员萨维茨卡娅，俄罗斯列宁农场领导人、前总统候选人格鲁季宁，俄共第一副主席阿福宁，俄共中央主席团成员、奥廖尔州州长克雷奇科夫，俄共第一副主席梅利尼科夫，俄共副主席卡申，俄共副主席诺维科夫，俄共中央主席团成员、前总统候选人哈里托诺夫，俄共中央书记处书记科洛梅伊采夫，第七届国家杜马俄共党团成员沙尔古诺夫，原莫斯科市长候选人库明，第七届国家杜马俄共党团成员西涅利希科夫，俄共中央书记处书记泰萨耶夫，第七届国家杜马俄共党团成员库林内。[②]

大会还讨论并通过了名为《十步骤走向人民政权》的竞选纲领[③]，其基本要点如下。

实行公有制，保障国家经济主权。把土地、银行及国家战略经济部门收归国有，强大的公有制将成为经济的基础，这会减少俄罗斯对外国资本的依赖，加强其经济主权，提高竞争力，通过《战略规划法》，使国家的发展具有计划性。

实现 21 世纪工业化。国家将全力支持高新技术产业的发展，推进《工业政策法》付诸实施，大力投资基于最新技术的生产，有计划地实现深思熟虑的

---

① “Зюганов Г. А. В КПРФ создана дружная команда，готовая выводить страну из кризиса”, https://kprf.ru/party-live/cknews/202368.html.

② “Информационное сообщение о работе второго этапа XVIII Съезда КПРФ”，https://kprf.ru/party-live/cknews/203561.html.

③ “Десять шагов к власти народа”，https://kprf.ru/party-live/cknews/203630.html.

“数字化”，采取紧急措施恢复整个科学体系，加强交通基础设施建设。

保证粮食安全。重视农村工作，恢复大型农业生产和集体经济，重新成立合作社，为农村建设现代化基础设施，制定促进农村发展的法律法规，加强对农工综合体的支持，对这一领域的投资不得低于所有预算支出的 10%。

财政为发展服务。将巨额的国家储备资金和国家福利基金投资于俄罗斯的发展，立即制止资本无限制地流出国外，使 4 万多家在海外注册的企业回归，限制外国资本参与俄罗斯股份制企业，支持地方发展，解决首都和地方之间的发展不平衡问题。

通过税收调节保障社会公平。实行重大税制改革，取消增值税，取消增加民众负担、不利于小企业发展的税收，恢复国家对酒类产品生产和销售的垄断，对个人收入实行累进税制，促进社会公平。

管控费率和价格。国家机构有义务诚实和有效地为国家及其人民服务，控制食品、药品和其他生活必需品的价格，对电力、燃料和交通的费率实行管制，家庭在住房和公用事业服务上的支出不得超过其总收入的 10%。

权力掌握在人民手中。实施有利于劳动人民的变革，全面修改宪法，恢复社会的建设性对话，确保人民当家作主，实现司法公正，大力提高公共行政效率，加强对官员的监督，根除腐败和犯罪，对选举制度进行改革。

落实“以人为本”的国家政策。消除不平等和社会分裂，实现大规模脱贫，恢复退休金改革前的退休年龄，保障老年人的权利，落实“全民教育”国家方案，提高民众的生活水平和生活质量，国家预算的 1/3 用于卫生、教育、科学和文化。

强大的俄罗斯才能保障国家安全。加强国家的防御能力，停止弱化军队的行为，提高武装部队的战备水平和信息技术防护能力，实行全新的外交政策，加强俄罗斯的国家安全和在世界舞台上的地位，尽一切可能使原苏联的兄弟民族团结起来。

伟大的人民应有优秀的文化。发展俄语、多民族文化和各民族友谊，在继承俄罗斯优秀文化的同时，加强与世界其他文化的交流，支持建立全俄罗斯共同的文化空间，保证精神上的统一，制定新的信息政策，实现俄罗斯精神复兴。

三、俄罗斯联邦共产党十八大简评

俄共十八大是在退休金改革风波尚未完全平息、新冠肺炎疫情正在肆虐、俄罗斯新一届国家杜马选举之前召开的。深入了解这次代表大会的召开背景和主要内容，有助于我们更好地把握俄共的理论与实践发展动向，加深对世界社会主义运动发展趋势的认识。

第一，代表大会表明了俄共坚持社会主义的决心和信心。一方面，大会对俄共坚持社会主义发展道路给予高度评价，重视培育党员尤其是领导干部的马克思列宁主义理论素养，在国家杜马竞选纲领中明确提出走向人民政权的十个步骤等，从正面表明了俄共坚持社会主义的决心；另一方面，大会结合新形势对俄罗斯资本主义进行批驳，揭露国际垄断资本主义的本质及其给国际局势造成的严重后果等，从侧面表明了俄共坚持社会主义的决心。此外，大会盛赞中国共产党领导中国人民坚持走社会主义道路所取得的伟大成就，肯定社会主义国家抗击新冠肺炎疫情的成果等，这从国际比较的视角，表明了俄共坚持社会主义的信心。

第二，代表大会强化了俄共的建设性反对派政党形象。大会在批判俄罗斯资本主义、分析它给国家带来的危害和灾难性后果的同时，强调俄共提出的社会主义替代方案。大会在养老金改革、宪法改革和应对新冠肺炎疫情等重大问题上抨击当局立场和措施的同时，明确阐述俄共在这些问题上的主张，并提出应对措施。大会在反对统一俄罗斯党和各种假社会主义政党的同时，旗帜鲜明地站在国家利益的立场上，揭露以纳瓦利内为代表的反政府力量的反国家本质。还在代表大会召开前 10 天，俄共就把党的大会政治报告送达 270 个个人和部门，其中包括总统、国家安全委员会成员、中央和各地区政府，[①] 以此来表明俄共的建设性反对派立场。事实上，俄共的建设性反对派立场也得到了当局的认可。在 2018 年的养老金改革抗议运动中，俄共组织的抗议和集会申请在全俄各地几乎都得到了当局的批准，而以纳瓦利内为代表的力量组织的抗议和集会则遭到当局的围追堵截。其原因就在于，普京总统认可俄共维护弱势群体利益的行为，而把后者视为反对俄罗斯国家、充当西方马前卒的角色。

第三，代表大会在领导人更替问题上显现出积极趋势。代表大会延续了组织队伍年轻化方针，注重领导层特别是中央领导层的年轻化和更新换代。新当选的 364 名中央委员会和监察委员会成员中有 150 多名才能卓著的年轻人，新当选的 19 名中央主席团成员中有 2 名为 70 后、4 名为 80 后，新当选的 11 名中央书记处书记中有 3 名为 70 后、3 名为 80 后。[②] 与上述积极趋势相比，这次代表大会在领导人更替问题上最大的亮点是 1977 年出生的阿福宁当选俄

---

① “Отвечая на вызовы времени”，https://kprf.ru/party-live/cknews/202146.html.

② “Президиум и Секретариат Центрального Комитета КПРФ，избранного на XVIII съезде партии”，https://kprf.ru/party-live/cknews/202269.html.

共第一副主席。笔者注意到，阿福宁与老资格政治家梅利尼科夫（1950 年出生）同为第一副主席，目前在俄共官方网站主页上阿福宁仍排在梅利尼科夫之后，但在 2021 年 4 月 30 日出版的《真理报》上介绍新当选的领导人时，俄共主席久加诺夫之后就是阿福宁。阿福宁 2003—2013 年担任俄罗斯列宁共产主义青年团中央第一书记，2013—2017 年为俄共中央书记处书记，主管组织和干部工作，2017 年起至本次大会任俄共副主席。2021 年 4 月中旬，俄罗斯自由民主党主席日里诺夫斯基曾在国家杜马会议上表示，阿福宁将在最近的代表大会上成为俄共领袖，久加诺夫则会放弃候选人资格。此说法虽然遭到俄共的驳斥，并且也没有成为事实，但是年富力强的阿福宁当选俄共第一副主席这一举措，至少说明俄共已经把最高领导人的更替问题提上日程。虽然现任主席久加诺夫在党内外享有很高的威望，但毕竟已是 77 岁的高龄。

总而言之，分两个阶段召开且各有侧重点的俄共第十八次代表大会圆满地完成了各项日程，就一些重大理论和现实问题表明了俄共的态度和立场，选举产生了新一届中央领导机构，对国家杜马竞选工作作出了安排和部署。大会的一系列决定和举措，对于俄共今后的发展极为重要，有些甚至会在俄共发展史上具有标志性意义。对此，我们拭目以待。

俄罗斯联邦共产党的适应性调试与未来展望

柴宝勇　王晨郦[①]

摘　　要： 历史地看，资本主义与社会主义两大阵营的原则性争论并没有随着苏联解体而结束。从俄罗斯联邦共产党的经历出发，回顾由被禁止活动到重新崛起成为议会第一大党再到被边缘化的建设性反对派角色，可以发现，社会主义意识形态在俄罗斯的政党政治变迁过程中完成了一种适应性进化。俄罗斯联邦共产党选择的“建设性反对”的斗争战略以及“交锋中合作”的务实斗争新思想，在其重回政党政治“中心”的复兴征途中得到了充分体现，这正是俄罗斯联邦共产党在资本主义国家建设中的积极角色和生存逻辑所在。但俄罗斯联邦共产党所具有的革命理想主义气质使得其在选举政治下进退失据，在当今资本主义的俄罗斯很难通过选举取得独立执政地位，这其实也是资本主义国家中共产党集体困境的写照。

20 世纪中后期资本主义与社会主义之间进行的原则性辩论并没有随着苏联解体而结束，实践证明，在 21 世纪，社会主义仍旧能够与资本主义分庭抗礼。俄罗斯联邦共产党（以下简称“俄共”）也认为当今时代仍然是从资本主义向社会主义过渡的时期。在古巴之后，拉丁美洲国家越来越强烈地表现出对社会主义选择的渴望，左翼政权在发展美洲玻利瓦尔联盟方面表现出团结和决心。左翼政党成为尼泊尔、委内瑞拉、厄瓜多尔、乌拉圭和其他一些国家执政联盟的一部分。在一些发达资本主义国家内部，面对资本主义越来越隐秘的剥削手段和越来越大的贫富差距，人民也掀起了强烈的抵抗运动，坚定地捍卫自己的权利。例如，法国 2018 年的“黄背心”抗议活动及美国 2020 年爆发的“黑人的命也是命”运动。对此，俄共认为“当前的资本主义危机或将最终导

① 柴宝勇，中国社会科学院大学党内法规与国家监察研究中心主任，大学规划与评估处处长，教授、博士生导师；王晨郦，女，中国社会科学院大学政府管理学院学生。

致人类文明的自我毁灭，或将实现以社会主义为基础的彻底性变革”。[①]

俄共作为曾经在世界上具有举足轻重地位的苏联共产党的主要继承者，它的发展与走向集中体现了资本主义国家（尤其是从原社会主义国家剧变到资本主义国家）中的共产党的地位与发展趋势。俄共认为，地缘政治、种族和经济条件的复杂性使俄罗斯社会成为独特文化和精神传统的载体，其基本的价值观念在于集体主义、爱国主义及个人同社会和国家间的紧密联系。没有拉辛和普加乔夫的农民战争，没有列宁、拉吉舍夫等人的思想，没有伊赫辛和尼赫尔尼切夫斯基的不懈努力，农奴制就不会被废除，社会主义制度的理想原则上就不会实现。由此看来，俄共社会意识的独特性来源于俄罗斯的历史经验，这种民族主义的奉献精神是群众接受解放思想和革命思想的重要前提。从这个意义上说，俄共是革命党也是解放党，其为社会主义国家的发展建设提供了独特的借鉴视角。

一、俄罗斯联邦共产党的兴衰历程与生存逻辑

俄共成立于 1990 年 6 月，因为当时大部分俄共成员对戈尔巴乔夫强烈不满，俄共作为苏共的一部分独立出来并坚称自己是在俄罗斯的合法继承者。俄共纲领中明确指出：“党是从俄国社会民主工党—俄国社会民主工党（布）—俄国共产党（布）—苏联共产党（布）—苏联共产党—俄罗斯苏维埃联邦社会主义共和国共产党发展而来的。”[②] 俄共的党纲目标在于消除资产阶级剥削和分化，建立公有制形式的社会主义，最终实现共产主义。之后，俄共就走上了一条曲折发展的道路，可以简要概括成三个阶段。

（一）发展平民路线的左翼力量代表

1991 年“8·19 事件”发生后，当局宣布解散俄共和苏共。然而在 1993 年第二次俄共党代会上又决定重新建立俄罗斯联邦共产党，并在司法部重新登记注册。同年 10 月当局强行解散旧议会后，叶利钦借此机会向社会发起了一项新的宪法草案，重点是加强总统权力，宣布在就新宪法草案举行全民投票的同时举行新议会的直接选举。选举结果显示，俄共在国家杜马 450 个席位中首

---

① “Socialism Is Genuine Freedom,” speech by the Chairman of the CC CPRF Gennady Zyuganov at the 19th International Meeting of Communist and Workers' Parties, http://cprf.ru/2017/11/socialism-is-genuine-freedom/#more-1568.

② 戴隆斌：《当前俄罗斯的共产主义政党》，载《当代世界与社会主义》，2006 年第 6 期，第 121—126 页。

次赢得 65 个席位"意外"获胜，与俄罗斯自民党共同获得的选票约占国家杜马的 1/3，从而与议会中的民主主义政党形成对抗，成为国家杜马的第三大党团。这标志着重建后的俄共以合法身份重返政治舞台，且通过议会斗争获得了参与政党政治的合法途径，为俄共的进一步壮大提供了可能性。议会的存在使俄共能够逐步放弃以扩大其在议会领域的行动影响力而开展的非正式街头斗争和群众示威活动，转而通过选举和议会斗争争取实现俄共的政治目标，由此俄共成为左翼反对势力的代表。

总的来说，在这个阶段，俄共基本上走的是平民主义路线，没有明确地提出斗争纲领，由于当局的激进变革使得社会群体发生了巨大的根本性变化，社会上出现了否认叶利钦政权的怀旧情绪和政治取向，进而大批的中下阶层开始支持左翼政党或带有民族主义情绪的政党和组织。[①] 基于此，俄共逐渐重新崛起并成为俄罗斯发展平民路线的左翼力量代表，自此左翼集团与当局权力集团形成对抗。

（二）大国怀恋情绪下的第一大党团

1995 年 1 月，俄共第三次代表大会明确规定了参加竞选的三个目标：首先是通过议会斗争提名总统候选人；其次是组建令人民信任的政府集团；再次是俄共代表当选总统后通过改革恢复苏维埃人民主权模式。[②] 俄共认为，自俄罗斯政府上台以来，其激进的经济改革政策引发了一系列严重的社会问题，如物价上涨、失业率上升、贫富差距扩大和犯罪率上升，民众对现政权的不满情绪越来越强烈。随着俄共平民主义的宣传，对苏联时代国内稳定和富裕生活的渴望激起了人们对于回归社会主义的怀旧热情。在这些因素的作用下，在 1995 年 12 月 17 日举行的第二届国家杜马选举中，对现政府不满并渴望改变现状的选民纷纷投票支持承诺"恢复一个伟大俄罗斯的梦想"的俄共。选举结果显示，俄共以 157 个席位的优势抢占杜马议席的 1/3，一跃成为议会第一大党。

经过两次国家杜马选举，左翼党派迅速崛起，除了需要 2/3 绝对多数票的宪法法案，俄共甚至可以让杜马通过几乎所有的法案，这大大增强了俄共领导人通过竞选总统夺取政权的信心。1996 年叶利钦在总统选举中与俄共领导的左翼反对派进行了一场决定性的政治斗争，最终叶利钦以微弱优势胜过俄共领导人久加诺夫得以连任总统，至此俄共也失去了最有希望掌权的机会。

---

① 李亚洲:《逆境中奋进的俄罗斯联邦共产党》，载《世界社会主义研究》，2019 年第 12 期，第 92 页。

② 《俄罗斯联邦第二届议会党团》，沈阳：白山出版社，1999 年版，第 40—51 页。

（三）斗争式妥协的边缘化政党

1996 年俄共在总统选举中的失败中断了俄共分阶段夺取俄罗斯政权的计划，由此俄共的发展来到了转折点。在叶利钦的第二个任期和普京执政以来的一段时间里，俄罗斯联邦共产党挑战政权的能力下降，俄共的地位被边缘化，党内甚至出现分化。此后以俄共为首的左翼反对派政党暂时放弃了夺取国家政权的口号，为适应俄罗斯大选后新的社会政治形势，对现政权采取了一种“斗争式妥协”的态度。一方面，俄共接受了叶利钦的倡议，同意参与议会政党的协商会议；另一方面，俄共又始终保持反对党的姿态，在 1998—1999 年政府危机期间，俄共同议会其他反对党一道，通过否决权迫使总统作出部分让步，发起了叶利钦弹劾案和限制总统权力的宪法改革运动。[①]

然而，自普京上任以来，俄共的政党实力就在逐渐缩减，最终在国家杜马中失去了原有的优势地位。特别是在统一俄罗斯党于 2001 年成立之后，俄共彻底失去了第一大党的地位，也失去了与当局政权抗衡的能力。2002 年 4 月，中右翼势力对俄共领导的左翼反对派发动了一场“政变”，要求罢免该党控制的议会委员会的一些主要负责人，这一事件在俄共内部引起了极大的震动。加之俄共内部的激烈矛盾斗争导致其斗争能力下降，致使其政治地位更加边缘化。由此，在第四届国家杜马选举当中，俄共只获得了 12% 的选票，比上届议会少近一半，成为真正的少数党。[②] 同样，迫于统一俄罗斯党的压力，右翼势力也大大缩减，只获得 5% 的选票而被议会拒之门外。统一俄罗斯党作为唯一一个支持普京总统并属于中间派的政党以 37.57% 的得票率赢得了选举，这一结果结束了 10 多年来俄罗斯政治中左右势力的对立局面，使中间派势力掌握了国家政权。这是普京的一次重大胜利，同时也反映出俄罗斯人民对政治稳定、国家发展和美好生活的渴望。

自从统一俄罗斯党成立以来，俄共的得票率就大不如前，从而使得其议会第一大党的地位从第四届国家杜马选举开始就被取代。然而，俄共优势地位的丧失也和其自身的分裂和衰落有关（见表 1）。根据 1998 年 5 月 21 日俄通社—塔斯社莫斯科俄文电显示，俄共领导人对政权政策的这种调整遭到了“左”和“右”两种力量的强烈反对。以彼得罗夫斯基等为代表的党内激进分子指责俄共领导人在搞妥协主义，而持“右”倾观点的谢列兹尼奥夫等人则主

---

① 郭春生：《新型政党政治下的俄罗斯联邦共产党》，载《国外社会科学前沿》，2020 年第 1 期，第 4—12 页。

② 臧秀玲：《普京执政以来俄共的新探索及其困境》，载《当代世界社会主义问题》，2002 年第 4 期，第 66—74 页。

张在目前形势下俄共应放弃对抗思想，加强与政府的合作。[①] 在这一时期，两个对立的派系也在俄共内部形成了各自的政治派系，不仅在党内造成了思想上的混乱，而且在党的组织上造成了分歧，进一步加速了俄共的党内分化。

表 1　俄罗斯历届国家杜马选举排名表 [②]

名次 / 届次	第一名	第二名	第三名
1（1993）	俄罗斯自由民主党 22.79%	俄罗斯选择 15.38%	俄罗斯联邦共产党 12.35%
2（1995）	俄罗斯联邦共产党 22.3%	俄罗斯自由民主党 11.18%	我们的家园－俄罗斯 10.13%
3（1999）	俄罗斯联邦共产党 24.29%	“团结”联盟 23.32%	祖国－全俄罗斯联盟 13.33%
4（2003）	统一俄罗斯党 37.57%	俄罗斯联邦共产党 12.61%	俄罗斯自由民主党 11.45%
5（2007）	统一俄罗斯党 64.3%	俄罗斯联邦共产党 11.57%	公正俄罗斯 7.74%
6（2011）	统一俄罗斯党 49.54%	俄罗斯联邦共产党 19.16%	公正俄罗斯 13.22%
7（2016）	统一俄罗斯党 54.19%	俄罗斯联邦共产党 13.34%	俄罗斯自由民主党 13.14%

二、政党政治视角下的俄罗斯联邦共产党

（一）社会主义何去何从？——一种意识形态的适应性进化

虽然说从当前俄罗斯的政党政治的组成来看，属于社会主义性质的左翼政党阵营看似多数，但除去个别因拒不认同现政权而未在俄司法部注册的“非法”激进左翼组织，大部分政党虽然注册为合法政党但尚未进入国家杜马。当下只有俄共和公正俄罗斯党进入了议会体制，而后者因亲政府和拥护总统的“中左”立场和社会民主主义倾向，往往被认为不是典型意义上的左翼反对派。因此，当今俄罗斯可以算作议会内相对具有影响力和鲜明立场的左翼反对派政党就只剩下俄共了。左翼势力变得单薄且亟待扩张，在这样的情况下，社会主义指导思想与意识形态又该何去何从？资本主义的复辟必然会带来剥削劳动力以发展生产力的问题，从而导致社会阶层的深刻分裂。一方面，生产资料的私人占有使得银行投机资本家、原料出口资本家等群体形成资产私有者阶级，这一阶级在经济上与西方联系紧密，明显表露出了买办的特点。尽管他们以发展

① http://www.itar-tass. com.

② 本表转引自：郭春生：《中国特色社会主义在战后世界社会主义改革中的地位和作用》，载《理论与改革》，2019 年第 1 期，第 20—27 页。

本国经济为宗旨，但仍没有丧失其资产阶级的本质；另一方面，存在大量的受到失业威胁和对未来没有信心的穷苦大众，支撑这种制度的国家机器反映的完全是大资产阶级的利益和意志。富人与大多数平民群体之间的鸿沟在加深，大多数同胞无产阶级化。同时，还在发生着社会分化：大多数劳动人民、老战士、退休人员的绝对贫困状况在继续加剧，地区之间的城际差异和矛盾不断扩大。为适应俄罗斯资本主义复辟后的政党政治环境，共产主义运动是否应该改变自身的发展轨迹，以一种适应性进化的形式重新呈现。

虽然说俄罗斯各共产党的宗旨都是建立在社会主义（或共产主义）的理想之上，但事实上，共产党之间的意见分歧很大。“俄罗斯共产主义工人党－共产党人革命党”从 2001 年成立以来就完全按照传统马克思主义来阐释社会主义，认为要实现共产主义必定会经历一个从资本主义向共产主义过渡的中间时期，即社会主义时期。[①] 此外，“全俄罗斯未来共产党”坚持马克思列宁主义，其最初的领导人是弗·吉洪诺夫。该党的一部分人认为：“共产主义运动和俄罗斯共产党都存在制度危机，这就要求建立一个反映被剥削者利益的新的共产党以培养工人的阶级意识和积极参与政治生活的觉悟。”[②] 成立于 1991 年 11 月由尼娜·安德烈耶娃领导的“全联盟布尔什维克共产党”的主张更是极左，该党仍然坚持计划经济、国有化的主张，自称是一个捍卫“布尔什维主义原则”的革命组织，奋斗目标是推翻资本主义，建立社会主义制度，其与俄罗斯的政治现实相去甚远。此外，“共产党联盟－苏共”在 2001 年分裂成两部分后，由奥·谢·舍宁领导的部分更名为“苏联共产党”，其目标就是要恢复和重建苏联共产党，因此完全按照苏共的政治路线及其章程办事。[③]

总的来说，这些共产主义政党存在许多不同的派系，这种左翼力量的内部分化造成了俄共力量的削弱。在可预见的将来，这些政党不可能在短时间内团结在一个共同认可的目标之下。但从另外一个角度来讲，在国内资本主义复辟、社会主义与资本主义的矛盾越来越凸显的俄罗斯，左翼政党似乎有一个共同的敌人，并站在社会主义阵营的落脚点上开展共产主义运动反对资本主义的统治，由此就构成了一种社会主义意识形态上的适应性分化与进化。

---

① “Программа Российской коммунистической рабочей партии-Российской партии коммунистов, http://rkrp-rpk.ru.

② “Программа Политической Партии “Всероссийская Коммунистическая Партия Будущего”, *Краткая справка*, http://vkpb.org.

③ “Овзаимодействии с партией ‘Коммунисты трудовой России’ и пресечении деятельности параллельных структур АКМ”, http://www.akm1917.org/doc/ktr.htm.

（二）对抗还是合作？——俄共的现实选择与内在考量

叶利钦上台后进行的一系列资本主义激进改革，不仅导致社会动荡、人民生活受到极大的影响，而且在权力结构上建立了以总统为主导的“强总统弱议会”模式，实际限制了其他政党的政治参与。一方面，俄共坚决主张走社会主义道路，反对资本主义制度，维护工人利益，坚决反对政权当局；另一方面，利用民众对当局的不满进行抗议和游行的其他左翼力量和爱国团体的联盟得到了加强和扩大。但在苏联解体引发社会动荡之后，俄罗斯人民对政治失去了热情，街头政治和血腥斗争变少，特别是在叶利钦“炮击白宫”并于 1993 年颁布俄罗斯宪法之后。[①] 然而，俄共仍然坚定地站在反对党的立场上，强烈地反对叶利钦政权。除反对政府的一切政策，与政权当局针锋相对、毫不妥协之外，俄共还走上议会斗争的合法道路，同政权当局博弈。

但是，随着俄罗斯政治制度的进一步发展和政治局势的进一步变化，随着反对派与当局之间政见的磨合，以俄共为首的左翼政权不得不开始与总统合作。然而，在与普京合作增加政治参与和社会支持的有利条件下，俄共显然忽视了政府与总统的自然关系以及俄罗斯政权本身的资本主义性质。对普京的过高期望最终在普京随后出台的一系列经济政策以及政权当局在议会提出和通过的许多法案中转化为挫折和新的阻力。2001 年 4 月，在七届二中全会上俄共承认普京政权的本质，并表示愿意通过议会内外的联盟向当局施加压力；在同年 9 月七届三中全会上，俄共对普京持完全否定态度，准备开展有组织的抗议运动。结果，俄共恢复了“顽固反对”的立场，但继续参与现政权，主张积极参加选举，利用议会平台与群众联系。

随着俄共扩大影响力和扩大政治存在的愿望破灭，其在新政策和新法律下的生存空间面临着更大的不确定性，甚至是生存危机。在政权当局的支持下，中右翼政治力量联合起来打压俄共，在压力的作用下俄共被深深地分裂了。在 21 世纪的头 10 年，这些生存压力和由此产生的分歧一再出现，导致俄共力量丧失，同时分散了其大部分的选票，大大降低了其受欢迎程度。议会外的抗议运动原本是议会权力式微并逐渐丧失后的一个重点领域，但《公民投票法》的通过使得这一运动也受到严重限制。[②] 尽管普京在第二个任期内采纳了俄共的一些政策建议，如增加国家对市场的干预、支持国有企业和征收自然资源税，但是俄共对政权当局的立场和战略已经变得更加自觉和成熟，不再像以

---

① 许鹏，陈弘：《交流与交锋：俄罗斯联邦共产党的斗争实践与生存定位》，载《社会主义研究》，2021 年第 3 期，第 130—139 页。

② 徐向梅主编：《俄罗斯问题研究》，北京：中央编译出版社，2016 年版，第 78—110 页。

前那样依赖外部力量。

从俄罗斯的政治格局来看，从俄共内部的政治格局判断其社会基础是同俄罗斯政权当局在利益和外交政策问题上的共同立场及良好的互动，具有不可替代性。因为俄共在民众利益问题上有稳固的社会基础，其时而表现出的尖锐姿态和激进反应更多是出于自身利益的需要，实际上它已经成为不可或缺的“建设性反对派”。从其存在和发展的根本意义上说，俄共只能而且必须成为这样的“建设性反对派”。

（三）可能存在的“上台不可能定理”：论俄共在党争选举政治下上台执政的概率

俄共恢复重建之后，当时执政当局推行的激进改革，使得社会上出现了大量平民阶层的反对声音，这一现象为俄共重建后的迅速崛起奠定了良好的群众基础。基于平民路线发展起来的俄共为了满足平民阶层对现政权的普遍不满，不得不站在现政权和现行制度的对立立场上。[①] 此外，鉴于不同的左翼政党都在试图获得民众的支持以扩张自身政党空间，在此情形之下，谁采取了适合国情、符合民意和时代的政治战略，谁就将在对立或者同化的竞争中取得话语优势。作为主流的左翼政党代表，俄共对政权当局的反对能否得到民众支持，终归还是取决于政权当局的施政是否成功。按照俄共的逻辑，要推翻资本主义的控制、夺回政权、实现社会主义胜利，需要通过三个阶段的战略性努力：第一阶段是建立一个由俄共领导的、由工人和人民爱国力量组成的民主政权；第二阶段是使广大的人民群众参与国家政治；第三阶段则是通过有效的社会主义改革，最终形成社会主义社会关系，保证社会主义制度在全国按照自己的原则稳定发展，最终实现共产主义。

从这个逻辑出发，作为被统一俄罗斯党取代而沦为第二大党团的俄共，要重回政治中心，需要取得在议会中的领导地位，获得合法的民主政权。根据政党与国家的关系及政党的本质，可以将现代政党分为革命型政党和选举型政党（掮客政党），革命型政党以推翻旧制度、建立新国家并长期执政为基本目的，以提出凝聚人心的革命信仰与远大图景为标识；选举型政党是在现代国家宪政制度下逐渐成长起来的，以通过竞争选举而上台执政为根本目的，以提出候选人赢得选举为标识。在这方面，俄罗斯的左翼共产党先天继承了苏联共产党革命型政党的基因。而面对选举政治，在社会主义的政治属性和以平民路线

---

① 丁军等：《转型中的俄罗斯、乌克兰和白俄罗斯》，北京：世界知识出版社，2010 年版，第 120—135 页。

崛起的政党背景之下，左翼共产党如何在资本主义的国家语境中战胜选举型政党从而取得领导地位方面，显得进退失据。只因其既不愿放弃原来的革命图景，又无法完全迎合选举政治而华丽转身。非左翼政党如统一社会民主党和一些右翼政党等选举型政党，为了争夺平民阶层的选票大多会吸收社会主义因素调整自身党纲。这样一来，左翼共产党就失去了其存在的理论基础和独特意义，想通过议会选举上台执政机会就更加困难。

其次，在经济方面，俄共一旦上台，社会主义管理形式的主导作用将非常明显，大资本家和官僚阶级对生产者的掠夺必然会受到阻止，社会主义下劳动人民的参政需求必将与资本主义力量形成矛盾。久加诺夫在《强国的建设者》一文中宣称："要把强国思想同斯拉夫思想有机地结合起来，以恢复俄罗斯对欧亚的'世界的心脏'的控制。"[①]文中一再强调俄国是"欧亚的中心"，由此可以看出久加诺夫的传统沙文主义思维。然而，大俄罗斯沙文主义的思维是不适用于当前俄罗斯资本主义经济的发展道路和俄共"建设性反对派"这一政治参与角色语境的。为防止社会主义对自由市场的颠覆，长期以来掠夺俄罗斯自然财富和生产基础的"新世界秩序"创造者必然会阻碍以俄共为首的左翼政党的政治进程，以保证大资本家和官僚阶级的经济社会领域控制权。

再次，俄共认为社会主义是一个自由的社会，在这个社会中不存在人剥削人的现象，而是根据工作的数量、质量和结果分配生活必需品。一个真正的人民力量和精神文明发达的社会是在科学规划和管理以及采用知识密集型和资源效率高的流程的基础上，激发个人的创造性和工人的自主性，实现高劳动生产率和高生产效率的。社会主义的发展是推动人类未来共产主义形成和成熟的历史前提，而共产主义社会是一个社会化程度更高且人人自由发展的社会。随着资本主义国家中越来越多社会主义因素的注入，一方面，社会主义在资本主义国家中的意识形态适应性进化，为共产主义的实现提供了另一种实现形式；另一方面，资本主义对社会主义思想和因素的不断吸纳，导致契合资本主义国情的渐变式融合不断发展，这样一来左翼共产党的社会基础不断萎缩。政党政治的发展和世界形势的复杂化，使俄共不得不继续摆脱其历史传统（从赢得选举的角度来讲，这种传统也成为一种"包袱"），探索国家发展道路的更多指导理念与实践选择，继续推进理论和实践创新，说服人民，赢得支持。从"建设性反对派"的角度来看，俄共与政权当局的关系过渡是实现其目标的最佳战略。基于此，政权当局在这一"建设性反对"的过程中对社会主义的长期吸纳

---

① 李兴耕：《久加诺夫的"俄罗斯社会主义"评析》，载《当代世界与社会主义》，2006 年第 4 期，第 120—124 页。

就会侵夺俄共存在的独特意义，从而使得俄共最终失去存在的价值。从以上“不可能上台定理”的逻辑出发，俄共在议会制的争夺中重回政治中心的机会变得愈加渺茫。

三、俄罗斯联邦共产党与国家现代化建设之间的现实关照

（一）“建设性反对派”的积极角色与生存逻辑

俄共从其早期的政治变革中认识到，选择接受议会斗争中“多数党为王”的生存定势会面临在政党政治体系中被边缘化的无情风险。一味地批评和反对不符合苏联之后俄罗斯社会的心理预期；而通过与政权当局相互承认爱人民、爱民族、爱国家的统一立场，不把政治活动的所有主题都集中在对现有政权的抵抗上，俄共就可以取得应有的成就，从而获得更多的政治资源和生存发展空间。于是，俄共通过一系列的政治转型，巩固社会基础，在正确认同部分政权政策的基础上积极维护人民利益。这对俄共在体制内保持其左翼反对派的政治地位、融入国家政治主流有很大帮助。虽然俄共日益建设性的政治存在一直是党内外争议的焦点，但这并不妨碍它从根本上促进国家现代化的建设和发展。俄共选择的“建设性反对”的斗争战略及“交锋中合作”的务实斗争新思想，在折射民族政治取向、完善民族政治制度、控制和制衡民族政治结构、净化民族政治生态等方面得到了充分体现，这正是俄共在国家现代化建设中的积极角色和生存逻辑所在。

其一，俄共是国家政治体制静态结构的动态补充。作为一个“主流”的反对党，作为一个积极团结群众、维护工人利益的政党，俄共通过其牢固的群众基础，可以做到及时处理最新的社会问题，保持从外部监督执政的合理性。这既是反对派继续与政权当局斗争的需要，也是其在关键问题上发现俄罗斯社会和政治生活中最新矛盾所在的需要。可以说，俄共在一定程度上加快了俄罗斯政治转型和社会稳定的进程，并且见证了苏联解体后俄罗斯政党政治发展的整个过程，甚至为该过程中一些具体问题的解决贡献了力量。①

其二，俄共是多元政党政治格局下的有效调节因素。代表人民利益、承续历史基因、推动国家发展且阶级立场坚定、群众基础牢固等特点，使俄共这一“主流”的左翼反对派成为一支积极健康且具有代表性的政治力量，这是其他同类组织和团体所无法替代的。俄共在政权的不同时期，倒逼政权当局优化

---

① 黄明哲：《党内和谐论》，北京：人民出版社，2009 年版，第 78 页。

了包括选举规则、政党竞争制度在内的一系列施政规制。俄共是第一个在俄罗斯司法部登记为合法政党并积极参加议会选举的左翼政党，其出现缩小了议会外激进左翼分子以不合理的要求和不符合国家政治发展的总体利益而干涉国家政治变革的空间。在这个意义上，俄共积极团结其他爱国团体，表达人民的要求，客观地使不同的左翼势力主动合并、分裂、重组，起到逆向选择和实现胜利的作用。一方面，俄共作为一个建设性的反对党并以其强大的组织体系，为左翼势力在议会中的政治存在提供了强有力的支持；另一方面，它为尽快完善俄罗斯政治主流的构成要素、加快其他政党的规范化建设和澄清立场、提高公开竞争的透明度，提供了一个有效范例。

（二）俄共经验下的社会主义现代化进路

作为俄罗斯共产主义性质力量的代表和最大的左翼反对党，俄共在政党政治斗争过程中的理论和实践探索具有两重含义：一是俄共不仅是原苏东地区最大的社会主义政党，也是世界社会主义的重要组成部分。它继承了传统共产党对资本主义生产方式及其周期性经济危机的批判立场，将阶级定位始终聚焦在捍卫广大工人阶级和劳动群众的利益上，发挥着连接苏联时期社会主义建设经验与21世纪俄罗斯社会主义探索的纽带功能。二是作为俄罗斯第二大党，俄共既要坚持和捍卫自身利益和平民路线立场，又要在现实俄罗斯的政治体系中发挥监督、批判和矫正的功能，以更加坚定和独特的政策主张吸引更多俄罗斯民众的关注和支持，提升该党在广大人民群众中的影响力、号召力和引领力。

俄罗斯联邦共产党的现状和启示借鉴

陈家喜　付汀汀[①]

摘　要：2021 年是中国共产党成立 100 周年，也是苏联解体、苏共败亡 30 周年，研究俄罗斯联邦共产党（苏共的主要继承者之一）过去 30 年发展状况对中共的长久发展具有重要借鉴和启示意义。俄共经历了低谷和弱势回升，低潮中的奋进仍将是俄共今后很长一段时间内的发展基调。目前，俄共面临魅力型领袖缺乏、精英冲突与党内分裂、党员数量增长乏力与党员老龄化、理论创新匮乏与政纲缺乏号召力等困境。从俄共的经验中可以得到如下启示：必须坚持党的领导；加强领袖权威；加强干部培养和党员发展；强化理论创新；不断提升国家治理能力，累积执政绩效。

俄罗斯联邦共产党（以下简称“俄共”）成立于 1990 年苏联解体前夕并隶属于苏共，苏联解体后俄共被取缔，直到 1993 年恢复重建。作为苏共在俄罗斯境内的主要继承者之一，俄共自恢复合法地位以来，确立了通过议会斗争和宪法手段取得政权的战略目标，现已成为俄罗斯四大主要政党之一，并被视为“最大的反对党”。[②] 俄共的主要纲领是“建设社会主义，建立一个支持集体主义、自由和平等原则的正义社会，以苏维埃的形式实现真正的人民统治、加强多民族联邦制”，[③] 即“21 世纪革新的社会主义”。

一、俄罗斯联邦共产党的发展现状

自 1993 年重建后，俄共在党员人数和国家杜马席位方面长期呈持续下降趋势，该趋势在 2016 年达到低谷（在 2016 年的俄罗斯国家杜马选举中，俄共

---

① 陈家喜，深圳改革开放干部学院副院长、教授；付汀汀，深圳改革开放干部学院助理研究员。

② 诺维科夫：《俄罗斯联邦共产党发展现状与前景》，http://www.ccnumpfc.com/index.php/View/2926html。

③ 俄共官网：“关于我们”，https://cprf.ru/about-us。

仅获 42 席)，此后有所回升。从 2021 年俄罗斯国家杜马选举情况来看，统一俄罗斯党得票率为 49.85%，获 323 席，俄共得票率为 18.96%，获 57 席，公正俄罗斯党获 27 席、自由民主党获 23 席、新人党获 14 席[①]（见表 2），除了传统优势的远东地区，俄共在莫斯科、圣彼得堡、列宁格勒州、摩尔曼斯克州等地选票均有大幅增长，现任俄罗斯国家杜马第一副主席、俄共第一副主席伊万·梅利尼科夫称，“这是在本世纪混合选举条件下取得的最好结果”[②]。可以看出，尽管统一俄罗斯党仍然占绝大多数席位，但俄共席位大幅增加，自由民主党席位近乎减半，新人党势力则逐渐崛起。从 2021 年俄共十八大的统计数据来看，俄共现有党员 16.2 万人，自十七大以来共吸纳 6.4 万名新党员，现有 2 384 个地方党支部和 1.39 万个基层党支部。[③] 从地方影响力来看，俄共在全国各地的代表大约 1.15 万人，地区一级的代表人数增加了 63%[④]，在各地方议会席位 449 席，占比约 11.4%，在奥廖尔州、乌里扬诺夫斯克州、哈卡斯共和国 3 个联邦主体（俄罗斯的联邦主体共计 87 个，含克里米亚和塞瓦斯托波尔）和第三大城市新西伯利亚市（隶属新西伯利亚州）执政。总体来看，俄共支持者人数大幅增加，俄共“最坏的时刻已经过去”。

表 2　俄罗斯历届国家杜马选举排名表

届次＼名次	第一名	第二名	第三名
1（1993）	俄罗斯自由民主党 22.79%	俄罗斯选择 15.38%	俄罗斯联邦共产党 12.35%
2（1995）	俄罗斯联邦共产党 22.3%	俄罗斯自民党 11.18%	我们的家园－俄罗斯 10.13%
3（1999）	俄罗斯联邦共产党 24.29%	“团结”联盟 23.32%	祖国－全俄罗斯联盟 13.33%
4（2003）	统一俄罗斯党 37.57%	俄罗斯联邦共产党 12.61%	俄罗斯自由民主党 11.45%
5（2007）	统一俄罗斯党 64.3%	俄罗斯联邦共产党 11.57%	公正俄罗斯 7.74%

① 俄罗斯国家杜马官网：“党派”，http://duma.gov.ru/en/duma/factions。

② 俄共中央主席团向俄共中央十八届三中全会提交的报告：《关于 2021 年选举的结果和党的巩固成果的任务》，https://cprf.ru/2021/11/report-of-the-residium-of-the-cc-cprf-to-the-3d-plenum-of-the-cprf-central-committee。

③ 俄共十八大文件：《关于党中央政治报告的决议》，https://msk.kprf.ru/2021/04/30/159292。

④《在俄共十八大的讲话“中央委员会的政治报告”》，https://msk.kprf.ru/2021/04/25/159039。

续表

名次 届次	第一名	第二名	第三名
6（2011）	统一俄罗斯党 49.54%	俄罗斯联邦共产党 19.16%	公正俄罗斯 13.22%
7（2016）	统一俄罗斯党 54.19%	俄罗斯联邦共产党 13.34%	俄罗斯自由民主党 13.14%
8（2021）	统一俄罗斯党 49.85%	俄罗斯联邦共产党 18.96%	俄罗斯自由民主党 7.49%

（一）低潮中奋进仍将是俄共今后很长一段时间内的发展基调

第一，俄共选票大幅上升的原因与外部环境变化高度相关。在乌克兰危机后，特别是在新冠肺炎疫情流行以来，俄罗斯的内外部环境变化对民众的心态产生了较大影响。一方面，以美国为代表的西方国家抗疫不力，而美国在俄罗斯疫情肆虐、民生艰难的情况下，仍以纳瓦利内事件和“北溪 -2”天然气管道项目为由对俄罗斯实施制裁，此外，美国利用“保护盟友”等噱头升级俄乌冲突，企图削弱俄罗斯在欧洲大陆的影响力，这些综合因素显然使得俄罗斯民众“向西方看齐”心态进一步退潮；另一方面，俄共在维护劳工群体权益、追求社会公平正义等方面有所作为，在反对养老金改革问题上坚决斗争，这些努力使俄共的总体人气有所上升。

第二，俄共的基本盘没有发生较大变化。2018 年普京和统一俄罗斯党推出以延迟退休为核心的养老金改革政策后，俄国内政治生态明显发生左转，所有在野党均不支持该方案。后疫情时代，世界政治发展的共性是左翼思潮再次兴起，俄共作为俄罗斯最大的左翼政党人气上升也是意料中事。然而，长期以来俄共被视为现政权的“御用反对者”“体制内反对派”，而不是叶利钦时代的“不妥协反对派”。2012 年《政党法》颁布后，随着俄共主要经费来自政府拨款，其斗争策略也在发生变化，特别是在对外政策上支持普京。2022 年俄乌冲突爆发后，俄共立即表达对普京采取措施“捍卫顿巴斯和乌克兰人民的自由和独立”的支持。[①] 从支持者情况来看，俄罗斯社会普遍认为俄共的基本盘主要是中老年的“苏联孤忠”和依赖国家提供社会保障但又对政权党（即统一俄

① 《俄共中央主席团声明“乌克兰人民决不能成为世界资本和寡头氏族的受害者”》，https://cprf.ru/2022/02/the-people-of-ukraine-must-not-be-a-victim-of-world-capital-and-oligarchic-clans-statement-of-the-cprf-cc-presidium%ef%bf%bc。

罗斯党）不满的阶层，其支持率长期在20%上下徘徊，2021年选举得票率亦未超出基本盘的范畴。总体上看，俄共作为俄罗斯第二大党的地位较为稳定，较难有跨越式的发展。

第三，新人党的崛起给俄共带来新挑战。新人党于2020年3月成立，党主席涅恰耶夫是支持普京政权的社会组织“全俄人民阵线”的中央委员，该党的定位为青年政党，其主要支持者是20—27岁的年轻人。新人党党纲提出要重新定位国家，强调限制国家政权对人民社会生活的控制，在经济和政治结构、医学和教育、国防和安全、环境和外交政策等所有领域均提出了变革方案。[①] 其主要政纲包括：引入新的政治文化和民主模式，限制官员连任并扩大民选权力；提高人民收入，改革税收制度，发展创新，支持中小企业，限制国企，减少对企业的行政和权力压力；限制强力部门（指政府国安和情报机构及其背后政治利益集团）权力，放弃控制、审查、禁止和镇压政策；在国际关系上摆脱地缘政治的片面性等。总的来看，新人党表达了对渐进变革的强烈要求，其对年轻人的吸引力要远大于党纲稳定、缺乏新意的俄共。

第四，政权党强势地位难以撼动。在俄罗斯现行体制下，总统处于权力核心地位，议会多数党没有组阁权力（即俄罗斯事实上实行的是没有执政党、只有政权党的多党制），统一俄罗斯党成为保障总统权力在议会中畅行无阻的工具。此外，普京划设七大联邦区分管87个联邦主体，通过任命全权代表、修改财税制度，加强了对各联邦主体人事、财政的垂直管控。同时，通过修改选举法，把联邦行政长官的提名权赋予地方议会政党，从而吸引地方精英投靠统一俄罗斯党[②]，形成政权党依附领袖，与各级官僚体系深度捆绑、权力高度集中的自上而下的治理体制。在这套体制下，政权党利用绝对优势地位建立有利于自身选举的机制，即“扭曲力量平衡的机制”[③]：任何选举都是在有利于建制派的规则下进行的，对反对人士则严格打压并禁止“不受欢迎”的候选人，控制媒体，加强反共宣传。从组织体系来看，统一俄罗斯党组织体系包括中央、各联邦、地方和基层党组织[④]，共设有2 500多个地方分部（涵盖所有地方），共计8.6万个基层党组织，党员人数超过200万。可以看出，尽管政权党

---

① 新人党官网：《党纲》，https://newpeople.ru/program_newpeople。

② 郝赫：《简析俄罗斯政治权力体系架构的特点及其挑战》，载《俄罗斯东欧中亚研究》，2017年第6期，第17—27页。

③ 俄共中央主席团向俄共中央十八届三中全会提交的报告：《关于2021年选举的结果和党的巩固成果的任务》，https://cprf.ru/2021/11/report-of-the-presidium-of-the-cc-cprf-to-the-3d-plenum-of-the-cprf-central-committee。

④ 薛福岐：《统一俄罗斯党：从“政权党”到执政党》，载《人民论坛》，2018年第17期，第22—23页。

具有资本主义意识形态，但统治方式近乎"再苏共化"趋势。2020 年成功修宪和 2021 年国家杜马选举标志着一党独大、强势总统的"普京道路"得以持续。反观俄共，始终被认为是"忠于当局的反对派，在克里姆林宫划定的规则范围内行事"①，其内部对开展社会运动意见并不统一。例如久加诺夫反对激进化的运动，在部分俄共党员因表达对选举舞弊的抗议遭到罚款和刑拘后，他写信给普京强调说俄共是"一个负责任的、建设性的反对派"，并指示党内放弃进一步的抗议。可以看出，俄共领导层始终试图通过选举手段夺取政权，对于领导罢工、抵制抗议等方式保持谨慎克制的态度，其在意识形态上更接近社会民主党或民主社会主义者，因而难以在现行体制下扩大群众基础。

（二）俄共长期面临的困境分析

第一，缺乏魅力型领袖，后继无人。经过近 30 年的政治斗争，俄共没有推出任何新的有威望的政治家。苏联解体后，俄共共推出 3 位总统候选人，分别是久加诺夫、哈里托诺夫和格鲁季宁。久加诺夫自建党伊始担任俄共主席至今（2021 年 4 月再次当选），作为俄共领袖四次参加总统选举（分别在 1996 年、2000 年、2008 年和 2012 年），其得票率每次都位居第二且从 32.5% 以上一路走低至 17.8%。2004 年和 2018 年俄共分别推出了非原苏共党员出身的哈里托诺夫和格鲁季宁，两位候选人的得票率分别为 13.8% 和 11.8%（见表 3），低于久加诺夫的得票率。这一方面反映出俄共已无法推举出具有足够威望的领袖，影响力每况愈下，另一方面也反映出俄共组织制度的缺失，缺乏完善的接班人培养机制。

表 3 俄罗斯历届总统选举前两名参选人得票率

竞选年度	参选人及得票率
1996 年	叶利钦（无党籍）第一轮 35.8%，第二轮 54.4% 久加诺夫（俄共）第一轮 32.5%，第二轮 40.7%
2000 年	普京（无党籍）53.4%　久加诺夫（俄共）29.5%
2004 年	普京（无党籍）71.9%　哈里托诺夫（俄共）13.8%
2008 年	梅德维杰夫（统一俄罗斯）71.2%　久加诺夫（俄共）18%
2012 年	普京（统一俄罗斯）63.6%　久加诺夫（俄共）17.8%
2018 年	普京（无党籍）76.7%　格鲁季宁（俄共）11.8%

① 叶戈罗夫：《俄国家杜马选举，四党结构未变》，载《环球时报》，2021 年 10 月 16 日。

第二，精英冲突与党内分裂。俄共党内派别林立且多次分裂。俄共建党初期公开的派别有三个：以原苏共中央政治局委员、苏联部长会议主席雷日科夫为代表的主流派，以原苏共中央书记、“8·19事件”参与者舍宁为代表的列宁主义立场派，以原苏共中央委员谢列兹尼奥夫为代表的社会民主主义派。俄共声明自身是苏共在俄罗斯领土上的财产的全权继承者，但未能得到其他左翼政党的认同，如有布尔什维克政党认为俄共重建是“右倾机会主义进攻，共产主义运动的分裂和社会民主主义立场的强化”[①]。俄共内部还承袭了苏共历史上经常使用的党内斗争方法，自从普京执政以来，俄共内部的权力斗争和路线斗争导致各派别的分歧急剧加大。2000—2002年，舍宁为代表的列宁主义立场派和谢列兹尼奥夫为代表的社会民主主义派相继退党。2004年，以伊万诺沃州州长吉洪诺夫为首的反对派试图另立“俄共中央”失败后另组新党。2007—2010年，俄共中央在党内发动了反对“新托洛茨基主义”的斗争，又先后改组了圣彼得堡市和莫斯科市的俄共分部领导机构，撤换了市委主要负责人。[②] 上述一系列冲突与分裂导致俄共实力急剧衰退，党员人数和影响力一度大减。这种分裂在意识形态分歧上也有比较明显的体现，例如在支持未经批准的抗议活动方面，以俄共中央候补委员尼古拉·邦达连科为代表的年轻一代共产党人更拥护激进左翼主义，对俄罗斯反对派人士纳瓦利内表达支持，而以久加诺夫为代表的部分老一辈共产党员则更支持普京政权。俄共党内派系分裂、代际分裂等问题仍然会长期存在。

第三，党员数量增长趋势较缓且老龄化问题严重。一是党员人数急剧减少，党组织逐渐萎缩。近30年来，俄共党员数量从最初的50多万，下降至2017—2021年的16.2万左右。苏联解体后，俄共无力维持过去庞大的党组织，且随着党内分裂、其他派系“出走”，俄共党员数量大大减少，地方组织不断萎缩。二是党员队伍呈老龄化态势。自1993年重建以来，缺乏新生力量、党员数量自然锐减始终是俄共面临的最严重的问题。从党员结构来看，俄共党员的平均年龄高达55岁。为了改变这种情况，俄共提出各地区党组织每年必须发展10%新党员的指标，以推动党的年轻化。目前出现的积极变化是，与2016年相比，40岁以下党员占比达到25%，30岁以下年轻党员占比提升至约12%（2016年30岁以下年轻党员占比约为10.79%）。[③] 但与其他主要政党相

① 李永全：《作为政治反对派的俄共及俄罗斯共产主义运动》，载《俄罗斯东欧中亚研究》，2021年第5期，第18—30页。

② 李兴耕：《2007年以来俄共的党内斗争评析》，载《当代世界与社会主义》，2011年第4期，第67—72页。

③ 《俄共十八大总结报告》，https://cprf.ru/2021/05/the-18th-party-congress-of-the-cprf-summary-report。

比，俄共在争取年轻人支持、改变“老年党”形象上仍然任重道远。目前，在年轻党员数量有所增长的情况下，俄共开始关注组织建设，对新党员增设预备期，同时加强党的思想训练和党性学习。①

第四，选民基础固化。2012 年普京主导修改《政党法》并获得通过。一方面，多个从俄共分裂或意识形态与俄共相近的左翼政党得以注册成为合法政党②，例如除俄共外，自称坚持马列主义、社会主义前途的还有俄罗斯共产主义工人党 - 共产党人革命党、俄罗斯社会公正共产党、俄罗斯联合劳动阵线等；另一方面，《政党法》调整了政党财政资助的标准，2012 年后，俄共一半以上的经费来自国家资助。③这不仅导致左翼政党之间互相内耗拆台，也从实质上削弱了主要政党之间的意识形态竞争。俄共的选民基础日渐固化、选票遭到分化，这意味着俄共很难在现有社会结构下取得大的突破。

第五，理论创新匮乏，纲领缺乏号召力。一是俄共一直未能提出一套对公众有吸引力的理论纲领。④俄共纲领自 1995 年艰难诞生后，先后经过了 1997 年、2004 年和 2008 年的三次大的修改，确立了“21 世纪革新的社会主义”路线⑤。但在普京的领导下，俄罗斯进入一个政治经济相对稳定、民族主义热情高涨的时期，形成了以社会民主为核心的社会主流意识形态，俄共提出的纲领显然不符合主流社会思潮和国民心态，难以形成较大影响力。二是政策缺乏创新。俄共宣称，只有恢复社会主义才能消除社会不公，阻止经济滑坡，并建立起有效的国家管理体系，并提出“国家发展的三个阶段”⑥，但并没有就根治苏联旧体制的弊端而提出有吸引力的口号或理论，多数政策论述仍然按照苏联时代的标准设定目标。在这种情况下，俄共要想进一步扩大在国家政治生活中的影响力，依然任重而道远。俄共十八大提出的政策纲领指出，当前主要目标是取消养老金改革、为所有有需要的人提供住房、实行累进税、将自然资源收归国有、推动新的工业化、恢复农业、建立主权经济等。

---

① 《俄共中央主席团关于加强 2021/22 学年共产党思想训练、党性学习和政治教育的决定》，https://msk.kprf.ru/2021/11/26/186476。

② 吕静：《从 2018 年地方选举看俄罗斯左翼政党发展态势》，载《俄罗斯学刊》，2020 年第 1 期，第 73—90 页。

③ 那传林：《俄罗斯联邦共产党经费来源初探（2011 ～ 2016）》，载《世界社会主义研究》，2018 年第 4 期，第 30—37 页。

④ 郭春生：《新型政党政治下的俄罗斯联邦共产党》，载《国外社会科学前沿》，2020 年第 1 期，第 4—12 页。

⑤ 周杰：《俄罗斯联邦共产党对 21 世纪革新社会主义的探讨及其意义》，载《南昌大学学报（人文社会科学版）》，2015 年第 4 期，第 58—63 页。

⑥ 俄共官网：《党纲》，https://cprf.ru/party-program。

二、借鉴与启示

从苏共亡党亡国到俄共艰难重建，俄共在过去近30年间经历的兴衰荣辱，极具借鉴意义。梳理其历程，不难得到如下启示。

（一）必须坚持党的领导，坚持社会主义道路不动摇

共产党是社会主义国家的政权和政治体系的根本核心。戈尔巴乔夫上台后，采取了思想上削弱、组织上分裂、法律上取消等种种做法，先削弱、后放弃苏共的领导地位，并最终导致苏共的败亡和俄共的意识形态分裂。俄共长期处于低潮，根本原因在于俄罗斯社会主义政权消亡、社会主义意识形态的根基和思潮消失、现政权对共产党长期压制。这也提醒中共必须始终坚持并在新时代实践中不断丰富和发展党取得百年奋斗重大成就的十条历史经验：坚持党的领导、坚持人民至上、坚持理论创新、坚持独立自主、坚持中国道路、坚持胸怀天下、坚持开拓创新、坚持敢于斗争、坚持统一战线、坚持自我革命。①

（二）加强领袖权威，维护党内团结

政党领袖是政党的旗帜和方向。加强领袖权威对于在长期曲折艰苦的斗争中团结凝聚党员和党组织、开展政治竞选和选民动员，制定和传递政党政策等至关重要。俄共多次因领袖缺乏足够威望和影响力而造成派系林立，党遭到分裂和削弱。不论是在多党竞争体制下，还是在一党长期执政体制下，加强政党领袖权威都至关重要。要坚持维护领袖权威，强化领袖的个人形象，维护领袖的个人权威；健全维护党的领袖权威的领导制度和组织制度，形成上传下达、政令畅通的领导体制和组织体制；构建党内政治协商机制，通过制度化方式处理党内矛盾和分歧，坚决杜绝党内精英冲突和权力斗争，防止政党组织的分化、分裂。

（三）加强干部培养和党员发展，提升组织凝聚力

组织建设是政党战斗力的重要保障。只有持续加强基层组织建设，加强干部培养和党员发展，政党才能保有长期的生命力。从苏共执政后期出现的严重党群疏离，到戈尔巴乔夫改革冲垮了基层党组织，此后俄共的组织凝聚力严重下滑，其干部培养面临断层的风险，选民基础日渐固化和流失。其重要启示

---

① 《中共中央关于党的百年奋斗重大成就和历史经验的决议》，载《人民日报》，2021年11月17日。

是，党组织必须保持与群众的密切联系，必须加强党员队伍和基层党组织建设，在党内民主基础上维护党的一致和统一，建立健全干部培养和党员发展机制，确保党内始终“后继有人”，提升组织凝聚力。

（四）强化理论创新，增强政党纲领的吸引力

理论创新是政党得以长期发展的重要因素。只有摆脱教条主义，建立适应时势、与时俱进的思想理论体系，才能持续赢得话语权。以俄共为鉴，老旧的意识形态和政治纲领与时代发展和人民感受不相匹配是导致俄共丧失话语权的重要原因。当今世界正在经历百年未有之大变局，呈现“东升西降”的趋势。中共要加快把中国特色社会主义实践创新转变为理论创新的步伐，形成“实践—理论—实践”的正向循环，不断发展习近平新时代中国特色社会主义思想，为世界社会主义运动贡献原创性的理论成果。在此基础上，坚持“四个自信”不动摇，充分发挥理论优势与制度优势，突破西方话语体系的限制，走出中国特色的发展道路，逐步构建起“东方的话语体系”。

（五）不断提高治理能力，累积执政绩效

绩效合法性是执政合法性的重要内容。在推进国家治理体系与治理能力的现代化进程中，实现制度优势到制度效能的有效转换，达到经济发展、政治稳定、社会和谐的良好局面，是实现长期执政的必然要求。俄共人气的上升，与俄罗斯经济低迷、退休群体和低收入群体得不到保障、人民群众对执政党不满是密不可分的。久加诺夫等俄共领导人也高度认可中国共产党的领导和中国道路，多次呼吁要向中国学习，指出中国迅速战胜疫情并保持经济增长“再一次证明社会主义的优越性”。[①] 中国共产党作为以人民为中心的执政党，要坚持在新时代持续解放和发展生产力，发挥人才、科学技术、自主创新等要素的作用，全面贯彻新发展理念，加快构建新发展格局，推进科技自立自强，不断深化改革开放，改善民生保障，埋头苦干、勇毅前行，为实现第二个百年奋斗目标、实现中华民族伟大复兴的中国梦而不懈奋斗。

① 《中国共产党成功的最重要秘诀——善于向历史和人民群众学习》，载《真理报》，2021 年 3 月 6 日。

欧洲中左翼政党的未来在何处

杨云珍 ①

摘　　要：2008 年金融危机以来，欧洲中左翼政党处于前所未有的困境之中。本文探讨与思考面对当前的困境，欧洲中左翼政党的应对之策，以及它们的未来在何处。回溯了 1989 年以来中左翼经历的历史变迁，指出今天欧洲的中左翼正处于前所未有的危机之中。论述了二战后 70 多年来，中左翼是欧洲价值观的形塑者，是欧洲民主两极中的一极，如果左翼这一支柱崩塌了，欧洲将失去稳定与可预测性，即左翼的衰落威胁着欧洲的未来。面对困境与挑战，欧洲中左翼政党可以从三个维度加以应对，即促进更多的平等、超越民族国家应对全球化、加强左翼政党之间的团结。笔者认为，高度全球化与国内政治之间存在着根本的张力，也许短时间内难以逆转中左翼政党今天所面临的困境。但在危机重重的现实中，中左翼的价值追求并未过时，因为社会组织实质上是一个集体的道德工程，是一个事关所有人的共同事业。

21 世纪初期的世界政治充满了不确定性，尤其是 2008 年金融危机以来，欧洲的政党政治生态发生了巨大的变迁，欧洲左翼和社会主义力量面临的形势也发生了重大的变化。20 世纪 80 年代末 90 年代初，苏东剧变、苏联解体后，共产党和社会民主党等左翼力量一同遭遇了沉重打击，陷入了为生存而奋斗的境地。欧洲左翼力量随后经历了变化调整，在这样一个变迁的过程中，有坚守、有妥协、有退让、有蜕变、有转向，大体经历了三个发展阶段。②

第一阶段（1990—1995 年）：苏东剧变后，欧洲左翼经历了溃退、蜕变、分化、为谋求生存而奋斗的时期。在右翼高奏凯歌和恣意进攻面前，左翼面临被动和守势的局面，整体上从抗争到服从于资本主义体系转变，在意识形态方面经历了从激进到温和的调整，在政治光谱上，则发生了从左向右的移动，总之，这一阶段是总体退却、否定自己以谋求生存的阶段。

---

① 杨云珍，同济大学马克思主义学院副教授、同济大学德国研究中心研究员。

② ［英］唐纳德·萨松，姜辉、于海青、庞晓明译：《欧洲社会主义百年史——二十世纪西欧左翼》，北京：社会科学文献出版社，2017 年版，第 6—7 页。

第二阶段（1996—2007）：是欧洲左翼在经过苏东剧变之后，经过大分化、大调整后进行大幅度的理论政策转向并取得一些实际效果的时期。在理论层面上，以安东尼·吉登斯提出的“第三条道路”为标志。这一阶段前半期，出现了左翼的复兴，是欧洲左翼短暂的“黄金时代”，高潮时期则是欧洲当时兴起的玫瑰潮，即一片粉红色的欧洲，欧盟 15 个成员国中有 13 个由左翼政党执掌政权。然而在经历短暂的辉煌后，21 世纪初期左翼又纷纷下台，右翼卷土重来，欧盟多国右翼政党相继上台执政，欧洲的政治钟摆再次向右倾斜。与此同时，欧洲国家的共产党进一步被边缘化。总之，这一阶段是欧洲左翼更彻底地否定自己的传统、放弃自己明确的左翼身份特征、在变革或革新的口号下以大幅度向右转作为代价的时期。

第三阶段（2008 年至今）：2008 年资本主义世界发生金融危机，2009 年欧洲发生主权债务危机，加之 2015 年由叙利亚内战引发的难民危机。在多重危机的阴影下，欧洲左翼根据新的环境和条件进行再调适、再重组、再分化。这一时期可以称之为“否定之否定”阶段，在某种意义上出现了苏东剧变前左翼传统某种程度的“回归”。主要标志是在思想理论领域，欧洲重新兴起“马克思热”，左翼政党共产党和左翼人士在资本主义危机条件下对资本主义进行猛烈抨击，30 余年来似乎被人们遗忘的“阶级”“工人阶级”“社会主义”“替代资本主义”等概念重新回到了政治讨论话语中；在政治实践领域中，则是大规模的抗议或“占领”运动风起云涌，左翼政党对资本主义危机进行全面深入批判和反思。

唐纳德·萨松认为，当前西欧左翼的发展整体上可以概括为：占据“天时”但缺“人和”，转向激进但失锋芒，积极行动但缺少明确方向，谋求联合但却分裂分化。①

一、中左翼的衰落关乎欧洲的未来

2017 年是欧洲的大选年。从 2017 年 3 月荷兰的议会选举拉开帷幕，一直到 2018 年 3 月 4 日意大利选举结束。而在这两个国家中，社会民主党毫无疑问都是“失败者”。社会民主党在奥地利、捷克、法国都失去了权力。德国的社会民主党是唯一一个进入大联合政府的“胜利者”，但却是一场惨淡的胜利，在大联合政府中与基督教民主联盟保持着一种虚弱的联合。环顾当下的欧洲，

① ［英］唐纳德·萨松，姜辉、于海青、庞晓明译：《欧洲社会主义百年史——二十世纪西欧左翼》，北京：社会科学文献出版社，2017 年版，第 7—8 页。

社会民主党处于前所未有的危机之中。①

20世纪末21世纪初，在欧盟15个成员国中，有13个是有社会民主党参与执掌政权。而到了2019年，金融危机结束后的第10个年头，在28个欧盟成员国中，只有3个国家（西班牙、丹麦、芬兰）由社会民主党执掌政权。

20世纪80年代末90年代初，柏林墙的坍塌，社会主义阵营的解体，对于西欧的左翼政党而言是一场巨大的打击，对于社会民主党来说亦是如此。社会民主党丢失了自己最强大的武器——意识形态，面临自我身份认同的危机。在1980—1990年，在全球经济一体化的背景下，社会民主党停止了对平等的追求，开始宣扬个人主义和政治平衡。在接下来的时间里，社会民主党转而强调资本主义改革与社会发展的新模式。这一改革带来的后果，是越来越多的欧洲人抛弃社会民主党。今天，社会民主党被视为欧洲政治精英的一部分，它们今天的目标与价值观与过去相去甚远。

现有的欧洲秩序是建立在冷战后欧洲民主国家的自由主义经济和政治一体化的基础之上的。但目前这一秩序正受到侵蚀与挑战，包括英国脱欧，以及东欧国家以波兰、匈牙利为代表的威权民粹主义倾向。在一些欧盟创始国，如意大利出现了民族主义者和极右民粹主义者联合执掌政权的局面；在一些国家，左翼阵营出现分离，这不仅使欧洲社会民主党处于瘫痪状态，而且进一步加速了欧洲社会民主运动的离心过程。要改变这一局面，很大程度上取决于主流政客是否能够重新获得选民的信任。为此，他们必须解决许多紧迫而又棘手的问题，比如经济不平等，不受控制的移民及随之而来的不安全感。为了避免极端的民族主义，欧洲需要尽快克服经济和移民引发的危机，因为这是引起普通欧洲人不满的关键因素。

二战后的70多年来，社会民主党一直是欧洲民主两极中的一极，另一极是中右翼。专家与学者指出，如果左翼这一支柱崩塌了，欧洲将失去稳定与可预测性，同时其在左、右两端都会出现民粹主义。当然，中左翼仍然可以生存或者转化为其他形式，但它们充其量是过去的那个充满自信的社会民主党的影子。法国和希腊，就是最好的例子。法国的社会党在2017年大选中只有7.4%的支持率，泛希腊社会主义运动在希腊也只拥有6%的支持率。

有一种观点认为，2008年的金融危机对欧洲社会民主党是一个关键的打击，随后的紧缩政策则成为压倒社会民主党的最后一根稻草。但如果要探讨社会民主党的衰落，其最深层次的原因在于社会主义阵营的崩塌。苏联解体

---

① Sergey Manukov，*Crisis of European Social Democracy*：*Collapse of leftists is a threat to EU*，https://eadaily.com/en/news/2018/03/12/crisis-of-european-social-democracy-collapse-of-leftists-is-a-threat-to-eu，March 12，2018.

后，英国首相托尼·布莱尔和德国总理格哈德·施罗德建议社会民主党走第三条道路——将右派的经济信仰与左派的社会计划相结合。他们说服社会民主党人走上了改革和现代化的道路，使其对自身在新市场条件下的价值观进行了调整。

第三条道路并不是铺满了鲜花，反对者称布莱尔和施罗德是叛徒，指责他们将脆弱的欧洲工人暴露在全球经济的血腥挑战之下。许多经济学家承认施罗德的《2010 议程》是德国目前福利计划的基础。但另一方面，《2010 议程》带来的严格的金融削减计划激怒了德国人，也使德国社会民主党付出了惨重的代价。2017 年大选中，德国社会民主党仅仅获得 20.6% 的支持率，成为历史最低点，而在 1998 年，它的支持率曾达到 40%。德国的政治分析家与作家阿尔布雷希特·冯·卢克（Albrecht von Lucke）认为施罗德是给德国乃至整个欧洲社会民主党带来危机的关键人物。

社会民主党的关键问题在于自身的不团结：许多左翼力量，从遍布欧洲的不同的绿色党派到西班牙极“左”的民粹政党“我们能”——都剔除了以往几十年来社会民主党所坚守的内核。以往他们都与社会民主党有共同的基础，社会民主党也都从他们那里得到了选民支持。但现在这些激进左翼政党都离社会民主党越来越远。

在法国和奥地利，社会民主党最主要的挑战来自右翼阵营，且这个阵营正在获得新的动力。在 2015 年难民危机的背景下，社会民主党对移民的支持态度与倾向使他们失去了很多选民。今天，成千上万的欧洲人选择支持右翼，因为右翼政党承诺驱逐非法移民。这些人中有一些担心移民抢走自己的工作，有一些关注欧洲的文化认同［如德国的爱国欧洲人反对西方伊斯兰化（PEGIDA）运动］，其他一些是出于对安全的担忧。这些担忧恰好可以为法国的国民联盟和德国的选择党所利用，而左翼却无力作出合适的应对。

最大的失败者是法国的社会党。2017 年总统选举中，社会党在第一轮选举中就败北，在一个月后的议会选举中，这个从 2012 年开始执政的政党，只获得了 7.4% 的选票，在 250 个议席中只获得了 30 席。选举结束之后，欧盟经济事务的法国专员说，“社会党，我不知道它是活着还是已经死了”。2017 年选举失败引发了社民党内部的危机。7 月 1 日，伯努瓦·哈蒙（Hamon）脱离了社会党并组建了自己的运动。法国社会党的危机始于 2002 年，当时的候选人莱昂内尔·乔斯平（Lionel Jospin）没有进入第二轮，2012 年弗朗索瓦·奥朗德的胜利只是赢得了一个短暂喘息的机会。2017 年，该党面临进一步的灾难。

德国的社会民主党也在经历着衰落。2014 年，在德国勃兰登堡州的第二大城市科特布斯、德国与波兰的边界，社会民主党当时取得了压倒性的胜利，但是在 2017 年 9 月，他们仅仅获得了 17% 的选票，而德国选择党却获得了 29% 的选票。社民党的问题在于其不再是社会相关圈子中最强大的一方，它将工人流失给了德国左翼党和德国选择党。

以创建“从摇篮到坟墓”高度发达的福利体系而引以为傲的瑞典社民党也处于衰落之中。自 1932 年以来，曾在瑞典政坛执政 65 年，但在 2018 年的大选中，右翼的瑞典民主党的异军突起，社会民主党领导的中左翼联盟获得 40.6% 的选票，因无法过半，选举后陷入漫长的联合组阁政府时期。随着社会党力量的衰落，瑞典这一欧洲政治秩序最为稳健的国家，也处于向左转、抑或向右转的困境之中。

放眼欧洲，抵抗运动声浪高涨，法国的黄马甲运动、柏林的抵抗房租上涨运动、瑞典中学生领导的气候变迁罢课运动，以及波兰教师要求增加工资的运动，这些社会运动搅动了欧洲政坛，它们呈现出与以往社会运动不同的特征，表面松散但民众能快速聚集、社群号召力强大、因缺乏鲜明的政治组织，很难将其归属于传统的左翼或右翼。传统的左翼政治力量不仅被新时代的政治诉求所抛弃，更逐渐消失在欧盟各国的政治角力中，左翼的衰落是谁造成的？左翼这般昏暗、艰难的前景与欧洲面临的挑战，被欧洲的知识分子视为“欧洲的存亡之秋”。

2019 年 1 月，在欧洲议会选举之前，法国著名的作家和哲学家李维（Bernard-Henri Levy），联手捷克的米兰·昆德拉等近 30 位欧洲知识分子，在法国《解放报》发表一份宣言——《为欧洲而战，否则破坏者将摧毁它》。宣言指出，“欧洲大陆面临着自 20 世纪 30 年代以来最大的威胁与挑战，我们敦促爱国的欧洲人警惕民族主义的攻击”，“我们必须与极端民族主义这种古老的信念彻底划清界限，因为我们别无选择，我们必须为欧洲而战，或者眼睁睁看着欧洲在民粹主义的浪潮中灭亡”。

二、欧洲中左翼政党如何面对困境

面对今天所处的困境，欧洲左翼该何去何从。英国学者帕特里克·戴蒙德（Patrick Diamond）给出了战略建议。他认为，对于社会民主党人来说，首要的问题是如何更好地促进平等。

（一）促进平等

19 世纪法国著名的哲学家皮埃尔·勒鲁认为当卢梭精神传播到人民中间，

并为我们定下法律的时候，由全体人民大声说出的平等这个词就成为一种原则、一种信条、一种信念、一种信仰、一种宗教。他还指出，要确立政治权利的基础，必须达到人类平等，在此之前，则没有权利可言。而公民平等只是一种特殊情况，也可以说是人类平等的一种必然结果。①

英国社会哲学家和经济史学家托尼·理查德·亨利（Tawney Richard Henry）曾为工党撰写过许多政策性文件，在20世纪上半叶，他对英国社会思想作出了卓越的贡献。托尼探讨了一种共同文化的思想，对于社会凝聚力和团结的关注是其全部思想的基础。在其《贪得无厌的社会》和《平等》著作中，他指出资本主义的道德混乱被看作社会工业混乱和社会不安宁的根源。他认为一种平等价值的道德学说是一种基本价值，这种平等价值的含义并不是一种数学上的平等或待遇的统一，而是“一种文明手段的普遍扩散”，这将扩大自由，促进自我发展，并缩小社会“底层与顶层之间的距离”。而在资本主义状态下，之所以缺乏社会统一，是因为不存在，也不可能指向一个共同目标的道德统一。社会主义的状况最终取决于它能否创立一个具有共同目标的积极公民的重新道德化和整合的社会。在一个伙伴社会中，公民处于相互合作的状态，因而能够维持和发展一个真正的共同体。半个多世纪以来，托尼的看法的持久力并未遭到怀疑：社会组织实质上是一个集体的道德工程，是“一个关系到所有人的共同事业”②。

勒鲁在讨论平等的时候，探究了法国大革命为什么把政治归结为三个词：自由、平等、博爱。他指出，人一生的全部行动中都是合三而一的，就是说每个个体是知觉—感情—认识同时并存，因而在政治上必须对应人的本性的这三方面，每一方面都有一个相应的词。与人的形而上学中的知觉相对应的，就是自由；与感情一词相对应的就是博爱；与认识一词相对应的就是平等。如果说，我再一次相信自由，这是因为我相信平等；我之所以设想一个人人自由，像兄弟一般相处的政治社会，则是由于我设想了一个由人类平等的信条所统治着的社会。事实上，如果人们不能平等相处，又怎么能宣布人人自由呢？如果人们既不能平等，又没有自由，他们又怎么能以兄弟般的情谊相亲相爱呢？③

20世纪70年代，伴随着新自由主义的勃兴，左翼政治所珍视的价值观受

---

①［法］皮埃尔·勒鲁著，王允道译：《论平等》，北京：商务印书馆，2011年版，第21、72—73页。

②［英］戴维·米勒·韦农·波格丹诺著，邓正来等译：《布莱克维尔政治学百科全书》，北京：中国政法大学出版社，1992年版，第754页。

③［法］皮埃尔·勒鲁著，王允道译：《论平等》，北京：商务印书馆，2011年版，第12、15、16页。

到侵蚀。全球化趋势不仅增加了国家与国家之间的不平等，同时也增加了一国内部的不平等。加剧了 1% 与 99% 之间的矛盾。极右翼政党抓住了这一契机，他们发现了问题，以不平等发难，对于建制派提出挑战。但他们寄希望于用简单的办法来面对这个纷繁复杂的世界，使得极端民族主义、民粹主义回潮，同时也使欧洲处于危机之中。

泰勒（Taylor）和厄默（Ömer）在《从里根到特朗普的宏观经济不平等：市场势力、工资压制、资产价格上涨和工业衰退》新书中指出："工会和工人集体谈判权利的衰落，几十年来的工资压制是分配不善的根本原因，也是导致当今结构性不平等的根源所在。"[①] 一语道出了左翼政治力量的衰落带来的严重后果，同时给今天形形色色的极右翼的崛起提供了政治空间。

泰勒著作中最重要的信息与"涓滴经济学"（Trickle-down Economics）正好相反。涓滴经济学的理论认为，给富人和企业减税可以改善经济整体，最终可以惠及所有人包括穷人，因此反对征税来减少贫富差距，也减少对穷人进行社会救助。但泰勒认为，短时间内没有任何灵丹妙药可以迅速逆转过去 50 年结构转型的影响，但减少不平等，确实可以增加经济和生产力。[②]

社会民主党人已经制定了一项新战略，以促进欧洲社会和公民平等，而不是简单地回归战后时代试验性的补救措施。这项战略的宗旨在于，左派必须塑造与当代经济和社会相关的平等主义计划。经济生产的除垢、灵活性和专业化的增长、全球生产链的出现及新兴数字化技术的影响，所有这些都需要新的平等主义政策。在本质上，意味着重新关注私人部门市场中的工人和工薪阶层的经济权力，这就是预分配（Predistribution）的方法。预分配政策分为几种类型：

第一类预分配政策是关注提高低收入者的相对盈利能力，高质量的职业教育和培训将提高生产力，但也应该有针对性地支持那些低收入家庭，提高他们的劳动力和市场准入的能力。这些政策包括诸如增强儿童保育的可操作性、赋予工人权力以解决劳动力的驱动因素。市场歧视导致性别工资差距持续存在，以及对残疾员工和老年工人的歧视。提高工人的工资也需要增加安全保障，比如增加社会关怀。

第二类预分配政策是关于平衡过高的薪酬、不平等的奖励和巨大的工资差异。当然，这需要强制执行最低工资制，严厉惩罚流氓雇主。而且，鼓励工会

---

① William H. Janeway, " How Inequality Reduces Growth ", https://www.project-syndicate.org/onpoint/us- inequality-and-slowing-productivity-growth-according-to-lance-taylor-by-william-h-janeway-2020-12, December 2, 2020.

② 同①。

作为劳动力市场机构，为那些工资过低、处境恶化的工人提供帮助。企业的治理改革，如工人作为公司董事会的代表可以帮助限制高管的薪酬奖励，保持最低薪酬和最高薪酬之间的公平性。与此同时，应该有针对性地采取行动反对金融领域的不合理回报，因为这往往给其他经济部门树立一个坏榜样。

第三类预分配政策是产品、资本和消费者市场的改革。国家应该使用竞争政策压低价格，特别是对弱势群体产生不成比例影响的能源和公用事业市场进行改革。

第四类预分配政策是为了解决增长问题，2008 年以来，承受经济危机的一代年轻人，他们的实际收入和生活水平下降。政府干预应该包括增加提供高质量的住房、公平的房租，地方部门应该建立更多的房屋。对于那些低收入学生，应该有更强的激励机制，使得他们能够进入大学。这不是一个详尽的清单，但说明了预分配作为平等主义战略的广度。首先，“再分配”和“预分配”不是相互排斥的。平等主义者需要两者的配合。如果预分配的措施是有效的，它们应该能通过促进就业参与提高整体税收；从长远来看，更有弹性的税收政策可以增加再分配和社会投资的潜力。其次，预分配往往比传统的再分配在政治上面临更多的困难。预分配会触动根深蒂固的既得利益者，尤其是在金融领域方面。重要的是要强调较低的初级收入的不平等对经济效率和社会正义都有利。而更多的平等有助于创造更稳定的市场经济，通过民主政治的社会的力量而不是市场经济占上风的力量来保持社会平等。最后，自第二次世界大战以来的政策经验表明，平等不能仅仅在民族国家的边界内实现。为了打击逃税、避税，加强共同的劳动力标准以阻止在全球市场的竞争，国际间的协调行动成为越来越紧迫的需求。

（二）超越民族国家应对全球化趋势

全球化是市场、金融、贸易、服务、文化、旅游等方面的全球整合。全球化带来的好处分布不均。大多数对金融和贸易政策的管制都使跨国公司的利益超过了公民的利益，因此自 20 世纪 90 年代全球化趋势首次受到质疑。全球化使资本、劳动力、金融组织广泛在全球流动，而社会民主主义是以国家为导向的意识形态，面对全球化的冲击，短时间之内还无法跳出在自己的国家边界之内维系自己的成就如福利国家、教育和公民权等的窠臼。

经济学家丹尼·罗德里克（Dani Rodrik）敏锐地指出，高度全球化与一国的国内政治之间存在着根本性的张力。高度全球化确实会导致不断萎缩的国内政治，并使技术官僚与大众集团的要求隔离。而弗里德曼（Friedman）夸大了全球化的经济利益，却低估了其政治影响力，高估了全球深度一体化的长期可行性及可取性。①

社会民主党是建立在工人阶级基础之上的，产业工人阶级以采矿业和制造业为主，但随着科技的发展和新兴产业的兴起，采矿业和制造业的衰落，以及全球化带来的离岸生产，使工人的工作场所更加支离破碎，导致工会的权力下降。这不仅被视为是社会堕落程度上升的原因，也直接导致社会民主党大量选民的流失。

全球化带来的一个直接后果，就是金融从一个健全、谨慎的贷款方转变为商业和工业须臾不可离开的一个轮子。成为一个巨大的、占主导地位的吸血鬼，榨取企业的生命血液，最终榨干国家本身。这是所有政党都不得不面对的挑战，尤其是社会民主党。

全球化引发的另一个问题是对移民的恐惧，无论是真实的、还是想象的。这种恐惧，通常都被夸大了，也被社会民主党所忽视。出于政治正确的考量，社会民主党都避免触及移民这个议题，从而失去了对劳动力市场的监管。爱尔兰工会的首席经济学家保罗·史云尼（Paul Sweeney）认为国际化和全球化并不意味着国家的终结，在未来很长时间里，民族国家仍然是权力的主要支柱。

在金融化的领域中，有一些领域的变化对社会民主党造成了损害。包括：欧盟财政契约、表外融资的戏法（The False Magic of Off-Balance Sheet Financing）。欧盟财政契约和金融化使各国政府对公共财政采取了鲁莽的行动。其中之一就是利用公私合作伙伴关系等金融技术，使这些公共财政看起来是像在国家的资产负债表之外的。这并非巧合，这也使私营部门获得了相当大的公共支出。然而，当财务工程项目崩溃的时候，政府往往不得不动用其资产负债表上的附加成本进行救助。

丹尼·罗德里克认为，全球化对世界各地产生了高度不对称影响，尤其是先进民主国家，这些国家的基本社会契约已经瓦解。②今天我们看到的极右

① Dani Rodrik，*The Globalization Paradox*：*Democracy and the Future of the World Economy*，New York：W. W. Norton & Company，2012，p.117.

② Social Europe Dossier，The Crisis of Globalization，Social Europe（in cooperation with Friedrich-Ebert-Stiftung and Hans Böckler Stiftung），January 28，2019. p.88，https://www.socialeurope.eu/wp-content/uploads/2019/03 /The-Crisis-of-Globalisation-final.pdf

翼上升，在很大程度上归因于因全球化引发的分裂、不信任、失落与无助等问题，而中左翼政党放弃自己身份定位的做法，用不正确的方法拥抱全球化，为极右翼政党发展提供了政治空间。极右翼政党提供了一种文化的、民族主义的叙事方式和解释框架，其意识形态的吸引力在于降低了世界的复杂性。

那么，该如何应对这种全球化呢？逆全球化、反全球化并不是解决问题的根本所在。作为左翼的政治家和政治力量，需要认识到目前全球化的真正棘手问题在于，并不是我们有太多的全球化，而是这种全球化的模式使跨国公司、金融机构、高科技公司获得高额回报，而把普通劳工和弱势群体排斥在外。丹尼·罗德里克认为，需要一种新的再平衡。这意味着要更多地关注劳动力所关心的问题，而较少关注资本所关心的问题；打破关税壁垒，在某些领域，全球化或全球治理还远远不够，比如公司税收协调和全球银行业务更大的透明度；建立一个全球性的临时劳动力流动制度。因为，在商品和资本方面，全球市场已经相当自由，而国际劳动力流动经济学告诉我们，劳动力流动性获得的收益是巨大的，这一定程度上也能回应极右翼对移民的排斥。

正如丹尼·罗德里克指出的，中左翼力量是使全球化指向新自由主义的同谋。社会民主党将全球化视为无法控制的自然力量，推动了不平等的加剧，使福利国家受到侵蚀，普通劳工失去了社会保护。社会民主党的选举衰落与他所采取的非批判性的全球化的后果直接相关。

全球化存在着一个三角关系的悖论，面临着在民主国家、国家主权和超全球主义之间进行选择，我们可以拥有其中的任何两个，但不能同时拥有三个。“高度全球化”显然意味着新自由主义完全不受管制的世界经济的理想，需要通过某种方式，比如在国内层面展开对全球化的辩论来对全球化加以约束与管制。

全球化的反弹既有文化又有经济维度，因此必须与之正面交锋。在今天这样一个相互依存、全球化的世界，需要拥有各种层次身份的公民，这些公民不仅对当地社区、城镇、地区、国家保持忠诚，还需要对超越国界的问题加以关注，如环境保护等，公民之间的联系必须是能够互相促进和加强，而不是一种简单的零和冲突。

罗伯特·基欧汉认为，并非所有的全球化模式都是有益的，我们所处的是一个非均衡的全球化，怎样才能摆脱治理困境呢？他认为摆脱困境的出路在于更多地关注、期待其他人会如何作为，更多地关注基础的价值观和信仰（Belief），期待（Expectation）是行为的一个关键的决定性因素。它们很大程度上依赖于信任、声誉和互惠（reciprocity）等要素，而这些要素又依赖公民参与网络，或者说是社会资本。公民参与网络并非简单地划分为“国际的”和“国内的”，相反，它们是跨越这些界限的。①

牛津大学全球经济治理学教授恩盖尔·伍茨（Ngaire Woods）认为，资本主义正在发生着巨大的改变，回溯历史，那些思考资本主义的最深层次的思想家，无论是亚当·斯密还是其他人，他们都不是盲目信奉将一切都交给市场。真正的政治家需要考虑选民担忧的问题，如：住房、卫生、教育、工作。英国在二战后每年建造10万间房屋，并确保每个英国人家庭有一个像样的房子，但现在这一政策停滞很久了。政府应该思考如何应对这些基本问题，首先是回应本国人口的需求。这在全球治理的语境下，表明政治上可能意味着首先要向本地化倾斜，以提高人们的参与和信任，然后再去思考构建全球治理的制度体系。我们需要从下至上重建政治，重新思考合作中的战略利益，构建一个互惠的模式，欧洲需要与其他国家一起追求这些目标，并最终达成共识。

戴维·赫尔德认为，世界主义对政治和人类福利越来越重要，为了在世界政治中实现更多的责任、民主和社会公正，我们需要深入思考全球化和全球治理的适当形式。世界主义不仅不是一种乌托邦，反而是处于第二次世界大战后法律和政治重大发展的核心。② 许多人已经显示出能够做到这一点的能力，但是要继续这样下去，他们需要感到自信和安全，这就需要左翼提供力量支持。

（三）加强与左翼阵营的团结

20世纪80年代以来，从工人和社会主义运动角度来讲，欧洲左翼的设想是解决新自由主义政府执政以来，西欧面临的一系列经济、社会问题，如经济危机、滞涨、福利国家危机、新技术革命引发的一系列问题。在此背景

① ［英］戴维·赫尔德、安东尼·麦克格鲁编，曹荣湘等译：《治理全球化——权力、权威与全球治理》，北京：中国社会科学文献出版社，2004年版，第482、501页。

② ［英］戴维·赫尔德、安东尼·麦克格鲁编，曹荣湘等译：《治理全球化——权力、权威与全球治理》，北京：中国社会科学文献出版社，2004年版，第27页。

下，一些共产党和社会党对以往自己的政策进行反省后得出的一种解决问题的方案。新保守主义势力通过严厉的紧缩政策，缩减福利开支，缩小了财政赤字，使经济有不同程度的回升，但扩大了贫富分化差距，法国称之为“新贫民”，格洛茨称之为“三分之一的社会”（即社会三分之一的成员，包括失业者、养老金领取者、残疾者、流动工人等，生活水平将下降到贫困线以下）。西欧左翼政党起初对保守主义的生命力估计不足，认为不久即可取而代之，但随后 80 年代的选举结果令左翼失望。他们逐渐认识到：①资本，特别是金融资本在全球流动，西欧任何一个国家都很难凭借一己之力解决自己的经济和社会问题；②面对 20 世纪 80 年代美国和日本的强大竞争力量，西欧只有联合起来才能保护和扩大自己的产品市场；③对新技术革命不能被动应对，听任新技术革命对传统工业的冲击，放任长期的结构性失业，而是应积极利用新技术成果，努力创造新的就业机会；④关于西欧和第三世界的关系，从积极角度看，西欧和第三世界有紧密的联系，此外，从“社会主义”必须是全球性的理想来看，西欧必须支援第三世界。以上这些看法，再加上安全问题，必然使得一些共产党和社会党在确定自己政策时放眼于西欧、整个欧洲乃至世界。①

从政党政治的角度来看，英国是较为典型的两党制，由于保守党和工党代表着两大对抗的阶级——资产阶级和工人阶级。前者坚持固有的资本主义原则，后者坚持民主社会主义，因而，彼此的方针、路线、纲领难以调和，基本不存在政党联盟的问题。但欧洲还有许多采纳多党制的国家，由于政党众多而又缺少一个“超级大党”，仅凭一党之力，要在议会获得超过半数的席位极为不易。法国就是个经典的例子，自法国政党诞生、演变和发展至今，其政党数量之多在欧洲多党制的国家中首屈一指。其次，法国选举制度的设定，尤其是第五共和国大部分时期采用单记名多数两轮选举制，使得法国政党千方百计寻求政党联盟和制定政党联盟的策略。法国的左翼政党联盟的历史也并不是一帆风顺的，经历了曲折与起伏。

在第二次世界大战时期，法国共产党和社会党放弃前嫌，并肩携手，抗击法西斯主义。1972 年 6 月，双方经过艰苦谈判，达成了《共同施政纲领》，该纲领概括了左翼联盟在取得政权后所应采取的政治体制改革、经济和社会措

① 殷叙彝：《关于欧洲左翼的几点看法》，载《当代世界社会主义问题》，1988 年第 3 期，第 41—44 页。

施、外交方面的基本政策，以及对“其他民主政党和组织”的开放原则。在工业发达的资本主义国家法国，共产党人和社会党人共同发表一个完整而具体的施政纲领，还是破天荒第一次，具有不可低估的历史意义，也大大增加左翼的力量，扩大了自身的政治影响力。左翼联盟的总统候选人密特朗在1974年的总统选举中在第一轮投票中就胜出。[①] 总结近一个世纪以来法国左翼联盟所经历的风雨历程，可以得出以下结论：第一，左翼联盟是团结法国各个左翼政党，尤其是法共和社会党的法宝。这两支力量合则两利，分则两败俱伤。因而，左翼联盟在法国社会严重分裂的情况下对法国左翼政党是很有必要的；第二，左翼联盟的形式是多种多样的，但核心就是法共和社会党的关系，是团结法国中下层的劳动人民的最广泛的联盟；第三，左翼联盟必须始终如一地奉行左翼政策和共同纲领，贴近中下层群众的诉求。

今天，玛琳·勒庞领导的右翼政党国民联盟，已经搅动了法国政坛。2017年大选中，社会党的得票率只有7.4%。面对不断极化、碎片化的法国政治、面对严重撕裂的法国社会，面对愤怒的黄马甲抗议者们，法国的共产党和社会党，还能够像从前一样，在历史的紧急关头，重新组成左翼联盟吗？

三、中左翼政党的未来在何处

2020年最畅销的一本书是《食利资本主义：谁拥有经济，谁为其买单？》，作者布雷特·克里斯托弗斯（Brett Christophers）对21世纪初的资本主义进行了全面的审视，将其称为“食利资本主义”。他一针见血地指出，食利资本主义塑造了我们共同生活的每个领域，能源、房地产、航空航天、医疗保健、娱乐。这种既有说服力又有力量的资本主义的均衡状态，是租金积累的一种，而这种均衡是通过国家行使阶级权力造成的。这就不难理解，在英国经济中，所有权集中度在最近几十年中一直在增加。英国一些大公司的利润不是来自生产本身，而是来自他们利用对关键资源的控制来获取经济租金的能力。换句话说，一方面，极有钱的人通过垄断各类资源，比如土地、知识产权、自然资源、数据、平台等，获取高额利润，但对社会贡献少。英国食利资本在国民收入中所占份额稳步增长；另一方面，工人的利益受到牺牲，劳动者经历了双重

① 吴国庆：《法国政党和政党制度》，北京：社会科学文献出版社，2008年版，第300—313页。

困境。恰恰是这种食利资本主义的典型弊病，巨大的不平等现象和根深蒂固的经济停滞，无情地导致英国脱欧。

资本主义世界里存在的严峻问题，被极右翼政客发现了，他们以不平等发难，以保护社会底层的本地人为核心，以纯粹的人民、以“我们”和“他们”的区分为政治动员口号，提出自己的诉求——反精英、反建制、反移民、反全球化、反欧盟。不得不说，极右翼政客所发现的问题，是主流政治家不容回避的。资本主义社会的这些弊端，给极右翼的出现提供了某种程度的正当性。但我们需要思考的是，极右翼提出的解决方案、简单地否定一切的解决方案，是真正明智和可行的吗？面对不断蔓延的极右翼力量，左翼政党的未来又在何处？

作为 20 世纪左翼政治的主要代表，社会民主党的思想意识、政治战略和组织看似呈现合理自然的演变轨迹和逻辑，但也显示出其各自的矛盾。社会民主党为了适应变化的世界而表现出的开放性与党本身的思想特质之间的矛盾导致社会民主主义价值体系的褪色。继而在政治战略层面，造成身份特征危机，失去了自己以往的组织优势，从而使自身陷入巨大的困境之中。①

迈克尔·布罗宁（Michael Bröning）是弗里德里希 - 艾伯特基金会国际政策的主任，并且担任德国社会民主党基本价值观委员会成员。他相信欧洲的社会民主党仍然会发挥自己的作用。“社会民主党的问题在于他们似乎忘记了如何动员自己的资源来进行斗争。一旦他们回想起来了，他们就可以发挥更多的作用。”②

英国前首相托尼·布莱尔指出，对于主流政党，尤其是中左翼政党来说，忽略愤怒的选民、对极右翼力量视而不见，都是于事无补的。正确的做法是，在公共辩论中占有主动权，领导公共辩题，对于民众关心的议题必须在政治上做出回应，包括技术、教育、医疗保健，以及人们担忧的安全和移民问题，在保护我们的价值观的同时，提出明智的解决方案，重新提出一个能拥抱未来的政策议程。这样才能真正有效应对极右翼浪潮的挑战。③

---

① 林德山：《世纪的沉浮：欧洲社会民主党思想政治演变的逻辑与问题》，载《当代世界与社会主义》，2020 年第 6 期，第 52—59 页。

② Sergey Manukov，“Crisis of European Social Democracy：Collapse of leftists is a threat to EU”，March 12，2018，https://eadaily.com/en/news/2018/03/12/crisis-of-european-social-democracy-collapse-of-leftists-is-a-threat-to-eu.

③ Tony Blair，“Saving the Center，Project Syndicate”. January 16，2017，https://www.project-syndicate.org /commentary/saving-the-center-by-tony-blair-2017-01.

从政治的角度看，如果政府能够成功维持更公平的财富分配，那么民主政府的长期合法性将会得到加强。然而，已经发生的自发的私有化运动和企业家（他们利用许多转型经济中大量存在的机会去套利），所创造的私有财富已经造就了一个富有阶层，这样一来，想要建立公平的资本主义就变得困难多了。一个忠告是，要以“正确的方式提出问题”，不要把“市场”与“政府”对峙起来，而应该是在两者之间保持恰到好处的平衡，因为有可能存在许多的中间形态的经济组织。①

面对新自由主义、全球化风行 50 年来给欧洲各国带来的巨大的社会结构变迁，也许短时间之内，找不到任何灵丹妙药去逆转左翼政党今天所面临的巨大困境。但在危机重重的现实中，重新审视左翼的价值追求更具意义，左翼的价值观并未过时。

---

① ［美］约瑟夫·E. 斯蒂格利茨著，周立群、韩亮、于文波译：《社会主义向何处去：经济体制转型的理论与证据》，长春：吉林人民出版社，2011 年版，第 303 页。

影响法国共产党百年兴衰的三个关键性问题

赵　超[①]

摘　要： 在法国共产党100年的发展历程中，有三个关键性问题发挥了至关重要的作用，影响法共发展的各种内外因素基本均同这三个问题相关。这三个问题包括：获取政权是通过暴力革命还是代议制民主？社会基础是依托传统的工农联盟还是尽可能地吸纳各个阶层的民众？同其他左翼政治力量是采取联合的态度还是保持自身政治独立性？法共百年来对这三个问题的认知和探索，反映了其对国内外形势变化做出的判断和应对挑战的能力，也是其由盛转衰的关键原因所在。

当前活跃在法国政坛的政党，大多建立于第五共和国成立之后。其中，部分政党多次经历改组，名称一变再变，例如法国共和党。部分政党昙花一现，虽然曾经产生过一定的影响力，但不久就销声匿迹。历史最为悠久的是法国共产党和社会党，尽管他们也曾经历过数次分裂和调整，但相比其他政党而言，整体上保持了相对较强的延续性。作为国际共产主义运动的重要参与者，法国共产党在探索共产主义的道路上取得过成就，也经历过曲折，其经验和教训尤其值得我们关注。

2020年12月底，法国共产党在图尔举行活动，庆祝法共成立100周年。在这100年中，法共曾经历辉煌，二战后一度作为法国第一大政党，在政坛和社会上产生过巨大影响。然而，自20世纪80年代起，法共开始出现比较明显的衰退迹象。尤其在苏东剧变之后，法共的选举表现越来越糟，政党内部出现严重分裂，党员人数锐减，衰退速度加剧。如今，法共在法国政坛的影响力较弱，社会能见度较低，遭受严重的边缘化。法共由盛转衰的现象是内外多重因素共同作用的结果，但对这些因素进行分析可以发现，根源在于政党本身对形势变化做出的判断和应对挑战的能力。在不同时期，政党做出的战略决策，实际上是政党对影响其自身发展的内外因素的反应。综合而言，法共对政权获取

---

① 赵超，中央党史和文献研究院副研究员。

渠道、社会基础和党际关系这三个问题的认知和探索贯穿了其百年发展历程。这三个问题是制约该党发展的关键性问题，影响该党发展的内外因素均或多或少、直接或间接地同这三个问题相关，该党对政策理念的调整也都离不开对这三个问题的思考。本文将重点考察法共对这三个问题的认知和探索，由此作为切入点探析该党由盛转衰的原因。

一、关于政权获取渠道：暴力革命还是代议制民主？

法共对这个问题的认知和探索同党的意识形态构建、与苏共的关系、对法国政治制度的适应性等多个因素具有相关性。法共从起初全盘接受苏联模式，以反建制政党的身份参与法国政治生活，到后来在代议制民主框架内推行民主实践，结合法国国情重新认识和理解民主的内涵。这个过程反映出西方国家的共产党在代议制民主体制内的发展容易受到制约，理念上存在一些难以调和的矛盾点，这些矛盾点会使共产党陷入两难的困境：一方面，为适应体制的改变容易丧失政党的独特性和放弃传统主张；另一方面，一味强调保持政党的传统独特性又会使党被排斥在本国的政治制度之外，政治活动空间受到挤压。

1920 年 12 月 25 日至 30 日，法国统一社会党在图尔召开第十八次全国代表大会，与会代表就是否加入第三国际展开了激烈的争论。以加香为代表的多数成员赞同社会主义革命和无产阶级专政，即以暴力推翻资产阶级政权，以无产阶级专政实现社会主义，主张立即无条件地加入共产国际。由此，统一社会党分裂为两派，多数派改称“共产国际法国支部”，并于 1921 年 12 月的马赛代表大会上正式命名为法国共产党。由于法共是在全盘接受共产国际和苏共领导的前提下组建的，因此在很长一段时期内一直将马克思列宁主义学说作为指导思想，主张联合工农大众以暴力革命的方式推翻法国资产阶级政权，建立无产阶级专政的苏维埃政权，在各个领域对苏共皆是亦步亦趋。建党之初，为改变共产国际指出的“右倾机会主义”错误，法共在党内推行“布尔什维化”运动，从“代议制的社会主义演变到革命的共产主义”。[①] 由于法共追求以暴力革命推翻资产阶级政权，因此遭到法国政府的打压，被迫处于半公开状态，大多数法共领导人遭到当局逮捕。二战期间，法国当局颁布法令解散法共，禁止法共开展出版宣传活动。

---

① ［法］克洛德·维拉尔著，曹松豪译：《法国社会主义简史》，北京：中共中央党校出版社，1992 年版，第 102 页。

二战结束后，由于法共在战争中表现出色，赢得了民众的广泛支持，在1946年的国民议会选举和参议院选举中获得巨大胜利，成为议会两院第一大党，并于1944年9月至1947年5月参加了5届政府。由此，法共开始尝试思考和探索法国式的社会主义，特别是重新探讨对民主的理解，接受孔多塞的民主观念，提出反对“个人专权”，政党的权力应当来自人民，政府要对国家代表负责，立法机构应该严格监督行政机构，要扩大民主和自由。时任法共领导人莫里斯·多列士在接受媒体采访时指出：“不管怎么样，对于每个国家来说，社会主义的道路是必定不同的……具有光荣传统的法兰西人民一定能够找到更广泛的民主、进步和社会主义道路。”[①] 这事实上是肯定了在议会制度框架内推行人民所信赖的民主纲领。但是由于苏共的强烈反对及冷战的开始，法共被迫放弃了在代议制民主框架内探索社会主义道路的尝试。

第五共和国成立后，法共继续跟随苏共脚步，推行脱离法国国情的路线政策。由于对戴高乐主义和第五共和国政治制度的误判，法共的反建制特征再次凸显。而当时绝大多数法国民众都对戴高乐及其创立的第五共和国政治制度持支持态度，法共在选举中违反民意的举动实际上是主动将自己孤立于体制和民众之外，加之第五共和国对反建制的法共设立了制度壁垒，实行“两轮多数”的选举制度，因此法共在这个时期的实力和影响力都出现了一定程度的下降。

斯大林去世后，社会主义阵营内部出现分裂，法共开始重新审视苏联模式。1956年，苏共二十大提出和平过渡路线，法共也在这一路线的启发下开始了新的尝试。1964年，法共十七大分析了民主斗争和社会主义斗争之间的关系，提出争取民主的斗争是工人阶级争取社会主义斗争的组成部分，提出和平过渡到社会主义，正式放弃了对一党专政的主张。“五月风暴”和苏联入侵捷克斯洛伐克进一步推动了法共对苏联模式负面影响的思考。1968年底，法共发表了题为《争取先进民主，争取社会主义的法国》的“尚皮尼宣言”，对和平民主地过渡到社会主义的方针进行了全面阐释，提出建设“先进民主”政权的目标，表示法共将独立自主地制定自己的战略和策略。

自20世纪70年代起，法共开始开展党内革新运动，明确摈弃苏联模式，对斯大林进行批判。法共提出“在和平与自由民主中走向社会主义”的原则，与意共、西共等西欧国家共产党共同探索“欧洲共产主义”道路。自此，法共开启了对原有理论的“破与立”之路。1971年，法共中央委员会通过纲领性文件，其中包括对政治制度民主化的阐释。1976年，法共在二十二大上正式

① 转引自吴国庆：《法国政党和政党制度》，北京：社会科学文献出版社，2008年版，第231页。

放弃了“无产阶级专政”的提法，提出“法国色彩的社会主义”新理论，并勾画出一条与此相适应的社会主义民主道路。1977 年，法共放弃“无产阶级国际主义”的提法，代之以“国际主义声援”。1979 年，法共在二十三大上放弃了以“马克思列宁主义”作为党的指导思想，代之以“科学社会主义”，并将“民主和自治的社会主义”作为法国色彩社会主义的目标。但是，法共在这个时期的做法并未见到成效，相反，法共的影响力进一步下降，20 世纪 80 年代开始出现明显衰退，在各级选举中的得票率不尽如人意。

20 世纪 80 年代末 90 年代初苏东剧变对法共形成了巨大的冲击。面对国内外不断恶化的政治形势，法共加快了“破与立”的步伐，同苏联模式划清界限，继续探寻新的替代方案。1994 年，法共在二十八大上正式放弃将民主集中制作为党内生活的指导原则，以“民主的运转原则”取而代之，更加强调党内民主。从大会文件的拟定开始，改变过去由中央拟定初稿交由基层党员讨论的自上而下的传统做法，而是由基层党支部收集党员的意见交由中央，再由中央根据这些意见起草大会文件。1996 年，法共二十九大又以“新共产主义”理论取代了“法国色彩的社会主义”理论，与传统的革命激进立场决裂，提出“超越资本主义”，即在资本主义制度中推动对政治、经济和文化等领域的变革，最终达到消灭资本主义的剥削、压迫和异化的目的，这实际上是一种改良主义的理论。但是新的理论、纲领和政策的实施未能遏制法共进一步衰退的趋势，法共以“新共产主义”为旗帜的改革很快又宣告失败了。此后，法共未能再形成新的比较系统的理论体系，仅仅是延续“新共产主义”的改良思路，发掘适应现实条件的传统要素，为吸引选民提出一些新的纲领和口号：2006 年，法共时任总书记玛丽 – 乔治 · 比费（Marie-Georges Buffet）在三十三大上进一步阐明“超越资本主义”的内涵，展望共产主义的新特点；2016 年，时任总书记皮埃尔 · 洛朗（Pierre Laurent）提出“共产主义变革恰逢良机”，要建立一个平等和共享的共同世界；2020 年，法共在庆祝百年活动中，现任总书记法比安 · 鲁塞尔（Fabien Roussel）在接受媒体采访时提出“共产主义是人类希望的代名词”。①

可以说，近几十年来，法共的改革主要是为了更好地在代议制民主框架下开展活动。但这些改革仅仅达到了“破”的目的，接连摈弃了过去的理论传统，意图同苏联模式彻底撇清关系，但是却未能实现“立”，还没有真正找到一条既符合法国国情又具有政党辨识度的理论道路。时至今日，法共仍未能完

① Julia Hamlaoui，Centenaire du PCF. Fabien Roussel：«Le communisme，c'est la jeunesse du monde»，*L'humanité*，18 Decembre 2020，source：https://www.humanite.fr/centenaire-du-pcf-fabien-roussel-le- communisme-cest-la-jeunesse-du-monde-697820.

全走出苏联模式的阴影，其历史上对苏共的依附以及由此产生的旧疾仍持续在公共舆论中发酵，成为法共难以抹去的负资产，一直对其重建法共形象形成羁绊。

二、关于社会基础：先锋党还是群众党？

法共对这个问题的认知和探索涉及党的身份认同、党员构成、选民基础、社会结构变化等因素。法共从最初为保持队伍的纯洁性，局限于作为工人阶级先锋队、工农大众利益的维护者和代言人，到现在立足最贫困的社会群体、面向广大中产阶级争取支持者。这个过程反映了法共自接受在代议制民主框架内活动后，面对传统产业工人和农民群体缩小的社会总趋势，努力尝试扩大自己的社会基础，争取更多的党员和选民支持。

1921 年，法共正式成立之初，拥有 11 万党员，以底层工人和农民为主。法共根据共产国际的要求，对原统一社会党的组织结构实施了改造，将企业和工厂的党支部作为党的主要基层组织。随后，法共在对党的意识形态进行“布尔什维克化”的同时，也推动了党员的“无产阶级化”，将法共改造成名副其实的工人阶级先锋队。但在共产国际的干预和指挥下，法共在整顿党组织过程中曾一度犯了“左”的错误：一方面，将党内反对派、共济会会员、为资产阶级报刊撰稿的党员都清洗出党的队伍，致使大批党员脱党；另一方面，明确将工人和农民作为唯一的社会基础，拒绝其他阶层加入法共。

二战前后，为团结一切抗击德国法西斯侵略的爱国进步力量，法共克服了此前一味追求队伍纯洁性的宗派主义缺陷，开放入党的大门，其社会影响力得到显著提升。根据相关数据统计，1935 年，法共仅有约 8.7 万名党员，1936 年，法共倡导成立人民阵线后，当年底党员人数就迅速升至约 28.8 万，至战争结束后，1947 年，法共党员人数达到了约 81.3 万的历史最高点。[①]20 世纪 40 至 50 年代，法共选民和党员的社会成分基本一致，均是以传统的产业工人为主[②]，法共仍保持了工人阶级先锋党的性质。

但随着经济结构的改变，社会阶层结构也相应发生变化。第三产业所占比重大大增加，而传统产业工人所占比重减少，从事管理、技术等岗位的人员成为新的中产阶级，这些都在一定程度上削弱了法共原有的社会基础。面对大形势的变化，法共反应迟缓，未能很好地应对挑战，反而因决策失误在工人当

---

① Roger Martelli，Les effectifs du PCF de 1920 à 2009 : tableaux et cartes，https://gabrielperi.fr/centenaire/les-effectifs-du-pcf-de-1920-2009/.

② 吴国庆：《法国政党和政党制度》，北京：社会科学文献出版社，2008 年版，第 233 页。

中流失了一批支持者。这些原本支持法共的左翼工人转而支持极右翼政党国民阵线，这在 20 世纪 80 年代表现得尤为明显。

苏东剧变后，法共开始尝试改变策略，借鉴法国社会党塑造全民党的经验，淡化工人阶级先锋队的属性，探索中间化的道路，以扩大社会基础。一方面，对党旗标志进行调整。以前法共党旗一直使用代表工农联盟的镰刀斧头的共产党标志性图案；1996 年，在法共二十九大上取消了镰刀斧头的图案，将其简化为法国共产党的名称，但并没有刻意对外强调这一点变化；紧接着，1999 年，取消了法共党刊《人道报》在头版上的镰刀斧头图案，2013 年，又取消了党员证上的相关图案；2018 年，法共三十八大正式对外宣称将党旗更换为象征法国本土轮廓的星星图案，意在代表整个法国。另一方面，在政策主张上，不再特别强调维护工人阶级的利益，而是提出为所有社会运动者争取平等的权利，包括女权主义者、人道主义者、反种族主义者、生态学派、和平主义者等[①]，实际上是在强调关照最贫困群体的基础上尽可能地吸纳更多的中产阶级。

但是，中间化路线并未收到预期效果，模糊了法共原有的独特性却未能形成新的特点，失去了旧有的群众基础却未能吸引新的选民群体。这令法共走上了同其他左翼政党趋同的道路，在重现政党碎片化态势的法国政治环境中缺乏竞争力。如今，法共定期缴纳党费的党员仅剩下 43 473 人。[②]

三、关于党际关系：联合左翼还是保持独立?

法共对这个问题的认知和探索同政党的战略部署、国内外政治环境的影响、选举制度的影响等因素相关。在 100 年的发展历程中，法共关于联合左翼政党的立场和态度多次发生转变，这主要反映在国内各级选举中多次调整同社会党等左翼政党的关系上。

法共与社会党是由统一社会党分裂而成的两个政党，有着深厚的历史渊源。两党虽然在政策主张、组织构成等诸多方面具有一定的相似性，但在意识形态方面存在着明显的分歧，加之受到外来因素的干扰，百年来两党纠葛不断。法共成立之初，为巩固党内的“布尔什维克化”，在共产国际的要求下，

---

① 范雅康：《法共“新共产主义”理论的演进、实践与评述》，载《法国研究》，2020 年第 2 期，第 91—100 页。

② Corinne Laurent，“Élection presidentielle 2022 : Fabien Roussel designe candidat du Parti communiste ”，*La Croix*，https://www.la-croix.com/France/Election-presidentielle-2022-Fabien-Roussel-designe-candidat- Parti-communist e-2021-05-09-1201154974.

同“社会党”对立起来，以“阶级反对阶级”[①]的立场对待社会党，反对社会党的所有政治主张，拒绝在议会选举中同社会党等其他左翼政党联合。在此时期，法共除了反对社会党等“右倾”的左翼政党外，还坚决反对代表资产阶级的右翼政党以及中间政治力量，实际上是在法国政治生活中主动采取自我孤立，这对法共的声誉和影响力产生了不小的负面影响。

在反法西斯斗争中，法共为联合一切爱国进步力量，主动寻求同其他左翼政党开展合作，联合社会党和激进党成立人民阵线。但在合作过程中，法共走得太远，提出“通过人民阵线向苏维埃共和国过渡”[②]的口号，试图建立以左翼政党为核心的多党制的民主联合政府，由此开辟通向社会主义的道路。这种主张引起了社会党和激进党的不满，最终导致人民阵线瓦解。但在随后的抵抗运动中，法共积极参加让·穆兰领导的本土抵抗组织，成为爱国武装斗争的中坚力量，并加入戴高乐领导的“法兰西民族解放委员会”，将法共领导的武装力量并入法国军队。为争取民族解放和国家独立，法共暂且搁置了同其他政党的分歧，积极同左右翼各派爱国政治力量开展合作。这些都为法共在二战结束后取得辉煌成就奠定了基础。

冷战开始后，两大阵营的矛盾日趋激烈，西方国家普遍对共产党采取敌视和排斥的态度。在这样的政治环境下，参加法共代表大会的苏共代表提出要求，法共必须与社会党进行坚决的斗争，因为社会党是帝国主义的忠实附庸，须改变“机会主义”和“议会主义”的路线。在苏共的压力下，法共重新认识了国内外形势，接受了两大阵营的观点，开始转变同社会党联盟和积极参政的政治策略，这令法共又开始了一段自我孤立的时期。

1962 年，法共在苏共和平过渡路线的指导下，提出联合左翼政党的设想，经过同社会党等左翼政党的数次接触和谈判，最终于 1972 年推出了《共同执政纲领》，建立起左翼联盟。1981 年上半年，在法共的支持下，社会党候选人密特朗成功当选总统，左翼联盟也在议会选举中获胜，于是法共开始参与社会党政府的联合执政，有 4 名共产党员进入政府担任部长。由此，法共与社会党度过了一段蜜月期。

但是，社会党执政后实行的一系列改革未能满足法共的期待，也违反了两党联合执政的政治协议。法共对社会党从 1982 年下半年起转而对经济和社会政策实行紧缩非常不满，认为此举严重损害了中下层人民的利益。为此，法共开始展开对社会党政策右倾化的批判，左翼联盟出现裂痕。1984 年 7 月，

---

① Colette Ysmal，*Les partis politiques sous la Vème République*，Montchrestien，1989，p.22.

② Jacques Fauvet，*Histoire du Parti communiste français*：（*1920-1976*），Fayard，1977，p.161.

法共拒绝参加社会党政府，9 月正式宣布退出左翼联盟。在两党结成左翼联盟期间，社会党标榜“阶级阵线”，趁机分化和争取了一批支持法共的基层选民，悄悄蚕食了法共的政治力量。法共从此又开始了同社会党的决裂，也正是从这时起走上了衰退之路。

随后，法共为走出苏东剧变的阴影，提出“新共产主义”理论的同时，重新考虑凝聚左翼力量，重塑同左翼政党的关系，主张建立“左翼进步力量联盟”。1997 年，法共同社会党就反对右翼和极右翼、实行改革、增加就业等问题达成共识，再次摈弃分歧实现合作。此时正值左右共治时期，“左翼进步力量联盟”在议会选举中获胜，社会党人若斯潘担任总理负责组建多元左翼政府，有 2 名法共党员担任政府部长。在 5 年任期内，法共积累了施政经验，促使政府的社会政策进一步向左倾斜，这成为法共有史以来参政时间最长的一次。但在这次同社会党合作的过程中，法共始终处于屈从社会党的位置上，在很多方面受到束缚，缺乏独立性，这些都令法共的力量受到严重侵蚀。2002 年和 2007 年的总统大选上，法共遭遇惨败，仅分别获得了 3.4% 和 1.9% 的得票率[①]，接连创下法共候选人得票率的历史最低纪录。

重创之下，法共进行反思，决定结束同社会党的联合，在左翼阵营内寻求其他合作伙伴。2008 年，法共与梅朗雄新组建的法国左翼党结成“左翼阵线联盟”，共同参与包括欧洲议会选举在内的各级选举。法国左翼党比法共更为激进，在法国的政治光谱上处于极左区间内，2016 年，该党改组为不屈法国党。法共在 2012 年和 2017 年两次总统选举中，放弃了推出独立候选人的机会，全力支持梅朗雄作为“左翼阵线联盟”的候选人参选。法共同极左翼政党的合作令梅朗雄的政治力量不断提升，但更加削弱了法共的政治独立性，令其在联盟运行的 10 年中几乎成为梅朗雄的附庸，社会能见度更低。

2018 年，法共三十八大上，鲁塞尔接任总书记一职，重新审视法共的左翼联合政策。2022 年 4 月，鲁塞尔决定以法共候选人的身份参加总统大选，这也是对党内要求独立参选呼声的积极回应。然而，选举结果并不尽如人意，鲁塞尔仅获得了 2.28% 的选票。由于相对力量较强的 4 个左翼政党都推出了自己的候选人独立参选，缺乏联合的左翼被分散了选票。事实上，在这次大选中，如果左翼政党集中力量推出统一候选人，得票率是能够超过国民联盟的。于是在 2 个月后的议会选举中，法共再次选择加入“左翼联盟”，同不屈的法兰西、社会党、欧洲生态 – 绿党联合组建“生态与社会新人民联盟”(NUPES)，

---

① Le Parti Communiste Française（PCF），*Le Politiste*，source：ttps://le-politiste.com/le-parti-communiste- rancais-pcf/

最终取得了 131 个席位，排名第二。但是这种为了选举的联合战略并不能掩盖左翼内部在很多问题上的分歧，法共仍然在联合还是独立的问题上犹豫不决。

由此可见，在苏东剧变前，法共主要纠结于是否同社会党等左翼政党联合；而在苏东剧变后，则基本明确了联合左翼政党的立场，但纠结于是同中左翼合作还是同极左翼合作。法共在对联合左翼的态度上一直摇摆不定，反映出法共对自身政治定位的犹豫不决。这既是该党对内外形势变化的思考和认知尚未成形的结果，也是党内不同派别无法达成共识的结果。而在这个过程中，法共的选民和党员不断流失，社会影响力一再下降，处于更加边缘的境地。

事实上，在第五共和国的制度保障下，法国长期以来已基本形成了相对稳定的两极多党制格局。而自 2017 年以来，这样的政治格局已被彻底打破。法国政坛重现政党碎片化的趋势，左右阵营的传统政党正遭受新兴政党的冲击。新的政治形势迫使各种政治力量面临实验性重组，政党内部尚需时间进行协商和磨合。在这样的政治氛围中，周期性的经济危机循环往复、移民和难民不断加重社会分裂、恐怖主义袭击频发扰乱社会安全、重大传染性疾病引发公共卫生危机等问题为政党带来了更大的挑战和考验。能否对形势变化做出正确的判断，积极应对当前的挑战，这是摆在包括法共在内的每个法国政党面前的难题。

日本共产党的困境及我们的应对

谭晓军[①]

摘　　要：2021年10月末，日本政坛举行了众议院大选，日本共产党虽倾尽全党之力，实现了“在野党共斗”的竞选方式，却不仅未能实现执政党更替的竞选目标，而且自身还减少了2个议席，被视为遇到巨大挫折，遭受重大失败。然而，这样的结果并非出乎意料，它是日共长期深处逆境且近年来自身出现诸多问题的必然结果。2022年日共迎来建党百年，回顾日共历史，了解日共逐步陷入困境的原因，不仅对于中共的发展具有较好的提示作用，而且对于中共应对近年来中日两党面临的困局也具有较好的帮助。

日本共产党（以下简称“日共”）是以科学社会主义（马克思主义）为理论基础，以实现社会主义和共产主义为目标的政党。它不仅是现今日本政坛历史最为悠久的政党，而且是当今世界发达资本主义国家人数最多的共产党，更是日本规模最大、最具影响力的左翼政党。日共现有党员人数约27万。在2021年10月末的众议院大选后，现有众议院议席10个，占总议席465个的2%；参议院议席13个，占总议席245个的5%；都道府县议席140个，占总议席2 668个的5%；市区町村议席2 451个，占总议席29 762个的8%。然而，日共近年来无论是在党的自身发展还是在争取民众的支持方面，都面临着越来越大的困难，呈现衰弱的态势。特别是近年来不断对华表现出来的激烈批评态度，更令两个同样拥有百年历史的共产党的党际关系陷入严峻的困难局面。

一、日共百年的困境及原因

日共自诞生之日起就因其鲜明的阶级性和政治主张，一直遭受掌握国家政权的资产阶级政府的警惕和打压，这是日共生存困难、难以发展的主要外部原因，而其自身在不同历史时期出现的问题以及国际共产主义运动的波折，也

① 谭晓军，中国社会科学院马克思主义研究院研究员。

对其成长、壮大造成了不小的冲击。

（一）政治环境困境：一直身处遭受打压和排挤的险恶政治环境之中

日共在建党之初即因遭受残酷镇压而两次被迫解散，历经三次建党，分别是 1922 年 7 月的秘密建党，1924 年被迫解散；1926 年日共重建，1935 年停止一切活动；直到 1945 年 8 月，日本宣布无条件投降后，日共才以合法政党的形式第三次组建。然而，很快美国占领军和日本政府又对日共施行“红色整肃”，进而以《破坏活动防止法》为借口，将日共视为主要的调查、监视对象。日本公安警察和公安调查厅近 70 年来对日共领导人实施的跟踪、窃听等行为至今不曾中断，使日共成为迄今唯一遭受如此对待的拥有国会议员的合法政党。日本政府的持续打压、妖魔化，使日共长期处于非正常的政治环境之中，很难做大做强。

（二）理论创新困境：日本的马克思主义理论研究由盛转衰

二战后，日本马克思主义研究经历了由盛转衰的过程。由于战前及战后初期，日本马克思主义研究所取得的优秀成果，以及日共在理论和实践两个方面所产生的较强的影响力，日本一度出现马克思主义研究的“黄金时代”。①但随着冷战、朝鲜战争的相继爆发，日本马克思主义者经历了来自美国占领当局和日本政府的双重排挤和打压，很多学者和党员失去工作，甚至失去自由和生命。进入 20 世纪 50 年代，以马克思主义理论为指导的日共提出的方针日显刻板，教条化、公式化的倾向明显，加上日共在实践中的失败、犯错，使得不少人对党的路线斗争感到失望；60 年代以后，日本经济的高速增长又动摇了一些人对于马克思主义关于资本主义的发展必然导致工人阶级贫困化的信念，很多人因此放弃了马克思主义；70 年代以后，阶级斗争在日本几乎无人论及，越来越多的人开始将注意力投向马克思主义之外的各式各样的新思想；到了 80 年代，结构主义、后结构主义、后现代主义等新思想从国外蜂拥而至，人们对马克思主义的关注越发减少。

与此同时，在日本学术研究整体日趋专业化的大环境下，马克思主义也逐渐成为单纯的研究对象，马克思主义研究日益成为一些只有高校中的教授开展的学术活动，与实践、运动相脱节，越来越缺乏对现实的指导性，理论创新也就越来越困难。而随着高校中一批批信仰坚定、理论功底深厚的马克思主义学者的退休、辞世，马克思主义理论课程的设置不断减少，青年人中能够接

① 参见谭晓军：《日本马克思主义经济学派史》，北京：中国社会科学出版社，2012 年版，第二章。

触、学习、研究马克思主义理论的机会越来越少，日本马克思主义研究面临人数不断减少且后继乏人的严重局面。民众对马克思主义理论的关注减弱、理论研究的匮乏及理论与实践的脱节等状况，对日共的发展、壮大都产生很大的影响。

（三）群众基础困境：日本社会状况的改变及民众对选举政治的失望

随着战后日本经济的高速发展、民众生活得到改善，阶级矛盾出现缓和，日本形成满足现状且希望维持现状，肯定日本经济成就、否定阶级差别、维护既得利益的“新中产阶层意识”。20世纪90年代后，由于苏东剧变，日共等左翼势力遭受严重冲击，日本社会整体右倾化越发明显，导致越来越多的民众或对政治失去兴趣、不关心，或对政党、政治失望和不信任，出现无党派阶层不断扩大、选举投票率越来越低的局面。虽然无党派阶层的扩大对任何现有的政党都很不利，但在日本政治生态中，这一状况却对于日共这样的左翼政党影响更大①，因为执政的保守党不仅有大量的政治献金可以进行各种造势宣传活动，而且可以通过利益诱导等方式吸引选民，而日共却是日本所有议会政党中唯一拒绝接受政治献金的政党，近年来又因党员人数减少导致党费收入下降、机关报《赤旗》订阅数减少导致主要经费来源减少等原因，财政状况日益恶化，这也成为日共宣传自己，使民众更多地理解自己的政策主张，从而投票支持自己的重要制约因素。除了这些外在因素，日共自身存在的一些问题及应对国内外社会变革时党在理论认识、实践举措上出现的失误、甚至错误等内在原因，也导致日共的群众基础日益萎缩。

（四）国际环境困境：与苏共、中共的对立及社会主义阵营解体的冲击

日共是在共产国际的支持和帮助建立下起来的，作为国际共产主义运动的一部分，不可避免地要受到国际共产主义运动、世界社会主义运动的影响，并随之跌宕起伏。20世纪50年代，由于苏联推行大国沙文主义和霸权主义，导致中苏论战、世界社会主义阵营分裂。此后，日共为保持自身的独立性，先后与社会主义大国苏联和中国的共产党发生较长时间的矛盾、斗争，虽然有特殊历史时期的无奈与被迫，也有日共因此走上了自主独立道路的益处，但日共遭受的打击也不小。一方面，在当时的历史条件下，党内的“亲苏派”或“亲中派”大量存在，导致党内矛盾和斗争激烈，使日共走向严重分裂；另一方面，当时正处于资本主义与社会主义两大阵营对立明显、斗争激烈的国际大背

① 朱艳圣：《冷战后的日本社会主义运动》，北京：中央编译出版社，2008年版，第40—41页。

景下，与中、苏两个社会主义大国的共产党产生隔阂，甚至走向对立，使日共自身失去了国际上有力的支持，陷入更加艰难的境地。

东欧剧变、苏联解体后，国际共产主义运动全面陷入低潮，日本的保守势力借机将反共攻势推向新的高潮，先后推出："社会主义、共产主义崩溃（破产）论""共产党没有存在价值论""资本主义万岁论"等反共反社会主义宣传，① 与国际社会的"共产主义失败论""历史终结论"等宣传一起，对日共造成很大冲击，使日共进一步陷入生存和发展困境，至今受到影响。

二、日共对中共态度发生异变及其原因

近年来，随着中国综合实力的不断提升，西方世界不断宣扬"中国威胁论"，更对中国采取越来越严厉的制裁和打压政策，日本的主流舆论也表现出日益激烈的反华、反共倾向，民众对于中国的负面情绪持续处于高位。日共在国内的选举政治中，为了与其他资产阶级在野党联合，也为了强调自身与中国共产党的不同，从而摆脱日益困难的局面，于是出现令人惊讶的对中共态度异变状况。

自 2017 年以来，日共开始对中国、中共的批评走向公开化，不仅批评越来越多，而且不断升级的趋势明显；不仅有东海（钓鱼岛）、南海等涉及领土主权问题上的批评，而且有涉藏、涉港、涉疆等所谓的人权问题上的批评。不仅在 2017 年 1 月的日共第 27 次全国代表大会的最后决议中，日共将中国描述为"已经表现出新大国主义、霸权主义国家"，开始公开批评中共、中国，而且在 2020 年 1 月的日共第 28 次全国代表大会，时隔 16 年再次修改党纲，删去 2004 年 1 月日共第 23 次全国代表大会通过的新党纲中对于中国的社会主义市场经济建设给予的很高评价，即中国是"开始社会主义新探索"国家的表述，更全面否定中国的社会主义制度，导致中日两党关系的紧张。这是自 1998 年两党恢复正常关系以来出现的极为异常的情况，但原因却并不难找。

（一）受到日本国内整体对华态度负面的影响

一方面，日本是西方集团中的一员，二战后因其经济实力及亚洲唯一发达国家的地位，特别是在日美安保协定的制约下，长期以来紧随美国采取对华或敌对或亲近的策略，既是必然也是无奈；另一方面，与中国地理位置的临近、文明文化的亲缘、经贸往来的密切，与历史问题的难消、领土问题的争端

① 朱艳圣：《冷战后的日本社会主义运动》，北京：中央编译出版社，2008 年版，第 10 页。

等，又使得中日关系存在着既相互吸引又相互排斥的复杂情结。近年来，随着2012年6月美国提出“亚太再平衡战略”，9月日本即挑起“购买”钓鱼岛闹剧，导致中日关系急剧紧张。而以2010年中国国内生产总值超过日本、成为世界第二大经济体为标志，日本政府、主流舆论与西方国家一起压制中国、围堵中国，制造“中国威胁论”等，导致日本民众对中国的好感度不断下降。据世界多家民调机构的调查报告显示，2012年以来日本民众对中国持负面印象的比例一直非常高，2013年一度升至95%。近年来，随着两国政府间的关系改善，这一比例有所下降，2019年为85%，但到2021年再度上升到90.9%，一直是诸多被调查国家中最高的。日共作为希望通过议会选举扩大本党力量和影响力的政党，显然无法忽视日本的基本民意状况。

（二）日共国内提振党势、选举政治的需要

日共自20世纪90年代以来，党员人数持续减少，30年间减少21万之多，同时面临老龄化严重、财务状况日益恶化的危险局面。为提振党势，日共委员长志位和夫2015年即提出与其他四大在野党（当时的民主党、维新党、社民党、生活党）进行“五党合作”，推翻自民党、公明党政权，实现国民联合政府的构想。然而，由于当时第一大在野党民主党内部反对日共的加入而搁浅。面对2016年参议院选举时，为避免各选区共产党与民主党候选人竞争而分散选票，日共又主动做出让步，事实上同意搁置国民联合政府的构想，甚至决定在所有单人选区，在野党共同拥立1位候选人，如遇冲突，日共候选人放弃参选。[①]2021年10月的众议院选举前，志位和夫甚至提出，只要对日本政治好，日共在内阁内还是外，都无所谓；重要的是在野党联合选举，实现政权更迭，现在还不是考虑夺取政权后的时候等妥协主张。日共因此被称为在野党中“最具柔软性的政党”。[②]但就结果来看，执政的自民党、公明党却在2016年的大选中获得超过改选前的议席数，在野党联合策略宣告失败。而日共在2017年的众议院大选、2019年的参议院选举中也接连在议席数、所获选票数、得票率方面大幅度倒退，2021年10月末的众议院大选不仅与日共实现“在野党共斗”的最大在野党立宪民主党减少了14个议席，日共自身也减少了2个议席，被认为遭受重大失败。可以说，“野党共斗”并未给日共自身带来切实益处。尽管如此，日共依然提出，2022年将迎来建党100周年以及参议院选

---

① 「5野党合意が開いた新局面参院選全党が心一つに野党の勝利日本共産党躍進必ず / 都道府県委員長・候補者会議開く志位委員長が報告」、『しんぶん赤旗』2016年2月23日。

② 「志位和夫 × 田原総一朗ギロン堂そこが聞きたい！スペシャル対談」、『週刊朝日』2020年10月09日。

举，要努力实现在参议院选举中与市民和其他在野党合作的成功和日本共产党取得跃进式发展“两大目标”。[①]

可见，日共现在主要精力放在国内选举、发展党的力量上，对内过度妥协、对外公开批评中国等做法，实际上是为了迎合“民意”及实现“在野党共斗”等选举政治的需要，但最终很可能更加失去民心、民意，甚至只沦为其他在野党谋求执政时利用的对象，起到相反的效果。

（三）中日两党对一些问题的认识存在分歧且沟通不畅所致

近年来，中日两党的误解、矛盾加深的一个重要的原因是在一些理论和现实问题的认识上出现越来越大的分歧。比如，在理论层面，两党对于社会主义的认识存在很大的不同。日共认为社会主义应建立在发达的经济基础之上，因此中国等社会主义国家还不是社会主义；[②] 而中共则认为，中国处于社会主义初级阶段，虽然存在诸多问题，但中国是坚持了科学社会主义基本原则的中国特色社会主义，并取得了巨大的成就。这样的分歧虽然与两党对于社会主义理论的理解存在差异有关，也与两党所处的政治地位、两国经济社会发展的历史和现实状况不同有很大的联系，但分歧巨大却是很明显的。在现实层面，两党在涉及本国根本利益问题上矛盾难以调和。比如在东海主要是钓鱼岛问题上，两党各自坚持属于本国的立场，领土主权问题敏感、复杂，同样矛盾难解。

此外，近年来两党在双边、多边场合的沟通也出现障碍，摩擦、矛盾增加较多。例如，志位和夫委员长列举两党在 1989 年的政治风波、2008 年的西藏暴力事件以及 2017 年日共 27 大决议中要写入公开批评中国的内容前，两党虽都曾进行沟通，但结果却都是陷入了“平行线”，[③] 这些情况也是导致两党关系陷入困难局面的重要原因。

三、中共的应对

通过上述对日共历史和现实所遇到的困难及原因的分析可以看出，日共身处发达资本主义国家，在生存和发展方面都面临着我们难以想象的困难，我们需要了解和研究，更需要积极应对。

---

① 日本共産党中央委員会常任幹部会、「総選挙の結果について」、『赤旗』，2021 年 11 月 2 日。

② 参见《日本共産党第 26 回大会决議》，http://www.jcp.or.jp/web_jcp/html/26th-taikai/20140118-k26th-ketu gi.html，2014 年 1 月 18 日。

③ 参见志位和夫、「日本共産党委員長中国共産党を批判する」、『文芸春秋』，2021 年第 5 号。

（一）要做好两种意识形态、两种制度长期斗争的思想和行动准备

从日共百年历程中的困难可以看出，当资本主义仍然在世界上占据绝对优势地位的情况下，只要是坚持“共产党”的名称、主张社会主义和共产主义的奋斗目标的政党，就会遭到西方资本主义国家、垄断资产阶级以及国内外反共、反社会主义势力的打压和遏制。近年来，以美国为首的部分西方国家对中国的打压愈演愈烈，很多人还没有意识到或不愿意承认这是两种意识形态、两种制度的斗争，认为只是经济层面出现的摩擦，只要我们让利、表达出善意就能够解决，然而美国却已经很明确地以实际行动给我们作出了回答。据“美国之音”网站 2020 年 10 月 4 日报道，美国公民及移民服务局（USCIS）10 月 2 日发布政策指南，宣称凡是申请移民的共产党员或其他“极权主义政党”的党员或与之相关的成员，都不会获得受理。该政策指南还称，这项“不可受理依据”是美国国会通过的“应对美国安全威胁”更广泛法律的一部分。除非有豁免，任何是或曾经是美国国内或外国共产党及其他“极权政党”成员，或与之相关成员的移民，都不被允许进入美国。① 这里不仅包括现在是，而且包括曾经是的共产党员；不仅包括美国国外，而且包括美国国内的共产党员，甚至包括与之相关成员，可见这一政策限制面之广、打击对象之明确。

习近平总书记早在 2013 年就指出，“在相当长时期内，初级阶段的社会主义还必须同生产力更发达的资本主义长期合作和斗争”，我们要“认真做好两种社会制度长期合作和斗争的各方面准备”。② 可以说，在经济全球化的当今世界，在中国已经深度融入全球经济大循环的现实面前，特别是以中国为代表的社会主义国家实力不断增强的大势下，两种制度的斗争将会日趋激烈，我们必须充分做好思想和行动上的准备，运用智慧，采取积极措施加以应对。

（二）要加强与各国共产党的沟通交流，积极推动世界社会主义运动向前发展

从日共的百年发展历程中不难发现，世界社会主义运动、国际共产主义运动是否顺利，对于各国共产党的发展、壮大有着重大影响。中国已经成为世界第二大经济体，中国共产党更是拥有 9 600 多万党员的世界最大共产党，理应成为世界社会主义运动的中流砥柱，成为 21 世纪马克思主义和世界社会主义理论创新发展的有力引领者、重大贡献者。我们应进一步加强与各国共产党和左翼政党的沟通、交流，增进了解，广泛获取共识和认同，为其在新形势下

① 《美媒：美国移民局不再受理共产党员移民签证》，载《环球时报》，2020 年 10 月 4 日。
② 习近平：《关于坚持和发展中国特色社会主义的几个问题》，载《求是》，2019 年第 7 期。

进行反对帝国主义、垄断资本主义的斗争和实现社会主义、共产主义的探索提供经验和借鉴，从而推动世界社会主义发展迈上新台阶。同时，世界各国共产党的发展好坏对我们也有着不可忽视的影响，因为资产阶级是不会放松对代表无产阶级根本利益的共产党的打压的，只有各国左翼、特别是共产党联合起来，共同对敌，我们的事业才可能在世界更广大的区域发展起来。

（三）要谨慎应对日共当前变化，防止两党关系破裂

回顾中日两党的百年交往历史，在二战最艰难的时刻，两党曾携手反战使双方度过了最困难的时期，并赢得了抗战的最终胜利；20 世纪 60 年代开始的长达 32 年的矛盾、对立也使双方遭受了重大的打击。为此，面对日共近年对中共态度的异变，我们需谨慎对待。一方面要深入了解和研究其变化的原因，为推动两党今后的关系改善做好准备。目前我国对日共的研究虽然取得一些成绩，“但以日本共产党研究为稳定研究方向的学者却屈指可数”，其他学者的“研究成果整体水平有限”，① 而日共方面对中共和社会主义理论与实践也越来越缺乏深入的研究和理解，因此双方在遇到问题时很容易出现矛盾和障碍。另一方面，我们在指出日共的错误认识和行动时，需要保持理性、克制，避免相互批评升级，防止导致两党关系再度破裂的局面出现。因为日共现在仍是日本国内政坛最具影响力的左翼力量，不仅反对美国对日本的占领以及在世界的霸权主义，而且坚决反对日本右翼政府利用中国“威胁”图谋强化军事力量的动向，以及煽动“反中”的排外主义和美化过去侵略历史的历史修正主义，祈愿中日两国、两国人民的真正友好。② 可见，在日本政治社会中，日共是可以团结的力量。而社会主义国家中最大的共产党与发达资本主义国家中最大的共产党的团结，对于今后世界社会主义运动的发展也是至关重要的。

---

① 谢忠强：《1980 年代以来国内学术界对日本共产党研究的回顾与反思》，《山西高等学校社会科学学报》，2017 年第 5 期。

② 「もっと日本共産党中国をどう見る？」、『しんぶん赤旗』，2021 年 3 月 29 日。

低民调下的日本共产党：原因与调适

杨显平　曹天禄①

摘　　要：民调在当今许多国家的经济、政治和社会生活等领域决策中发挥着重要参考作用，在西方国家甚至是政党上台或下台的"晴雨表"。日本共产党在日本社会中民调一直较低，很大程度上影响着其成为执政党或参政党的可能。造成这一境况的原因主要有，外部保守政党和右翼势力长期对日本共产党的攻击和歪曲，主流媒体和民调机构受保守政党理念和右倾思想的影响，部分左翼组织和群众团体与日本共产党历史积怨较深，以及日共内部纲领路线和运行机制僵化等。为了改变国民对自身的误解，提高自身的民意支持率和在日本社会生活中的政治地位，日本共产党不断对其理论路线和行为模式进行调整，以增强其适应性，但要根本改变日本政坛和国民对其固有认知需要一个漫长的过程。

民调是民意调查或民意测验组织或机构运用一定的调查与统计方法，对委托人或自身项目内容在部分民众中进行随机调查的过程和结果。今天，民调已与政党政治活动密不可分，并成为政党生存和发展的重要基础。一个政党及其候选人的民调，可以影响到政党的执政或在野，影响到候选人的当选或败选。因此，在西方国家有"民主政治就是民意政治"之说。《共产党宣言》指出，"过去的一切运动都是少数人的或者为少数人谋利益的运动。无产阶级的运动是绝大多数人的、为绝大多数人谋利益的独立的运动"②，作为代表"日本工人阶级和日本国民政党"的日本共产党（以下简称"日共"）理应得到广大国民的支持，但现实是在不同时期、不同民意调查机构针对不同目的所作的民调中都显示为低"民调"，映射出日本大多数国民对其认可度低，其原因主要有保守政党和右翼势力长期对其攻击和歪曲，主流媒体和民调机构受保守政党理念和右倾

① 杨显平，博士、深圳技师学院马克思主义学院讲师，广东省社会科学研究基地深圳职业技术学院"世界政党研究中心"兼职研究员；曹天禄，深圳市人文社会科学重点基地"党建与世界政党研究中心"常务副主任、教授、博士生导师。

② 中央编译局编：《马克思恩格斯选集》(第1卷)，北京：人民出版社，2012年版，第411页。

思想的影响，部分左翼力量和群众团体对日共积怨较深，以及自身纲领路线和运行机制僵化等。为了改变日本社会对日共的误解，提高其民意支持率，进而成为执政党或参政党，日共不断对其理论路线和行为模式进行调整，但由于受各种因素的影响，要想得到日本政坛和广大国民的理解还有待时日。

一、民调及其“客观性”

民调是西方市场经济发展的产物，由于市场主体无不面临激烈的竞争，一些企业就十分重视自己的产品是否满足广大消费者的需求，于是就产生了在消费者中进行农产品和工业产品消费调查的意愿。20 世纪初，民意调查在美国从生产消费领域向政治、文化、社会生活等领域拓展，相关政府部门、企业、社会组织等也都不同程度地把民调作为其决策的重要依据，其后又被许多国家认可和运用。目前，民调早已覆盖西方社会生活的各个方面，并已经成为一个庞大的产业。

在西方国家，民调被看作是了解“真相”的重要手段，是把握民意的重要途径，是政府和公众和谐共处的“晴雨表”。民意调查结果往往被社会看成是公共舆论的“前沿”，而社会公共舆论长期作为政府决策的“重要参考”，历来受到执政党及候选人的重视，当然也受到在野党及候选人的重视。他们为了证明自己的政策和理念的正确性，无不借助民调为自己服务。特别是在大选时，为了了解选民对自己的看法，候选人不仅要借助于众多民调机构，有时还亲自组建自己的民调班子。“民意分析成为总统直辖的政府机构的一个不可分割的组成部分”，其竞选团队的一项重要职责就是帮助各自政党或候选人提高民意支持率，即使执政后，其阁僚和智囊们还要不同程度地关注选民民意，并制定出有效对策，政府也就成了“民意数据的名副其实的仓库”①。2020 年美国大选时的特朗普和拜登为了登顶总统宝座无不重视民调，更是通过互联网、大数据等现代高科技手段来提高自身民调。因为他们都深刻认识到民调结果往往会起到“临门一脚”的效果。有学者评论美国选举中的民调，认为“不断变化的民意测验数字犹如富有魔力的灵巧手指，拨弄着上至总统候选者，下至各式选民以及旁观者的心弦。美国的民意测验实际上不仅是美国大选形势的晴雨表，更是大选活动的一个组成部分”②。

---

① 陈文鑫：《塑造还是反映民意？——民意测验与美国的对外政策》，载《美国研究》，2003 年第 4 期，第 64—80 页。

② 赵可金：《营造未来——美国国会游说的制度解读》，上海：复旦大学出版社，2005 年版，第 394 页。

有西方学者认为，民调具有较高的客观性和真实性，这是由民调机构的“非政府性”，即“民间性”决定的。同时，民调方法的不断创新，除传统的入户调查（Face to Face）、街边调查、报刊调查、电话调查外，新出现的电视调查、网络调查、手机调查等，都大大增强了民调的“真实性”和提高了民调的“准确率”。但是，民调的内容主要是被调查者的主观愿望、意见和态度，而不是某种客观存在的社会事实。同时，民调结果也只能反映部分“民意”的倾向性，而不能表明这些民意的对与错，而且如果民调所使用方法不科学，民调就会偏离真正的“民意”。这就是说，民意是可以通过民调来进行主观操控的，尤其是执政者利用本身的资源优势比在野党更能影响、引导民调的过程和结果，因此，民意并不全如西方学者所言的“客观性”和“真实性”。学者沃尔特·李普曼认为，舆论精英们通过大众传媒，塑造决策者想要的公众态度，因此民意调查只不过是决策者通过大众传媒操纵民意过程的一种工具而已。[①]“总统的工作是去引导民意，而不是去做（民意的）盲目追随者。你不能坐等民意来告诉你该做什么……你必须决定你该做什么，并照此做，然后再试图去教育民众你这样做的原因。”[②]特朗普等就是利用疫情和所谓“中国威胁”等故意引导民意的偏向，这样的民调结果是失真的。

首先，官方的民调不一定“假”，民间的民调不一定“真”。西方有一种固有的认识，认为政府是“恶”的化身，并进一步得出，出自政府之手（口）的都是值得怀疑的。西方民调机构属于“第三方”（民办），它既不受政府的行政干预，又与企业无经济瓜葛，通过这些“民办”机构出来的调查数据不需政府把关，也不经过政府修正，因此，这样的民调就是“客观”的。但是，由于这些民调机构是由不同价值观的人组成，并参与设计调查问题的，他们在设计调查问题时往往会将自己的价值偏好渗入其中，从而使调查问题往往具有导向性。如果“民办”机构的民调结果真的具有绝对的“客观性”，那么就不会出现不同的民调机构对同一问题调查有不同的结论了。实事是，西方“民办”民调机构也有其固有的政治倾向，都是受调查项目“委托人”的捐助筹款进行调研的，在调查过程中就可能反映捐款者的“倾向性需求”，于是民调的“客观性”就可能大打折扣，2020 年美国总统选举充分证明民调的“倾向性”。同样，“官办”的民调机构出来的民调结果也不完全是失真的，从某种意义上讲，“官办”的民调结果更为可靠，因为只有可靠的民调数据，才能为执政者决策服务，否则就制定不出科学的决策，并最终会引发更深层次的矛盾，导致执政

---

① 陈文鑫：《塑造还是反映民意？——民意测验与美国的对外政策》，载《美国研究》，2003 年第 4 期，第 64—80 页。

② 同①。

危机。

其次，政府部门的“中立性”也不是绝对的。虽然西方国家法律规定政府等公共部门应保持“中立性”，但政府部门的人同样也是由不同价值理念的人组成的，他们投票给谁或不给谁也就显示出价值倾向。如在 2016 年美国总统大选热火朝天之时，美国联邦调查局宣布重启对民主党总统候选人希拉里的“邮件门”调查，这不能不说是对希拉里选情的一次沉重打击。一些政治评论员认为，美国联邦调查局在选举的“关键”时刻给了希拉里一击“重拳”，确实令人“遐想”。实事上，政府每每在关键时候，暗中会借公众之口散布一些所谓的对自己有利的“重磅”消息，以引导舆论，提升对政府的支持率。美国选举就有“十月惊奇”之说。

再次，民调的“失真性”才是客观存在的。其“失真性”一是指由于样本先天不足（涵盖面）的局限性，使其民调结果与事实不符。民调的准确率是建立在大样本基础上的，与样本的多少成正比关系。一些专家认为，成功的民调误差正负值应在 3% ～ 4.5% 之间，如果大于 5% 民调则失去了意义。但民调只是被调查的部分公众的“民意”，而不是全部公众的“民意”，即使这部分公众中有 93% ～ 95% 的多数“民意”，但仍有 5% ～ 7% 的少数“民意”，而事实可能是多数“民意”与结果并不“一致”，而少数“民意”则与结果“一致”。如 2016 年美国共和党人特朗普当选总统让不少民调机构及研究者们感到意外，因为这一结果与绝大多数传统民调机构、主流媒体，如微软必应团队、硅谷 Unanimous AI、UNO 系统、Gren、Nate Silver 的预测结果相反，于是有人得出“传统民调已死”的结论。同时，据美国皮尤中心的研究报告表明，美国民调拒访率逐年升高。1997 年受访率是 36%，2000 年是 28%，2006 年是 15%，2013 年是 9%，2015 年是 7%[①]，一般而言，受访率为 30% 则有效，2016 年美国大选拒访率高达 85%，这也影响了民调样本的供给而可能导致民调的“失真”。

最后，故意制造民意假象，人为引导民意发展。虽然西方社会貌以法律和基本价值为底线，但毕竟是自由竞争的社会，这就不排除政党或候选人在民调中为了自身利益，故意造成民调过程和民调结果对己方有利而对他方不利情况发生的可能。一般来说进行民调的是政府、政党、大企业和候选人等，政府是通过执政党来掌控的，所以执政党与在野党竞争中在利用资源上常常处于优势地位。一到大选，执政党就可能通过行政资源和舆论工具等夸大其执政成就，缩小其负面事件影响，从而引导选民看待其“执政正确”，达到继续执政

① 《为什么美国民调误读了民意？》，https://www.guancha.cn/Wu Xu/2016_11_12_380323.shtml。

的目的，如特朗普常夸其执政业绩；而在野党则可能通过舆论缩小执政党执政成就，夸大其负面事件，从而引导选民关注执政党“执政错误”，达到“改朝换代”的目的，如拜登则指责特朗普执政无能。这其中，无论是执政党还是在野党在舆论战中都不可回避地存在着“误导”选民的现象。当然，执政党比在野党在舆论战中更易制造假象，误导民意，当然这种制造假象的手段是极其隐蔽的，否则暴露出来会适得其反。

总之，民调已经成为西方国家政党证明自己、攻击他党的有力武器，尤其是在大选前，各政党都会根据民调进行政党形象、大选策略、候选人推荐等的调整，待大选结束后，根据大选结果，还可能对党的纲领路线和方针政策进行适应性调整。日共也不例外。

二、日本共产党低民调的原因

民调也已经成为日本社会生活的重要组成部分。每当大选之时，各类民意调查机构都会积极加入与选举相关的民调活动之中，而包括日共在内的各政党及其候选人也都主动或被动接受民意调查机构对其自身形象、提出的选举政策和其他行为进行调查，以观察该政党及其候选人当选的几率。各大报刊头版定期会有支持内阁的政治民调，各大电视台也会定期不定期地进行社会舆论调查，各大互联网门户网站都会在每一条重大新闻下设投票选项，并不时将投票结果公布于栏目的显著位置。

日本民调机构众多，从性质上分有官方的、民间的和学术性的；从专业上看有经济、政治和社会的，从内容上看有综合的和单一的。日本著名的民调机构包括共同通信社（Kyodo News）、时事通信社（Jiji Press Ltd）、朝日新闻（Asahi Shimbun）、读卖新闻（Yomiuri Shimbun）、日本经济新闻（Nihon Keizai Shimbun）、每日新闻（Mainichi Newspapers），以及日本广播协会（NHK）、TBS电视台、朝日电视台、富士电视台、日本电视台等主流通讯社、报纸和电视台等。同时，一些大型的广告公司也从事社会舆论的调查活动。各种民调机构平时的调查内容侧重点不同，如广告公司主要从事与经济领域相关的调查，但每当在大选之年，这些机构都会将重心转移到选举问题上。

为了保证民调结果的客观性，一些民调机构还出台了加强自律性的规范，如日本舆论调查协会就制定了《日本舆论协会伦理纲要》《日本舆论协会伦理纲要实践章程》等。虽然这些民调机构都声称民调的“客观性”“真实性”“公正性”，但由于日本主流媒体都不约而同地具有保守主义传统，有的还具有明显的右翼倾向，虽然偶尔也会有自由主义的闪现，因此，其民调难免不受其政治立场的影响。又由于日本媒体大多是私营的，资本的力量在很大程度上会左右媒体的政治立场，进而试图通过民调结果对政治和整个社会施加影响，从而使民调的“客观性”“真实性”“公正性”大打折扣。

2018 年 11 月 12 日，日本广播协会（NHK）对日本主要政党支持率的舆论调查结果显示：自民党为 37.4%，立宪民主党为 6.2%，国民民主党为 1.5%，公明党为 3.7%，日共为 2.9%，日本维新会为 0.4%，自由党为 0.4%，希望党为 0.1%，社民党为 0.7%，“没有特别支持的政党”为 40.7%。[①] 该协会在 2020 年 11 月 9 日对日本主要政党支持率的舆论调查结果显示：自民党为 36.8%，立宪民主党为 4.9%，公明党为 3.6%，日本维新会为 1.5%，日共为 2.3%，国民民主党为 0.8%，社民党为 0.5%，“没有特别支持的政党”为 40.0%。[②] 朝日新闻 2020 年 11 月 15 日对日本主要政党支持率的舆论调查结果显示：自民党为 48.2%，立宪民主党为 9.2%，国民民主党为 0.7%，公明党为 3.3%，日共为 3.3%，日本维新会为 3.7%，自由党为 0.4%，希望党为 0.1%，社民党为 0.8%，“不支持、不了解、不回答”为 28.7%。[③]

虽然不同的日本主流媒体的民调机构所做出的民调反映了其代表的利益所在，但应该说这些民调机构最新的关于日共支持率的民调结果，与以往不同时期做出的调查结果基本一致，即 3% 左右的支持率，符合日共在当前日本社会中所处的政治地位，与执政的自民党相比有 30 多个百分点的差距，与最大的在野党立宪民主党相比也有 3 个多百分点的差距。虽然日共在日本国会中是第四大政党，在在野党中是第二大党，但其绝对实力（在国会拥有的议席数）却无法与执政党和最大的在野党相比。问题是，日共是日本现有政党中历史最为悠久，具有 100 年的历史，代表了“日本工人阶级和日本国民”的根本利益，为什么民调支持率长期这么低呢？其原因主要有：

1. 日本保守力量和右翼势力对日共长期的污蔑和攻击。虽然日本保守力量和右翼势力有所不同，但价值观总体相近，尤其在打击像日共这样的左翼力量立场上更是空前一致。二战前，日共在纲领中旗帜鲜明地载明只有通过暴力手段推翻天皇制，剥夺地主土地和资本家财产，建立工农专政政权，实现日本社会主义。在斗争实践中，日共对日本帝国主义发动的侵略战争进行了坚决揭露和反对。日共这样的理念和行为，对于统治阶级而言必须坚决打击，而对于长期接受“皇权神授”等“爱国主义”教育的广大国民来说则不知所措，于是

---

① 《NHK 世論調査各政党の支持率》, https://www3.nhk.or.jp/news/html/20181112/k10011707951000.html。

② 同①。

③ 世論調査，https://www.tv-asahi..co.jp/hstpoll/ 20201115/k10012702851000.html。

统治阶级和右翼势力通过所掌控的行政资源和舆论工具在国民中对日共持续不断地进行攻击，从而使部分民众对日共产生了误解。

二战后，日本新旧保守势力长期执掌政权，他们或多或少地继承了战前统治阶级的价值观，有的本身就是旧时统治人物的后裔。同时，旧右翼势力在美国占领军的庇护下“借尸还魂”为新右翼势力，他们在维护皇权、否认侵略战争性质、修改和平宪法、修改历史教科书、支持政府海外派兵、维护《日美安全保障条约》等方面与保守政府高度一致。而日共则在这些问题上与执政的保守政党和右翼势力持完全相反的立场，从而一直被保守政党和右翼势力作为攻击其为“国贼”的“罪证”。对于一般国民而言，他们往往仅从日本国家立场出发来认识问题，同时日本文化的一个显著特点是对上无条件的“服从”和“敬畏”，因此在政府和右翼势力长期对日共的攻击之下，自然就认为日共这些行为确有“卖国”嫌疑。

2. 日共至今还一直被保守政府视为“暴力”组织。二战前，正是因为日共具有推翻天皇和专制政府的“暴力”实质，被政府六次血腥镇压使其濒临灭亡。二战后初期，虽然日共一度认为通过和平手段也能实现社会主义，但1950年又走上了武装斗争夺取政权的道路，在政府和美国占领军联合强力打压下，1952年，武装斗争宣告失败。虽然日共1961年八大在新纲领中删除了暴力革命的表述，但政府认为其纲领路线中还有暴力革命的踪影。2018年，日本政府继续沿用1952年制定的《防破坏法》，认为日共等团体与1945年后的日本暴力事件有关，应继续受到警察部门的监视，即现今的日共仍是危害日本国家和社会安全的“嫌犯”。如此，日共在国民中就坐实了被政府称之为“暴力”组织的罪名。

在此过程中，日本统治阶级利用其权力资源优势，与右翼势力一道，通过其掌控的国会和受其影响的报刊、广播、电视以及互联网对日共发起了一波又一波不对称的舆论宣传战；民调机构也积极开展行动，但在调查日共的相关问题上其价值取向与执政当局等反共人士和组织保持了相当程度的契合度，此时民调机构的伪“客观性”“真实性”“公正性”暴露无遗，是日共低民调的重要推手，但却使日共“国贼”“暴力”等污名深入日本人心。

保守力量和右翼势力常借国际共产主义运动中的问题制造国民对日共的“恐惧”。社会主义是一个没有经验可循的年轻社会形态，在其发展过程中不可避免地出现这样那样的问题。但是，这些问题常常被日本保守力量和右翼势力作为攻击日共的强力武器。如苏联斯大林时期的“肃反”，中国的“文化大革命”，柬埔寨的“红色高棉”等，认为发生这些“惨绝人寰”的事件只有在社会主义国家才可能出现，而日共与这些国家的共产党具有相同价值观，进而认为如果日共上台执政，就不能保证日共不出现类似的事件。如 2017 年日本第 48 届众议院选举时，安倍晋三因“森友学园事件”等丑闻遭遇执政危机，恰在这时朝鲜宣布成功试射了一枚氢弹，后又宣布成功试射了一枚洲际导弹，并威胁要用核武器“击沉”日本。于是，安倍晋三开足国家宣传机器马力，利用“朝鲜威胁”攻击日共，认为日共与朝鲜同属共产党阵营，在“国难”当头之时，日共是站在国家一边，还是站在朝鲜一头，被朝鲜核武器“吓坏”的日本民众“别无选择”只好继续支持安倍晋三，使其渡过难关赢得众议院大选继续执政。

每当世界社会主义运动和他国共产党出现“负面”消息和事件时，日本统治阶级和右翼势力如获至宝，总是通过各种手段对世界社会主义和他国共产党进行大肆攻击，在此基础上，又直指具有相同意识形态的日共，认为如果日共取得政权，就会重演其他社会主义国家和共产党的“悲剧”。而日本媒体和民调机构也会借机调查日本国民对这些“消息”和“事件”的看法，进而打击日共。事实上，每当出现这种状况时，日共往往会“躺枪”和“背锅”，出现低民意率也就在所难免。

3. 部分工会、农协等民主力量对日共的“不满”。日本有众多工会，分别代表着不同工人群体的利益，而农协则分别代表着不同农民群体的利益。其中，一些工会和农协受日共影响，但也有相当部分受其他政党的影响。按理说这些工会和农协等群众组织与日共没有根本的利害冲突，应该结成统一战线反对主要敌人，但实际上部分工会和农协与日共矛盾颇深，甚至是敌视。

一是在 20 世纪 50 年代，日共举行武装斗争时，强行要求其他工会和农协等群众组织参与到武装斗争中，使这些工会和农协遭受重大损失，于是受日共领导和影响的群众团体数量大幅减少，甚至一些还断绝了与日共的联系，且互为仇视至今；二是日共与一些左翼政党和群众组织具有相同的社会基础和相近的社会政策，在争取民众、扩大力量，尤其是在选举时为了争取更多选民，这些左翼政党和群众组织相互竞争并出现矛盾；三是在建立统一战线中，日共特别强调自己在其中的领导权，从而引起其他左翼政党的强烈不满。事实上，日共在相当长的一段时间里，只是日本工人运动的“参与者”，而社会党才是领导者，在条件不成熟的背景下日共要从“参与者”变为“领导者”，不但不现实，还适得其反。结果，社会党长期对日共采取不合作的态度，有时还与其他在野党建立“联盟”来排斥日共。统治阶级、保守力量和右翼势力长期对日共的打压和歪曲，是造成日共低民调的主要原因，部分左翼力量与日共长期“恶性竞争”是造成日共低民调的重要原因。因此，在进行民调时，虽然日共与其他进步政党和组织同属于左翼阵营，但在民调过程中，被调查者大多宁愿支持其他左翼力量，也不支持日共。

4. 日共强烈的意识形态特征造成部分日本国民的“误解”。意识形态是一个政党区别于其他政党的一个重要符号，其核心是该政党固有的价值理念。作为马克思主义政党的日共，是一个典型的阶级政党，其纲领路线和斗争策略无不反映出强烈的意识形态性。日共的纲领路线不仅受到保守政党和右翼势力的攻击，而且其理论的晦涩词条也使普通党员和群众难以理解。

保守政党和右翼势力对日共理论路线的攻击点主要有：一是日共要将其马克思列宁主义、科学社会主义指导思想强加于国民成为“国家哲学”。二是日共的社会主义和共产主义目标是“乌托邦”。三是建立无产阶级专政或工人阶级政权是要对国民实施“暴力”。四是民主集中制原则就是要使国家“无自由”。保守政党和右翼势力认为，日共的民主集中制原则导致党内“家长制”和“一言堂”，日共普通党员根本没有表达意见的自由，如果日共执政，就会把这种党内“无自由”上升到国家的“无自由”。

普通民众对日共定义的“前卫政党”等也难以理解，误认为是日共与普通民众是领导与被领导的关系。

日共的一些政治口号使大批可以团结的民众产生反感，对日共敬而远之。如二战后初期，刚出狱的日共领导人志贺义雄高呼“只有共产党为反对战争而继续坚持了斗争”，主张“一亿人忏悔”。这就是说在二战中除日共外所有组织和人都是“战犯”。又如 1987 年日共十八大宣称自己才是日本“唯一的革新力量”，社会党和其他左翼力量和群众团体已经发生了右倾和变质。到了 20 世纪 90 年代，日共再次宣称，只有日共才是日本“革新力量的代表”，而其他政党都与自民党同流合污了。

另外，日共在运行机制上形成的固有模式，也被保守政党和右翼势力作为攻击的话柄。日共的组织结构是中央委员会—都道府县委员会—地方支部三个层级，所有决策都由中央委员会作出，然后逐级下达，最后由地方支部传达到普通党员。在保守政党和右翼势力看来，这一模式的特点就是自上而下、等级森严的专制模式。还进一步认为，在日共党内，普通党员只有被动服从中央决策和缴纳党费的义务，没有任何权利，党内没有“民主”和“自由”。2000 年日共召开二十二大前，其中央领导大都是耄耋之年，这又被保守政党和右翼势力斥之为“老人政治”。

总之，保守政党和右翼势力对日共的指导思想、社会目标、政权构建和民主集中制原则进行了全方位攻击，其中不乏大量曲解，甚至是无中生有之事，认为如果日共得到政权，就会将马克思列宁主义、社会主义和共产主义、无产阶级专政和民主集中制强加给整个国家，那时国家、社会就会“失去活力”，号召国民在选举中少投日共一票，就是给自己增加一份“自由和民主”。这种长期的蛊惑式宣传，以及日共自身存在的一些问题，确实影响了不少日本国民，从而使日共的民调一直不高。

三、日本共产党提高民调的调适

为了回击保守政党和右翼势力对日共的攻击，改变国民对日共的原有认知和负面看法，提高日共在国民中的支持率，赢得国会大多数议席，从而成为执政党或参政党，日共对其理论路线和斗争策略进行了适应性调整。

（一）理论路线的适应性调整

在指导思想上，日共以科学社会主义取代“马克思列宁主义”。从日共成立到十三大前，日共党章和党纲都明确规定，党的指导思想是马克思列宁主义。十三大决定删除“马克思列宁主义”这一传统提法，代之以“科学社会主义”新表述。日共认为：“马克思列宁主义”是斯大林的定义，有把马克思主义与列宁主义分割开来之嫌，进而把“马克思主义”看成是帝国主义前的过时理论，而“列宁主义”是帝国主义时期的理论，且是世界革命运动的普遍规律，暗含世界各国人民革命斗争必须以“列宁主义”为指导的强烈指向，这就限制了其他国家党和人民独立自主地探索本国革命和建设的道路。① 同时，传统提法强调的是马克思、恩格斯和列宁在革命和建设中的作用和贡献。但是，他们的“作用不管多么伟大，用个人的名字来称呼是不恰当的”，因为科学社会主义理论还包括社会主义继承者们对其创新、丰富和发展。用“科学社会主义”取代原有的“马克思列宁主义”的提法，能避免在理论上和实践中可能陷入的误区，能在一定程度上消解国民对它认识的误解，而绝不意味着背叛了社会主义事业，也不是对马克思、恩格斯、列宁学说的背离。

科学社会主义只是日共的指导思想，因此它不能上升为全体国民的指导思想和作为整个国家的意识形态。日共十三大报告就已经载明，“任何世界观都不能作为‘国家哲学’”，日共“不承认国家哲学”②，日共二十二大报告也指出，日共在社会主义社会和共产主义社会都不会设“特定世界观”③。日共无论如何都不能将“科学社会主义理论”强加给整个社会及其所有国民，日本二战

① ［日］不破哲三著，张碧清译：《科学社会主义研究》，北京：人民出版社，1982 年版，第 1 页。

② 中共中央党校科学社会主义教研室国外社会主义问题教学组编：《战后日本社会主义理论资料汇编》，北京：中共中央党校科研办公室，1985 年版，第 250、223 页。

③ 《しんぶん赤旗》，www.jcp.or.jp。

后新宪法明确规定了国民享有的各种民主和自由权利，日共必须尊重和维护宪法的规定及其权威性。要使广大国民接受科学社会主义，日共必须广泛宣传，使国民在长期受教育过程中自觉相信科学社会主义的生命力，而不是强制地使国民被动地接受科学社会主义。

在政权建立上，日共将“无产阶级专政”改为“工人阶级的政权”[①]。日共认为，日本保守政党和右翼势力与其他国际资产阶级一样，对社会主义国家“无产阶级专政”进行了长期猛烈地抨击，认为“无产阶级专政”就是“专制”，就是“独裁”，就是“暴力”，而且以夸大、甚至是歪曲的苏联“肃反”，中国“文化大革命”和柬埔寨“红色高棉”等史料来进行佐证，这在世界民众中造成了难以消除的影响。日共认为“无产阶级专政”存在误译，“工人阶级的政权”才是科学正确的译法。所以应将无产阶级专政改为“工人阶级的政权”。

在革命手段上，日共摒弃“暴力革命”，提出“和平手段”。1961 年日共八大指出，“将努力争取用和平的、合法的方式取得政权。但是掌握着暴力权力的统治阶级本质上是反动残暴的，他们并不总是采取温和手段。……因此，日共的方针是，当敌人采取和平方式时，革命势力也同样采取和平方式；如果敌人用非和平方式，则革命势力也应采取与之相适应的非和平方式。”[②] 日共十一大以后，认为在当前日本政治经济条件下，有可能通过议会选举的方式建立民主政府。1994 年日共二十大上提出的“资本主义框架内的民主改革”论，实质就是通过和平方式对资本主义进行改革，进而建立民主联合政府。2000 年日共二十二大报告认为，通过和平手段可以使日共成为执政党或参政党，进而实现社会主义和共产主义这一“人类共同社会”。虽然日共在纲领中删除了“暴力革命”的表述，但执政当局仍认为日共没有完全放弃暴力革命的幻想，仍是一个“准暴力组织”而应受到警察机关的监视。

在党的性质上，日共删除了其是“工人阶级先锋队”（前卫政党）的提法。2000 年日共二十二大通过的新党章规定：“日本共产党是日本工人阶级的政党，同时又是日本国民的政党。为了民主主义、独立、和平、提高国民生活和日本的未来而努力，向所有的人开放门户”。由于“工人阶级先锋队”这一提法容易让国民把党与他们的关系误解为“领导与被领导的关系”，即日共是领导者，国民和其他群众团体是被领导者，从而造成国民和群众团体对日共的不满。为什么日共既是工人阶级的政党，又是日本国民的政党呢？根本原因是日本工人阶级是日本最大的阶级势力，超过了日本全社会劳动人口的 3/4。所

① 曹天禄：《日本共产党的“日本式社会主义”理论与实践》，北京：中国社会科学出版社，2014 年版，第 107—110。

② ［日］小林荣三：《日本共产党的纲领及其发展》，载《前卫》，1986 年第 11、12 期。

以，日本工人阶级就是日本国民，日本国民就是日本工人阶级；日共向所有人开放门户，就是向工人阶级开放。将“通过社会主义革命，实现社会主义社会和共产主义社会”的目标，修订为“实现没有人剥削人、没有压迫、没有战争，人与人之间关系真正平等的自由的共同社会”。日共认为，这样的修改确实让人产生“日共的性质不是已经变了吗?”，“社会主义不是到头了吗?”等疑虑，但是日共认为其目标没有变，只是采取了更加适应日本当前处于民主主义阶段的一种新提法，即实现“共同社会”。日共认为，这一新提法与《共产党宣言》中“在那里，每个人的自由发展是一切人的自由发展的条件”[①]高度一致，包含了大致相同的三个方面内容：一是“共同社会”是消灭了人剥削人的社会；二是“共同社会”已经没有经济剥削、政治压迫和没有战争；三是“共同社会”是实现了真正平等的自由的人与人之间关系的社会。可见，“共同社会”真正体现了马克思主义对未来社会的写照。

在组织原则上，日共对“民主集中制”进行了新界定。日共认为，外界对党的“民主集中制”的印象集中表现为“党的决议应无条件执行。个人服从组织，少数服从多数，下级服从上级，全国的党组织必须服从党代会和中央委员会”。保守政党和右翼势力等专门抽出“无条件执行”等词条来针对日共，攻击日共“党内没有自由”，“如果共产党取得了政权，就会将民主集中制运用到整个社会，从而使整个社会没有自由”。对此，新党章除了删除“党的决议应无条件执行”“四个服从”等表述，将“无条件执行”改为“自觉执行”外，日共还特别强调，民主集中制仅仅是党的内部纪律，决不会将它强加给国家和社会。日共认为，这样调整后就容易消除社会对日共的误解，如日共只是上级组织和领导说了算，下级和普通党员“什么都不能说”的谣言。

（二）斗争策略的适应性调整

世纪之交，日共在其二十一大和二十二大上，不仅对理论路线进行了自1961年日共八大以来最大的一次调整，而且在斗争策略上也出现了前所未有的变化。如在对待《日美安全保障条约》、自卫队、海外派兵、修改和平宪法等问题上，都出现了与以前截然不同的提法。其中最主要的一个转变就是从原来的坚决反对到“尊重广大国民的意见”，即如果大部分国民在这些问题上持支持的态度，那么日共也就支持，反之亦然。

关于天皇制度，日共认为天皇制是“宪法所规定的制度”，因而“是保持还是废除，应该等时机成熟的时候由全民的意愿来决定和解决”。目前，日本

---

① 中央编译局编：《马克思恩格斯选集》(第1卷)，北京：人民出版社，1995年版，第294页。

国民反对天皇和天皇制的不到1%，如果日共还坚持废除天皇制的话，仅就这一点在国内最多能得到1%的国民支持，这对于日共通过议会选举途径，要在21世纪早期建立民主联合政府成为执政党的目标是根本不可能的。因此，日共就必须对不适应形势要求的方针政策进行修正，“尊重广大国民的意见”。日共2000年举行的二十二大在这一问题上已不再提“推翻天皇制”了，而是提出：“严格遵守天皇不参与国政的原则，但天皇制不能永远不变。”①

对于自卫队，日共原认为自卫队违反宪法第九条规定，应予以取消，新党纲中虽然也认为自卫队违宪，但其存在已经得到多数国民的认可，对其取消：“将依据人民意愿推进宪法第九条（解散自卫队）的完全实施”，要马上取消自卫队很困难，需要一个长期过程。日共二十二大上则提出分阶段解散自卫队的设想，从而在事实上认可了自卫队的存在。

在《日美安全保障条约》上，新党纲提出“日本共产党为废除《日美安全保障条约》为首的一切损害民族主权的条约、协定，为美军的全部撤出和撤出美国军事基地而战斗”，但日共认为，这要根据《日美安全保障条约》第十条规定来进行，且需要一个相当的过程，而不是原来要求的“无条件”废除和撤出。

总之，民调已经嵌入日本社会政治生活的各方面，由于种种原因，日共一直以来民调不高，对此，21世纪之初，日共对其理论路线和斗争策略进行了重大的适应性调整，以期改变日共在社会中的固有形象和国民中的传统认知，提高其支持率，成为执政党或参政党。但正如日共委员长志位和夫所说，即使调整理论路线和斗争策略，日共还会受到日本保守政党和右翼势力的攻击，因为日共与这些组织和势力的价值观存在根本对立。特别值得注意的是，日共对其纲领路线和斗争策略所作的适应性调整，不仅没有提升日共的支持率，反而引发了保守政党和右翼势力的幸灾乐祸，认为这是日共“没落”的一个重要表现。同时，也引起了日共内部部分老党员的质疑，认为日共已经没有“原则”了。不仅如此，日共为了提高民调，在2020年举行的二十八大上，否认中国的社会主义性质，认为正是由于中国等社会主义国家的负面形象，影响了日共的民调，日共划清与中共的界线就可以改变国民对日共的认知。由此，日共要想短期内大幅提高民调，面临一系列新挑战，需要一个漫长过程。

---

① “日共二十二大报告”，www.jcp.or.jp。

日本共产党、社会党的议会制适应性比较

李　明[①]

摘　　要： 日本共产党和日本社会党都曾是日本的社会主义政党，社会党原本实力较强却迅速衰落，日共相对实力较弱如今却依然挺立，这背后的原因值得探寻。社会党和日共相继选择通过议会夺取政权的道路，但在理论和政策上，日共在革命理论、党的性质规定、对待天皇制的态度等方面的转变比社会党慢了一步；在实践活动上，日共对待议会外群众运动、党的建设和议员个人后援会的策略也与社会党具有代际差异。两党在议会制适应性上表现出的代际差异，是导致两党命运迥然相异的重要原因，也导致两党难以结成长期稳定的统一战线。考察日本共产党和社会党两党的议会制适应性差异及其结果，对认识社会主义运动中的议会道路问题具有重要启示。

日本共产党和日本社会党（以下简称“日共”和“社会党”）都曾是日本的社会主义政党，以实现社会主义的日本为目标。尽管以科学社会主义的视角来看，社会民主主义在本质上是具有小资产阶级倾向的思潮，其所追求的社会主义也与科学社会主义具有区别。但是，一方面，日本社会党长期作为世界社会民主主义的“最左翼”，理论路线十分接近科学社会主义；另一方面，无论日共还是日本社会，都基本承认社会党在大部分时间里是一个代表工人阶级利益的左翼革新政党，因此，具备将日共、社会党两党进行比较的前提和基础。社会党的力量始终强于日共，但在1996年改旗易帜后迅速衰落，日共却能够继续保持实力，这表明对两党进行比较研究是很有必要的。

我国学界对世界共产党和社会（民主）党关系的研究已有一批优秀的成果，但这些成果大都以欧洲为中心，较少提及日本的情况。日本的共、社两党关系既有世界共、社关系的一般特征，也具有本国的特殊性，需要加以专门研究。相比于日共的研究成果，目前我国学界关于日本社会党的研究成果较少，且主要围绕探析社会党“亡党失权”的原因而展开。例如，王屏认为，社会党

---

① 李明，中国社会科学院大学马克思主义学院博士研究生。

“亡党”的原因在于自身党建不足、“右转”及现实主义的政治路线[①]；张伯玉认为，社会党长期在野及其衰落的内因在于制度化水平较低[②]，等等。这些探讨对本文很有借鉴价值，但其论证大多建立在对社会党进行纵向比较或与自民党比较的基础上，缺乏将其与社会主义政党进行比较的视角。朱艳圣在分析日本社会主义政党发展困境时，从“变与不变”“权力与原则”“党员与选民”等角度对共、社两党进行了初步比较。[③]本文在前人的基础上，选取议会制适应性作为比较的切入点，对日本共、社两党的理论和实践进行比较研究，探寻两党命运迥然相异的原因，同时也为如何评价世界社会主义运动中的议会道路问题提供一些思考。

一、日本共产党、社会党选择议会道路的历程

随着 1945 年 8 月 15 日日本宣布投降，以美军为主力的盟国军队进驻日本，命令日本政府释放政治犯并开放党禁，战后日本政党政治迎来新的局面。社会党和日共相继成立或重建，开始了适应资产阶级议会制民主的历程。

社会党成立于 1945 年 11 月 2 日，继承了战前由各派社会民主主义者在 1932 年合并组成的社会大众党，是日本战后最早成立的政党。在战前的天皇专制统治下，社会民主主义者从未公开主张以暴力手段夺取政权，且积极反对以日共为代表的暴力革命路线。各派合并为社会大众党后，更是支持日本军部发动的侵略战争，于 1940 年自动解散并加入支持侵略战争的“大政翼赞会”，其所属的工会组织也相继解散并组成“产业报国会”。这表明日本的社会民主主义政党在战前就已经学会如何“适应”体制。社会党成立时，只提出了包含三个条款的简单党纲，除政治上的民主主义、经济上的社会主义、国际关系上的和平主义之外，既没有规定革命的性质和过程，也没有规定党的组织原则，“明显地具有议会政党的性质”[④]。1954 年，左派社会党将议会道路问题写入纲领，“政权的过渡不能依靠武装暴动，而只能依靠和平过渡，即通过国会的活动，在民主的社会力量的基础上才有可能”[⑤]。社会党战后选择议会道路的过程

① 王屏：《日本社会党“亡党失权”透视》，载《人民论坛》，2021 年第 4 期，第 36—37 页。

② 张伯玉：《日本选举制度与政党政治》，北京：中国经济出版社，2013 年版，第 90 页。

③ 朱艳圣：《日本社会主义政党的发展困境》，载《科学社会主义》，2007 年第 2 期，第 142—145 页。

④ ［日］小山弘健、清水慎三编著：《日本社会党史》，上海：上海人民出版社，1973 年版，第 19 页。

⑤ ［日］勝間田清一、北山愛郎監修：『日本社会党綱領文献集』，東京：日本社会党中央本部機関紙局 1978 年，29 ページ。

是相当顺畅的。

相比之下，日共选择议会道路的过程就显得异常曲折和艰难。成立于1922年7月15日的日共在战前处于非法地位，并数度遭到天皇制政府的血腥镇压，不得不选择非法活动和暴力革命路线。不过，日共在战前也曾有过合法活动和议会道路的尝试，曾于1928年将合法的劳动农民党作为外围团体进行议会选举，但没有当选。1945年12月1日，日共召开第四次代表大会并得以重建；次年2月召开的日共五大提出“占领下的和平革命”理论。野坂参三根据战后变化了的国情，认为“和平革命的方针是目前形势下最正确、牺牲最少的、可行的方针”[①]。然而，该方针在实践中遇挫，在理论上被共产党和工人党情报局批评为“反民主、反社会主义的理论”，野坂参三不得不在1950年2月作出自我批评，承认犯了“原则上的错误”，“脱离了马克思列宁主义关于政权和国会的原则”，实质上属于社会民主主义倾向。[②] 一年后，经斯大林亲自审阅的《五一年纲领》出炉，提出“认为用和平的手段能够求得日本的解放与民主改革是错误的”[③]，要求日共进行暴力革命。随后，日共派出山村工作队并实施了以燃烧瓶袭击政府机关的暴力行为。直到1955年日共第六次代表大会才批判了武装斗争的“左”倾冒险主义路线，提出“党必须努力按照阶级力量对比关系的变化，经常保持和发展它的合法活动”[④]，将合法活动作为当下的斗争策略，逐渐转移到和平的议会道路上来。

战后初期，日共在革命道路选择上的曲折探索，特别是暴力革命的尝试，不但使日共丧失了工人运动的领导权和全部议席，也使党处于分裂和半非法的状态，而且从适应资产阶级议会制民主的角度来说，日共摔的这个跟头使它同社会党拉开了差距。社会党虽也经历分裂，但由于快速适应议会制民主，既牢牢掌握了工人运动的领导权，又在国政势力上稳步前进，两党逐渐产生了代际差异。

二、日本共产党、社会党在理论和政策上的代际差异

日共以马克思列宁主义即科学社会主义为指导思想；社会党派系复杂，没有能够真正统一全党的指导思想，但是在1982年以前，社会党的纲领基本上

---

① 中共中央党校科学社会主义教研室国外社会主义问题教学组编：《战后日本社会主义理论资料汇编》，北京：中共中央党校科研办公室，1985年版，第25页。

② 同①，第33、35页。

③ ［日］日本共産党中央委員会：『日本共産党綱領集』，東京：日本共産党中央委員会出版部1967年，109ページ。

④ 同①，第70页。

贯彻了“劳农派马克思主义”的理论主张。“劳农派马克思主义”十分接近科学社会主义，其代表人物山川均甚至以“科学社会主义者”自居，两党同时期的许多政策也是十分接近的。不过，这两种理论仍然存在着不可抹杀的差异，并且在理论和政策的发展变化中，可以看出两党间清晰的代际差异和日共在某些方面逐渐“社会民主党化”的线索。

（一）革命理论上的代际差异

关于日本革命的性质和阶段，早在战前就有争论。“劳农派马克思主义”者提出日本革命是社会主义革命的“一次革命论”，日共系的“讲座派”则认为日本革命是经由民主革命发展为社会主义革命的“两阶段革命论”。战后日本国情发生重大变化，这两个理论学派又分别为社会党和日共所继承，对日本革命性质、阶段和方式的论争便延续了下来。

社会党：“一个敌人”的“反垄断结构改革论”及其发展。继承了“劳农派马克思主义”基本理论观点的社会党在战后仍然认为日本革命的敌人是一个，即日本垄断资本；革命的性质是社会主义革命，尽管它带有民族解放的任务。1960 年 10 月，社会党书记长江田三郎提出了“反垄断结构改革论”，即“通过干预生产关系（结构）和进行部分的改革，而逐渐摧毁剥削基础”[①]，实质是一种不断改良的改良主义路线。由于该理论本身并不完善，党内思想没有统一，围绕“结构改革论”产生了一场论战，特别是遭到工会的激烈反对。为结束争论并调和矛盾，1966 年社会党二十七大通过了《日本走向社会主义的道路》（以下简称《道路》），否定“结构改革论”而提出了激进的革命理论。但是，20 世纪 60 年代日本进入经济高速增长时期，“在国民出现保守意识的情况下，社会党仍然保持激进性和战斗性显然是不可能得到他们的理解和支持的”[②]，“结构改革论”仍具有存在的合理性。1982 年社会党六十四大提出，现代资本主义“提供了利用群众民主有组织地控制资本主义经济体制，促进经济体制变革条件的产生”；通过“参与、介入和分权、自治的结构改革”，能够实现真正的平等和人权，以及崭新的高度民主。[③] 很明显，这等于重新将“结构改革论”提了出来，此后社会党的理论更加接近西欧社会民主主义政党。

日共：从“两个敌人”的“新的民主主义革命论”到“资本主义框架内

---

① ［日］小山弘健、清水慎三编著：《日本社会党史》，上海：上海人民出版社，1973 年版，第 225 页。

② 朱艳圣：《冷战后的日本社会主义运动》，北京：中央编译出版社，2008 年版，第 55 页。

③ 中共中央党校科学社会主义教研室国外社会主义问题教学组编：《战后日本社会主义理论资料汇编》，北京：中共中央党校科研办公室，1985 年版，第 429、446 页。

的民主改革论”。就在社会党提出“结构改革论”之后不久，日共八大通过了新的纲领，认为日本革命的敌人是美帝国主义和日本垄断资本，革命性质由新的民主主义革命发展为社会主义革命的“两个阶段不间断革命”。野坂参三在大会上专门批判了社会党的“结构改革论”，指出其理论前提在于认定日本是基本独立的国家，革命的敌人只有一个，势必造成对美斗争的退却和妥协；其结果必然是改良主义，用改良的积累来完成革命的任务。[①] 要进行真正的结构性改革，必须在建立民主政权之后，而建立民主政权的前提是驱逐美帝国主义和打倒日本垄断资本。但是，随着形势的发展，日共的革命理论也产生了变化。1994 年日共二十大提出了“资本主义框架内的民主改革理论”，认为国家垄断资本主义的发展及其对大企业的民主规制，成为迈向新社会的“重要基石”，为社会主义提供了“现成形式”[②]。不破哲三认为，“社会的发展是在一个一个地解决国民间成熟的问题的同时，一步一步地向前发展的”[③]，通过民主改革“解放那些由旧的正在崩溃的资产阶级社会本身孕育着的新社会因素”[④]，就能打开通向社会主义的道路。至少在形式上，日共的理论与社会党“结构改革论”已经非常相近。

日本共、社两党在革命理论方面的差异，实质上是认同资本主义制度上的差异。日共《六一年纲领》以“争取废除整个资本主义制度”[⑤] 为目标时，社会党的《道路》提出“在变革资本主义的同时，要全部继承资本主义遗产中的好的方面”[⑥]，日共则到 2000 年二十二大才提出要继承资本主义有价值的成果。认同是适应的心理基础，在认同体制上的代际差异，必然导致适应性的代际差异。

（二）规定党的性质的代际差异

一般而言，社会主义政党是代表工人阶级利益的。同时，马克思主义认为工人阶级不可能单独实现解放，必须团结农民、小资产阶级甚至一部分自由资产阶级。如何在规定党的性质时处理好工人阶级同这些阶级的关系，是社会主义政党在发展中不得不面临的课题。

---

① 《日本共产党第八次全国代表大会文件》，北京：世界知识出版社，1962 年版，第 99、103 页。

② 曹天禄：《日本共产党的“日本式社会主义”理论与实践》，北京：中国社会科学出版社，2010 年版，第 96 页。

③ ［日］不破哲三：「第 21 回党大会にたいする中央委員会の報告」，http://www.jcp.or.jp/jcp/21taikai/21-ccrepo/21-ccrepo-6.html。

④ 中央编译局编：《马克思恩格斯选集》(第 3 卷)，北京：人民出版社，2012 年版，第 103 页。

⑤ ［日］日本共産党中央委員会：『日本共産党綱領集』，131 ページ。

⑥ ［日］勝間田清一，北山愛郎監修：『日本社会党綱領文献集』，207-208 ページ。

社会党："阶级的群众政党"。社会党是由战前各派社会民主主义势力结成的，本身在政治倾向和阶级属性上就是一锅"大杂烩"。建党前的新党筹委会对社会党的性质作出了规定："它是社会主义的群众政党，换言之，是以社会主义理论为基础的国民政党"①，要团结除共产党和保守党之间的全部中间派人士。可见，社会党成立之初就将自己定位为群众政党、国民政党，并且带有统一战线政党的性质。社会党分裂后，左派社会党纲领规定："日本社会党，是以日本实现社会主义为目的的工人阶级及其同盟军——农民以及其他社会各阶层的政党"，"是直接代表劳动人民利益的、具有阶级性的群众政党。"② 该规定不仅保留了群众政党和统一战线政党的性质，而且突出了工人阶级，这反映了当时左派社会党依靠"总评"工会的力量快速发展的现实。1955年两派社会党合并大会通过了新的纲领，规定社会党的性质是"阶级的群众政党"，"是以工人阶级为核心，并组织农民、渔民、中小工商业者、知识界及其他国民的大多数的劳动阶层的结合体"③。虽有左右两派主张的调和，但社会党仍没有脱离群众政党和统一战线政党的性质。在社会党开始"右倾"的1982年发布的《创造新的社会——我们对社会主义的设想》中，社会党提出"成为一个民主主义的党、全体劳动国民的党"的目标，要"着眼于生产和生活的所有方面、向一切人开放"④。自此，社会党的国民政党性质愈加凸显了。

日共："工人阶级最高的阶级组织"到"国民政党"。日共依照科学社会主义基本原理，在七大通过的党章中规定党的性质为"日本工人阶级的先锋队，是工人阶级各种组织中最高的阶级组织"⑤。对于其他劳动阶级，日共也有足够的重视，只不过在理论上规定党的性质时没有将他们纳入进来，而是把他们作为统一战线的对象和盟友加以考虑的。进入20世纪90年代，随着社会党和日本政局的总体保守化，日共倍感孤立，希望通过在理论上扩大党的基础的方式打开新的局面。首先，1994年日共二十大修改党纲，将统一战线的基础由"工农联盟"扩大为"工人、农渔民、勤劳市民的阶级联合"⑥，试图将原本作为对象的群体纳入主体的范围内。接着，2000年日共二十二大修改党

---

① ［日］小山弘健、清水慎三编著：《日本社会党史》，上海：上海人民出版社，1973年版，第15页。

② ［日］勝間田清一，北山愛郎監修：『日本社会党綱領文献集』，26、36ページ。

③ 同②，62ページ。

④ 中共中央党校科学社会主义教研室国外社会主义问题教学组编：《战后日本社会主义理论资料汇编》，北京：中共中央党校科研办公室，1985年版，第468页。

⑤ 《日本共产党第七次代表大会文件》，北京：世界知识出版社，1959年版，第265页。

⑥ ［日］不破哲三：「日本共産党綱領の一部改定についての報告」，https://www.jcp.or.jp/web_jcp/1994/07/post-48.html。

章，将党的性质修改为“工人阶级的党，同时也是日本国民的党”，“对所有人开放门户”[①]。不破哲三解释说，“阶级政党”和“国民政党”并非对立的概念，1995 年日本工人阶级人数就占到国民总数的 77%，抽出工人阶级就谈不上国民，维护国民利益同时也就是维护工人阶级利益，更何况，工人阶级只有解放整个社会才能最终解放自己，日共修改党的性质是合理的和必要的。

战后日本经济迅速恢复并高速发展，深刻地改变着日本社会的阶级结构。工人阶级分化加剧，“新中产阶级”膨胀，“中流意识”泛化，使得工人阶级政党不得不在理论上扩大阶级基础和群众基础。社会党和日共都希望通过理论调整来适应这种变化，但相较而言，日共的反应还是比社会党慢了一步。

（三）对待天皇制的代际差异

明治维新后，日本建立起专制主义天皇制，对内压迫工农群众的民主运动，对外发动侵略战争。战后进行日本民主化改革，新宪法规定天皇只是虚位元首、国家象征，天皇制也变为资产阶级君主立宪制。社会党始终认可天皇制，日共则经历了一个转变的过程，从中体现出二者的代际差异。

社会党：“在天皇制下实现社会主义”。战前的日本社会民主主义者，除一小部分左派和自由主义者之外，都主动融入了“拥护国体”、支持侵略战争的“翼赞体制”。战后初期，右派在社会党内占主导地位，1945 年 9 月的“统一的无产阶级政党成立座谈会”是在“维护国体”的主张中开幕、在“天皇陛下万岁”的齐声高呼中闭幕的，水谷长三郎还试图用明治天皇的“五条誓文”来解释“日本式的民主政治”[②]。社会党成立大会所通过的纲领没有提到天皇制的问题，但在同年 10 月的中央执委会上决定：“一、在宪法学说上，采取主权在国家即国家法人说，保存天皇制；二、天皇的大权应根据民主主义的精神缩小；三、要在民主化的天皇制下实现民主主义和社会主义。”[③] 就宪法的基本理论而言，保守党币原内阁甚至都提出了比社会党更进步的草案。此后，尽管左派在社会党内的实力增强，并担任起草纲领的“理论中枢”，但在社会党的历次纲领中，天皇制问题从未作为单独的议题来讨论，在对未来的社会主义构想中也不提天皇制的存废问题，毋宁说社会党是将天皇制作为当然前提来看待的。

---

① 「日本共産党規約（2000 年 11 月 24 日改定）」，http://www.jcp.or.jp/jcp/22taikai/22th_kiyaku_201125.html.

② ［日］小山弘健、清水慎三编著：《日本社会党史》，上海：上海人民出版社，1973 年版，第 14—15 页。

③ ［日］升味准之辅著：《日本政治史》(第 4 卷)，北京：商务印书馆，1997 年版，第 895 页。

日共：从“废除天皇制”到“日本不是君主制国家”。战前的日共坚定地高举“废除天皇制”的大旗，并将其作为民主革命的重要内容。战后日共重建伊始，日共四大就重申“废除天皇制”的口号。1946年6月，由占领军总部主导起草的新宪法草案提交国会讨论，日共在同月提出了《人民共和国宪法草案》，主张废除天皇制，确立真正主权在民的民主主义。11月3日，新宪法通过，确认象征天皇制是国家政治体制的一部分，日共表示反对，认为天皇制将来或许会成为日本重新进行侵略和走向反动的依据。日共《六一年纲领》仍坚持废除天皇制，并将其作为民主革命任务之一。1989年昭和天皇去世，日共中央发表声明，追问天皇的战争责任，反对日本政府要求国民进行吊唁、以神道形式举行葬礼、使用“驾崩”等用语及强制国民接受“平成”新年号的行为。[①] 然而，在2004年日共二十三大修改纲领时，日共已不再提废除天皇制（君主制），不破哲三解释说，“没有国政职能的就不叫君主”，“日本是确立了主权在民的国家，现在既不是共和制也不是君主制”[②]，从而认可了天皇制的现状。当然，日共的认可还是有保留的，即不允许改变、美化或神化天皇制，并继续反对使用专制时代的用语和强制国民使用年号，未来天皇制的存废要由国民来决定。

战后民主化改革和新宪法实施后，天皇制已经成为国家政治体制的一个重要组成部分，天皇作为一个文化符号，在国民的心中也具有难以取代的地位。日共长期高喊废除天皇制的口号，难免在国民心中留下负面印象，尤其在天皇去世之际追究其战争责任的行为，更是不合时宜、不近人情。虽然日共对天皇制已经有保留地转变，但终究是慢了一步。

三、日本共产党、社会党在实践活动上的代际差异

理论是行动的先导，日本共、社两党在理论和政策上的代际差异，必然反映到实践活动上来。战前的日共既是革命政党，又长期处于非法地位，战后在适应议会制民主的过程中仍然经历了曲折而坎坷的道路。相比之下，社会党先人一步地快速适应，甚至带有某些议会政党的倾向。

（一）对待议会外群众运动的代际差异

在马克思列宁主义的传统观点中，资产阶级议会是无产阶级政党进行揭

---

① ［日］日本共産党中央委員会：『日本共産党の八十年』，東京：日本共産党中央委員会出版局2003年，第247页。

② 「天皇制の問題／第２３回党大会での不破議長の綱領報告より（2004.1.13）」，https://www.jcp.or.jp/web_policy/2004/01/-2004113.html。

露和宣传的讲坛，仅仅是斗争的一种方式，议会外的群众运动才是重点。但资产阶级议会制民主下的政党，首要目标是通过竞选获得议席，这是两条不同的逻辑。日本共、社两党都领导议会外的群众运动，但对运动本身的看法却体现着代际差异。

日共：群众运动是直接指向政权的行动。日共在战后初期所提出“占领下的和平革命”是包括群众运动在内的，德田球一甚至认为“革命的和平手段除总罢工之外再无其他”①。这就是说，在当时的日共看来，群众运动是可以直接指向政权的行动。1946 年底，日共及其领导下的“产别会议”工会计划于次年 2 月 1 日发动政治性的“二・一”总罢工，总罢工被作为“夺权斗争”和“建立人民政权”的一种手段来看待。野坂参三在 1947 年新年贺词中说，今年是“决定能否重建日本民主的年份”，“全体党员要准备面临一场大决战”②。然而，日共的激进行动引起了反动政府和占领军总部的恐慌，占领军总部下令制止了总罢工，这不仅在实践上证明了“占领下的和平革命”理论的失败，而且令日共在工人群众中声望大跌。另一事例是 20 世纪 60 年代初阻止修改《日美安全保障条约》的斗争。在庞大的群众斗争面前，岸信介内阁于 1960 年 5 月 20 日凌晨强行通过了新的安全条约。面对怒不可遏的国民群众和失去民心的岸内阁，日共于 5 月 31 日提出要求岸内阁下台，由社会党、共产党等民主力量组成看守内阁，重新举行大选并建立反对《日美安全保障条约》的联合政府的号召。这是日共希望通过群众运动的压力实现政权更迭的又一次尝试，但由于缺乏社会党的响应和支持而失败。此后，日本再没有过相当规模的群众运动，日共也不再把群众运动当作直接取得政权的手段。

社会党：群众运动是议会斗争的重要补充。在“二・一”总罢工之前，社会党采取了反对和避免总罢工的态度。右派的西尾末广当时提出，工人的政治斗争应该通过政党，“工会负责经济斗争，政党负责政治斗争”③，即反对将群众运动发展为直接指向政权的行动。吉田内阁因恐惧罢工，企图以联合组阁为条件拉拢社会党，社会党则“以避免总罢工作为交换条件，在联合组阁谈判中尽量以更高的身价将自己出卖给政府和自由、进步两党”④。对社会党而言，更多的议席和内阁职位的重要性远大于群众的政治诉求。最终总罢工被制止，日共声望的跌落使社会党在 1947 年大选中获得了大量浮动票而成为第一大党。

---

① ［日］信夫清三郎：『戦後日本政治史（1945-1952）』(第 2 卷)，勁草書房 1966 年，第 424 页。

② 同①，第 447 页。

③ 同①，第 424 页。

④ ［日］小山弘健、清水慎三编著：《日本社会党史》，上海：上海人民出版社，1973 年版，第 39 页。

同样，社会党领导了阻止修改《日美安全保障条约》的斗争，但从始至终也没有提出过政权要求。在日共提出成立看守内阁后，社会党不予理睬，最终让保守政党以内部更换首脑人物的方式解决了自身危机。社会党领导群众斗争的目的是要将党的影响力转化为选票和议席，而不是用“非法”方式夺取政权。1966 年《道路》指出，选举斗争是展开政治决战的舞台，议会内斗争的发展可以推动议会外的群众斗争；群众斗争的意义在于提高群众的政治觉悟和党的威信，从而使选票和议席不断增加，建立社会党的政权。[①] 这可以视为社会党对待群众运动的基本态度。

野坂参三在总结 1947 年选举时提出：我们做了大量的群众工作，却没有得到相应的选举支持，表明善于做罢工工作的党员不一定是成熟的政治家，要向资产阶级政党学习在选举中掌握群众的方法[②]，这意味着日共感受到了做群众工作和选举斗争的不同。到 1963 年日共八届七中全会，日共已经掌握在大选前统一部署，有计划地安排选举宣传和增加选票的方法了。

（二）对待党建的代际差异

党的建设是无产阶级政党的共同课题。科学社会主义政党因贯彻列宁主义的建党原则，一般来说比社会民主主义政党具有更加严密的组织形式，也更加注重党的思想建设、理论建设和作风建设。这种差异也明显地体现在日本共、社两党的身上。

社会党：依靠工会组织的议员政党。组织建设薄弱是社会党长期以来的特征，它表现在：首先，党员人数过少。社会党成立以后，长期保持着较少的党员人数，片山哲内阁时期曾达到近 10 万党员，此后很长一段时间都保持在 5 万左右，直到更名为社会民主党前夕，党员人数也不超过 12 万。其次，党内派系林立。社会党的成立是战前各个派别互相妥协的结果，各种“山头”之间的分歧长时间得不到解决，因此在 1955 年以前就发生过两次左右派的分裂，1960 年西尾派又分裂出去成立民主社会党，1977 年江田派又分裂出去成立“社民联”。即便如此，社会党内的派系依然复杂，这是造成其路线左右摇摆不定的重要原因。最后，过度依靠工会组织。日本最大的工会“总评”1952 年决定在资金、组织上全面支持左派社会党，此后便成为社会党选票、干部和资金的主要来源，社会党则在政坛上为“总评”争取利益，双方维持着互利共赢的关系。正是由于同“总评”之间的依赖关系，社会党凭借 5 万党员便可获

---

① ［日］勝間田清一，北山愛郎監修：『日本社会党綱領文献集』，232-233 ページ。

② 野坂参三著：《野坂参三选集（战后篇）》，北京：人民出版社，1963 年版，第 61、62、349 页。

得 1000 万张以上的选票，因而缺乏发展党员和加强党建的动力。1964 年，社会党书记长成田知巳就指出社会党的素质存在三个缺点：“党的日常活动和群众工作开展得不够；是个议员政党，素质很弱；心安理得地依赖工会机构”①，但由于这些“缺点”并不妨碍社会党获取选票，便长期没有得到克服。

日共：重视党的各方面建设。日共始终高度重视党的建设，历次党代会都有专门关于党建的内容。首先，积极发展党员。日共重建时只有 1 000 多人，到 1949 年底已超过 20 万②；为更快地发展党员，日共七大删除了党章中关于预备期的规定；在有计划地发展党员的努力下，苏东剧变前夕，日共党员数量已近 50 万。与社会党只将支持者组织在外围不同，日共追求的是“使支持党的人成为机关报刊的固定读者，成为党员，使他们固定在党的影响下面”③。其次，重视党的思想建设和组织生活。1958 年日共七届三中全会提出健全党内生活的三项标准：定期召开支部会议；全体党员阅读《赤旗报》；交纳党费和机关报刊费。④以机关报为中心的活动不仅是健全的组织生活的体现，而且能够使党员在阅读机关报的过程中，更加了解党的理论和政策，因而是统一全党思想、进行理论建设的重要一环。最后，独特的作风建设。1962 年日共八届四中全会强调树立正确的党风，提出关心群众、帮助同志、克服个人主义和主观主义、充分调查研究、努力学习等要求。⑤而且，日共的廉政建设也一直是日本政党中最好的。

从政党建设的制度化程度来看，日共的党建无疑比社会党更加严密和健全。但是从适应资产阶级议会民主制度的角度说，以赢得选票和议席为主要目标的议会政党并不一定需要列宁主义政党的组织原则，事实上日共的党建也并没有给它带来比社会党更高的支持率和议席。无论是日本自民党还是美国的民主党、共和党，都是以较为松散的方式结合起来的，因此毋宁说社会党的党建更能适应资产阶级议会制民主。

（三）对待议员个人后援会的代际差异

议员个人后援会是日本政治的独特现象。由于日本长期实行中选区制，

---

① ［日］小山弘健，清水慎三编著：《日本社会党史》，上海：上海人民出版社，1973 年版，第 260 页。

② ［日］德田球一：《日本共产党的三十周年》，载于［日］市川正一：《日本共产党斗争小史》，田舍译，世界知识社 1954 年，第 7 页。

③ ［日］宫本显治著：《我们党斗争的道路》，北京：人民出版社，1963 年版，第 27 页。

④ ［日］日本共产党中央委员会编，段元培等译：《日本共产党的六十年》（上册），北京：人民出版社，1986 年版，第 178 页。

⑤ 同④，第 229—230 页。

政党要想在国会议席中占据多数，就要在每个选区推荐 2 个以上的候选人。党组织为每个候选人提供的帮助是有限的和均等的，为提高得票率，候选人就必须发动自己的人脉资源（一般以地域、血缘和利益为纽带），议员个人后援会由此产生。自民党的议员通常拥有个人后援会，作为在野党的社会党和日共，对待个人后援会的态度是具有差异的。

社会党：允许议员拥有个人后援会。在“五五年体制”下，社会党是拥有国会近 1/3 议席的第一大在野党，实现议席的跃进并进而实现执政是社会党一直以来的目标。因此，在定数 2—6 人的中选区，社会党也往往提出 2 个以上的候选人，从而逐渐产生了社会党议员的个人后援会。社会党虽然认为后援会“强化了个人选举的倾向，并非组织上所倡导的”，但“在党组织薄弱的地区是行之有效的，因而不得不同意”①。不过，由于社会党得到“总评”的支持，其大部分选票是“总评”贡献的，个人后援会的贡献率并不高。以 1990 年大选为例，社会党依靠后援会的得票比率仅为 11.9%，远远低于公明党的 34.5% 和自民党的 24.9%。②

日共：从不允许到允许议员拥有个人后缓会。日共在逐渐适应日本资产阶级议会制民主的过程中，也产生了个人后援会。宫本显治也曾强调选举不能轻视候选人个人的号召力。③但是，1980 年 2 月，日共十五大要求使个人后援会“不仅成为支持特定候选人而进行活动的组织，而且使它成为在各种选举中都能支持共产党议员候选人的、能够连续作战的共产党的后援会性质的机动组织”④。11 月，日共十五届五中全会进一步提出，为防止以帮助党竞选为目的而设立的后援会成为个人的私有财产，决定把各都道府县一级的后援会，以及车间、地区的后援会的名称和性质一律改为“日本共产党后援会”⑤。40 年后的 2020 年，为克服前一个时期国政选举的不利局面，日共于二十八大上重新提出以党的后援会作为选战的基本，同时“根据需要，建立各种名称和形式的议员、候选人的个人后援会”⑥，以团结更为广泛的力量。

个人后援会作为日本政治的特产，尽管存在裙带关系、金钱政治等弊端，也不利于日共这样的政党宣传理论和路线，但它作为日本政治的一部分，“发

---

① 周杰：《日本选举制度改革探究》，北京：社会科学文献出版社，2012 年版，第 40 页。

② ［日］日本政治学会編：『年報政治学 1994』，岩波書店 1994 年，第 216—218 页。

③ ［日］宫本显治：《我们党斗争的道路》，北京：人民出版社，1963 年版，第 28 页。

④ ［日］日本共产党中央委员会编，段元培等译：《日本共产党的六十年》（上册），北京：人民出版社，1986 年版，第 528 页。

⑤ 同④，第 546 页。

⑥ 「日本共産党第２８回大会第一決議（政治任務）」，https://www.jcp.or.jp/web_jcp/html/28th-kaigi/20200118-28taikai-ketsugi1.html。

挥着政治社会化的作用”[①]，在中选区制终结后仍然是重要的“集票机器”，对待它的态度体现着对议会制民主的适应性。特别对于日共来说，在共产主义口碑欠佳的日本大环境中，依靠党员个人的影响力来获得选票、增加议席，反而不失为一种明智的选择。

四、日本共产党、社会党代际差异的结果

日本共、社两党在理论、政策和实践上的代际差异，使两党的命运迥然不同。“五五年体制”下，社会党不仅是冷战时期日本第一大在野党，而且数度联合执政，这是日共望尘莫及的。然而，1996 年社会党改名为社会民主党，党势急转直下，如今已成为无足轻重的小党；日共则在经历挫折后屹然挺立，如今仍是日本左翼势力的重要代表。也由于上述差异，两党始终无法结成长期稳固的统一战线，革新势力难以扭转不利局面。

（一）日共在国政势力上长期落后于社会党

日共和社会党都是日本的社会主义政党，致力于维护工人阶级和劳动群众的利益，以实现社会主义为目标，并且在许多具体政策上也非常相近。然而，由于两党的议会制民主适应性存在代际差异，导致日共在国政势力上长期落后于社会党。在战后日本政治史上，社会党不但扮演了极其重要的角色，而且有过数度联合执政的“高光时刻”。在以“保革对峙”为基本态势的“五五年体制”确立之前，社会党就曾建立过片山哲内阁，参加过芦田均内阁；“五五年体制”之下，社会党是革新势力的代表，长期拥有国会两院近 1/3 的议席；“五五年体制”结束后，社会党以第二大党的身份参加了细川护熙内阁，后建立村山富市内阁。尽管社会党的国政势力在 20 世纪 60 年代后逐渐呈下降趋势，但日共依然落后于社会党。日共在选战成绩最好的 20 世纪 70 年代的得票率也只有 10% 左右，两院议席总数为 57 席（1979 年）。在 1996 年社会党更名并走向衰落之前，日共在国政势力上从来没有超过社会党，很大程度上是日共议会制适应性不足的结果。

（二）社会党衰落，日共屹然挺立

社会党的议会制民主适应性固然较强，但在建设和守卫基本理论路线的原则性方面却严重不足。从社会党成立之初起，党内就始终存在忽视原则和底

---

① ［日］三宅一郎：『投票行動』，東京大学出版会，1989 年版，第 50 页。

线、过分热衷于政权的派别。这部分人强化了社会党的体制适应性，但也正是这部分人使社会党最终丧失底线和原则，沦为如今的一个无足轻重的小党。从 20 世纪 80 年代起，社会党就不断向中道政党和保守政党靠拢；进入 20 世纪 90 年代后，社会党先是与其他六党一派组成了“非自民、非共产”的联合政权，又接受自民党的拉拢，与自民党、先驱新党共同组成以社会党委员长村山富市为首相的联合内阁。由于社会党在村山内阁中并不占主导地位，事事顺应自民党，逐渐迷失了党建的原则和方向。1996 年 1 月，社会党六十四大决定将党名改为“社会民主党”，政策路线也大幅改变，希望更加靠近保守政党，但是此举非但没有得到保守势力的认同，反而失去了原有选民的支持，社民党逐步衰落为一个无足轻重的小党。如今的社民党在国会两院仅各剩 1 个议席。

相较之下，日共的党势发展虽然难有较大突破，但由于其坚持科学社会主义基本路线、坚持原则和底线，仍然可以获得一批稳定的支持者。苏东剧变后初期，日共党员人数从近 50 万减少到 36 万左右，但选举得票率的滑落幅度却并不大，甚至 1992 年参议院选举的得票率比 1989 年还略有提升。进入 21 世纪以来，日共的得票率出现小幅震动，基本上维持在 7%—9%，并且可以在政局变动时收获一部分浮动票而提高得票率。例如 2014 年众议院大选，因民主党丢失民心，日共的支持率一度又达到 13.3%（小选区）。这充分表明，由于日共始终坚持社会主义政党的原则和路线，真正赢得了日本信仰社会主义和马克思主义的人民的坚定支持，无论政局如何变动，这部分选票是日共可以牢牢掌握的“铁票”。这使日共在艰难的环境中仍然可以屹立不倒，今天仍是日本政坛上的第五大党。

（三）两党始终无法结成长期稳固的统一战线

作为奋斗目标和阶段性目标都非常相近的两个政党，日共和社会党本该团结一致，结成巩固的统一战线来共同对抗保守势力。这也是党势相对弱小的日共一直以来的希望。日共在战后不断倡导同社会党建立统一战线，但除局部方面和地方层面有过合作外，两党始终无法实现中央级别的合作。造成这种结果的原因有很多，其中非常重要的一点就是两党在政策和实践上的代际差异。这种代际差异从历史发展的维度来看，表现为日共比社会党慢了一步；从某一历史时刻的剖面来看，则表现为两党观念的巨大差异。例如，战后初期日共就曾呼吁同以社会党为代表的民主势力建立“民主统一战线”，社会党的山川均也曾以个人名义提出建立“民主人民战线”的倡议，两党的首次合作几乎就要达成。然而，由于当时的日共希望以群众运动的方式直接推翻反动政府、建立人民共和国，遭到占领军总部的干涉，社会党又提出以保证社会党领导权为前提的“救国民主战线”，日共指责其具有议会主义倾向而拒绝参加，两党的首次合作就此告吹。如果考察每一特定的历史节点就会发现，共、社两党在天皇制问题、自卫队问题、议会制度问题上都存在分歧，这是造成两党无法结成长期稳固的统一战线的重要原因。

另一重要原因突出表现在日共与社会党在党建方面的代际差异。社会党过度依赖“总评”而不注重发展党的组织；日共则积极发展党员、扩大组织，并将潜在的支持者尽量发展为《赤旗报》读者和后援会成员。这种差异的结果就是，两党在合作时，日共不断侵蚀社会党的群众基础。以 20 世纪 60 年代末 70 年代初的“革新统一战线”为例，两党在地方层面进行了广泛的合作，例如推举联合候选人、建立统一战线组织、实行革新政策等。整个 20 世纪 70 年代，日共从 1970 年的约 30 万党员、180 万机关报读者发展到 1980 年的 44 万党员、350 万机关报读者，且在国会和地方的议席及得票率都得到提高。然而，社会党不仅党员人数没有大的变化，议席和得票率也呈缓慢下降的趋势。这场合作对社会党而言，无疑是失败的，此后便不敢再与日共合作。1979 年大选之后，社会党开始右转，选择排斥日共，与公明党和民社党合作，考虑到两党的差异，出现这样的结果也是不难理解的。

五、结语

资本主义国家的社会主义政党在本质上是反体制的。但是在和平革命道路的选择下，反体制的前提是承认体制、适应体制并融入体制。恩格斯曾赞扬 19 世纪末的德国社会民主党作为“革命者”“颠覆者”，“用合法手段比用不合法手段和用颠覆的办法获得的成就多得多”①。他没有来得及看到，“随着议会斗争的深入开展，越来越多西欧国家的社会党发现自己陷入了保持原则的纯洁性与满足实践的需要之间的矛盾”②。日本的情况更为典型，社会党衰落的重要原因就在于适应性有余而原则性不足，因汲汲于政权而抛弃了原则，从而遭到国民的抛弃。相比而言，日共则是原则性有余而适应性稍欠，每次政策调整和实践变化都慢了一拍。如何拿捏好这个分寸，既达到适应体制的前提，又不在这一过程中因受到侵蚀而迷失自己，是社会主义政党面临的共同课题。

---

① 中央编译局编：《马克思恩格斯文集》(第 4 卷)，北京：人民出版社，2009 年版，第 552 页。

② 黄宗良、林勋健主编：《共产党和社会党百年关系史》，北京：北京大学出版社，2002 年版，第 28 页。

21 世纪以来印度的共产党面临的困境及其出路

夏银平　王　丽[1]

摘　　要： 印度国内以印共和印共（马）为代表的走议会斗争道路的共产党力量，在 21 世纪以来的历次大选中得票率和议席数持续走低，表明已深陷困境。主要表现在党群关系上的“选票困境”、政党关系上的“联盟困境”、党政关系上的“情势困境”、蓄势发展上的“战略困境”，以及自身建设上的“组织困境”。在 2019 年选举败绩和五大困境的倒逼之下，印度的共产党力量止跌回升，重夺地方执政地位，化危为机，需要依赖全面的革新。针对共产党面临的困境，要在开源拓仓、力量整合、形象重塑、身份重构和系统革新几个方面去寻得脱困之路。

印度实行“议会民主制”，政党通过选举进入议会，以此为平台实施影响国家发展的政策。同时，在历届全国大选中，相对于独立候选人，政党候选人赢得议席数的比例超过 90%（历史最低为 1957 年第二届大选的 91.5%），21 世纪以来均保持在 98% 以上（2014 年第十六届大选达 99.45%）。因此研究印度的政治，政党是一个有益的切入口。社会主义是印度宪法明文确定的国家四大支柱之一[2]，研究印度的政党政治，共产党便成为一个重要的视角。以印度共产党和印度共产党（马克思主义）[3]为代表的议会斗争道路，和以印度共产党（毛主义）为代表的武装斗争道路，在印度共产主义运动中同向并行，显然已经成为 21 世纪的现实图景。其中，和平的议会斗争道路是“主流”。然而，

---

① 夏银平，中山大学马克思主义学院教授、博士生导师；王丽，中山大学马克思主义学院博士研究生。

② 1950 年宪法规定“印度是主权的民主共和国”，1976 年宪法第 42 修正案表述为“印度人民决心建立一个主权的、社会主义的、世俗的和民主的共和国”

③ 本文考察的对象，主要是印度共产党（简称“印共”）和印度共产党（马克思主义）［简称“印共（马）”］，合称为“印度的共产党”或“共产党”。

共产党在印度进行议会斗争的道路并非通顺。21 世纪以来，印度的共产党除在 2004 年大选取得较好的选举成绩外，之后就日渐式微，不但在全国和地方议会选举中得票率和议席数持续走低，还接连失去西孟加拉邦和特里普拉邦的地方执政地位。而 2019 年大选，印度的共产党的选举成绩几乎跌至历史最低，发展陷于停滞状态。

印度的共产党属于发展中国家的共产党，也是国际共产主义运动的重要力量。因此，总结分析印度的共产党的发展规律，可以发现蕴含其中的国际共产主义运动当代发展规律，有助于创新和发展 21 世纪的马克思主义。同时，剖析印度的共产党面临的困境、成因以及脱困出路，有助于我们认知印度的政党与政治。

一、共产党连续下跌的选绩窘境

自选择走议会斗争道路以来，印共和印共（马）积极参加全国和地方各级的选举。在 20 世纪后半叶的多次选举中，两党都取得过不错的成绩。然而，进入 21 世纪以后，两党在历次全国大选中，得票率和议席数双双持续走低，地方选举也屡尝败绩。

(一) 21 世纪以来在全国大选中得票率持续性下跌

2019 年 5 月 24 日揭晓的印度大选结果表明，共产党组成的左翼联盟遭遇选举败绩，只在喀拉拉邦和泰米尔纳德邦赢得 5 席。反观印度人民党及其领导的全国民主联盟，赢得 542 个议席中的 353 席，超过总席位数的一半，获得压倒性胜利。同时，国大党及其联盟，虽未能夺取政权，但在本次选举中获得的席位数仍然有所增加。三大竞选联盟在 2019 年全国大选结果中的“两升一降”态势，证实以共产党为主力的左翼力量，遭遇选举历史性败绩。

以共产党为主力的左翼力量在 2019 年全国大选中遭遇选举败绩，这是自 21 世纪以来在全国大选中得票率持续性下跌的必然结果。印度的共产党在 2004 年选举成绩达到顶点，之后就呈持续性下跌态势。2004 年，印共竞选 34 席，赢得 10 席，占总席位数 1.84%，得票率为 1.41%；印共（马）竞选 69 席，赢得 43 席，占总席位数 7.92%，得票率为 5.66%。比较 1999 年，数据分别为：54，4，0.74%，1.48%；72，33，6.08%，5.40%。可见，共产党在 21 世纪初，发展势头较好，但自 2009 年大选以来，共产党组成的左翼阵线的选票就持续降低。“在全国大选中，2004 年、2009 年和 2014 年的人民院选举中，左翼阵线的得票率分别减少 43.3%、39.68%、29.5%。左翼阵线席位分别为 60、24、12。”①

在产生议席来源的邦中，印共在 1996 年和 1998 年两次全国大选都能在 5 个邦取得席位，1999 年大选则只在 2 个邦取得席位。2004 年大选恢复到 5 个邦，但未能保持住恢复态势，在接下来的三次大选中获得的席位，均局限在个别邦中。印共（马）1996 年全国大选能在 5 个邦取得席位，1998 年跌至 3 个邦，1999 年大选恢复到 5 个邦，2004 年大选继续保持在 5 个邦取得席位数。而在接下来的大选中，印共（马）议席来源的邦持续减少，2019 年大选只在 2 个邦取得席位。因此，进入 21 世纪后的印度的共产党，无论是在全国选举中的结果，还是议席分布的邦情况，都清楚地表明了共产党发展势头正持续减弱的事实。

共产党与其他全国性政党相比较，败势十分的直观。21 世纪以来的历次选举中，印度人民党除了 2009 年大选席位数有所减少，其他各届选举席位数均呈大大增加态势，尤其是 2014 年的选举，斩获的席位数远超国大党，从后者手中成功夺得了政权。国大党及其领导的联盟，在 2004 年和 2009 年还能保持议会最多席位数，2014 年大选后出现骤降，跌至该党历史最低值。印共与印共（马）两大主要共产党力量，自 21 世纪以来在历次大选中，席位数持续减少，2019 年大选跌至谷底，两党共获 5 个席位，对比 2004 年全国大选中获得的 53 个席位数量，可谓一败涂地。同为全国性政党，印共与印共（马）在席位数上，根本无法与印度人民党和国大党相比，在全国范围内的影响力也相距甚远。共产党与其他政党相比较得票情况如下（见表 4 和表 5）：

表 4　1999—2019 年印共（马）与印共的大选情况

大选年份	总席位数	印共（马）			印共		
		赢得席位数	议席数占比率	得票率	赢得席位数	议席数占比率	得票率
2019 年	543 席	3 席	0.55%	2%	2 席	0.36%	—
2014 年	543 席	9 席	1.65%	3.28%	1 席	0.18%	0.79%
2009 年	543 席	16 席	2.94%	5.33%	4 席	0.73%	1.43%
2004 年	543 席	43 席	7.91%	5.66%	10 席	1.84%	1.41%
1999 年	543 席	33 席	6.07%	5.40%	4 席	0.73%	1.48%

（材料来源：张淑兰《印度政党政治中的左翼政党研究》，济南：山东人民出版社，2019 年版，第 248—250 页、印度选举网相关数据整理而成 http://www.elections.in/。）

① 张淑兰：《印度政党政治中的左翼政党研究》，济南：山东人民出版社，2019 年版，第 257 页。

表 5 1999—2019 年印度人民党与国大党的大选情况

大选年份	总席位数	印度人民党			国大党		
		赢得席位数	议席数占比率	得票率	赢得席位数	议席数占比率	得票率
2019 年	543 席	303 席	55.80%	37.76%	52 席	9.57%	19.69%
2014 年	543 席	282 席	51.93%	31.34%	44 席	8.10%	19.52%
2009 年	543 席	116 席	21.36%	18.80%	206 席	37.93%	28.55%
2004 年	543 席	138 席	25.40%	22.16%	145 席	26.70%	26.53%
1999 年	543 席	182 席	33.51%	23.75%	114 席	20.99%	28.30%

（材料来源：张淑兰《印度政党政治中的左翼政党研究》，济南：山东人民出版社，2019 年版，第 248—250 页、印度选举网相关数据整理而成 http://www.elections.in/。）

（二）21 世纪以来在地方选举中接连失利

喀拉拉邦、西孟加拉邦和特里普拉邦是印度的共产党的传统“票仓”，共产党在这些传统邦中拥有着深厚的群众基础，得票率也主要来源于这些邦。21 世纪以来，共产党除了在喀拉拉邦能取得较好的选举成绩外，在西孟加拉邦和特里普拉邦席位数大大减少，发展几乎停滞，2011 年终结了在西孟加拉邦连续 34 年的执政历史，而 2018 年特里普拉邦的选举失败，终结了在该邦 25 年的执政历史。

在西孟加拉邦，全印草根国大党（AITC）作为该邦新生力量，势力增长极快，2011 年在西孟加拉邦议会选举中，与国大党联盟并赢得该邦政权，打破了共产党连续 34 年的执政历史。2016 年在该邦议会选举中，整个左翼力量继续减弱，印度人民党首次在该邦赢得了席位，全印草根国大党选择单独参选，并赢得绝大多数席位。共产党在 2021 年邦议会选举中失败，至今在野。左翼力量在该邦发展势头之所以大不如前，关键是受到印共（马）力量大幅度减弱的影响，导致选举接连失败。面对强大的全印草根国大党力量这一“对手”，同时又增加了在全国执政的印度人民党及其联盟这一新“对手”，共产党要争取本邦中更多的地方性政党和其他势力，共同对抗强大的“对手”，联合在一起参加到竞选中，才有机会重新执政。

特里普拉邦的左翼力量主要是印共（马），印共在特里普拉邦力量相对弱小，群众基础比较薄弱，21 世纪以来连续在几届议会选举都只能保持 1 个席位，只有加入印共（马）领导的左翼联盟，才能获得联合执政的机会。在 2018 年举行的邦议会选举中，印共原来一直拥有的 1 个议席也丢失了，未取得任何席位。印共（马）虽取得 16 个席位，但印度人民党及其盟友却获得 2/3 的多数席位，终结了左翼政府在该邦长达 25 年的政权。同时，印度人民党与印共（马）在该邦有着严重暴力冲突，围绕选举而进行的党派斗争发展为极端事件。印度人民党内部极端分子以暴力方式，对印共（马）的官方机构实施了纵火和破坏行为，严重影响共产党在该邦的发展，以及 2023 年邦议会选举中能否回归执政地位。

二、共产党面临的困境及其成因

共产党在全国大选和地方选举中得票率连续下跌的选举事实，表明其已经“陷入困境”，难以成为左翼力量和政党联盟的支柱。造成这些困境的既有外部原因，也有共产党自身方面的原因，它们导致共产党的发展举步维艰，使其处于“困中求进”的状态。

（一）党群关系上的“选票困境”

21 世纪以来，印度的共产党无论在中央还是地方选举中，支持率不断下滑，得票率持续走低，所得席位数也一再减少。这主要源于共产党不仅失去大量传统选票，新的票源也不足，毋庸置疑已面临严重的票仓萎缩困境。

在全国大选和地方邦议会选举中，印共和印共（马）在喀拉拉邦、西孟加拉邦和特里普拉邦这三个邦中拥有大量选票。然而，21 世纪以来，共产党在全国大选中在这些传统邦中得票率持续减少，在地方选举中得票率也连续下跌，其中，印共的议席数和得票率减少最为严重。比如，共产党在喀拉拉邦拥有大量传统选票，1957 年印共在该邦赢得政权时，“得票率为 35.28%，1960 年得票率高达 39.14%”[①]。21 世纪以来，印共在该邦得票率大幅度降低，“2001 年得票率为 7.25%，2006 年得票率为 8.09%，2011 年得票率为 8.72%”[②]。同时，印共在西孟加拉邦和特里普拉邦这两个传统票仓的得票率也较低，基本保持在个位数。相比而言，印共（马）的得票情况较好，得票率较高，但面临着其他政党强势崛起带来的巨大选票压力。传统票仓可谓是共产党的生命源，失去这部分票仓意味着失去了最为坚实的群众基础。

共产党新的票源不足体现在选区上，则是选票来源几乎局限在传统选区，未能拓展出新的选区。共产党除了三个传统邦，就只在安德拉邦、泰米尔纳德邦、奥利萨邦、曼尼普尔邦和比哈尔邦有一定的选票。而在广大的印地语地

① 张淑兰：《印度政党政治中的左翼政党研究》，济南：山东人民出版社，2019 年版，第 314 页。
② 同①。

带，共产党的群众基础都很薄弱，这也是整个左翼力量目前的发展情况，“左翼阵线失败的原因是想在全国层面上成为非印度人民党集团或非国大党集团的一名服务者，而不是在印地语地带和其他邦努力拓展自己的力量”①。共产党新的票源不足体现在选民上，则是未取得广泛的底层民众的支持。包括印共和印共（马）在内的左翼政党展开了大量的群众斗争运动，但“大多数贫穷的农民和无地农一直都不在左翼运动的同情范围之内”②。而这一部分是可以争取过来的群众基础，更为重要的是，在印度现行选举制度和政治框架下，这部分群众基础的力量可谓十分强大，获得他们的支持是争夺地方政权的关键。另外，共产党也未能得到年轻选民的支持，年轻血液愈发缺乏。

印共与印共（马）坚决维护广大贫困群众的利益，也积极领导群众参与斗争，为何其得票率会持续走低呢？原因在于共产党在这三个传统邦中长时间执政，而在这三个地方执政中未能出彩，特别是推行的土地改革破坏了农民的利益。而农民构成的群众基础是共产党的主要票源之一，丢失了底层民众的支持，导致共产党的传统票源和票仓明显萎缩。并且，“左翼政党获得执政地位后同样具有各种弊端，如腐败、官僚主义和忽视群众”③。共产党等左翼政党在执政邦中存在的问题在被竞争对手宣传放大后，大大减弱共产党的威信，使其失去了许多选民。共产党新的票源不足是自参加议会选举以来就一直就存在的问题，而这一问题也从未得到真正的缓解与改善。

（二）政党关系上的“联盟困境”

共产党未能与其他政党结成广泛联盟来增加选票。一是，共产党未能与国大党结成联盟。共产党深知印度人民党及其联盟的强大，尽管共产党等左翼力量结成了联盟，但无法与印度人民党及其联盟抗衡。因此，两党无论在左翼力量联合行动与声明中，还是党自身发表的声明中，都呼吁加强世俗主义力量和民主力量的联合。共产党与国大党及其他世俗政党有共同的选举目标，都批评印度人民党威胁了印度的民主和世俗主义。然而，这些声明行动和共同目标都未能促成联盟以共同对抗印度人民党，比如，在喀拉拉邦，国大党将与共产党等左翼力量的斗争看作比与印度人民党及其联盟的斗争更重要。二是，共产党未能与其他地方性政党结成联盟。全国性政党之间的联合，尤其是多个全国性政党要实现联合，是一件很困难的事情，而与一些地方性政党进行联合，则相对容易得多。而地区性政党考虑问题或者利益诉求，多是从本地区（本邦、

① 张淑兰：《印度政党政治中的左翼政党研究》，济南：山东人民出版社，2019 年版，第 258 页。

② 同①，第 69 页。

③ 同①，第 259 页。

本种姓、本宗教等）利益出发，具有局限性。但是，在某些时候、某些情况下，得到地区性政党的支持，可以成为决定一个政党（联盟）能否获胜和组建政府的关键因素。然而，共产党与地方党派没有达成选举共识，因而也就没有结成与地方党派的竞选联盟。

共产党在联盟上的困境，还表现在印共和印共（马）的选民和选区之间有重合且存在竞争关系，共产党之间的竞争大大分散了选票，徒增了内耗。印共与印共（马）都坚决捍卫劳动人民的权利，阶级基础和群众基础主要为工人阶级、农民和农业工人等。两党的群众基础和阶级基础主要在喀拉拉邦、西孟加拉邦、特里普拉邦和泰米尔纳德邦这些邦，选票也主要来自这些邦。同时，共产党的主要选民和选区与其他左翼政党也有较多重合，左翼联盟内部存在竞争，无法将共产党力量凝聚在一起。

共产党之所以存在“联盟困境”，主要受印度“选票政治”特征的政治环境影响，“印度政治制度的核心是议会民主制，突出特点是具有印度特色的多党制和选票政治”[①]。正是这种政治环境，国内的政党在议会内外相互争夺选民与选票，即使是组成了政党联盟，内部也存在分化现象。比如国大党及其联盟，“国大党是一个由许多相互对立的派别组成的联盟，每个派别拥有自己的根据地”[②]。而以共产党为主要力量的左翼联盟，也由于内部分化导致联盟不稳固，陷入“囚徒困境”，即在左翼联盟中，即使各政党间的合作对双方甚至多方都十分有利时，保持合作也非常困难，典型的“个体最佳选择并非集体最优选择”。

（三）党政关系上的“情势困境”

共产党在全国执政缺乏形势的“杠杆”。首先，印度国内没有需要变革的形势。2004—2014 年，国大党执政的 10 年里，印度国内经济得到一定发展，印度崛起也是在这 10 年里实现。而莫迪政府在第一个任期里取得的执政成就，如实行的惠民政策大大改善了普通民众尤其是下层民众的生活，向农村推广天然气和基本实现全国通电等措施，帮助印度人民党稳住了选票。共产党虽对莫迪政府的一些反人民政策提出批评，但似乎并没有激起印度民众的强烈共鸣。比如，印共（马）批评的“废钞政策”，被印度许多民众认为是莫迪政府打击腐败的证明；印共批评的商品和服务税改革，被印度许多民众认为是莫迪政府推行改革的决心。如此一来，共产党的批评显得苍白无力。无论国大党还是印度人民党，都是资产阶级政党，虽然在推行资产阶级经济政策措施中，损害了印度贫苦群

---

① 郑瑞祥：《印度的崛起与中印关系》，北京：当代世界出版社，2006 年版，第 140 页。

② 张淑兰：《印度政党政治中的左翼政党研究》，济南：山东人民出版社，2019 年版，第 365 页。

众的利益，但也着实推动了印度国内经济的发展，得到大量民众的支持。

其次，印度民众政治上求稳，不愿政局动荡。共产党等左翼政党在 2009 年大选提出，建立非国大党和非印人党的政府，结果选举席位大大减少。共产党在全国执政意味着印度政坛和政策有可能出现巨大调整和变化，而大多数印度民众不希望政策“急剧转弯”，因而倾向于阻止共产党上台。更为重要的是，印度民众认为共产党等左翼力量宣扬的组建非国大党和非印度人民党的政府，不可能保持印度政治的稳定性，而印度需要一个强势稳定的政府，来维护国内外安全。2019 年大选前发生的恐怖袭击和印巴之间的克什米尔冲突，更让印度人民觉得需要一个能够保护印度免受巴基斯坦边境恐怖袭击的政府。2019 年大选中印度人民党的连任，更加印证了印度选民追求政治强势稳定的心理，以及谋求国内经济发展和保障国内外安全的期待。而共产党等左翼力量未能塑造出这样的强人领导人形象，难以在有效维护国内外安全稳定的问题上取信于民。1959 年喀拉拉邦政府垮台，一个重要原因就是印度的共产党不能有效维护该邦稳定，成为共产党在选民心目中的“消极形象”。

共产党面临“情势困境”，主要在于印度经济和政治各方面变革条件都缺乏。正如马克思所说，“经济危机是革命危机的最强大的杠杆之一，而繁荣的恢复会破坏革命，会为反动派的胜利创造条件”①。虽然目前印度经济发展放缓，存在一些问题，但印度民众总体上对莫迪政府和未来经济社会发展是充满信心的。所以，印度国内没有需要变革的客观形势，再加上印度民众政治上求稳，不愿政局动荡，因此，“新的革命只有在新的危机之后才有可能。”②

（四）蓄势发展上的“战略困境”

印度国内“资强社弱”的现实图景导致共产党的议会斗争道路在实践中屡遭挫折，面临着诸多阻碍。共产党如何突破在革命战略上的困境，主要在于如何走好议会斗争道路，化解议会选举中的阻碍，争取更多的选民，提高支持率。

印共和印共（马）选择议会斗争道路，是缘于对形势的评估，“在和平的宣传鼓动能更快更可靠地达到这一目的的地方，举行起义就是发疯”③。实践也证明，自走议会斗争道路以来，共产党不但在全国大选中取得了不错的成绩，而且还曾经长期在西孟加拉邦、特里普拉邦和喀拉拉邦这三个邦联合执政。共产党有效地利用了普选权，领导印度工人阶级参加全国和地方议会选举，同资产阶级争夺议会席位。同时，国际共产主义运动至今的历史和现实也表明议会

① 中央编译局编：《马克思恩格斯全集》(第 7 卷)，北京：人民出版社，1959 年版，第 13 页。
② 中央编译局编：《马克思恩格斯选集》(第 1 卷)，北京：人民出版社，2012 年版，第 541 页。
③ 中央编译局编：《马克思恩格斯文集》(第 3 卷)，北京：人民出版社，2009 年版，第 611 页。

斗争有可能是问鼎国家政权可选道路，如摩尔多瓦共产党人党、塞浦路斯劳动人民进步党和尼泊尔共产党。

尽管取得过不错的历史成绩，但共产党在议会斗争道路上走得十分艰难，选举成绩越来越差，尤其在印度人民党及其联盟获胜的 2014 年和 2019 年大选中，共产党的发展已现停滞，印共（马）分别获得 9 个议席和 3 个议席，印共分别只获得区区的 1 个议席和 2 个议席。共产党的选举情况表明，印度议会斗争道路存在问题并已面临困境。而革命道路问题是一个理论和战略问题，关乎党的长远发展，关乎革命斗争命运。共产党在议会斗争道路上夺得过政权，并且在印度的选举政治制度规则下也有一定的生存空间，但这一道路目前确已面临严重困境，其支持率的下降也必将会对共产党的未来发展造成消极影响。

共产党面临革命道路这一“战略困境”，主要在于议会斗争是通向政权的途径，但是并不一定必然能够通向权力。即使掌握了政权，在资产阶级设定的包括选举制度在内的政治体制下，以及以两党制或多党制为特征的政党政治实践下，无产阶级的社会革命依然难以实现和完成。并且，国际共产主义运动至今的历史和现实表明的，共产党也只是有可能通过议会斗争问鼎国家政权，但都未曾有过将社会主义革命引向彻底成功的案例。所以，和平的议会道路只是走向社会主义的过渡性道路，也是 21 世纪共产党长时期要走的道路。共产党要扭转新自由主义，最终消灭资本主义，单靠和平的议会选举是不够的，共产党要将群众斗争进行到底，时刻注意将自己“武装”起来。

（五）自身建设上的“组织困境”

共产党的组织发展十分缓慢，其中印共的组织发展甚至陷于停滞。主要表现在，一是党员人数发展缓慢。印共在“2002 年党员人数为 70 多万”[①]，“印共的第 23 届党代会于 2018 年 4 月 25 日至 4 月 29 日在喀拉拉邦（奎隆）举行，约 63.5 万党员代表参加党的代表大会”[②]。印共的党员人数不增反减，吸收党员能力也大不如前，入党率一直在走低。印共（马）在“2002 年党员人数为 80 多万”[③]，“2018 年党员人数已增至 100 多万”[④]。印共（马）的党员人数虽然有所增加，但与其他全国性政党如印度人民党和国大党无法相比，发展速度较慢。二是共产党在各地的力量分布严重失衡。印共和印共（马）的党员主要集

---

① 张淑兰：《印度政党政治中的左翼政党研究》，济南：山东人民出版社，2019 年版，第 80 页。
② 《印度共产党总书记发表党代会声明》，http://www.ccnumpfc.com/index.php/View/1002. html。
③ 同①。
④ 印共（马）官网：https://www.cpim.org/page/about-us。

中在传统邦中，“而在广大的印地语以及西部地区，党的力量却非常薄弱”[①]。两党俨然成为地区性的政党，党的力量分布范围与其全国性政党身份严重不符。

共产党不仅自身组织发展缓慢，其群众组织力量也显得十分薄弱。从全国范围来看，虽然在传统选区群众组织力量较强，但在其他邦，共产党的群众组织力量大大弱于印度人民党和国大党控制的群众组织力量。印共（马）的工会组织印度工会中心是最强的左翼政党工会组织，但随着印度人民党势力的日益崛起，其工会组织逐渐发展壮大，已成为印度国内最大的工会组织。共产党的农民组织力量也十分薄弱，并且发展缓慢，一个重要的原因就是共产党无法将农民力量最大化地利用起来。多数无地农民工人是“贱民”或者低种姓群体，和农民的利益不一致，共产党如果为无地农业工人谋利，就会严重影响和农民的关系。共产党的学生组织力量也很薄弱，最鲜明体现在党内年轻血液缺乏，而这种境况可能带来严重后果，一是无法在选举中吸引年轻选民，二是无法较好地培养党的后备人才力量。

党的组织原则和机构方面存在的问题，也是导致共产党组织发展缓慢的重要原因。比如，党组织松散，分布在各邦各地的党员未与党组织建立稳定的联系，偏远地区甚至缺乏完善的组织机构；党的高层干部老龄化严重，未及时进行干部更新；等等。同时，党内有不少党员不参与群众组织的工作，与群众相分离，使党群关系大受影响，比如“一些原来在农村工作的干部纷纷流向了城镇，只是偶尔回到他们曾经待过的地方”[②]。这些问题导致党的凝聚力和吸引力大大减弱，党组织自身和群众组织发展停滞不前，并严重影响了共产党参加的全国和地方议会选举。其中，印度选举委员会甚至给印共发出了声明，指出印共如果继续取得如此差的选举成绩，“全国性政党的地位可能就此丧失”。

三、共产党逆境突围的脱困出路

共产党面临的困境是复杂的统一体，各困境之间相联。如果说票仓萎缩是结果，那么战略更新则是关键，而组织建设实乃根本，情势应变位处核心，联盟策略是为重点。从这一实际出发，共产党在议会斗争道路上要化危为机，成功摆脱困境，实现转败为胜目标的出路，要在开源拓仓、力量整合、形象重塑、身份重构和系统革新等方面去寻找。

---

① 王建强：《印共遭遇的困境、成因及其应对措施》，载《河北师范大学学报（哲学社会科学版）》，2005 年第 2 期，第 141—146 页。

② 同①。

（一）以开源拓仓为突破口破解“选票困境”

巩固好共产党的传统群众基础，保住传统票仓，这就需要共产党维护好工人和农民这些基本阶级的政治权益和经济利益。一是要为工农群众争取更加平等的政治地位。印度独立后一直是资产阶级在全国执政，主要为资产阶级服务，特别是印度人民党执政以来，工农群众及其他弱势群体在政治地位上遭受到了更加不平等的对待，共产党在其中可以有所作为，也应该有所作为。二是要维护好工农群众在经济改革中的权益。印度实行经济改革以来，工农群众的利益受到极大损害，而资产阶级从经济改革中得到很多利益，改革红利无法共享的原因，就在于资产阶级及其政府剥夺了工农群众的利益。维护好包括工农群众在内的广大印度人民的经济权益，应该成为政府推行经济改革的目的。因此，共产党在继续推进群众运动中，以此为目标追求和宣传重点，联合左翼政党将工农群众的政治权益和经济利益维护好，巩固好自己的传统群众基础。要注意的是，农民阶级并非全是印共与印共（马）的群众基础，印度国内政党深知农民阶级力量的强大，都在努力争取得到该阶级的支持。共产党在批评资产阶级政党损耗农民阶级利益的同时，还要与印共（毛）等政党竞争部落民和无地农民阶层，要与平等党、印度共产主义卡德尔党等竞争农民阶级。

共产党要想拓展新的票源，在选民上，就要争取新的底层民众，尤其是农村地区和边远山区底层民众的支持，更为重要的是，还要努力争取年轻选民支持。而要吸引并争取到年轻选民，共产党就要对青年学生们关心的经济发展及就业问题提出可行性政策主张，切切实实融入青年学生的实际利益中去，根据他们的实际需求来完善自己的选举策略。同时，共产党还要借助社交媒体和现代技术传播工具来宣传自己的政策主张，争取选民的支持。在地域上，共产党在继续巩固好传统选区的同时，还要延拓出新的选区，特别是广大的印地语选区。印共与印共（马）的选民和选区主要集中在几大传统邦中，党的力量分布严重失衡，导致党发展后劲严重不足，共产党需要高度重视薄弱选区力量的打造。只有这样，共产党才能发展并巩固好新的群众基础。

（二）以力量整合为突破口破解“联盟困境”

印度社会本身就是“多元”，因此共产党要灵活运用联盟策略，结盟需要求同存异，实现多元统一。同时，共产党要充分利用国大党领导的团结进步联盟和印度人民党领导的全国民主联盟之间的矛盾和势均力敌的态势，发挥第三势力独有的制胜作用，可以支持国大党，也可以争取国大党对自己的支持。总之，共产党在坚持加强左翼力量的联合的基础上，还要加强与国大党等世俗性政党及地方性政党的联盟，在与左翼和中左翼联合中最大限度地形成合力，在联盟中要寻求“最大公约数”。

一是加强左翼力量的联合。左翼联合和共同行动的意愿很强烈，比如，拥有 3 万多积极党员的全印前进集团，多次在年会上强调左翼力量的联合，认为左翼力量应该保持理论和行动上的一致性，结成左翼联盟，为民众实现政治参与和维护自身利益提供一个有效的途径和强大的平台。共产党要保护并运用好这个优势条件，将议会内外斗争相结合，扩大“朋友圈”，塑造“大左翼”。左翼联盟在相互尊重的基础上，进行利益整合，以合适的方式进行利益的表达，最终形成具有共识的联合行动纲领，成为民众的利益代言人。共产党目前在印度国内力量较小，影响力不大，无法与印度人民党和国大党相较量，只有与左翼力量结合，才有机会在印度政局中获得一定的话语权，才能获得更大的生存空间。左翼政党不仅有追求社会公平公正的共同目标，还有较长的合作历史，并且在选举现实的压力面前，都意识到了加强合作的必要性和紧迫性。

二是争取与其他中左翼政党结盟。印度政治制度是议会民主制和多党制，要想在这种政治制度规则下生存下去，联合执政是一种正常且频繁的现象。所以，共产党可以与实力雄厚的中左翼大党结成联盟，争取获得联合执政的机会，比如 2004 年全国大选，印共和印共（马）与左翼力量通过外部支持国大党及其联盟，取得了大选的胜利，同时，这一尝试也让共产党在全国的影响力得到很大提高，席位数增加。共产党也可以与数量众多的地方性中左翼政党结成联盟，“地方政党的支持者主要集中在城市地区，以年轻人为主，得到知识分子、商人和中等种性团体的支持”[①]。印共和印共（马）主要是以工人阶级和农民阶级为基础，如果能与地方政党进行有限的合作，既可以增强在人民院中的力量，也可以扩大和巩固地方的影响力和地位，同时在一定程度上策略性弥补党组织长期存在的年轻血液缺乏的“痼疾”，这将大大扩大自身的群众基础和影响力。

（三）以形象重塑为突破口破解“情势困境”

共产党在全国执政缺乏形势的“杠杆”，另外，还面对资产阶级政党，尤其是印度人民党的挤压。对此，共产党要实施正面突围，进行针对性的批评，更需强化建设性和替代性政策的宣传，在议会斗争和地方执政的实践中不断

---

① 张淑兰：《21 世纪印度左翼力量发展的必然性与偶然性》，载《当代世界社会主义问题》，2018 年第 1 期，第 91—98 页。

推动自身变革，在民众心目中留下“清廉”“亲民”“使命感”的共产主义政党形象。

2014年，莫迪通过打“经济牌”赢得了选举，2019年选举，莫迪的经济发展的“光环”褪色，印度人民党及背后强大的国民自愿服务集团所宣扬的印度教民族主义，对印度的政治经济产生许多消极影响。在政治上，印度人民党执政以来加剧对世俗主义宪法的渗透，试图将世俗主义意识形态替代为印度教民族主义意识形态，而这种意识形态将加剧对达利特人和宗教少数群体的攻击，导致对个人权利的侵犯，必将引起大量群众的不满。虽然印度教民族主义在印度泛滥，但不乏大量坚持世俗主义原则的选民。共产党要抓住这一契机，带头动员最广泛的、维护民主权利和公民自由的民众，加入维护印度世俗主义宪法和意识形态的斗争中，争取得到有世俗主义原则选民的支持，树立维护世俗主义原则的政党形象。在经济上，莫迪政府执政以来确实取得了一些经济发展，但同时也带来一系列问题，再加上自上一任期以来就存在的失业问题和农业危机问题，并没有因大选的落幕而告终。莫迪强势维护国家安全的强人形象固然吸引了大量选民，但如果这些经济问题得不到有效解决，大量的新增失业人口将会是印度社会潜藏的各类社会矛盾的“导火索”。在经济效益低下和各类社会矛盾激化下，印度人民党继续执政也将变得困难。并且，印度选民也更加务实，仅仅通过操控种姓、宗族和宗教认同并不是长久之计，要看到实际的经济效益和政绩。所以，如果莫迪在这一任期内还是不能兑现承诺，不能较好解决失业和农业危机等问题，即他的政策不能改善广大平民百姓的生活，失去选民也是大有可能。

更为重要的是，以印共和印共（马）为主的左翼力量，积极参加到新冠肺炎疫情防控中。无论是就疫情发表的声明主张，还是实际抗疫行动中，共产党始终坚持维护本国最广大人民群众的安全利益，并充分考虑印度贫苦阶层民众的利益，展现了共产党人的性质和为人类谋利益的宽广情怀。印度人民党在中央与地方应对疫情的糟糕状况，与喀拉拉邦等共产党的执政形成鲜明对比，共产党长期执政所奠定的教育、医疗等公共设施基础和政策措施，在应对危机和有效治理中展现出了优势。因此，共产党完全可以通过对政府和内政外交政策进行有针对性的批评，来强化其建设性和替代性政策的宣传，在选民中重塑党的形象，破解“情势困境”。

（四）以身份重构为突破口破解“战略困境”

议会斗争道路是21世纪共产党长时期要走的道路，共产党要走好这一道路，首先就要批判和扬弃印度形形色色的“社会主义”的本质，并与之划清界限，在正本清源中重构社会主义政党身份，提升共产党的社会主义的认同和吸引力。在印度，社会主义具有极大的吸引力，印度宪法将“社会主义”作为四大立国支柱之一。国大党所推行的社会主义力图在维护社会稳定的前提下推动社会经济的发展，当社会稳定的目标大致实现后，印度经济发展较慢并出现经济危机时，1991 年就开始进行私有化经济改革，改革使广大中下层民众的生活水平大大降低，也表明国大党从未想要建立真正的社会主义社会。而共产党所致力建立的社会主义社会，不仅要稳定政权和社会，追求社会发展，而且强调要建立真正的、公平公正的社会主义社会，与国大党推行的社会主义类型的社会有着本质差别。

同时，共产党选择走议会选举这一和平的斗争道路，既要遵循议会选举的规则，更需要实事求是地灵活运用规则与形势，构造社会主义政党身份来争取选票。首先，共产党要避免迷恋于议会席位和政府部长，陷入政治机会主义和选举实用主义，迷失了社会变革目标、社会主义方向和共产主义远大理想的倾向。比如印共（马）领导的左翼阵线，不应因 2011 年被左翼政党社会主义统一中心（马克思主义）与草根国大党结盟夺取西孟加拉邦立法会议选举而失去 34 年的执政地位，而动摇自身的意识形态色彩和左翼联盟立场。这是长远利益的要求，不应该为一时一地的得失所左右和影响，陷入机会主义和实用主义的政治“泥沼”。其次，共产党要广泛开发和运用新媒体平台，通过针对性的宣传来展示社会主义政党身份，取信于民。传统宣传方式有时间和地域的限制，难以形成对年轻选民的巨大吸引力。反观印度人民党，2012 年就在古吉拉特邦使用了 3D 技术来进行竞选活动，这种新颖的媒介具有很强的魅力，吸引了大量民众，尤其是数量庞大的年轻人群体。共产党必须跳出传统示威游行的群众运动方式，应将现代宣传方式融合进去，充分利用议会内斗争和议会外群众斗争，统一为一个整体平台。最后，共产党要打造有竞争力的候选人。在这一任期，印度人民党继续打莫迪个人牌，塑造莫迪维护国家安全的强人形象，这一竞选策略起到了关键作用。然而，印共与印共（马）党内德高望重的领导者接连逝世后，还没有塑造出这样的强人领导人形象。并且，在印度选民更看重政党候选人的个人业绩和能力，家族血统和出身不再自带神圣“光环”的现实下，共产党更有机会塑造有竞争力的候选人，作为战略运用于选举争夺战当中。

（五）以系统革新为突破口破解“组织困境”

共产党面临党组织自身发展缓慢和党的群众组织力量薄弱等组织建设问题，解决的关键在于党的内部，内部关系的理顺，需要以全面革新系统为突破口来走出困境。

印度的共产党要走出“组织困境”，发挥组织优势，需要增加党员人数和加强党员管理，提高党员质量。一是增加党员人数。印共和印共（马）的党员人数发展缓慢，而党员人数是衡量一个政党发展成效的重要标准，是党的力量的显性表现，尤其是对于走议会斗争道路的共产党而言，这更显重要。印度人民党通过放宽入党标准，吸收了大量的印度民众加入该党，并且简化了各种入党手续，方便了民众的加入。这对于印度人民党而言，效果显著。然而，这并不适用于印共与印共（马）这样的共产主义政党。共产党要想在党员人数上有所发展，就要在维系好传统选区党员人数的基础上，深入党的薄弱选区去发展党员。因为党的力量本来局限在个别邦中，只有不断去开发新空间才有机会获得勃勃生机。对此，印共在党的第二十一大代表大会上，提出要更新和吸收新党员；印共（马）在总结反思 2019 年大选中，也强调党内年轻血液缺乏，要大力发展年轻党员。二是加强党员管理。党员数量是基础，但不等于影响力，如何管理好党员，是党的力量体现的关键。管理好党员关键在于有一套科学有效的管理制度和能够执行并贯彻到底的体制和机制。而共产党在党组织原则和机构方面存在着或多或少、或重或轻的问题，只有解决好这些问题，新吸收进来的党员才留得住，退党率高的现象才能缓解，甚至根本扭转。同时，党的建设质量也会越来越高。这就要求要强化民主集中制的组织原则，处理好中央与基层之间的关系，形成一体的、严密完善的基层组织，使党组织具有更大的力量。三是提高党员质量。共产党在接收党员时有严格的标准，本着提高党员质量的目的，不一味地追求党员数量而放弃党员质量，这本无可厚非，但党的纯洁并不仅靠严把入党关便可得到保持或提升的，这样做反而堵塞了新鲜血液的入口，也未展现党组织对党员成长成才的教育和培养功能。因此，共产党要强化思想政治教育和政治理论学习，实现吐故纳新。

四、结语

自选择了走议会斗争道路以来，印共和印共（马）积极参加全国和地方各级的选举。在 20 世纪后半叶的多次选举中，两党都取得过不错的选举成绩。然而，进入 21 世纪以后，印共和印共（马）在历次全国大选中，得票率和议席数双双持续走低，在 2019 年大选中再尝选举败绩，地方选举也屡尝败绩。印度的共产党这样的存在，表明自身建设依然存在着各种问题，导致共产党面临着诸多发展困境，主要表现在票仓扩大、联盟稳固、情势应变、战略更新和组织建设等方面。为了应对挑战，寻求脱困出路，共产党也进行了一系列新的探索，如在保住传统票仓的同时努力拓展新的票源；通过加强政党联盟来整合力量；通过针对性批判和宣传策略来重塑党的形象；制定选举策略来走好议会斗争道路。共产党作为引领和推动力量，自身进行实事求是的全面革新，才是脱困取胜的唯一出路，因此要全面加强党的组织建设。实事求是地看，这些举措实施起来较为艰巨，并且无法在短时间内扭转共产党的发展困境。因此，共产党要改变现状，未来还有很长一段路要走，是“任重道远”。

但是，资本主义必然灭亡，社会主义必然胜利，这是不以人的意志为转移的历史发展的客观规律。同时，“无论哪一种社会形态，在它所能容纳的全部生产力发挥出来以前，是决不会灭亡的；而新的更高的生产关系，在它的物质存在条件在旧社会的胎胞里成熟以前，是绝不会出现的”[①]。这也为社会主义 500 多年的历史，尤其是科学社会主义近 200 年的历史所一再验证了的。目前，印度社会的资本主义仍在自我调适中继续发展，特别是印度人民党执政以来，印度资本主义自由化走向新的高潮。正因资本主义仍处于上升阶段，印度国内资本主义力量还会继续发展壮大。而资本主义所固有的矛盾，即社会化大生产与生产资料的私人占有制之间的矛盾，工人阶级和资产阶级之间的矛盾也会发展并不断激化。并且，印度社会底层人口多，社会不平等不公正始终存在，贫富差距悬殊，在这样一个国家里，共产党有其生存土壤。这些都注定印度的共产党致力于实现的社会主义和共产主义社会的奋斗目标是正确的历史发展方向，在实践中也终将会实现。

---

① 中央编译局编：《马克思恩格斯选集》(第 2 卷)，北京：人民出版社，2012 年版，第 3 页。

拉丁美洲共产党的现状与趋势

徐世澄[①]

摘　　要：拉丁美洲和加勒比地区是较早建立共产党组织的地区，已有百余年历史。拉美共产党建立以来，经历了曲折的发展道路，既取得过显著成绩，也经历了不少挫折。20世纪下半叶，拉美共产主义运动经历过独裁政权的无情镇压、美国白劳德主义的影响、中苏大论战引发的分裂、苏东剧变和苏联解体的严峻考验，有的共产党改旗易帜，有的共产党甚至销声匿迹。拉美共产党组织的数量虽有所下降，但拉美主要共产党的力量得到保存，有的甚至取得了发展。当前拉美共产党共有20多个，是拉美政治舞台上不可忽视的重要力量，是拉美左翼的中坚力量。目前拉美国家的共产党绝大多数都是合法政党。就政治地位而言，拉美共产党大致可分四类：第一类是执政党，古巴共产党是拉美国家唯一的执政党；第二类是参政党，智利、巴西、乌拉圭等国的共产党近年来通过与本国的执政党结盟参政，不仅在国会中拥有一定的席位，还有党员在政府内任职；第三类是合法的在野党，大多数拉美国家的共产党的政治身份是在野党；第四类是未能在所在国合法登记的共产党。

一、拉丁美洲国家共产党的现状

拉丁美洲和加勒比地区（简称“拉美”）是较早建立共产党组织的地区，已有百余年历史。1917年俄国十月革命胜利后不久，许多拉美国家就相继成立了共产党。到20世纪50年代，大多数拉美国家先后成立了共产党组织，总数达近30个。拉美国家共产党建立以来，经历了曲折的发展道路，既取得过显著成绩，也经历了不少挫折。拉美共产主义运动经历过独裁政权的无情镇压、美国白劳德主义的影响、中苏大论战引发的分裂、苏东剧变和苏联解体的严峻考验，一些拉美国家共产党改旗易帜，有的共产党甚至销声匿迹，拉美国

---

① 徐世澄，中国社会科学院拉丁美洲研究所研究员、博士生导师。

家共产党组织和党员的数量虽有所下降，但是，拉美主要共产党的力量得到保存，有的甚至取得了发展。

据拉美左翼圣保罗论坛网站最新统计，目前加入圣保罗论坛的拉美共产党[①]有 17 个：阿根廷共产党、阿根廷共产党（特别代表大会）、玻利维亚共产党、巴西共产党、巴西的共产党、智利共产党、哥伦比亚共产党、哥斯达黎加人民先锋党－共产党、古巴共产党、厄瓜多尔共产党、厄瓜多尔共产党（马列）、马提尼克[②]争取独立与社会主义共产党、巴拉圭共产党、秘鲁的共产党、秘鲁共产党（红色祖国）、乌拉圭共产党、委内瑞拉共产党。而此前，2013 年加入圣保罗论坛的还有墨西哥共产党、墨西哥共产党人党和多米尼加共和国劳工共产党。此外，还有未加入圣保罗论坛的几个拉美共产党，如萨尔瓦多共产党、海地新共产党（马列）、洪都拉斯共产党、尼加拉瓜共产党等，合计当前拉美共产党共有 20 多个，是拉美政治舞台上不可忽视的重要力量，是拉美左翼中的中坚力量。

二、目前拉美国家共产党的政治地位

目前拉美国家的共产党绝大多数都是合法政党。就政治地位而言，拉美共产党大致可分四类：第一类是执政党，古巴共产党是拉美唯一的执政党。第二类是参政党，智利、巴西、乌拉圭等国的共产党近年来通过与本国执政的政党结盟参政，不仅在国会中拥有一定的席位，还有党员在政府内任职。第三类是合法的在野党，大多数拉美国家的共产党的政治身份是在野党。第四类是未能合法登记的政党。拉美有些共产党由于党员人数不够注册要求等原因，未能在所在国进行合法登记注册。

（一）执政党

古巴共产党是拉美国家唯一的执政党，也是古巴唯一的政党。古巴共产党长期执政，多年来坚持马克思主义意识形态、坚持共产党的领导，坚持社会主义国家的性质，成为激励和凝聚拉美左翼的一面重要旗帜。

2021 年 4 月 16 日至 19 日，古共八大在哈瓦那召开。受新冠肺炎疫情的影响，与会代表只有 300 名（七大代表为 1000 名），代表古共现有 70 万党

---

① https://forodesaopaulo.org/partidos/.

② 马提尼克（Martinique）是法国在加勒比地区的一个海外省及大区，位于东加勒比海东部、小安的列斯群岛最北端，是拉美和加勒比未独立的地区之一。

员。16 日，古共中央第一书记劳尔·卡斯特罗作工作报告[①]，他的报告没有罗列自 2016 年七大来取得的成绩，重点指出了当前古巴存在的主要问题和今后努力的方向。报告说七大以来，古共党员人数增加了 27 000 名，从而扭转了自 2006 年起党员人数减少的趋势。[②]劳尔强调全民所有制是劳动者权力的基础，他尖锐批评有些人主张私有化；他强调不能破坏革命公正和平等的理想，必须确保国有企业在经济中占据主导地位，同时必须对国企进行改革，使之拥有更多自主权，增加产量和有效性。劳尔主张不要进口古巴本国能够生产的东西，要扩大食品生产。他强调必须改变过去对外国投资的偏见，吸引更多的外资。劳尔批评对非国有所有制存在的偏见，批评中央《党和革命经济和社会政策纲要》（简称《纲要》）落实委员会没有很好组织各种经济成分参与落实《纲要》。

劳尔在报告中承认，在 2021 年初实施统一货币和汇率过程中，出现了不少问题和缺陷。但他强调，这一进程应该继续进行下去。报告强调古共是古巴社会和国家的最高领导力量，是古巴唯一的政党，是使广大民众团结和应对帝国主义威胁的主要战略武器。要发扬党内民主，听取不同意见，保持与劳动群众和居民的密切联系。要重视共青盟、学联、妇联、青年运动的工作，加强思想政治工作，改进媒体宣传工作，加强基层党组织，强调要提拔青年、妇女、黑人和混血种人担任各级领导。批评存在党脱离群众的现象。在谈到对外关系和外交政策时，劳尔指出，古巴经受美国全方位、不平等和持续的经济战。美国对古巴实施金融迫害，影响古巴的生产和供应、影响古巴的抗疫斗争。重申古巴愿意在不放弃革命和社会主义原则的前提下，与美国进行互相尊重的对话。重申古巴对拉美加勒比团结的承诺，强调中国和越南为古巴提供了经验，古巴将巩固与中国、越南、老挝、朝鲜党和政府的良好关系。劳尔宣布他将辞去古共中央第一书记职务，“我将以一名革命战士的身份继续在党员队伍中奋斗，为党的事业贡献力量，为捍卫社会主义奋斗终身”。

古共八大通过了《关于八大中央报告的决议》《关于古巴社会主义发展经济和社会模式理念的更新的决议》《关于 2021—2026 年纲要执行情况及其更新的决议》《关于党的运转、思想工作和与群众联系的决议》和《关于党内工作和干部政策的决议》等。八大选举产生了以迪亚斯 - 卡内尔为第一书记的新

---

① 劳尔工作报告的原文，Informe Central al 8vo. Congreso del Partido Comunista de Cuba（+PDF）› 8vo. Congreso del PCC › Granma-Órgano oficial del PCC，http://www.granma.cu/octavo-congreso-pcc /2021-04-17 /informe-central-al-8vo-congreso-del-partido-comunista-d e-cuba-17-04-2021-05-04-12.

② 2016 年 4 月，劳尔在古共七大中心报告中说，到 2015 年底，古共党员人数为 671 344 人，而 2012 年党员总数为 769 318 人，3 年内党员人数减少了 97 974 人。

的中央委员会。八届中央委员会共 96 人，比七届中央委员会（142 人）减少 46 人。劳尔等一些年龄超过 80 岁的老革命没有再选入新的中央委员会，但仍保留一些 60 岁至 79 岁的老同志。八届中央委员会的特点是：年轻的中央委员占较大的比重，在基层和地方工作的委员，妇女、黑人和黑白混血种人的委员占较大的比重，现役或退役军人占较大的比重。

新当选的第一书记迪亚斯－卡内尔在八大闭幕词中指出，古共八大是历史性的大会，是团结的大会，是继往开来的大会。他高度评价劳尔在古巴革命和社会主义建设、领导古巴经济社会模式的更新、恢复和改善与美国关系、促进拉美团结和一体化等方面的重要作用。他强调，今后在述及国家命运的战略性重大决策时，将继续请示劳尔。卡内尔认为，八大提出了新的思想、理念和方针，是今后工作的指南。他表示，他本人和新当选的中央委员会承诺将继续古巴革命，新一代将接受挑战、承担应尽的责任。①

古共八大是承前启后、继往开来的大会，具有重要的历史意义。八大基本完成了党的领导新老交替的工作，劳尔不再担任古共中央第一书记，古共取消了事实上的终身制。八大健全了古共党的集体领导制度和党内的民主集中制。古巴党和政府最高领导的顺利交替、平稳过渡确保古巴革命和社会主义的继承和发展，为古巴未来的经济社会模式的更新确定了方向，对古巴和世界社会主义运动的发展具有重要意义。②

（二）参政党

智利、巴西和乌拉圭等国家的共产党近年来通过与本国执政的政党结盟参政，不仅在国会中拥有一定的席位，还有党员在政府内任职。当前的拉美国家参政党主要是巴西共产党和委内瑞拉共产党。

1. 智利共产党

前身社会主义工人党创建于 1912 年 6 月 4 日，1922 年 1 月 2 日正式更名为共产党，并加入共产国际。智共网站上《智利共产党简史》认为智共已有 109 年历史。③1970—1973 年智共与社会党等党组成“人民团结”阵线联合执政，智共获得 3 个部长、6 个省长和 1 个大市市长的职位。1973 年智利发生军

---

① 迪亚斯－卡内尔讲话的原文，Díaz-Canel：«Entre los revolucionarios, los comunistas vamos al frente»（+Video）› Discursos de Díaz-Canel › Granma - Órgano oficial del PCC，http://www.granma.cu/discursos-de-diaz-canel/2021-04-20/diaz-canel-entre-los-revolucionarios-los-comunistas-v amos-al-frente-20-04-2021-00-04-47.

② 徐世澄：《古巴共产党第八次全国代表大会：承前启后　继往开来》，载《世界社会主义研究》，2021 年第 6 期，第 88—93 页。

③ https://pcchile.cl/2020/07/10/resena-historica-del-partido-comunista-de-chile/.

事政变，智共遭到镇压，被宣布为非法组织。1990年智利民主化后，智共恢复合法地位。21世纪初，智共党员人数曾一度达80 814人。2014年智共支持社会党人巴切莱特第二次竞选总统，巴切莱特当选总统后，智共党员克劳迪亚·帕斯夸尔曾任妇女部长。

智共宣称是“工人阶级的革命政党”，坚持马克思、恩格斯、列宁的思想，认为马列主义是不断发展变革的，其基本思想是该党的行动指南。智共坚持为了社会主义、工人利益而斗争，反对资本主义和帝国主义的剥削和压迫，目标是通过合法手段上台执政。

2021年全国大选前，各政党进行注册登记，智共登记的党员减少到47 299人，但智共在注册政党中，党员人数位居第一。智利社会党党员人数从118 370人减少到43 895人，争取民主党党员人数从106 370人减少到32 818人，执政党智利在前进党党员人数从96 835人减少到41 301人。

2020年11月20—22日智共召开第二十六大。会议对党章做了修订。现任党主席是吉列尔莫·泰列尔，总书记是劳塔罗·卡蒙娜。政治委员会共16人。在2021年国会选举中，智共在参议院50席中获2席，在众议院155席中获12席，获6个市长职位、156席市议员和20席大区议员席位。[①] 在2021年5月制宪会议选举中，智共获7席（共155席）。在2021年11月大选中，智共参加广泛阵线，广泛阵线参加“赞同尊严”选举联盟，该联盟推举社会汇合党加夫列尔·博里奇为总统候选人参加竞选，在2021年12月19日第二轮总统选举中，博里奇当选总统，并于2022年3月11日就任，在博里奇新政府中，24位部长中有3位部长（政府总秘书长、劳动和社会保障部、科技和创新部）是智共党员。

智共的党报是《时代报》，党刊为《原则》，网站是：https://pcchile.cl。

2. 巴西共产党

苏东剧变后，巴西共产党的队伍不仅没有缩小，反而有所壮大。据最新统计，目前巴西共有党员413 681人，是仅次于古共的拉美第二大共产党。巴西共现在巴西参议院（共81席）中占有1席，在众议院（共513席）占有12席，在全国23个州中占有1名州长职位（巴西共产党员弗拉维奥·迪诺为马拉尼昂州州长），另有25名州议员，81名市长。巴西共产党员阿尔多·雷韦洛在巴西劳工党执政时期先后担任过科技部长和国防部长。2005年9月到2007年2月，巴西共产党众议员阿尔多·雷贝洛出任众议院议长。目前党的

---

① https://www.nodal.am/2021/12/quien-es-quien-en-la-coalicion-que-gobernara-chile-con-boric-presidente/.

领袖是曼努埃拉·达维拉，党的主席是伯南布哥州的副州长、卢西亚娜·桑托斯。进入21世纪以来，巴西共曾先后召开党的十大（2001年）、十二大（2005年）、十三大（2013年）、十四大（2017年）。2021年10月15—17日，巴西共以视频方式召开十五大，十五大的主要议程是：讨论和通过十四届中央委员会的工作报告，讨论并通过党章的修改方案，选举新的党的地方和中央委员会。[①]巴西共的党纲第25条确定，“巴西共是巴西工人阶级和劳动人民的先锋队，以马列主义革命理论为指导”，第20条提出了巴西从资本主义过渡到社会主义的纲领。[②]2017年11月，巴西共十四大通过的党章第1条规定，“巴西共是巴西无产阶级有觉悟先锋队的政治组织，以马克思、恩格斯制定的、列宁和其他马克思主义者发展的科学和革命的理论为指导”，“巴西共为反对资本主义和帝国主义的剥削和压迫而斗争，其目标是由无产阶级及其同盟者夺取政权、实施科学社会主义，其最高目标是建立共产主义”[③]。

2021年3月18日，巴西共产党全国执行委员会发表题为《巴西共产党的99年，对民主必不可少》的文章，文章指出，2021年3月25日，巴西共产党迎来自己的99岁生日[④]，揭开了其百年党庆的序幕。现在，巴西共产党正与广泛的政治力量一起，战斗在保卫生命和民主的第一线，为的是从博索纳罗（巴西现任总统）的灾难中拯救巴西。巴西共产党正在为巴西战胜疫情，为人人能够紧急接种疫苗而斗争。它为人民特别是穷人，争取援助、支持和声援。它为创造就业机会、保持工资水平、帮助中小微型企业而斗争。

在巴西长达一个世纪不间断的历史篇章中，巴西共产党从未松开为捍卫民主和主权，以及发展巴西而紧握的拳头。党总是力图为人民服务，为孕育了党的工人阶级的权利而战斗。随着巴西共产党的建立，巴西无产阶级第一次拥有了自己的党，这个党号召工人参加争取自身权利的政治斗争，并将它与夺取政权的斗争联系起来。

巴西共产党始终高举社会主义的光辉旗帜。这一旗帜正是被压迫、被剥削人民的第一次伟大胜利——俄国十月社会主义革命——的旗帜。2009年以来，巴西共产党一直以这样的纲领为指导，该纲领的核心是为新的国家发展计划而斗争，以此作为通往社会主义的巴西道路。

巴西共产党与巴西人民联系在一起，就像绿叶树扎根于土地一样，党一

---

① https://pcdob.org.br/documentos/edital-de-convocacao-do-15o-congresso-do-partido-comunista-do-brasil/.

② https://pcdob.org.br/programa/.

③ https://pcdob.org.br/estatuto/.

④ 巴西共成立于1922年3月25日，1962年2月18日重建。

直知道如何保持常青。与历史的流动、生命的绿色相连，它不断地更新自己的旗帜。由于这些原因，它既是长存的也是年轻的，它有 100 年的历史，但又是当代的，因为它的实质要求是在当前严酷的形势下，在未来建设一个强大的、主权的、民主的、社会先进的巴西，并与世界各国人民团结起来。①

2021 年 6 月 30 日，巴西共产党发表了一份由该党主席卢西亚娜·桑托斯和副主席沃尔特·索伦蒂诺签署的贺信，祝贺中国共产党成立 100 周年。贺信指出，2021 年 7 月 1 日是中国共产党成立 100 周年的日子。对于巴西共产党而言，这也是一个具有重大意义的事件。中国共产党彻底改变了中国，使中国摆脱了落后，进入了令世界瞩目的发展阶段。如果没有中国共产党，中国就无法挣脱殖民主义的枷锁、击退日本帝国主义的侵略，也不可能赢得解放战争的胜利，并在 1949 年宣布中华人民共和国成立。今天的中国蓬勃发展、日新月异，给全世界留下了深刻印象，同时也给全世界带去了发展机会，这与中国共产党的领导有着密不可分的关系。

3. 乌拉圭共产党

成立于 1920 年 9 月 21 日，由 1910 年创建的社会党的多数派建立。1922 年加入共产国际。自 1971 年起，乌共与其他左翼政党联合创建广泛阵线。苏东剧变后，乌共发生分裂，原乌共总书记海梅·佩雷斯率领 20 名中央委员退党，另成立人民民主党，主张民主社会主义。以玛丽娜·阿里斯门迪为总书记的乌共新领导班子坚持乌拉圭共产党的名称和纲领。2004 年、2009 年和 2014 年，广泛阵线在大选中获胜。2019 年广泛阵线在大选中失败。2006 年，玛丽娜·阿里斯门迪担任社会发展部长，卸任总书记职务，由爱德华多·洛里埃尔接任总书记至 2017 年。2017 年至今乌共总书记是胡安·卡斯蒂略。2019 年至今，乌共党的主席是赫拉尔多·努涅斯。目前，乌共在参议院（共 30 席）中占 2 席，在众议院（共 99 席）中占 6 席。最近一次党代会第三十一大于 2017 年 6 月召开。2019 年 2 月修改后的乌共现行党章第一条规定，乌共是“乌拉圭工人阶级政治和思想的先锋队，是其最高组织形式”，乌共“以马列主义科学思想为指导”，“为乌拉圭工人阶级行使其社会、政治和思想的历史使命而斗争，引导乌拉圭劳动人民和人民通向社会主义，然后建设共产主义。”

乌共的党刊是《人民》，网站是 www.pcu.org.uy。

（三）合法在野党

有些拉美国家的共产党虽然不是执政党或参政党，但是合法在野党，它

① http://solidnet.org/article/CP-of-Brazil-PCdoB-99-years-indispensable-to-democracy/.

们在本国有一定的政治和社会影响力，在工会、青年、学生等群众组织和特定群体中有一定的号召力，有的在议会中占有一些席位。如委内瑞拉共产党、阿根廷共产党、哥伦比亚共产党在本国议会中曾有过议席。

1. 委内瑞拉共产党

成立于 1931 年 3 月 5 日，是委内瑞拉历史最悠久的政党。1998 年支持查韦斯竞选总统获胜。查韦斯执政期间（1999—2013 年），委共加入查韦斯创建的大爱国中心选举联盟，委共的力量获得一定程度地发展，一些党员在政府和公共部门任职。在 2005 年 12 月议会选举中，委共获得 165 个席位中的 8 席。2007 年 1 月，委共中央委员戴维・贝拉斯克斯出任查韦斯政府人民参与和社会发展部长。2007 年委共召开十三大，专门讨论是否加入查韦斯主张成立的委内瑞拉统一社会主义党的问题。十三大决定，委共不解散、不加入委统一社会主义党，在政治上保持独立性，但委共继续支持查韦斯政府。在 2012 年总统选举中，委共获 489 941 票，占投票总数的 3.29%。2013 年查韦斯逝世后，委共继续支持马杜罗政府，作为大爱国中心成员党，参加 2013 年和 2018 年总统选举，在 2018 年总统选举中，委共获 17 043 票，占 1.85%。

委共以马列主义和委内瑞拉民族英雄玻利瓦尔的思想为指导思想，主张用人民的民主国家取代资产阶级的国家，向建设社会主义的方向迈进。最近几年来，由于委共在一些问题上与马杜罗分歧逐渐加深，在 2020 年议会选举中，委共退出大爱国中心，与其他一些左翼政党组织组成选举联盟参选，委共获 170 352 票，占 2.73%，在 277 席国会中仅获 1 席。目前委共在全国 335 个城市中，仅获 1 个城市市长职位，在全国 2459 市议员中获 138 席。委内瑞拉共产党的总书记是奥斯卡尔・菲格拉。党刊是《人民论坛》，网站是 www.pcv-venezuela.org。

2. 阿根廷共产党

成立于 1918 年 1 月 6 日，初名国际社会党，1919 年加入共产国际。1920 年 12 月改名为阿根廷共产党。阿共自称是工人阶级政党，以马列主义为理论基础和指导思想，其最终目标是实现共产主义。苏东剧变后，阿共产生分裂，党员人数由 20 世纪 90 年代初的 5 万人减少到 1 万人。1995 年阿共召开十九大，批判党内异己分子的分裂行为，强调坚持马列主义、社会主义和共产主义方向。2011—2017 年参加争取胜利阵线支持正义党克里斯蒂娜・费尔南德斯左翼政府，2017—2019 年参加公民团结联盟，2019 年至今参加全民阵线，支持阿尔贝托・费尔南德斯中左翼政府。阿共 2001 年在众议院中有 2 席，2003 年在众议院中有 1 席。此后，阿共在众参两院中均没有议席。党员人数 2017 年为 22 523 人，2020 年减少到 17 096 人。党的主席：马里奥・阿尔德雷特，总书记：维克托·戈罗德基·科特。

科特总书记高度评价在中国共产党领导下，新中国取得的伟大成就，他在接受采访时认为：70 年来，中国在经济、科技、民生、减贫等各领域成绩斐然，要归功于中国共产党对国家的成功治理，特别是始终领导人民坚持走中国特色社会主义道路……中国共产党坚持一切从人民利益出发，把惠民和提升人民幸福度视作追求目标和自身使命，并通过战略规划分阶段落实。这是中国最成功的执政经验，值得世界各国学习和借鉴……我认为新中国对世界的第一大贡献就是新中国的成立。它深刻影响了世界革命运动，改变了世界格局。第二大贡献是把马克思主义基本原理与中国实际相结合，创新和发展了马克思主义的理论，创造了成功的中国发展模式。第三就是中国倡导构建人类命运共同体，致力于推动互利共赢合作与全球化发展。①

阿共的党刊是《我们的建议》，网站是 www.pca.org.ar。

3. 哥伦比亚共产党

成立于 1930 年 7 月 17 日，曾是共产国际成员。哥共 2012 年第二十二大修改后的党纲和党章规定，哥共捍卫马列主义的原则，并继承玻利瓦尔的遗训；哥共是受资本主义压迫的城乡劳动者的政党，同时也向哥全体人民开放。其宗旨是争取建立一个更加公正、民主的，以很配合社会进步为基础的哥伦比亚而奋斗。1964—1993 年领导哥伦比亚革命武装力量反政府游击队，视其为党的武装臂膀。20 世纪 80 年代中期，哥共力量发展很快，党员人数达 5 万多人。1986 年参加“爱国联盟”，哥共在议会选举中获 3 个参议员席位和 5 个众议员席位。苏东剧变和苏联解体后，哥共发生分裂，党员人数明显减少。哥共曾先后参加社会政治阵线、民主变革运动、民主变革中心、爱国进军运动、正派联盟等。在 2018 年大选中，哥共支持参议员、前波哥大市市长古斯塔沃·佩特罗竞选总统失败。目前哥共在众议院 418 席中占 1 席，在全国 1 102 个城市中占 3 个市长职位。党的现任总书记是海梅·凯塞多。凯塞多高度评价中国特色社会主义取得的成就，他认为，中国实现了史无前例的飞跃，已经成为世界的典范。中国成功的原因在于中国明确地规划了属于自己的社会主义道路，并用这种中国特色社会主义制度来解决历史上资本主义遗留下来的重大问题和深刻矛盾。他认为，中国共产党还以自身的经验和文化阐述丰富了马克思主义理论。②

---

① 《阿根廷共产党总书记：新中国 70 年巨大成就证明没有共产党就没有新中国》，http://news.cri.cn/20191001/76364716-2e91-460a-5d6c-7a6f9ffb9b60.html。

② 楼宇：《拉美共产党人评中国共产党建党百年的历史成就与世界意义》，载《拉丁美洲研究》，2021 年第 3 期，第 34—49 页。

哥共的党刊是《呼声》，网站是 www.pacol.org。

（四）未能合法登记的政党

有些拉美国家的共产党由于未能履行相关的资料申报，或因党员人数达不到注册登记的规定人数等原因，未能在本国相关机构获得合法注册登记，如秘鲁共产党和秘鲁共产党（红色祖国）、玻利维亚共产党等。

1. 秘鲁共产党

成立于 1928 年 10 月 7 日，初名秘鲁社会党，创始人是秘鲁和拉美著名的马克思主义思想家何塞·卡洛斯·马里亚特吉，1930 年 3 月，加入共产国际，5 月改名为秘鲁共产党。秘共信奉马克思主义和马里亚特吉思想，主张创造印第安美洲式的社会主义。20 世纪 60 年代，受中苏两党两国分歧的影响，秘共发生分裂。20 世纪 80 年代末 90 年代初，东欧剧变和苏联解体后，秘共坚持马列主义的指导思想和社会主义的前进方向。1996 年 12 月秘共十一大和 2001 年 11 月党的十二大再次提出以马列主义、马里亚特吉思想为党的指导思想。2008 年召开十三大，坚持反对帝国主义，批判资本主义全球化，反对新自由主义，赞扬拉美左翼力量的崛起。在 2020 年和 2021 年大选中，均支持左翼“秘鲁团结”领导人韦罗妮卡·门多萨竞选总统，但都失败。秘共由于得票数不够注册登记的规定人数，未能获得合法登记注册。目前，该党对现任左翼自由秘鲁党佩德罗·卡斯蒂略政府持既支持又批评的态度。秘共现任主席是罗贝托·德拉克鲁斯·瓦曼，总书记是路易斯·比利亚努埃瓦·卡瓦哈尔。

秘共的党刊是《团结》，网站是 www.pcp.pe。

2. 秘鲁共产党（红色祖国）

由 1969 年 3 月从秘共分裂出来的一派组成，但该党仍以 1928 年 10 月 7 日作为自己的成立纪念日。该党控制了秘鲁教育工作者统一工会。现为秘鲁人数最多的马克思主义政党。曾先后发起并加入革命左派联盟、联合左派、左派广泛阵线、新左派运动，参加总统和议会选举，曾在众议院和参议院中获取少量席位。党的现任主席是阿尔贝托·莫雷诺，总书记是罗兰多·布雷尼亚。2006 年阿尔贝托·莫雷诺曾作为左派广泛阵线总统候选人参选，但失败。在 2020 年和 2021 年大选中，均支持左翼“秘鲁团结”领导人韦罗妮卡·门多萨竞选总统，但失败。目前，该党对现任左翼自由秘鲁党佩德罗·卡斯蒂略政府持既支持又批评的态度。

秘共（红色祖国）的党刊是《红色祖国》，网站是 www.patriaroja.org.pe。

3. 玻利维亚共产党

1950 年 1 月 17 日成立，1959 年召开一大。1964 年党的二大通过新党纲，确立了以建立一个反帝的人民政府和进行反帝的人民革命作为党的战略目标。1990年党的六大重申坚持马列主义革命原则，现阶段的革命是“反帝反寡头的人民民主革命”，目标是走向社会主义。受苏东剧变影响，1991年玻共发生分裂，党员人数从1986年的5 000人降到2 500人。自2002年起，玻共在历次大选中均支持埃沃·莫拉莱斯作为争取社会主义运动的候选人竞选总统。2003年7月22日，玻全国选举法庭颁布第043号决议，宣布取消玻共的政党法人资格，其原因是玻共未履行公布其领导人和党员的名单。但是，玻共仍继续活动，继续支持莫拉莱斯。2005年莫拉莱斯当选总统后，玻共党员维克托·卡塞莱斯曾任教育部长、佩德罗·基罗加曾任内政部副部长。2019年4月，玻共参加了在乌拉圭召开的南美洲国家共产党会议。

三、拉丁美洲国家共产党的发展趋势

（一）拉丁美洲国家共产党的理论和政策主张

拉美地区共产党成立以来，其斗争策略和方式不断调整，有所改变，但其基本理论和指导方针没有变化。近年来，世界和拉美地区的政治局势发生了重大变化。拉美国家的共产党对当前世界和拉美地区的重大理论和现实问题进行深刻反思，提出了一些新的思想和认识。目前拉美国家共产党的理论和政策主张主要是：

一是拉美共产党一直坚持把马克思列宁主义作为党的指导思想和方针，这是共产党与该地区其他类型左翼政党的最本质区别。2005年10月巴西共产党十一大制定的章程确认，巴西共是“无产阶级有觉悟的先锋队组织，以由马克思和恩格斯制定的、由列宁和其他马克思主义革命家发展的科学和革命理论为指导”。近年来，拉美共产党理论调整的最大变化就是由教条地对待马克思列宁主义向马克思主义本国化、拉美化发展，这是拉美共产党理论探索的共同趋势。如古巴共产党把马蒂思想和菲德尔（卡斯特罗）思想与马列主义并列作为党的指导思想，秘鲁共产党把马里亚特吉思想与马列主义并列作为党的指导思想，强调要把马列主义“秘鲁化”，实现“印第安美洲社会主义”。委内瑞拉共产党强调，委共以马克思列宁主义和委内瑞拉民族英雄玻利瓦尔的思想为指导思想。智利共产党强调，坚持马克思、恩格斯、列宁、雷卡瓦伦思想。

二是拉美一些共产党在党建理论上的变化，主要反映在对党的性质和地位作用的重新界定上，他们过去确定共产党是“无产阶级的先锋队”，现在强调共产党是“劳动人民的政党”或是“先进的、民主的、群众的共产党”，以此来扩大党的阶级基础和社会基础，但各党所处的地位、面临的具体情况，以及各党的认识和做法都不同。如古巴共产党重视扩大党的阶级基础和社会基础，1991 年古共四大对党章进行了修改，取消了党章中关于“有宗教信仰的革命者不能入党”的规定，宗教人士可以入党。哥伦比亚共产党强调，哥共是受资本主义压迫的城乡劳动者的政党，同时也向哥全体人民开放。2004 年 3 月，巴西共产党提出巴西共是一个“群众的共产党”。

三是拉美共产党坚决反对新自由主义，积极寻求替代新自由主义的模式。拉美共产党认为，新自由主义制度面临危机；新自由主义远远不能保证社会的发展，反而使社会财富愈加集中在垄断寡头手中，使失业日益增加，大多数人贫困加剧，陷入被遗弃的境地。

四是在新的历史条件下，拉美大多数共产党不再强调武装斗争的必要性，主张通过选举或其他民主的方式，开展合法斗争取得政权。巴西共、委共、哥共等拉美共产党曾在 20 世纪六七十年代开展过武装斗争，但如今在新的历史条件下，他们都与本国的其他左翼或进步政党和组织结成联盟，参加选举，合法斗争已成为其主要的斗争手段。

五是拉美共产党普遍认为，当今世界仍处在资本主义向社会主义过渡阶段，主张继续探索反对帝国主义的策略与手段，用社会主义取代资本主义，积极开展反对资本主义的斗争，强调要从本国的实际出发探索走向社会主义的途径。巴西共产党认为，党的最终目标是实现科学社会主义和共产主义，社会主义和共产主义是巴西唯一正确的出路。巴西共产党始终高举社会主义的光辉旗帜。委内瑞拉共产党认为，社会主义是更高级、更完善的革命民主制度，要用人民的民主国家取代资产阶级的国家，向建设社会主义的方向迈进。

（二）拉丁美洲国家共产党的实践活动

当前拉美国家共产党在开展政治和社会活动过程中，既采用传统的斗争方式，也使用一些新的斗争方式。拉美国家共产党的活动主要表现在以下几个方面：

一是参加各类选举，积极融入本国政治和社会生活。巴西、智利、乌拉圭、委内瑞拉等国的共产党通过参加选举成为参政党，其他拉美国家的共产党在获得合法地位后，也积极参加各类选举活动。在 2021 年市政选举中，智共女党员伊拉西阿斯雷尔当选为首都圣地亚哥市市长，智共丹尼尔·哈杜埃再次当选为雷科莱塔大区区长。

二是积极参政议政，对政府决策施加一定的直接或间接影响。巴西、智利、乌拉圭等拉美国家的共产党通过他们在议会中的议员，以及在中央政府或地方政府任职的党员，积极参政议政，对各级政府的决策施加影响。这些党员或支持本国左翼政府的政策措施，或反对本国右翼政府的反人民的措施，通过参政议政，拓宽了拉美共产党参加国家和地方治国理政的途径，丰富了其政治实践的内容和方式。

三是开展群众和工人运动，增强党的政治社会影响力。拉美各国共产党与工人运动一向保持密切的联系，有些国家的主要工会领导人还是共产党人。在当前形势下，开展和领导各种形式的工人运动和群众运动，依然是拉美共产党重要的政治和社会活动和斗争的主要形式。如秘鲁共产党一直控制和领导着秘鲁总工会，秘鲁共产党（红色祖国）一直控制着秘鲁教育工作者统一工会。哥伦比亚共产党保持着对哥伦比亚最大的工人统一工会的影响力。

四是重视宣传动员活动，积极传播社会主义和马克思主义。拉美共产党自成立起，一直重视宣传动员活动，大多数共产党都有自己的党刊，如智共的《世纪报》、乌共的《人民周报》、委共的《人民论坛》等。除出版传统的纸质版外，进入21世纪后，还适应信息和网络时代的发展，发布网络电子版、纷纷建立本党的网站，有的还在脸书和推特上开设账户，通过社交网络现代化信息手段和新媒体方法，宣传马克思主义思想和本党的主张，加强与本党党员和本国民众的联系，通过视频会议与其他国家共产党和进步政党组织保持联系、相互交流。

五是拉美共产党积极参加世界共产党与工人党国际会议和拉美左翼论坛圣保罗论坛的活动，不断加强拉美共产党之间以及与其他左翼进步政党组织的团结。2007年10月，阿根廷、巴西、哥伦比亚、古巴、巴拉圭和乌拉圭6国共产党在乌拉圭首都蒙得维的亚召开会议并发表最后声明。2008年11月，在巴西圣保罗召开了世界共产党和工人党第十次大会。2016年8月，在秘鲁召开的拉美共产党和革命政党会议通过的《利马宣言》强调，“反对资本主义唯一可行的选择是社会主义”。在这次会议上，古巴共产党代表提交了“我们美洲的共识”的基础文件。随后，2017年1月，圣保罗论坛工作小组又以该文件为基础，向圣保罗论坛提交了“我们美洲的共识”，作为拉美和加勒比地区左翼政党的行动纲领。声援社会主义的古巴和委内瑞拉等左翼政府，反对美国对古巴、委内瑞拉等拉美左翼政府的封锁和制裁。拉美共产党表示，无条件地支持古巴革命，认为古巴的存在及其对帝国主义阴谋和侵略的反抗，对于人民斗争的发展、对于坚定社会主义取代野蛮资本主义的信念具有重要意义；谴责美国政府对古巴的长期非法封锁。2018年5月，在秘鲁首都利马召开了拉美共产党会议，会议由秘鲁共产党和秘鲁共产党（红色祖国）两党联合主持，与会的有阿根廷、巴西、玻利维亚、智利、厄瓜多尔、墨西哥、乌拉圭和委内瑞拉共产党的代表。会议认为，共产党是进行革命变革所必不可少的，是任何其他政治组织所不能取代的。2019 年 4 月，南美洲国家共产党在乌拉圭首都蒙得维的亚举行会议，会议强调，拉美共产党现在处在抵抗美国和拉美极右势力的进攻的阶段，其新的趋势是与左翼结成联盟，进行民主变革。

六是近年来，拉美共产党积极发展与中国共产党的关系，高度评价中国特色的社会主义和中国共产党在国际共产主义运动中的作用，高度评价中国改革开放取得的伟大成就和中国道路。2020 年 6 月 9 日，中共中央对外联络部同拉美多国共产党举行视频会议，以“从抗疫看共产党‘人民至上’的理念优势”为主题，就坚持共产党人的初心使命、加强抗疫合作、反对借疫情搞污名化等进行深入交流。阿根廷、巴西、智利、古巴、秘鲁、乌拉圭、委内瑞拉等国共产党领导人参加。2021 年 7 月 16 日，乌拉圭共产党总书记胡安·卡斯蒂略访问中国驻乌使馆与王刚大使会晤，在会晤中，乌共祝贺中共成立 100 周年，强调中国在国际上的作用和赞扬中国的“一带一路”倡议。2021 年 6 月 3 日，巴西共产党总书记、伯南布哥州副州长卢西亚娜·桑托斯日在接受《参考消息》记者采访时表示“中国共产党树立了社会主义发展的伟大典范。我们密切关注中国共产党的发展道路，期待学习中国共产党治国理政的先进经验”，“巴西共产党人更是把中国实现社会主义发展的经验，作为巴西共产党在巴西执政的最佳借鉴”。阿根廷共产党总书记维克托·科特认为，1921 年中国共产党的成立是继 1917 年俄国革命胜利后，世界共产主义和全人类见证的又一重要历史事件，中国共产党和中国人民取得的成就“是一场切切实实的胜利，具有超越时代的意义”①。秘鲁共产党（红色祖国）主席莫雷诺认为，“中国特色社会主义的实践对实践是对世界社会主义发展的贡献”，他进一步阐释，“中国的胜利就是社会主义的胜利，必将惠及世界各国人民，促进人类社会的可持续发展”②。

拉美共产主义运动已有百年历史，拉美共产主义运动和拉美共产党经受住了各种严峻考验，目前仍是拉美不可忽视的重要政治力量。当前拉美国家共产党的政治地位不尽相同，政治影响和组织状况也有差异，但都坚持以马克思主义为指导，坚持用社会主义取代资本主义的主张。进入 21 世纪的拉美共产党，机遇与挑战并存。应该看到拉美国家共产党的思想和理论主张并没有在拉

① 楼宇：《拉美共产党人评中国共产党建党百年的历史成就与世界意义》，载《拉丁美洲研究》，2021 年第 3 期，第 34—49 页。

② ［秘］阿尔贝托·莫雷诺·罗哈斯：《百年征程百年荣光——中国共产党为社会主义奋斗的光荣之路》，载《世界社会主义研究》，2021 年第 71 期，第 66—71 页。

美占据主流地位，除古巴共产党外，拉美共产党从未在拉美国家单独执政，拉美共产党在理论、组织、干部队伍建设方面还存在不少缺陷。20 世纪 90 年代末和 21 世纪前 15 年和 2018 年以来拉美政坛向左转的政治生态的变化给拉美共产党带来了发展的生机，坚守社会主义理想、不断反思和调整斗争策略、批判帝国主义和新自由主义、加强与中国共产党的联系成为拉美共产党在曲折中前行的共同选择。拉美共产党需要从本国实际出发，将马列主义与本国革命实际相结合，不断进行理论上的创新、提出适合本国国情和民众要求的政策主张，才能摆脱被边缘化的危险，真正成为拉美无产阶级和劳动人民实现社会主义和共产主义理想的领导和中坚力量。

2021 年“延续性”革命道路下的古巴共产党

马 赛[①]

摘 要：2021 年，在“延续性”革命道路下，古巴共产党实现了领导人的新老交替，在平息国内骚乱的同时，在干部队伍建设，应对新冠肺炎疫情，探索“模式创新”，与社会主义国家加强联系等方面取得一定成绩，使得古巴社会主义事业得以在挑战中继续前行。

2021 年 4 月，古巴共产党召开了党的八大。连续性是这次会议的口号，“意味着从一代到另一代过渡的自然过程，成为社会主义古巴在今天和未来所有岁月中不断发展的永恒确定性”[②]。大会实现了古共第一书记的交替，劳尔·卡斯特罗不再担任古共中央第一书记，宣告由卡斯特罗兄弟开辟的古巴革命道路正式开启一个“延续性”的新时代。

一、实现领导人的新老交替

这是 2021 年古巴党和国家政治生活中具有标志性的事件。领导人的新老交替工作很早就被纳入了古共中央的考虑之中。早在 10 年前的古共六大就尝试把青年提拔到主要岗位上，但当时古共党内尚缺乏“一批准备充分、经验丰富、成熟的接班人，能够承担党、国家和政府的新的、复杂的领导任务”[③]。因此，按照循序渐进，不能草率的原则，古共中央着力培养了一批干部，这其中就包括古巴国家主席迪亚斯 – 卡内尔。作为劳尔·卡斯特罗亲自推荐的继任

---

① 马赛，嘉兴学院马克思主义学院教授。

② “CP of Cuba，Press Summary About 8th Congress CPC”，http://www.solidnet.org/article/CP-of-Cuba-PRESS-SUMMARY-ABOUT-8TH-CONGRESS-CPC.-17.04.21/.

③ “Central Report to the Eighth Congress of the Communist Party of Cuba”，https://en.granma.cu/cuba/2021-04-22/central-report-to-the-eighth-congress-of-the-communist-party-of-cuba.

者，劳尔指出，“迪亚斯－卡内尔不是即兴创作的产物，而是经过深思熟虑的年轻革命者的选择，有条件被提升到更重要的职位”，作为“过去三年的政治局成员和共和国主席，根据在党领导的考核中，他表现出色”，“已经能够形成一个团队并促进党、国家和政府领导机构之间的凝聚力”[①]。因此，古共八大正式由迪亚斯－卡内尔接任古共中央第一书记。

二、着力加强党的干部队伍建设和抗疫斗争

在古巴共产党看来，古巴革命道路的“延续性”很大程度上取决于古共干部队伍建设的“延续性”。到古共八大召开，所有的市、省两级党的专职领导人都是革命胜利后出生的。党的专职干部的平均年龄为42.5岁，呈现出年轻化趋势，40岁以下干部1501人。[②]因此，在古共党内，负责任地识别连续性力量，逐步有序地实现干部更新有个过程。古共中央深刻分析党在干部队伍建设上存在的突出问题，如许多干部自认为不可或缺，不重视对接班人的培养；与人民的联系有限，解决问题的能力不足；提升妇女、黑人和混血人种在干部中比例的意愿和计划也存在不足，等等。为了解决上述问题，古共提出，干部政策要确保选拔具有革命精神、谦逊、谦虚、以身作则、领导能力和坚定信念的干部，而不是有任何精英主义、虚荣心、傲慢或野心的人。另外，鉴于古巴人口老龄化导致的限制服兵役人数问题，古共中央提出不能允许因无故未完成现役兵役的同志晋升到更高的岗位，并要逐步推广所有高等教育学生事先履行兵役义务的做法。[③]

古巴抗击新冠肺炎疫情斗争有着很多发展中国家所不具备的优势，即古巴的医疗体系非常完善，一直坚持全民免费医疗，同时古巴的医疗研发水平也处于世界领先位置。这就为古巴抗疫斗争提供了夯实的基础。尽管如此，但2021年以来，古巴疫情形势仍然严峻，阳性病例、严重病例和危重症病例以及死亡人数的一度高居不下，特别是从7月到9月，新增感染人数连续性高增长。为此，古巴加快了疫苗研制和接种速度，并到2021年底实现全面免

① “Central Report to the Eighth Congress of the Communist Party of Cuba”, https://en.granma.cu/cuba/2021-04-22/central-report-to-the-eighth-congress-of-the-communist-party-of-cuba.

② “Continuity takes root in Party cadres”, https://en.granma.cu/cuba/2021-10-15/continuity-takes-root-in-party-cadres.

③ 同①。

疫。[①] 在这一系列措施下，古巴疫情进入 10 月后明显趋稳，抗疫斗争取得阶段性胜利。在自身抗疫的同时，古巴还积极援助他国，截至 2021 年 9 月，已经组成了 57 个医疗队，向 40 个受疫情大流行影响的国家和地区派遣了 4 900 多名合作人员。

三、努力探索“模式更新”与平息国内骚乱

“模式更新”指劳尔·卡斯特罗于 2010 年筹备古共六大期间，向全党提出的“更新社会主义经济模式”。八大指出，“模式更新”的目标在于“促进集中计划和分权的适当结合，并在企业系统和地方政府的中级和基层获得必要的自主权”[②]。八大通过《更新古巴社会主义的经济社会模式的决议》，并采取若干新举措：

第一，在货币制度上，取消双轨制货币和汇率体系，废除可兑换比索，仅保留比索。但由于准备不足加之工作失当，古巴货币改革导致物价飞涨，特别是涉及民生领域的电、水、气、职工食堂等；第二，进一步放宽私人经营的范围。个体经营活动的允许范围从 127 项大幅扩大到 2 000 多项。不过古共强调古巴不会走向私有制，在对外贸易体制方面，不会改变国家对外贸易垄断的社会主义原则，不会允许私人从事商业进口行为。2021 年 7 月中旬，古巴国内发生大规模骚乱。造成这次骚乱的主要原因，包括新冠肺炎疫情在古巴国内的加剧，古巴经济领域改革出现失误导致的民生领域的诸多困难，以及美国对古巴采取的封锁政策。特别是美国的封锁导致古巴国内“所需的食品、药品、原材料和投入品短缺”，“这一切都引起了不满，加剧了我们无法解决的累积问题”[③]。古巴共产党对骚乱的态度非常坚决，迅速平息了这场骚乱，并指出这次骚乱是由美国幕后指挥，通过互联网和社交媒体操弄的“一小群反革命分子策划的挑衅”，古共号召古巴共产党员和所有的革命者走上街头应对挑衅。在古巴共产党的坚决反击和绝大多数古巴人民的支持下，这次骚乱很快结束，但它所暴露的一系列问题，值得古巴共产党新的领导集体深思。

---

① “Statement by president of the Republic of Cuba，Miguel Mario Díaz-Canel Bermúdez，at the General Debate of the Seventy-Sixth Regular Session of the United Nations General Assembly”，https://en.granma.cu/mundo/2021-09-23/statement-by-president-of-the-republic-of-cuba-miguel-mario-diaz-canel-bermudez-at-the-general-debate-of-the-seventy-sixth-regular-session-of-the-united-nations-general-assembly.

② “Central Report to the Eighth Congress of the Communist Party of Cuba”，https://en.granma.cu/cuba/2021-04-22/central-report-to-the-eighth-congress-of-the-communist-party-of-cuba.

③ “We defend the Revolution，above all else”，https://en.granma.cu/cuba/2021-07-12/we-defend-the-revolution-above-all-else.

四、加强与社会主义国家执政党的团结和交往

2021 年 9 月，越南国家主席阮春福访问古巴，迪亚斯 – 卡内尔在接受越通社采访时强调：“因拥有越南的声援，古巴始终不觉得孤独。”① 特别是古巴 7 月发生骚乱后不久，越共总书记阮富仲即与迪亚斯 – 卡内尔通电话，表达了越南对古巴的坚定支持。为了帮助古巴战胜国内的民生危机，越南向古巴提供了 1.2 吨的大米援助。在古巴共产党八大召开之际，朝鲜共产党向古共发去了祝贺电，称“朝鲜和古巴两党和国家的关系是在反对帝国主义的共同斗争和社会主义事业的成功推进中建立起来的，是在复杂困难的国际形势中经受住考验的，今天正在按照新时代各国的需要全面发展”②。古巴共产党高度重视与中共的关系，八大闭幕后，古共专门向中国共产党通报了大会情况。古巴骚乱事件平息后，习近平总书记专门和迪亚斯 – 卡内尔通电话，表示中国“一如既往支持古巴走符合本国国情的发展道路，建设繁荣、可持续的社会主义，支持古巴维护国家主权安全、反对强权干涉的正义斗争”③。

五、结语

综合 2021 年古巴共产党的主要情况，可以得出以下几个结论：

第一，2021 年古巴共产党领导集体实现了新老交替，权力平稳交接，党内建立了一个更加年轻的领导班子，这有利于古巴共产党自身的进一步发展；第二，2021 年古巴共产党基本保持现有政策的延续性，继续大力度推动改革。同时强调坚持走社会主义道路，制定了自身的发展目标；第三，古巴共产党高度重视党的建设，重视党的理论和经验的总结。马克思主义政党的优势就是在于高度重视理论工作和党的自身建设，古巴共产党 2021 年继续保持和发扬党的这一优良传统，在基层组织建设、干部队伍建设、理论经验总结等方面都投入很多精力，取得一些成果，这都有利于古巴共产党保持马克思主义政党的纯洁性和先进性；第四，古巴共产党在治国理政的进程中遇到一定的困难。古巴

---

① 《古巴国家主席迪亚斯 – 卡内尔：因拥有越南的声援古巴始终不觉得孤独》，https://zh.vietnamplus.vn/ 古巴国家主席迪亚斯卡内尔因有越南的声援古巴一直不觉得孤独 /146029.vnp。

② “Parties in China，Vietnam，the Democratic People’s Republic of Korea and Laos，salute the Eighth Congress”，https://en.granma.cu/cuba/2021-04-16/parties-in-china-vietnam-the-democratic-peoples-republic-of-korea-and-lao s-salute-the-eighth-congress.

③ 《习近平同古巴国家主席迪亚斯 – 卡内尔通电话》，载《人民日报》，2021 年 8 月 31 日，第 1 版。

共产党面临的突出问题仍然是美国的敌对态度和全方面打压。2021 年，古巴国内形势比较严峻，经济、政治、疫情多重压力叠加，给古巴共产党带来极大挑战，如何战胜面临的突出问题成为古巴共产党治国理政的挑战；第五，古巴共产党高度重视同社会主义国家政党之间的交往和相互支持。古巴共产党同越南共产党之间保持高层互访，还帮助对方应对粮食问题和新冠肺炎疫情，与中国共产党也经常进行高层交流。

总之，2021 年古巴共产党基本保持了党的团结与稳定，但如何坚持和发展好社会主义事业，但从现有发展基础看，特别是 2021 年发展中遇到的困难看，古共未来的发展仍充满不确定性，仍然要面对诸多的挑战。

—— 下篇 ——

有关国家政党政治的特点与成因

极端对立的政党与日趋分裂的社会
——论政治极化下美国选民的政党认同

穆若曦 ①

摘　　要：从“选民中的政党”研究路径出发，政党认同是探究美国政党政治运行及发展的重要切入点。它为美国民众提供了一种理解政治的视角，进而影响其对政治事件的态度、政策偏好及投票行为。政党认同是解释美国选民受政治极化的影响，决定政治倾向的关键因素。近年来美国政治极化愈演愈烈，选民的政党认同呈现出加强化与极端化的趋势，选民对政党的情感态度愈发极端对立，同时独立选民与消极党派性兴起。政治极化导致选民政党认同与身份认同的双重危机，并进而导致国家认同的危机。

近年来政治极化在美国政治中表现越来越明显，民主党与共和党在意识形态及政策立场上都出现深刻的分歧，各自向左右两个极端方向发展，国会参众两院中两党议员的意识形态鸿沟比过去任何时候都要大。政治极化强化了政党角色，否定了政党衰弱论。选民的党派认同代表着对党派的忠诚程度，政治极化下党派极化愈演愈烈，并推动选民趋向两个极端。它不仅体现在选举投票中，也体现在对同一社会问题或事件截然相反的两种认识和看法中。美国的政治体系已经逐渐进入一个选民日益活跃的党派主义时期，特别是在总统和国会选举中选民的角色日益重要。②

本文基于美国近年来愈演愈烈的政治极化现象，从“选民中的政党”的研究路径展开，选取选民政党认同作为切入点，深入分析美国日益严重的政治极化对选民意识形态及党派忠诚产生的影响，进而揭示美国选举政治运行逻辑及其背后的选民政党认同危机和身份认同危机。

---

① 穆若曦，中国人民大学国际关系学院博士研究生。

② Bartels, Larry M, “Partisanship and Voting Behavior, 1952-1996”, *American Journal of Political Science*, Vol.44, No.1, 2000, pp.35-50.

一、政党认同：选民理解和参与政治的重要视角

选民的党派性（Partisanship）在20世纪中期最早被视为一种社会性特征，一个人的政治态度取决于他所处的社会状况。[①]随后美国学者坎贝尔（Campbell）及其密歇根大学的同事在《美国的选民》中首次提出政党认同（Party Identification）的概念，其表述为“个体在其所处环境中对重要的群体目标的情感倾向”，就是选民“在心理上对某一政党长期的归属感或忠诚感”，而不仅仅是选举投票的选择。[②]政党认同是相对稳定的、基于情感基础的，并且面对外界的变化有很强的抵抗性，除非发生大规模政治事件或压力状况。[③]广义而言，政党认同的客体可分为三个层次：认同政党政治、认同某一政党制度、认同某一政党。狭义而言，我们通常所说的政党认同只是最后一个层次。美国公众在前两个层次上已基本上达成了共识，对于美国的政党政治和政党制度具有很高的接受和承认度，因此美国的政党认同一般只涉及第三个层次，主要是指党派归属，即你是共和党人还是民主党人，或是独立选民。[④]

随着关于政党极化研究的展开与深入，坎贝尔等人提出这一政党认同的“密歇根模式”开始受到挑战。政党认同逐渐被视为一种根深蒂固的心理认同或社会认同，[⑤]它形成政策偏好。[⑥]党派意识在很大程度上是一种包含政治态度和政策评价的“流水账”汇总，是大众根据其政治观点及对政治领导人的理性评价而作出的决定。[⑦]大众的政党认同与其意识形态立场及对具体政策观点之间的关联性不断增强，[⑧]尽管也有研究表明这种联系本身缺乏说服力。

---

① Lazarsfeld，Paul F.，Bernard Berelson，and Hazel Gaudet，*The People's Choice：How the Voter Makes Up His Mind in a Presidential Campaign*. New York：Duell，Sloan&Pearce，1944，p 27.

② Angus Campbell，Philip E. Converse，Warren E. Miller，and Donald E. Stokes，*American Voter*，New York：John Willey & Sons，1960，p. 121.

③ Fiorina，M，*Retrospective voting in American national elections*. New Heaven：Yale University Press，1981.

④ 柴宝勇：《西方政党组织与政党认同的关系》，载《当代世界与社会主义》，2009年第2期，第98—106页。

⑤ 关于选民的政党认同与其社会认同之间的联系，参见 Green，Donald，Bradley Palmquist，and Eric Schickler，*Partisan Hearts and Minds：Political Parties and the Social Identities of Voters*. New Haven：Yale University Press，2002.

⑥ Miller，Warren E.，and J. Merrill Shanks. *The New American Voter*. Cambridge：Harvard University Press，1996，pp.12-18.

⑦ Achen，Christopher H，“Social Psychology，Demographic Variables，and Linear Regression：Breaking the Iron Triangle in Voting Research.” *Political Behavior*，Vol 14，No.3，1992，pp.195-211.

⑧ Jon R. Bond and Richard Fleisher，*Congress and the President in a Partisan Era*，Washington：Congressional Quarterly Press，2000，pp. 9-30.

党派认同与意识形态取向之间的联系日益增长，是“几乎完全归因于被调查者使他们的政党认同与他们先前的意识形态偏好相一致”。[①] 但是更普遍的认识是政党认同对大众意识形态的变化起着因果性作用。[②] 由于民主党与共和党都不是群众性政党，他们在组织制度和组织体系上十分松散，党员无严格意义上的入党程序，也无须交纳党费，党员与政党间缺乏联系。因此美国民众的政党认同更多是心理上的党派认同及归属，即认为自己属于哪个政党，一般直观表现为在总统和国会选举的投票中，选民投哪个政党候选人的票。

从研究中可以发现，政党认同在观察分析美国政党政治运行及发展中具有重要价值，它表现为：

第一，政党认同提供了一种理解政治的视角。许多美国人并不关注政治，也不了解行政及立法机构处理国家事务的具体情况，他们都倾向于通过党派性来形成对各项政策的政治态度。美国的政府治理实际上总是围绕下一场竞选活动进行的，选民不断从政治精英那里获得党派性的政策解读，以此通过“党派棱镜”看待政治世界。[③]

第二，政党认同影响选民对政治事件的态度和政策偏好。皮尤研究中心2019年的一份民调显示，在关于对待枪支、种族、移民、同性婚姻、外交政策等30种政治价值观的调查中，党派关系是美国公众政治态度的首要分界线，远远超过了年龄、种族、族裔、性别、受教育程度、宗教信仰等其他因素的影响。30种政治价值观中，共和党人与民主党人的平均党派差距为39%，是成年白人和非白人观点差距的两倍以上，年轻人和老年人的三倍以上，性别的六倍以上。

与此同时，民主党与共和党的选民在社会福利、种族和文化等政策议题上的态度日益分化，这是他们根据两党内部精英阶层的意识形态两极分化来不断调整自身态度的结果。[④] 在大众的政策态度塑造过程中，政党认同影响他们的感性判断，[⑤] 并在很大程度上塑造了选民的政策偏好，因为他们在不断调整

---

① Abramowitz, Alan I., and Kyle L. Saunders, “Ideological Realignment in the U.S. Electorate”, *Journal of Politics*, 1998, pp. 634-652.

② 这种观点的最极端形式认为政党认同不过是另一种政治态度，受到短期因素的影响和改变。这一观点直接挑战了政党认同与政策偏好之间的因果关系走向，不仅将政党认同当作外生性变量，也当作内生性变量。参见 Fiorina, M. 1981. *Retrospective Voting in American National Elections*. New Haven, Conn.: Yale University Press.

③ Lee F, *Insecure Majorities*: *Congress and the Perpetual Campaign*, Chicago: Univ. Chicago Press, 2016, p.40.

④ Layman, Geoffrey C., and Thomas M. Carsey, “Party Polarization and ‘Conflict Extension’ in the American Electorate”, *American Journal of Political Science*, Vol.46, No.4, 2002, pp.786-802.

⑤ Carsey, T. and Layman, G, “Changing Sides or Changing Minds? Party Identification and Policy Preferences in the American Electorate”, *American Journal of Political Science*, 2006, Vol.50, No.2, pp.464-477.

自己的政治观念以使之与其认同的政党的意识形态保持一致。

在美国政治极化不断加强的过程中，不同党派的选民对领导人和公共政策的评价也愈发两极化。从特朗普当选美国总统开始，美国民众对他的看法就一直存在巨大的党派分歧，他的支持率差距达到了历史最高极点：共和党人压倒性地赞成他在任期内所做的工作，而民主党人则给予他历史最低的支持率。皮尤研究中心 2018 年的民调显示，84% 的共和党人赞成特朗普的工作表现，只有 7% 的民主党人为他的工作表现投了赞成票。这一 77% 的赞成差距比自 20 世纪 50 年代以来历史上任何一次民调都要大。相比之下，在奥巴马总统任期内，81% 的民主党选民肯定其表现，86% 的共和党选民否定奥巴马的表现，平均赞成比例差距是 67%，这一数字对于小布什是 58%，克林顿是 53%，老布什是 38%，里根是 52%，卡特是 27%，尼克松是 51%。[①] 毫无疑问，大部分选民都倾向于支持自己党派的领导人，但是不难看出随着政治极化程度的加深，不同党派选民的总统支持率差异总体上在不断扩大，选民对政党领导人的评价呈现两极化态势。认同总统所在政党的人将对总统持较为积极肯定的态度，而认同另一政党的人将对总统持较为否定的态度。对政党领袖的认同同样也可以转化为对政党的认同，反之亦然。

第三，政党认同是解释选民的投票行为的重要事实，它作为一个重要的媒介因素对美国选民的投票行为施加影响，同时使选民投票简洁化。政党认同比对具体政策和候选人的态度要稳定得多，它通过影响选民对具体政策议题及候选人的态度，直接和间接地对个人的投票决定产生强烈影响，与投票结果具有极大的直接一致性。[②] 如果政府中的政党地位被削弱，公众自然就很难从政治角度考虑自己的党派立场。[③] 反之亦然，在一个政党在政府中越来越重要的时代，大众选民可能越来越多地发展其党派倾向。2016 年大选中，大约 89% 民主党认同者及 88% 共和党认同者将选票分别投给其政党候选人。民主党或共和党认同者中各有 8% 的选民将选票投给对方政党候选人，3% 民主党认同者及 4% 共和党认同者将选票投给第三党。[④] 党派性投票明显复苏，体现了大

---

① 数据来源：Annual totals of survey data from Pew Research Center（1993-2018）and the Gallup organization（1953-1993）：http://www.pewresearch.org/fact-tank/2018/08/01/trumps-approval-ratings-so-far-are-unusually-stable-and-deeply-partisan/ft_18-08-01_trumpapproval_more-polarized/.

② Alan I. Abramowitz and Kyle L. Saunders，“Ideological Realignment in the U.S. Electorate”，*The Journal of Politics*，Vol. 60，No. 3，1998，pp. 634-652.

③ Wattenberg，Martin P. *The Decline of American Political Parties*：*1952-1994*. Cambridge：Harvard University Press，1996，pp.22-27.

④ ANES Pilot Study，2016 American National Election Studies. Available from https://electionstudies.org/project/anes-2016-pilot-study.

众选民对政党内部精英阶层的反应日益增长。

回溯至20世纪70年代到90年代初期，传统观点认为政党认同正在随着政党意识形态的弱化而弱化，[①] 并且对选民政治行为的影响很有限，选举中选民党派性的弱化显现出美国政党逐渐消亡的长期趋势。[②] 总统大选投票率逐年降低，选民日益倾向于在同一张选票上填写不同政党的候选人，还有部分选民开始转向支持第三党，据此出现比较系统的“政党衰落”理论。[③] 但是，20世纪90年代后期至今美国选民的政党认同不断加强，[④] 并且逐渐开始对大众政治观念的塑造产生基础性的作用。[⑤] 2020年总统大选投票率达到1900年以来的历史最高点，约为66.9%，超过1.6亿选民投票，约为美国总人口的73.7%（见图1）。

图1 1900—2020年美国总统大选选民投票率示意图

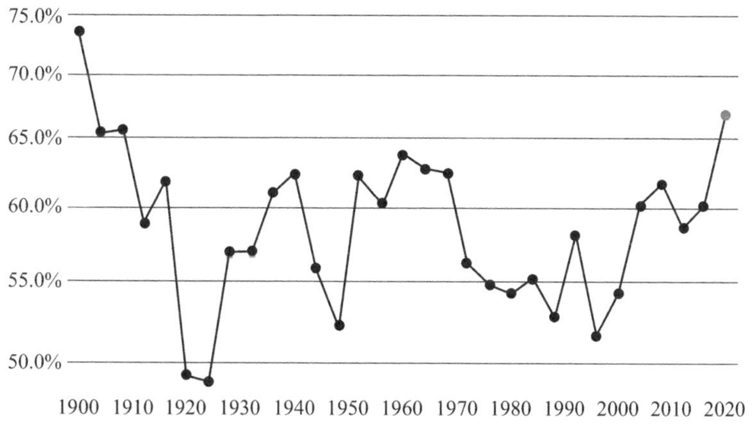

（数据来源：https://www.vox.com/2020/11/4/21549010/voter-turnout-record-estimate-election-2020。）

随着政治极化程度不断加深，政党政治博弈的白热化加强，支持与反对政党的政治力量都被充分调动起来。选民政治参与对西式选举民主的运行存在

---

① Norpoth, Helmut, and Jerrold G. Rusk. “Partisan Realignment in the American Electorate: Itemizing the Deductions Since 1964”, *American Political Science Review*, Vol. 76, No.3, 1982, pp.522-537.

② Burnham, Walter Dean, *Critical Elections and the Mainsprings of American Politics*, New York, 1970, p.119.

③ 关于政党衰落论，参见 Jay A. Desart, “Information Processing and Partisan Neutrality: A Reexamination of the Party Decline Thesis”, *The Journal of Politics*, Vol. 57, No. 3, 1995, p. 781; Donald C. Baumer, Howard J, Gold, “Party Images and Partisan Resurgence”, *The Social Science Journal*, 2007, p.465.

④ Hetherington, Marc J, “Resurgent Mass Partisanship: The Role of Elite Polarization”, *American Political Science Review*, Vol.95, No.3, 2001, pp.619-631.

⑤ Bartels, Larry M, “Beyond the Running Tally: Partisan Bias in Political Perceptions.” *Political Behavior*, Vol.24, No.2, 2002, pp.117-150.

支撑性作用，政治极化一定程度上激发了选民的活力，并刺激了他们的政治参与。

二、影响选民政党认同的几种理论

长期以来，美国的选民普遍被视为同美国政党一样重现实不重主义，选民从意识形态角度思考问题的程度是非常有限的。大多数美国选民并不是很关注精英阶层的政治，他们更关注的是现实问题的解决，他们对于政治问题没有连贯的意识形态观点，与政党间缺乏联系或者说联系很弱。[①] 美国两党的政治纲领以议题为导向，而非政党的意识形态和社会发展的长期目标。[②] 正如熊彼特指出的那样："一个政党不必受它的原则限制，正如一个百货商店不必受商品的牌子限制。"[③] 在竞争性政党政治环境下，政党行为的首要目的是赢得选票，获得选举胜利。政党政策在政党行为模式中是政党在特定场合下专为吸引选票的权宜之计。[④] 左与右、自由与保守、进步与反动等关于政党意识形态的划分一直以来都是按照具体议题来加以界定而具像化的。[⑤] 因此，对于大众选民来说，政党的意识形态及其冲突体现在具体的政策上，选民对于政党意识形态的直观感受也来自具体的政策。以具体的议题政策为切入点考察政治极化对选民意识形态的影响，长期以来学界主要存在以下三种观点：

（一）冲突替代理论（Conflict Replacement）

传统观点认为，政党间冲突及相伴而生的政党极化是发生在单一政策维度上的，只针对某一个特定的具体政策议题。在稳定的政党结盟时期，各政党的大众联盟都是围绕着这个议题来构建的，即使对于其他的政治议题各个联盟之间可能存在潜在分歧，每个联盟都会根据其对主导议题的态度来划分阵营。因此，当跨越现有党派分裂线的新议题出现时，这个新议题上的党派分化

---

① Layman, Geoffrey C., and Thomas M. Carsey, " Party Polarization and 'Conflict Extension' in the American Electorate", *American Journal of Political Science*, Vol.46, No.4, 2002, pp.786-802.

② 周淑真：《政党政治学》，北京：人民出版社，2011 年版，第 135 页。

③ Joseph A. Schumpeter, *Capitalism, Socialism, and Democracy*. New York : Harber & Bros, 1950, p.269.

④ Anthony Downs, *An Economic Theory of Democracy*, New York: Harper, 1957, p.28.

⑤ ［美］西摩·马丁·李普赛特著，郭为桂、林娜译：《政治人：政治的社会基础》，南京：江苏人民出版社，2013 年版，第 189 页。

将导致旧的议题上的党派冲突减少，“一个冲突被另一个冲突取代”[①]。冲突替代观点在政治极化现象出现前有借鉴意义，但是其并未考虑到党内精英会在两个或更多个交叉问题上产生两极分化，显然不适合当下美国的政治现实。

（二）意识形态重组理论（Ideological Realignment）

该理论指出，党内精英阶层意识形态极化加剧在大众选民层面也导致类似的结果：造成自由—保守两极分化的党派选举联盟的“意识形态重组”。该理论将一维指标用于大众意识形态研究中，据此假设（非证明）大众对于不同政策议题的态度，是按照精英阶层在政党冲突中单一的自由—保守维度构建的。意识形态重组视角认识到政党精英在多个政治议题上日益分化，但是它忽略了大众态度的多维度结构问题。[②]

（三）冲突扩大理论（Conflict Extension）

政党在文化、种族等新的政策议题上愈发极化的同时，在社会福利等旧的议题上依然保持同等甚至更强烈的极化态度。即新的矛盾议题并不会替代旧有的冲突，也不必然导致在另一个议题上的共识增加，只会加剧和扩大分化。大众对政党极化现象加剧的回应限于政党认同者，尤其是有强烈党派意识的人。总的来说，这种有限的大众回应反过来会造成冲突的扩大，为了赢得这些人手中的选票，选区中的政党在社会福利、种族和文化等问题上会越来越两极化。

显然前两种理论都过于简化了大众对精英阶层党派变化的回应情况。它们的合理性只存在于在这样一个假定的前提下，即当党派领导人及党内精英对一系列新议题采取不同立场时，由于选民与政党之间联系很弱，选民会立刻根据这些新立场来改变他们的党派关系，而不是基于强烈的党派依附关系来调整他们的态度以适应政党立场的变化。[③]冲突扩大观点不仅仅是因为民主党和共和党的精英分子在社会福利、种族和文化等问题上均变得更加两极分化，党派变革对大众个人层面也发挥了重要的影响作用。政党分化加剧作用于个体层面，其基础是个体基于对具体议题的态度而改变党派关系，随着政党意识形态

---

① Sundquist，James L，*Dynamics of the Party System*：*Alignment and Realignment of Political Parties in the United States*，Washington：The Brookings Institution，1983，pp.22-25.

② 关于“Idological Realignment”，参见 Abramowitz，Alan L，and kyle L. Saunders，“Ideological Realignment in the U.S Electorate”，*Journal of Politics*，Vol.60，No.3，1998，pp.634-652；Putz，David W.，and Adrian J. Shepherd，“ The Dynamics of Ideological Realignment Among Elite and Mass Partisans” Presented at the Annual Meeting of the Midwest Political Science Association，Chicago，2001.

③ Erikson，Robert S. and Kent L. Tedin，“ The 1928-1936 Partisan Realignment：The Case for the Conversion Hypothesis”，*American Political Science Review*，Vol.75，No.4，1981，pp.951-962.

的调整，大众的政党认同也在发生变化，这是党派变革过程的一部分。当民主党和共和党的精英们在一个问题上有明显的差别，而大众也认识到这种差别时，对政党有认同感的人将调整自己在这个问题上的态度，使之更接近于党内领导人的立场。①

当下美国的政党政治现实在很大程度上对上述理论提出挑战，政治极化背景下政党领袖的个人化色彩越来越浓。特朗普对于基层选民有强大影响力，凭借其鲜明激进的政治主张吸引了一批铁粉，这批铁粉追随特朗普成为共和党的支持者。民主党内也存在类似情况，甚至有选民仅仅出于反对特朗普的理由而支持民主党。选民对政党的忠诚度在提高，投票所代表的党派忠诚度压倒了对议题和主张的支持程度。即便不喜欢特朗普（或共和党）的某些政策，但因为支持特朗普，也会支持共和党。“在大多数情况下，人们支持具有相同党派、意识形态或政策目标的候选人，即使这意味着要宽恕不民主的行为”②。选民对党派领导人及党内精英的支持，在某些情况下可能凌驾于其对具体议题的立场之上，同时也更加巩固其政党认同。

应该指出，政党极化对大众选民在不同问题上的横向约束程度和纵向的政党认同度会因人而异。③ 因而在考虑政治极化背景下大众选民的问题时，需要关注大众选民本身对政党的认同度及其与政党之间的依附程度。受政党内部精英阶层极化现象影响强烈并据此迅速调整自身意识形态的大众选民，极易受到党内精英的极化影响，并据此构建他们由意识形态所决定的社会态度，与其所支持的政党的意识形态朝向同一方向发展。因此政党认同是解释美国选民受政治极化影响不同的关键因素。

三、政党从趋同到极化过程中选民的政党认同变化

政党从趋同到极化过程中美国选民政党认同的变化主要表现在以下几方面：

（一）从政党趋同到选民党派性复兴及政党认同加强

1950 年 9 月，美国政治学会发表了一份题为《迈向一个更加负责的两党

---

① Geoffrey C. Layman and Thomas M. Carsey，“ Party Polarization and Party Structuring of Policy Attitudes：A Comparison of Three NES Panel Studies”，*Political Behavior*，Vol.24，2002，pp.199-236.

② Matthew H. Graham and Milan W. Svolik，“ Democracy in America? Partisanship，Polarization，and the Robustness of Support for Democracy in the United States ”，*American Political Science Review*，Vol. 114，2002，pp. 392-409.

③ Converse，P.，“ The nature of belief systems in mass publics (1964)”，Critical Review，Vol.18，No.1-3，2006，pp.1-74.

制》的报告，公开质疑两个主要政党战后的治理能力。认为战后美国政党制度的问题在于两党过于趋同，差异性不显著，导致选民在政策平台之间没有明确的选择。并预测除非两党能够改革，否则美国政治将出现民主异化的根本性危机。[①] 从近 70 年的历史，尤其是从美国近年来的政治极化现实来看，这份担心显然是多余的。

"即使是最关注政治的人，也主要依据党内精英阶层的党派性及意识形态来回应新问题"，作为政党最直接最有力的宣传者，政党精英的行为对大众有着不可忽视的影响。[②] 当两党为争取中间选民而模糊自身的意识形态色彩时，面对趋同的政党，选民的政党忠诚与投票热情都会受到影响。而政党极化下党内精英意识形态分化越严重，他们传递给大众选民的党派性信息也就越强烈，选民更容易分清两党政策主张的不同，进而产生出党派性很强的观念，加强其与政党的内在联系同时强化其政党认同。[③] 精英层次的党派性率先复兴并且带动了大众层次党派性的复兴，精英层次的政治极化也促进了政党的复兴。[④] 换言之，两党意识形态和政策主张的清晰化使公众更易选择与其在意识形态和政策主张上相一致的政党，甚至促进其政治参与。"如果人们认为摆在面前的选项没有重大的差异，因此其所作所为无足轻重，那么他们就不大可能介入政治。有些人不参与投票或政治的原因是，他们认为候选人或者政党并没有为他们提供真正的选择机会。"[⑤] 美国的政治体系已经逐渐进入一个选民日益活跃的党派主义时代。政治极化激发了选民的活力，并刺激了他们的政治参与。[⑥]

强烈的党派分化向普通美国大众更清晰地阐明了政党的意识形态立场，使选民对政党政策主张有个更清晰明确的认识。[⑦] 一定程度上强化了大众的政党认同。自 20 世纪 70 年代以来，美国选举中党派性投票现象越来越明显，拥

---

① "Toward a More Responsible Two-party System', a report of the Committee on Political Parties of the American Political Science Association. (Issued as a supplement to the American Political Science Review, September 1950.) National Municipal Review, Vol.39, No.11, 1950, pp.581-582.

② Zaller, John, *The Nature and Origins of Mass Opinion*, New York : Cambridge University Press, 1992, p.311.

③ Hetherington, Marc J, " Resurgent Mass Partisanship : The Role of Elite Polarization ", *American Political Science Review*, Vol.95, No.3, 2002, pp.619-631.

④ 王磊、藏秀玲：《衰落抑或复兴：美国学者关于美国政党变迁的研究》，载《国外理论动态》，2013 年第 8 期，第 102—108 页。

⑤ ［美］罗伯特·达尔：《现代政治分析》（第六版），北京：中国人民大学出版社，2012 年版，第 132 页。

⑥ Alan I. Abramowitz and Kyle L. Saunders, " Is Polarization a Myth?", *The Journal of Politics*, Vol. 70, No. 2, 2002, pp.542-555.

⑦ Smidt, C. D, " Polarization and the decline of the American floating voter", *American Journal of Political Science*, Vol.61, No.2, 2017, pp.365-381.

有强烈政党认同的选民人数也明显增多。① 但是由于美国政党与党员关系松散，大部分的选民与政党间缺乏联系，导致他们对政党意识形态变化不敏感甚至不关心。在这种情况下，政党认同的强化影响仅限于对政党有依附感和认同感的大众选民。随着美国政党意识形态越来越强烈，它向大众释放出的信号也越来越强烈，吸引力也越来越大，政党领导人及党内精英对大众的影响力也在增强。

（二）独立选民与消极党派性（Negative Partialism）兴起

尽管在过去几十年中，伴随着政治极化的发展，美国公众的政治态度也发生显著的变化，其中之一就是政治情感出现两极分化。民主党人与共和党人分歧越来越大，政党间分歧不仅体现在政策偏好上，而且体现在对反对党及其领导人的态度上。造成这种分歧加剧的主要原因是党派人士对反对党及其领导人越来越负面的态度，呈现消极的党派性特征。② 很大一部分民主党人和共和党人对另一党及其领导人持有极强烈的厌恶情绪，远超出喜欢或不喜欢的范畴，以至于即使对自己党内候选人有所不满，他们也不愿意跨党派投票，这直接导致投票中的政党忠诚度的持续增高，使得党派性投票现象越来越明显。③

同时，随着日益加剧的政治两极化成为美国政党政治的显著特征，另一变化趋势也正在重塑美国现代政治格局。在过去十年间，自称为独立选民，无任何党派归属的选民比例始终高于民主党或者共和党人。根据 2020 年民调显示，2020 年自称为独立选民的选民占比为 39%，民主党和共和党选民分别为 30% 和 29%。④

选民的党派性投票已经成为影响美国大选结果的最重要因素之一。但是这种情况下越来越多的选民声称自己是独立选民，不属于任何党派。这些看似矛盾的趋势背后是消极党派性的兴起，其对美国竞争性选举、民主代议制及国家治理产生了深远影响。消极党派性的主要内涵是，选民对一个政党及领导人的反对及厌恶情绪已经超过对另一个政党的支持，有时候表现为只是单纯反对一个政党且并不支持任何政党。随着党派身份与美国社会、文化及意识形态等

---

① Larry M. Bartels，“ Beyond the Running Tally ：Partisan Bias in Political Perceptions ”，Political Behavior，Vol. 24，No. 2，2002.

② Iyengar，Shanto，and Sean J. Westwood，“ Fear and loathing across party lines ：New evidence on group polarization ”，*American Journal of Political Science*，Vol.59，No.3，2015，pp.690-707.

③ Abramowitz，Alan I.，and Steven Webster，“ The rise of negative partisanship and the nationalization of U.S. elections in the 21st century ”，*Electoral Studies*，Vol.41，2016，pp.12-22.

④ 数据来源：https://www.statista.com/statistics/1078383/political-party-identification-in-the-us/。

方面的联系更加紧密，独立选民对其反对的政党及其候选人产生了越来越多的消极负面情绪，这会导致政党忠诚度及党性投票率的急剧增加，以及总统选举结果与参、众两院甚至州议会选举结果之间的一致性不断增强。

消极党派性的兴起是政党精英与大众选民互动关系的部分结果。政党内部精英阶层的对抗，促使选民对反对党产生越来越消极的看法，并表现在总统及两院选举的党性投票中，基于对政党及其领导人的反对而投票的现象越来越明显。皮尤研究中心 2020 年 6 月的民调显示，在表示将投票支持拜登的注册选民中，67% 的人说他们的选择更多是对反对特朗普的投票，而只有大约 1/3 的人表示他们更多是投票给拜登。[①] 反过来，选民对其反对政党的消极观点日趋强烈，则进一步鼓励两党内部精英彼此间采取对抗性的态度。在美国选举政治下选民与政党间这种持续的互动关系也决定了消极党派关系在未来一段时间内，可能仍将是美国政治的重要特征。

（三）选民“情感极化（Affective Polarization）”与政党认同的极端化发展

一个运转良好的民主制度要求民众和政治精英都存在一定程度的相互尊重及跨越政治分歧而进行协商的意愿。然而，大量的研究表明，随着政治极化的发展，许多选民沿着党派路线逐渐分化，对党派之外的群体怀有偏见和敌意，情感上的两极分化逐渐加强。党派性已经成为一种根深蒂固的身份认同，类似于种族或者民族，可能据此引起对对方成员的不信任及强烈敌意。自 1980 年以来选民情感极化显著增强，从 1978 年的 22.64℃上升到 2016 年的 40.87℃（见图 2）。[②] 当民众认同一个政党时，他会本能地将世界划分为一个内部群体（所属的政党）和一个外部群体（反对党）。[③] 任何这种内、外群体的区分，即使是基于最微不足道的共同特征，也会引发选民对内群体的积极情绪和对外群体的负面评价。[④] 从社会认同的角度来看，情感极化是这种党派群体认同感的自然分支：“人们倾向于认为共和党人或民主党人消极地看待反对党

① 数据来源：https://www.pewresearch.org/politics/2020/06/30/publics-mood-turns-grim-trump-trails-biden-on-most-personal-traits-major-issues/

② Shanto Iyengar，Yphtach Lelkes，Matthew Levendusky，Neil Malhotra，and Sean J.Westwood，“ The Origins and Consequences of Affective Polarization in the United States ”，*Annual Review of Political Science*. Vol. 22，2019，pp.129-146.

③ Tajfel H，Turner J，“ An Integrative Theory of Intergroup Conflict ”，*the Social Psychology of Intergroup Relations*，1979，pp. 33-47.

④ Billig M，Tajfel H，“ Social Categorization and Similarity in Intergroup Behavior ”，*Social Psychology*，Vol.3，No.1，1973，pp.27-52.

人，积极地看待同党人。”[①] 近年来，随着党派之间的分歧和对抗加剧，在选举中失败一方的党派成员变得更加不满，对政策成果和民主体制的不满可能导致大规模抗议，在某些情况下甚至升级为暴力行为。[②]

图 2 1980—2016 年选民党派态度温度值[③]

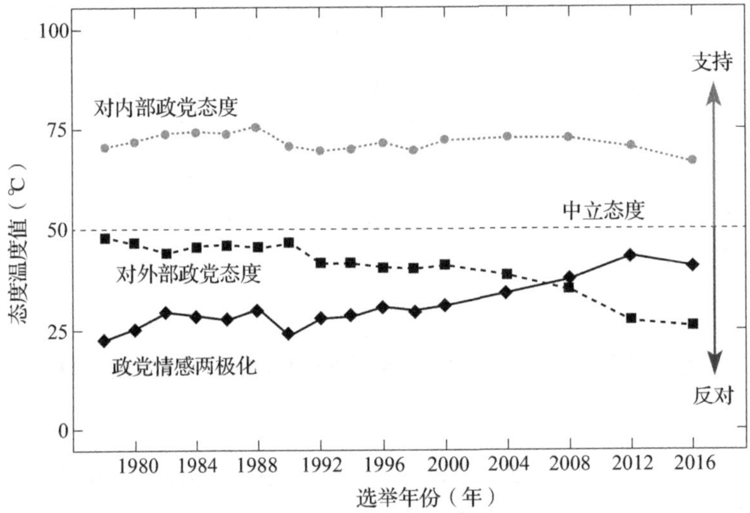

从意识形态而非情感的角度审视美国选民的党派态度，相对于在政治极化上的共识，学界对于大众选民是否极化存在较多的争论。一种观点认为选民并没有发生极化现象，普通民众共识多于分歧，两极分化主要限制在党的领袖、各党的积极分子及两党在国会的议员等精英阶层。[④] 另一种观点认为，尽管选民并没有严格意义上的极化，他们的意识形态却因为政治精英的极化而有了比自由或是保守更清晰的界定，亦即选民的意识形态受到党内精英阶层极化

---

① Iyengar S，Westwood SJ，“Fear and Loathing Across Party Lines：New Evidence on Group Polarization”，*Political Science*，Vol.59，No.3，2015，pp.690-707.

② Andris，C.，Lee，D.，Hamilton，M.，Martino，M.，Gunning，C. and Selden，J.，“The Rise of Partisanship and Super-Cooperators in the U.S. House of Representatives”，PLOS ONE，Vol.10，No.4，2015，p.e0123507.

③ “态度温度值”已成为衡量不同候选人对选民影响的主要工具。受访者被要求以 100 分制对民主党人和共和党人（或民主党和共和党）进行评分，评分范围从冷（0、反对）到暖（100、支持）。情感极化计算为给予两党（或成员）分数之间的差值。参见 Weisberg HF，Rusk JG.，“Dimensions of candidate evaluation”，*American Political Science Review*，Vol.64，No.4，1970，pp.1167-1185；特别值得注意的是，由于对所在政党认同度的降低，情感两极分化在 2012 年至 2016 年之间实际上有所减弱。

④ 参见 Hunter，James D，*Culture Wars*，New York：Basic Books，1991；Morris P，Fiorina，Samuel J. Abrams，and Jeremy C. Pope，*Culture War? The Myth of Polarized America*，New York，NY：Pearson Longman，2005。

的影响并随之向两极发生变化，只是整体上变化的程度还不足以达到两极分化那么严重。[①]极化现象范围基本上限定在对民主党或共和党有政党认同的大众之间，两党内部成员意识形态变化较大。[②]盖洛普2020年民调显示，被调查的民主党选民的意识形态，偏向自由的占比从1994年的25%增长到51%，仅有12%的民主党选民意识形态偏向保守；偏保守意识形态的共和党选民则从1994年的58%增长到75%，仅有4%的共和党选民意识形态偏向自由。[③]

从政治精英极化与大众选民极化的关系出发，对于相互的因果关系长期存在争议，即到底是两党内部精英先变得极端化，选民的意识形态随之发生一定程度上的变化；还是说政治精英们为了选举目的重新调整自身立场，以应对美国民众之间新出现的或扩大的分歧。这个问题在很大程度上取决于具体议题，例如在种族问题上的立场变化可能更多的是自上而下，而关于宗教权利问题的立场变化可能具有自下而上的特征。[④]但是不论是哪种因果关系及变化方向，最终结果都是普通选民的政治态度沿党派及意识形态变得两极化。因此，尽管关于选民是否极化学界还未达成共识，但是毫无疑问，选民的政党认同在政治精英极化影响下存在加速向两极化发展的对立趋势，只是目前远未达到两大政党极化的程度。这到底是因为公民在政治问题上持稳定的中间主义态度，还是主要因为大多数人不太关注政治？这个问题还有待于今后研究的持续关注。

四、选民的政党认同、身份认同的双重危机

美国政党活动的最高目标是争取选票，取得选举胜利进而掌握政权。两党内部政治精英的意识形态极端化是政治极化的重要驱动力，也是两党在美国选举政治现实下争取选民及利益集团支持的回应性之举。为吸引大众选民以获得选举胜利，两党都热衷于向公众大量许诺。在这种情况下选民很有可能被某

---

① Matthew Levendusky, *The Partisan Sort*: *How Liberals Became Democrats and Conservatives Became Republicans*, University of Chicago Press, 2009, pp.70-77.

② Larry M. Bartels, "What's the Matter with 'What's the Matter with Kansas?'" *Quarterly Journal of Political Science*, Vol .1, No. 2, 2006, pp.201-226.

③ 数据来源：https://news.gallup.com/poll/328367/americans-political-ideology-held-steady-2020.aspx。

④ 关于政治精英与大众选民极化的互动机制研究，参见Sundquist, James L, *Dynamics of the Party System*: *Alignment and Realignment of Political Parties in the United States*, Washington, D.C: The Brookings Institution, 1983; Carmines, Edward G. And James A. Stimson, *Issue Evolution*: *Race and the Transformation of American Politics*, Princeton, NJ: Princeton University Press, 1989; Jacobs, Lawrence R and Robert Y. Shapiro, Politicians Don't Pander: Political Manipulation and the Loss of Democratic Responsiveness, Chicago: University of Chicago Press, 2000。

个特定政策或承诺吸引，政党获取的选票是选民根据个人利益判断做出的，有时候可能并不是出于选民内心对政党意识形态的认同。同时由于选民对于政党的支持及认同度，在很大程度上是建立在政党给出承诺的期待上，一旦承诺无法兑现，其认同度必然大受影响。而当新的政党上台执政后，在短期内无法营造其他的政党认同资源基础时，为巩固选票只能继续盲目许诺。如此循环往复，政党认同危机必然会不断加深。消极党派性的兴起作为政党认同危机的一个方面，揭示出在美国激烈党争下，选民对政党的失望情绪及认同危机都在增强与延续。

美国当前正处在一个经济增速下降，白人人口比例持续下降，国内种族矛盾不断激化，充斥着焦虑感的潜在不稳定的社会结构和社会状态之下。在这种不稳定的社会结构中，意识形态相对激进的政党往往更有吸引力。在这种社会结构下，社会底层存在的问题很难解决，经济衰退带来大众思想上的变化，使其更倾向于将希望寄托在一个不同于以往的、更具突破性的政党身上。意识形态强的政党做出的承诺更吸引人，通过“画饼”来吸引大众选民以获得选举胜利。共和党对白人选民，特别是未受过高等教育的白人选民的依赖短期内不会减弱，有关非法移民、少数族裔、国家贸易等议题策略只能向更极端化发展，短期内与民主党很难达成共识；民主党则竭力争取少数族裔、外来移民和白人精英群体的支持，逐步呈现出在性别和少数族裔等意义上的多元化态势。[①] 美国在当前非常极化的政治环境下，两党早已经放弃了争取中间选民的路线，都在努力争取特定选民，这一过程也加剧了美国选民的对立与社会单元的分裂。

乔治·华盛顿在1796年的告别演说中，提醒新兴的美利坚合众国警惕党派斗争的危害，提防将党争置于国家利益之上。他将党派忠诚称为“可怕的专制”，这种派系主义一旦被建立起来，可能会导致公众歪曲其他公众的意见，甚至同胞们的互相仇视。[②] 美国选民数十年来随着美国社会经济发展状况、人口、文化等变化已经呈现出不断强化的分裂态势。特朗普任期内共和党的“特朗普化”和民主党的“身份认同化”同步发展，进一步加剧了两党稳固选区在种族问题、移民问题、社会经济问题等具体问题上的分歧，导致美国政治与社会在族裔、阶层乃至性别等多个维度上出现尖锐对立。拜登上台后民主党

① 刁大明：《试析美国共和党的“特朗普化”》，载《现代国际关系》，2018年第10期，第38—45页。

② George Washington，Farewell address of George Washington to the people of the United States of America，September 17，1796，part of *George Washington Papers*：*Series 2*，*Letterbooks 1754 to 1799*，available at：https://www.loc.gov/resource/mgw2.024/?sp=229&st=text.

的"身份政治"愈演愈烈，美国选民之间长期存在的差异性在两党政治极化环境下变得更加明显且强烈。社会公众一直试图从各种维度的因素中选择群体归宿，宗教、种族、地域甚至性取向，都可能成为派系划分的维度，导致不同阵营沿着一条分界线相互对立。

从美国的政党政治和政治制度来看，党派之争可能是政府组织和协助公民决策所必须的。但现在的美国政党变得越来越同质，党派之争暗含着种族、宗教和其他社会身份的对立和对抗。选民的社会身份事实上存在客观差异，民众相互理解并接受差异的观点是政党政治平稳运行的核心要素。政党本应作为国家与社会的黏合剂，整合社会群体，使国家机器平稳运转。而美国现在的党派之争变成了社会和文化之争，也变成了政治之争。这种社会层面的党派分歧使美国选民之间长期存在的差异分化变得更加强烈，加深了普通民众本就存在的身份认同危机，从而对政治稳定和文化共识造成破坏。政党的社会同质化减少了妥协的空间，进一步凸显了政党在选举中取胜的关键，甚至日渐成为支配美国政党行为的唯一宗旨，党派选举胜利重于国家利益。当民主党与共和党渐行渐远，选民也随之按照党派分化，情感及意识形态上的对立加剧，凝聚美国人民的自由民主理念共识受到冲击，政党认同与身份认同的双重危机最终导致更深层次的国家认同危机。

从美国选举权的变迁与限制看 2020 年两党恶斗：以选民身份法为中心

郭馨怡 ①

摘　要：选举权是西方选举民主的重要基石。自 19 世纪初开始，美国通过取消对财产、宗教、种族和性别等投票资格的限制，逐步实现了建立在普选制基础上的大众民主。然而，随着选举权的普遍扩大，美国选民的政治参与水平却不断降低，其中一个重要原因是两党激烈的政治斗争客观上形成并加强了对选民投票权的"再限制"。近年来，两党以州为单位，各自对本党的优、劣势选民群体进行了有针对性的投票限制，围绕选民身份核验、预先投票和邮寄选票等制度展开了激烈的政治斗争。选举投票过程中的细节性程序问题取代实际执政质量成为美国民主的核心，最终引发了 2020 年总统大选中的宪制危机。本文聚焦于其中涉及选举权这一民主根基的选民身份法，经由对其深入研究，可以透视出当前美国政党恶斗的逻辑与困境。

2020 年美国总统大选中，时任总统、共和党候选人特朗普及其支持者指控选举中存在大规模、系统性的选举舞弊，民主党人通过大规模的选民欺诈成功窃取总统选举，引起了美国历史上选举日后最大的政治动荡。尽管民主党候选人拜登最终成功就任新一届美国总统，这场由选举制度和投票方式引发的危机却远未结束：特朗普和共和党人不仅在多州提起了关于选举结果认定的司法诉讼，还在 40 多个州的立法机构提出了大约 250 项旨在改革美国具体选举程序和规则的法案。拟议的立法包括对更严格的选民身份要求、对选民登记的额外限制、缩短提前投票的时间和机会、禁止第三方收集、获取或递送邮寄选票等。其中，选民身份核验的相关立法因与涉及民主根本的选举投票权密切相连而最受关注：尽管美国常常宣传自身民主制度的优越性，并在全世界范围内大力推广民主制，但作为民主政体最直接体现的公民投票权在美国却长年受到系

---

① 郭馨怡，中国人民大学博士研究生。

统性压制。身份证明和选民注册法等有规律地针对着少数族裔、年轻人和穷人，系统性从法律层面阻拦和抑制着这部分边缘选民的投票和民主表达，导致美国选民投票率的长期低迷。在美国政治极化和两党恶斗不断加剧的情况下，选举制度相关问题已成为两党新的交锋点。

一、早期选举权的扩大：从特权到权利

选举权主要指公民根据宪法和相关法律制度规定，通过投票选拔候选人担任政治或公共实体中职位的选举投票权。迪韦尔热曾说，政党的发展与民主制度，即议会权力的扩大和公民投票权的普及息息相关。[①] 达尔则将民主化的三个主要变量定为责任政府的建立、普选权的扩展、城市化和工业化的进程，[②] 三者发生时间和先后次序的区别带来了西方各国具体民主路径的迥异。在代议制民主中，投票被认为是反映民意和政治问责的主要手段。选民可以通过投票选择、授权自己认可的行政官员与立法代表，继而参与国家公共事务的管理和法律的制定；抑或"把流氓赶出去"，推翻令人不满的政治现状。随着工业化时代的到来，投票权进一步与政治社会意识形态发展密切相连。桑巴特最早提出了"为什么美国没有社会主义"的经典问题，认为其中一个重要原因便是"投票权抑制"，即拥有以投票权为主的政治权利削弱了美国工人开展劳工运动的动力。[③] 李普赛特进一步通过分析美国社会分化和阶级结构提出，工资和利润分享制度缓和了工人与资本主义的经济矛盾，选举等政治制度则帮助推进了公民整合。美国工人获益于"免费的投票馈赠"，无需依靠团结斗争争取选举权，因而没有出现像欧洲那样的工人运动和强有力的社会主义政党。[④]

其中，美国又尤以普遍选举权的引入开始早、结束晚、历时长，结果反复多变著称。长期以来，美国一直被理所当然地视作一个"统一政治实体"的民主国家，在《第三波：20世纪后期的民主化浪潮》一书中，亨廷顿就曾直接将美国的民主建立时间追至19世纪初期，尽管彼时美国投票权还仅限于部

---

① ［法］莫里斯·迪韦尔热著，雷竞璇译：《政党概论》，香港：青文文化事业有限公司，1991年版，第8页。

② Robert A. Dahl (ed.), *Political Oppositions in Western Democracies*, New Haven: Yale University Press, 1966, pp.348-386.

③ ［德］维尔纳·桑巴特著，赖海榕译：《为什么美国没有社会主义》，北京：社会科学文献出版社，2014年版，第85—86页。

④ Seymour M. Lipset and Gary Marks, *It Didn't Happen Here: Why Socialism Failed in the United States*, New York: W. W. Norton & Company, 2000, pp.79-81.

分有财产的白人男性公民。美国早期普选权的核心问题是“何为选民”，其逐步实现本质上是一个不断去限制、赋予更多数选民更广泛投票权的民主化过程。在选举权从一种有严格限制的特权，扩大为所有适龄公民均依法享有的普遍性政治权利的过程中，为更好地争取选票，以竞选为中心的政党组织快速发展。最早在殖民地时期，选举权是一种只属于少数富裕白人男性的特权，政治精英们构建了一个以选民财产资格为核心，兼含种族、宗教、年龄、居住地等多重限制的投票制度；大多数州均只允许拥有房产和土地的成年白人男性投票。由于选举限制多且民主性低，公民在选举中又只有少量、间接的权利，因此选民政治参与的意愿和程度均不足，有投票资格的选民只占全国总人口的约6%。① 很快，经济、战争和政党斗争等因素加速了美国平民政治时代的到来，通过逐步取消财产、族裔、性别等的限制，美国分别于 19 世纪前期通过各州立法基本实现了白人男性投票权，1870 年通过宪法第十五修正案承认了少数族裔的投票权，1920 年又通过宪法第十九修正案赋予女性投票权，从法律层面确立了“理论上”的普选权。普选权的基本实现带来了选民投票率和对政党忠诚度的显著提高，两个有明显哲学差异、强大组织支持和广泛选民基础的全国性政党在各州展开政治动员和竞选争夺，现代意义上的“政党”正式诞生。随着选民政党认同和政治参与程度的进一步提高，两党支持者的社会经济特征愈加清晰，并由此产生了建立在各自选民基础上、层级秩序分明的政党组织和界限较为清晰的政治版图，继而形成了稳定的竞争性两党制。

其后，作为世界上最早实现白人成年男性普选权的国家，美国完全的公民普选权一直到 1965 年《投票权法》通过后才真正确立，其以选举权扩展为核心的民主化过程前后历经一个多世纪，最终实现时间不仅远晚于德国（1919 年）、英国（1928 年）和法国（1944 年）等欧洲国家，甚至落在了日本（1947 年）和韩国（1948 年）等亚洲后发民主国家之后。② 选举权之争贯穿美国政党发展和政治变迁的始终，至今仍是其选举制度改革的重中之重。

二、党派政治下对投票权的“再限制”：以选民身份法为例

然而，普选权并未能真正推动其实现大众甚或全民民主的初衷。伴随平等投票权而来的，是选民投票率的快速、大幅降低。利普哈特的研究发现，在

① John Murrin et al., *Liberty*, *Equality*, *Power*: *A History of the American People*, *Volume 1*: *To 1877*, New York: Cengage Learning, 2011, p.296.

② 张聚国:《从特权到普遍性权利：美国公民选举权的扩大》，载《南开学报（哲学社会科学版)》，2010 年第 1 期，第 31—41 页。

过去40年间，全球选民投票率下降了约5个百分点，其中尤以美国降幅最为突出。早期选举权扩展的政治动员作用明显，美国最早在1840年前后就基本实现了白人男性普选权，其投票率在内战后的几年中达到顶峰（1876年总统选举为81.8%），19世纪后期总统选举的投票率常年维持在80%左右。但很快，美国选民投票率开始逐年稳步下滑，并在短短30年间下降了近30%。到20世纪60年代受民权改革刺激、因黑人高昂的投票激情再次上升；80年代后又开始了本轮次的长期下降。1980—2016年的10次总统选举平均选民投票率仅有53.8%，这意味着美国总统常年由约一半选民选出，其合法性和有效性均备受质疑。

在这种情况下，为增强选举的民主性和合法性，选举制度的改革和发展本应更着力于追求大力进行选举动员，提高选民投票率。唐斯最早从理性人假设出发，提出了投票成本理论，认为选民的投票行为主要基于成本收益分析，因此降低选民投票成本和限制是提高选民投票率最有效的路径。[①] 但与这一应然逻辑相悖的是，在美国选民投票率不断下降的同时，对选民行使投票权的限制（即选民投票的制度成本）却与日俱增。最新一轮政党选民重组后，两党均不再关心真正的选民动员，这奠定了选民投票率一蹶不振的基础。随着竞争性两党政治的不断发展和二者优势群体的逐渐固定，"何为选民"的问题因直接关乎选举结果而变得愈加白热化，由于两党选举战略的偏好存在根本分歧，加之联邦制下选举制度主要由各州自决，控制州政府的政党会试图通过改变一州选举规则，以期能在短时间内攫取有利于本党的选举优势。总体而言，民主党为更有针对性地激活本党选民[②]，方便他们少数族裔为主的支持者"将灵魂带到投票站"[③]，主张自动选民登记、救济性投票、提前投票、邮寄选票等有利于提高投票便利度的政策；共和党则为对抗前述策略，通过了一系列法律收紧投票权为主的综合选举权。严格的选举法对选民投票率有明显的抑制作用。研究显示，1880—1916年，选民登记制度的收紧致使投票率下降了约19%[④]，

---

① William H. Riker and Peter C. Ordeshook, "A Theory of the Calculus of Voting", *The American Political Science Review*, Vol.62, No. 1 (1968): 25-42.

② 研究认为，选民动员（Mobilization）和选民激活（Activation）有所区别，后者更强调有针对性地动员少数几个特定选民群体进行政治参与。详见 Steven E. Schier, *By Invitation Only: The Rise of Exclusive Politics in the United States*, Pittsburgh: University of Pittsburgh Press, 2000, pp.7-10。

③ Michael C. Herron and Daniel A. Smith, "Souls to the Polls: Early Voting in Florida in the Shadow of House Bill 1355", *Election Law Journal*, Vol.11, No. 3 (2012): 331-347.

④ Vanessa M. Perez, "America's First Voter Identification Laws: The Effects of Personal Registration and Declining Political Party Competition on Presidential Election Turnout, 1880-1916", *Electoral Studies*, Vol.69 (2021): 102263.

严格的选民身份法客观上同样加剧了投票率的长期衰落。选举制度改革成为两党政治斗争的工具，主要包括三个方面：一是针对作为投票行为主体的选民，涉及选民身份的核查等；二是选民投票方式和所投选票的认定，如选民登记、预先投票、邮寄选票；三是选举结果的折算和产出问题，即选区划分等。

在诸多选举法中，选民身份验证问题因再次触动了“何为选民”的民主根本而最具党派性和争议性。[①] 进入 21 世纪以来，美国多个州级立法机构均在共和党人的主导下，以防范选举舞弊为由引入了选民身份法；民主党人则斥之为一种选民压制机制，并很快进行了激烈的司法反击。围绕着选民身份法的党派之争不断升级，成为当代美国政治中为获得选举优势而进行的政党恶斗的新的缩影。首先，针对投票行为的主体——选民，投票资格审查首先意味着对他们作为“选民”身份的认定。近年来，美国选民身份法的浪潮愈演愈烈，共和党以防止选举诈欺为由，在多州通过州级立法提高了对选民投票条件的核验标准。由于共和党在全国州级选举中长期占据优势地位，总体而言当前选民身份认证的严格程度呈较强的上升趋势。主要表现在两个方面：

第一，选民身份法的覆盖范围不断扩大、增长速度呈显著上升趋势，且其地理分布日益与党派界线相重合。[②] 1950 年，南卡罗来纳州最早规定选民需在投票时出示身份证明，1980 年有类似要求的州增至 5 个，到 2000 年，一共有 14 个州要求选民在现场投票时出示身份证件。自 2000 年小布什和戈尔的佛罗里达计票大战以来，两党关于选举程序宽严程度的争论日趋激烈：民主党认为，为提高选举投票率和与之密切相关的选民政治参与程度，应加快放松选举管制、推行便利的投票方式；共和党则主张为确保选举公正，减少选举舞弊，增强选民对选举的信心，有必要制定选民身份识别法律。由于提高选民政治参与（放宽投票标准）和严格确保选举合法合规之间存在根本张力，二者各执一词，僵持不下。[③]

应该注意的是，由于选民身份认证重在核查投票者人证合一（即是否为本人持证）和证件合规（如是否带照片、是否为官方签发等）与否，事实上仅针对冒名顶替这一“极为罕见”的情况，并不能切实有效防范选举舞弊的发

① Lorraine C. Minnite，“Voter Identification Laws”，in Matthew J. Streb ed.，*Law and Election Politics：The Rules of the Game*，Routledge，2013，p.88.

② Wendy R. Weiser and Lawrence D. Norden，*Voting Law Changes in 2012*，Brennan Center for Justice at New York University School of Law，2012.

③ Pippa Norris，“Is Western Democracy Backsliding? Diagnosing the Risks”，*Working Paper Series from Harvard John F. Kennedy School of Government*，March 2017：RWP17-012.

生。[①] 选民身份认证的逻辑前提是选民注册，后者才是真正意在确认一个人是否为符合年龄、国籍、居住地等要求，具备投票资格的“选民”的制度环节。在美国，选民登记注册和选举投票是两个分离环节，大多数州要求选民在选举日前的15—30天提前进行选民登记；截至2021年4月，只有20个州和哥伦比亚特区允许选民在选举日当天同时进行登记和投票。1993年，克林顿任内通过的《全国选民注册法》要求，各州在日常提供公共服务的过程中必须随时在各种公共机构（包括驾照中心、残疾中心、学校、图书馆和邮局等）对合格选民进行登记，除非该州允许选举当日的选民登记。[②] 该法案大幅降低选民投票成本，鼓励了更倾向支持民主党的弱势群体投票，引起了共和党的强烈不满。2002年，共和党总统小布什上台后通过了《帮助美国投票法案》，该法案最初是为解决2000年美国总统大选中的计票争议而起草，当时计票机读取到近200万张选票存在多次投票或无投票记录，致使这些选票作废。但同时，该法案亦要求此前通过邮件进行选民注册或首次在一个新地点参加联邦选举的选民均需提供身份证明，第一次从联邦层面正式承认了选民需在投票中“自证身份”的合法性，并将具体证明手段和要求留待各州自行决定，留下了后续制度改革的缺口。共和党随即加快了推动各州相关立法进行反制的脚步，截至2021年4月，美国有34个州（或已通过正式立法即将）要求选民在投票时提供某种身份证明的规定；而15个完全无需身份证明即可投票的多为民主党占压倒性优势的深蓝州，如加利福尼亚、纽约、马萨诸塞州等。

第二是对选民身份证明证件的要求愈加严格。由于美国没有统一的身份证，在实际执行过程中，有效身份证明的形式因州而异。首先，在法律规定的层面，是否要求选民提供带有照片的身份证件。一些州接受无照片的身份证明，如出生证明、信用卡、有姓名和地址的银行对账单或其他文件；有的州则严格要求选民登记或投票时出示带有照片的身份证件，如驾照、护照、州颁发的身份证、军人身份证、部落身份证等。最早在2005年，印第安纳州通过了一项法律，要求所有选民在投票前出示带有照片的身份证，该州民权组织随即提起诉讼，斥责该法案“毫不掩饰剥夺低收入民主党选民选举权的意图”。2008年，美国最高法院终审裁决这项法律合宪，共和党籍大法官史蒂文斯在意见书中认可其有助于“防止选民欺诈、维护选民信心和推动现代化选举”，

① Enrico Cantoni and Vincent Pons, *Strict ID Laws Don't Stop Voters: Evidence from a US Nationwide Panel, 2008-2016*. No. 25522. New York: National Bureau of Economic Research, Inc, 2019.

② 法案通过后，在办理或更新驾照的同时进行登记成为美国选民注册的主要常规手段，因此又被称为“机动车选民法”（Motor Voter Act）。详见 https://www.justice.gov/crt/about-national-voter-registration-act。

为其他州进行选民身份相关立法铺平了道路。2013 年，最高法院对谢尔比县诉霍尔德案的判决进一步扩大了各州对选举法律和制度的自由裁量权[①]，随后 5 年内，至少 23 个州引入了或紧或松的选民身份法；及至 2021 年，美国已有 20 个州要求选民在投票时提供带有照片的身份证明。

再者，在选民身份法的执行层面，根据未能提供合规身份证明的选民可采取的救济措施，又可划分为严格和非严格两种。这一点主要为对抗 2002 年《帮助美国投票法》中的“临时性投票”条款而设。[②] 严格执行选民身份法的州要求没有合格身份证明的选民可先在临时选票上投票，但须在投票后数日内亲自返回并补充出示身份证明，否则其之前所投的临时选票将不被计入最终选举结果。而在非严格执行的州内，至少一些没有合格身份证明的选民可以直接投票，且无需采取后续附加行动。例如在科罗拉多、佛蒙特、佛罗里达等州，没有出示身份证件的选民可先在临时选票上投票，待选举结束后由选举官员通过签名复验或其他核查方式决定其选票是否被计入；而在新罕布什尔，没有身份证明的选民可在签署选民身份宣誓书后先进行临时投票，待回家后再将一份邮寄到他们住所的核查信件寄回，以证明他们的确住在宣誓书上的地址。

随着美国各州选民身份相关立法数量的增加和内容的愈加严格，选民身份法在政治实践中遭受的批评也与日俱增。首先是其制定的必要性和有效性饱受质疑。且不论“选举欺诈”本身就是一个尚未有明确学术定论的概念[③]，在 2000—2014 年的 15 年间，美国选举中与冒名投票相关的可信指控只有 31 项，最多涉及几百张选票；而在此期间全国选民共在普选中投了 8 亿多张选票，其他诸如初选、市政选举、特别选举等地方性选举的选票数量则更多。基于此，选民身份法被认为是一种共和党借助立法工具“有针对性地打击目标选民”，进行体系化选民压制的制度手段，其目的是获取党派斗争优势，而不是保证选举的公正性。事实上，选民压制并不是共和党近些年的新创，而是美国

---

① 1965 年《投票权法案》的第五条提出了“预先审查制”，要求某些曾存在种族歧视投票法律的州不得自行修改选举投票法，而必须接受联邦司法部门的审查。但在 2013 年该案的裁决中，最高法院最终以预先审查制违宪为由将其废除，随后诸多特别是南部州出台了包括要求选民出示附有照片的身份证明在内的一系列严格选举法，被认为极大加剧了对少数族裔选民的定向歧视。详见 Sophie Schuit and Jon C.Rogowski，Race，Representation，and the Voting Rights Act，*American Journal of Political Science*，Vol.61，No.3（2017）：513-526。

② 该条款要求被认定为不合格（如未在登记名单上的选民），但认为自己有资格的选民有权投临时选票，待选举结束后再由州或地方选举机构判定该选民及其所投选票是否合格。据统计，在 2004 年总统选举中，美国共有约 190 万选民投了临时选票，其中约 120 万，即 64.5% 的选票最终被认定为有效。详见 https://www.brennancenter.org/sites/default/files/legacy/d/download_file_39043.pdf。

③ Stephen Ansolabehere，“Effects of Identification Requirements on Voting：Evidence from the Experiences of Voters on Election Day”，*PS*：*Political Science& Politics*，Vol.42，No.1（2009）：127-130.

历史上一直时有发生的周期性政治现象。最早在 19 世纪早期，新泽西州的女性就曾因两党恶斗而被剥夺选举权。① 类似情况在战后重建时期的南方达到了高潮：由于内战未能彻底解决种族问题，随着联邦军队撤出、民主党重获政治权力，其主导下的南方州通过一系列被称为吉姆·克劳法的立法，事实上剥夺了黑人为主的少数族裔的投票权。② 少数族裔政治投票权一直到《1965 年选举权法》通过才真正得以实现，有学者曾从政体变迁的角度，提出在这之间的近一百年里，美国保守精英通过限制选民投票资格将民主局限于少数白人之间，长期把持南方州各级政府和议会，事实上相当于在美国内部的次国家层面形成了一个不断规避联邦政府监管、由民主党实行一党威权统治的政治飞地。③ 之后 20 世纪初也曾有多州为阻止彼时大量涌入的移民成为合法选民而设置法律障碍。彼时加利福尼亚和新泽西州要求移民在投票时出示加盖公章的原始入籍文件，并缩短了投票站和选民登记办公室的开放时间；纽约当局则通过指定星期六和赎罪日为选民登记日来筛选犹太选民（因为这些日子犹太教选民需从事宗教活动而无法前往投票），同样声称“这些措施是防止选举欺诈所必需的”。

由此可见，每当有组织的政治力量希望能限制特定群体政治参与，却又无法从政治或法律上完全剥夺他们的选举权时，选民压制就会出现。选民压制本质上是一种反向竞选策略：主要指一方通过劝阻或阻止特定群体投票，减少可能反对本党候选人的选民数量，达到影响选举结果的目的。既行之有效，又极难规避：一方面，选民压制不涉及正式取消某个群体的投票资格，因此在概念上不同于剥夺选举权，很难通过提前立法或司法审查等方式直接封禁；另一方面，其“压制”行为又的确涉及利用政策、立法妨碍或阻止部分公民行使投

---

① 新泽西是最早赋予女性投票权的州之一。18 世纪末 19 世纪初，随着该州联邦党人和共和党人间政党斗争日趋激烈，执政的共和党为防止联邦党在选举中凭借女性选票获胜，通过新的选举法规定“只有自由的白人男性公民”有权投票。详见 Judith Apter Klinghoffer and Lois Elkis，“ The Petticoat Electors：Women's Suffrage in New Jersey，1776-1807”，Journal of the Early Republic，Vol.12，No.2（1992）：159-193。

② 1902 年，美国 11 个曾在南北战争中宣布脱离联邦独立组建联盟国的南方州全部通过了人头税法，并辅以文化读写测试、品性认证甚至暴力威胁等手段，阻止黑人参与政治活动。如在阿肯色州，所有选民必须先经过一次所谓的“选民资格评估”才能投票，而黑人均无法通过此项评估。见 Frederic D. Ogden，*The Poll Tax in the South*，Montgomery：University of Alabama Press，1958，pp.170-189。

③ “飞地”是一种人文地理概念，意指在某一地理区划内有一块隶属于他地的区域，由于地理位置孤立、文化分隔等原因，飞地通常易产生主权和分离自治等争议。此处为借助该概念强调美国南部诸州在经济发展、政治制度、文化价值等多个领域均与国家层面的主流不一致，形如美国的国外“飞地”。更多飞地的内容，详见 *Webster's Encyclopedic Unabridged Dictionary of the English Language*，1989，pp.494-497；关于美国南部地区的选举和政治民主化等问题，详见 Robert Mickey，*Paths Out of Dixie：The Democratization of Authoritarian Enclaves in America's Deep South，1944-1972*，Princeton：Princeton University Press，2015。

票权，客观上会致使其合法政治权利受损甚至完全丧失。加之在联邦制下，美国选举相关事务由各州自决，这意味着一旦有相关法律通过，即使可以诉诸司法手段，亦需要逐州进行费时耗力且程序异常繁杂的反复上诉。近年来，在美国政治极化和政党斗争愈演愈烈的情况下，选民压制再一次成为两党选民争夺战的重要工具，引起了“民主钟摆日益频繁的反向运动”。

三、“扩大联盟”与“维持联盟”：选民压制及其政治逻辑

选民身份法对少数族裔在初选和大选中的投票率有不同程度的负面影响，会导致选举结果更倾向于政治右翼。[①] 其他严格的选民压制手段还包括以公共财政预算为由减少、关闭或迁移专为少数族裔选民设立的投票站或登记处，取消或缩短提前投票期限，取消投票当日选民登记，提高提前或邮寄选票的身份核验要求，以及永久剥夺被判有罪的重刑犯的投票权等。总体而言，本轮选民压制主要由共和党发起，其根本原因在于美国民主、共和两党主要支持者政治参与率的极度不相称，以及由此带来的二者关于扩大选民联盟抑或维持联盟的政策偏好差异[②]：由于共和党主要在数量停滞不前、投票率较高的传统白人选民占据优势，且客观上难以增强对数量增长更快、投票率却较低的少数族裔选民的吸引力，因此更倾向于选择维持联盟。选民身份法反映的正是这种共和党寄望于通过减少民主党选民政治参与、维持现有联盟，增强自身选举竞争力的努力。随着少数族裔选民的快速增长和传统非拉美裔白人选民占比的不断下降，共和党领导的选举联盟规模面临着不断缩小的危机。通过加强选民限制，能够有效削弱民主党选民，继而反向提高共和党的相对优势。意在通过制定愈加严格的选民身份法，提高选民投票成本，达到筛选民主党选民的目的。其政治逻辑主要有三：

（一）选民投票率变化下的党派效应

首先，选民身份法通过增加“核验身份”的正式制度环节，客观上提高了选民的投票成本和难度，根据理性选择理论，这将导致选民政治参与水平的普遍下降。一项在南卡罗来纳州进行的实证研究已证实，选民身份法的实施降

---

① Zoltan Hajnal et al.，“Voter Identification Laws and the Suppression of Minority Votes”，*The Journal of Politics*，Vol.79，No.2（2017）：363-379.

② David Karol，*Party Position Change in American Politics*：*Coalition Management*，Cambridge：Cambridge University Press，2009，pp.19-22.

低了总体选民投票率。[①]这也是选民身份法受到的主要批评，即其以党派优势而非公共利益为导向，在美国选民投票率本就连年下滑的情况下进一步加大了民主实现（投票）的阻力。美国全国性总统大选投票率长期维持在50%—60%之间，其他诸如国会中期选举、州级和地方选举等则更低。2016年，只有约54.8%的美国成年人在总统选举中投票，投票率低迷已成为美国选举政治的新常态，引发了数量占比不断减少的选民选出的官员将更缺少合法性的担忧。

然而，尽管舆论看似一致支持增加投票率，但具体增加方式和相关改革政策的选择却因政党而异。一般认为，选民投票率与选举结果密切相关，其中选民收缩通常是保守主义政党的普遍诉求。根据党派偏见效应，不投票选民、临时（边缘）投票选民和常规（长期、核心、习惯性）投票选民的投票意愿及偏好存在根本差异[②]，且呈现出明显的社会经济分化特征，选民的收入状况、教育水平、族裔身份等因素直接影响其参加选举投票的概率[③]；其中低投票率更有利于右翼政党的选情。[④]美国选举政治中一个众所周知的说法是"坏天气是共和党的天气"，意指共和党候选人会受益于恶劣天气对投票率的抑制作用。[⑤]这是因为在低投票率选举中坚持投票的更可能是有较高社会经济地位和坚定党派认同的核心选民，他们通常更倾向于右翼保守主义政党；相比之下，高投票率选举则更容易吸引投票意愿和政党依附色彩均较弱的边缘选民，他们多是会因极其细微的投票成本上升（例如下雨）而选择放弃投票的亲左翼政党选民。由于美国不投票的选民不成比例地是穷人、工人阶级和少数族裔等倾向支持民主党的群体，甚至有研究认为，共和党选民的绝对数量事实上远少于民主党，两党选举结果势均力敌的主要原因是"支持两党"和"愿意前往投票站支持两党"的选民数量大不相同。共和党选民的整体政治参与水平比民主党平均高出约32%，极大弥补了二者本身绝对数量上的差距。[⑥]换言之，若投

---

① M.V Hood III，and Scott E. Buchanan："Examining the Effects of the South Carolina Voter Identification Statute"，*Political Research Quarterly*，Vol.73，No.2（2020）：492-505.

② Frances Fox Piven et al.，*Why Americans Still Don't Vote and Why Ooliticians Want it that Way*，Vol. 8，Beacon Press，2000，pp.144-149.

③ Delia Baldassarri and Andrew Gelman，"Partisans without Constraint：Political Polarization and Trends in American Public Opinion"，*American Journal of Sociology*，Vol.114，No. 2（2008）：408-446.

④ Alexander Pacek and Benjamin Radcliff，"Turnout and the Vote for Left-of-Centre Parties：A Cross-National Analysis"，*British Journal of Political Science*，Vol.25，No.1（1995）：137-143.

⑤ Brad T. Gomez et al.，"The Republicans Should Pray for Rain：Weather，Turnout，and Voting in US Presidential Elections"，*The Journal of Politics*，Vol.69，No.3（2007）：649-663.

⑥ Ron Shachar and Barry Nalebuff，"Follow the leader：Theory and Evidence on Political Participation"，*American Economic Review*，Vol.89，No.3（1999）：525-547.

票是强制性的，即两党选民的投票率相等，则共和党根本不可能在总统选举中获胜。

由此可见，任何投票门槛的提高本就可能带来选民投票率的总体下滑，继而对民主党选情产生不利影响，无论其是否有意或有针对性地压制某一特定选民群体。这种差异加剧了主要政党间的意识形态分歧和政治极化，以及两党的差异性政策后果。[①] 民主党人更着力于加强经济再分配、推动社会公平和扩大福利国家，从增税、支持少数群体平权运动到奥巴马医疗改革，均反映出这种被福山称为“平等激情”的左翼倾向；并以此为由大力推动旨在提高投票率的选举制度改革。持保守主义立场的共和党为防止本党选举优势相对下降，则积极加快了寻求反制的立法努力，在各州通过愈加严格的选民身份法便是其中极为重要的一项。有研究通过计算提出，选民身份法的党派效果远比想象中显著，因为 2008 年总统选举中选民投票率每提高 1%，奥巴马对麦凯恩的领先优势就会相应增加 0.4%—0.6%。这种情况在摇摆州的效果更为突出：以宾夕法尼亚为例，2012 年 3 月，该州共和党州长和立法机构赶在大选前通过了严格要求带照片的选民身份法，致使宾州总统选举投票率从 2008 年的 62.1% 下降到 58.1%，降幅高达 4%；在两次选举中均作为民主党候选人出战的奥巴马的得票领先区间亦应声下跌，从 10.4% 减至 5.4%。由是几乎在每一个州，都是共和党人力主通过更严格的选民身份法，民主党则拼命阻止。究其根源，民主党反对的不是相关立法内容本身，而是一切试图提高投票成本，加大选举动员难度的可能；而共和党追求“选举公正”的背后，则是维持己方核心选民优势的努力。

（二）差异性歧视：选择性分化和剥夺选举权

除可能会降低总体投票率外，选民身份法还被指责有针对性地降低了特定群体的投票率，即通过制度规定将少数族裔、年轻人和社会中下层等特定群体分化、筛选出来，继而对他们的选举权加以限制。类似指控的法理学基础是美国宪法中的差异性影响歧视，即一些规则、标准的制定或改变可能对某一群体产生比其他群体更严重的后果，因此任何在统计学意义上不利于受保护阶层的行为，无论其是否有意为之，都可能构成对弱势群体的歧视性选民压制。[②] 根据是否要求照片和无证件的后续救济措施两个维度，选民身份法总体可分为

---

① Arend Lijphart，“Unequal Participation：Democracy's Unresolved Dilemma”，*American Political Science Review*，Vol.91，No.1（1997）：1-14.

② Zoltan Hajnal et al.，“We All Agree：Strict Voter ID Laws Disproportionately Burden Minorities”，*The Journal of Politics*，Vol.80，No.3（2018）：1052-1059.

五类，分别是要求严执行严、要求严执行松、要求松执行严、要求松执行松和没有相关立法要求；其中第一种情况，即要求和执行均严格对选民投票率的影响最大。2014年美国政府问责办公室的一项研究报告显示，在严格执行带照片选民身份法的堪萨斯和田纳西州，选民投票率分别下降了1.9%和2.2%，其中年轻人、黑人和新登记选民的投票率最有可能受到影响。因此严格的选民身份法本质上是对那些大概率不持有合规身份证明的选民的“定向歧视”，会为这些选民的政治参与制造额外障碍。

一是针对性压制少数族裔选民的投票权，选民身份法因而被称为新时代的“吉姆·克劳法”。研究发现，当一州的黑人、拉美裔人口增加，以及行政分支和立法机构的控制权转向共和党时，最有可能推动通过类似法律[①]，充分说明选民身份相关立法首先是对选民族裔人口结构变化的快速应激反应。自《1964年民权法》和《1965年选举权法》通过以来，黑人一直是民主党的中坚选民力量。民权运动扩大了黑人选民的投票权，以保守的南部亚拉巴马州为例，1965年法案通过当时，该州只有19%的黑人经过了合法注册、有权投票；5年后的1970年，该州60%的黑人均注册成为合法选民。作为“新增选民”的黑人的政党认同也自此与民主党牢牢捆绑：1960年，只有50%的黑人自认为是民主党人，后于1964年迅速飙升至82%且再未跌下过80%；而支持共和党的则长期少于20%。近年来，随着美国政治极化的不断发展和种族冲突的愈加激化，这一数字还有继续扩大的趋势：2016年总统选举中，黑人选民投票支持民主党候选人希拉里和共和党特朗普的分别占89%和8%，2020年为87%和12%。再者，随着拉美裔选民数量快速增长，同样呈现出较明确的党派偏向性，2016年总统大选中其对民主党和共和党的支持率分别为66%和28%，2020年则为65%和32%。

少数族裔极高的党派分化投票使之成为共和党全力狙击的关键选民群体。据估计，美国有6%—11%适龄选民没有政府签发的带照片的身份证明，其中尤以少数族裔居多，因而选民身份法更可能会给他们带来不成比例的影响。在最早制定带照片严格选民身份法的印第安纳州，84%的注册白人选民持有符合要求的证件，而黑人注册选民中这一比例仅为78%[②]；在波士顿进行的一项调研发现，2008年选举中不同族裔选民被要求出示身份证明的概率大不相同，

① Daniel R Biggers，Michael J. Hanmer，Understanding the Adoption of Voter Identification Laws in the American States，*American Politics Research*，Vol.45，No.4（2017）：560-588.

② Matt A Barreto et al.，“The Racial Implications of Voter Identification Laws in America”，*American Politics Research*，Vol.47，No.2（2019）：238-249.

分别为白人 23%、亚裔 33%、黑人 33% 和拉美裔 38%。[①] 差异性影响还有可能反映在各群体获取相关法律信息的难度不同上，如选举官员回复署名为盎格鲁人或欧洲人姓名（70.5%）的问询邮件的概率高于拉美裔姓名（64.8%）。[②] 因此，一州是否制定选民身份法与该州在总统选举中竞争程度的强弱存在较强的相关性。这一点在选举中通常表现为选区内有大量黑人的民主党议员通常更反对限制性的选民身份法，拥有大量黑人的共和党议员则更倾向于支持；因此综合而言南部地区的黑人民主党立法者最为反对类似立法。[③]

二是限制社会中下层穷人的投票权，即针对那些没有驾照、护照等官方证件的选民，通过提高办理身份证件所需的条件和费用等制度成本将他们排除在选举之外。尽管共和党为降低法案的通过难度，在大多数州将选民办理州身份证设为了免费业务，但实际情况远非那么简单。威斯康星州 2011 年的选民身份证法规定，选民可免费办理身份证；但在实践中，政府工作人员被要求只有在选民主动提出要求的情况下才可减免其办理费用，主动宣传免费办理信息的工作人员甚至遭到了解雇。退一步讲，即使办理身份证本身是免费的，选民也必须承担申请证件所需的出生证、结婚证等基础文件的费用。有研究曾通过计算得出，办理一张州身份证所需的文件费、车旅费和等候时间等综合开支估计在 75—175 美元之间，远高于种族隔离时期 1.5 美元（约折合为现在 10 美元）的人头税。这对众多低收入的美国人来说是一项沉重的负担，选民身份法也因此被称为新时代的“人头税法”[④]。再者，州身份证在美国日常生活中作用甚微，不同州的州证在办理难度、有效期长短、用途广泛程度等方面均差异巨大：在严格执行带照片选民身份法的州中，亚拉巴马州身份证有效期为 4 年，堪萨斯州为 6 年，佐治亚、威斯康星和田纳西等州为 8 年；换言之，大多数选民即使办理身份证，也仅能供 1—2 次大选投票使用。一旦发生证件过期、丢失，或持证人因搬家而变更地址等情况，均需付费进行证件更新，这一费用在亚拉巴马为 36.25 美元，佐治亚为 32 美元，威斯康星和田纳西为 28 美元，且大多要求必须本人到相关机构办理，极大提高了选民投票成本。

最后，共和党还通过减少办证机构数量、缩短开放时间、将其设置在交

① Rachael V. Cobb et al.，“Can Voter ID Laws be Administered in a Race-Neutral Manner? Evidence from the City of Boston in 2008”，*Quarterly Journal of Political Science*，Vol.7，No.1（2010）：1-33.

② Ariel R White et al.，“What Do I Need to Vote? Bureaucratic Discretion and Discrimination by Local Election Officials”，*American Political Science Review*，Vol. 109，No.1（2015）：129-142.

③ William D. Hicks et al.，“A Principle or a Strategy? Voter Identification Laws and Partisan Competition in the American States”，*Political Research Quarterly*，Vol.68，No.1（2015）：18-33.

④ Richard Sobel，*The High Cost of “Free” Photo Voter Identification Cards*（2014），https://today.law.harvard.edu/wp-content/uploads/2014/06/FullReportVoterIDJune20141.pdf.

通不便之处等手段，增大选民的办证难度，阻碍目标群体投票。美国民权联盟曾有报告指出，在得克萨斯州部分地区，最近的办证机构距离居民区有 270 公里以上，且附近没有可用的公共交通。一些州的选民身份法（或其部分条款）甚至已因此被法院推翻，宾夕法尼亚便是一例。2014 年，该州最高法院以“侵犯州选民宪法权利”为由否决了州议会于 2012 年通过的选民身份法。根据规定，宾夕法尼亚全州共有 71 个可办理选民身份证的驾照中心，主要集中在大城市，有 9 个县一个都没有；办证机构的开放时间亦十分有限，其中 9 个县每周只开放一天，13 个县每周开放两天。法官因此裁定，由于缺乏基础设施和必要支持，宾州选民获取州政府承诺的“免费身份证”事实上较为困难，尤其会给社会中下层穷困选民投票带来成倍数放大的严重阻碍。

（三）效价问题：选民动员、议程设置与两党恶斗

由于选民身份法对整体投票率和特定选民群体的影响，相关法案具有极强的党派色彩，基本沿美国两党的红蓝州界分布。以立法规范投票流程机制的合法性根基是防止选举舞弊，但事实上，美国选举舞弊是“非常罕见”的情况，其发生概率仅为约 1 500—3 200 万分之一。当 2011 年得克萨斯州通过严格的选民身份法时，州内有超过 60 万选民没有带照片的身份证，而该州在 2004 和 2008 年两届总统选举中真正被证实的选举舞弊却只有 4 起。[①] 选举舞弊严重程度（实际发生频率）和相关立法强度（理论受重视水平）之间极度失衡反映了选民身份法本质上是一个“效价”问题。在选举政治中，存在一些所有选民均立场相同的“效价”问题，如减少犯罪、促进经济增长、为选民提供更好的公共服务。政党及其候选人可借助提高自己在效价维度上得分，满足选民对从投票中获得有效效用的相对获得感，达到加强本党选民动员和议程设置，攫取更多选举优势的目的。[②] “捍卫选举公平，减少选举舞弊”因其既具有选民关注度和法律制度层面的可操作性，又为两党留下充分的意识形态对抗空间和余地而成为近年的一大重要“效价”问题。

第一，从公众心理的角度而言，尽管统计数字表明共和党选民比民主党选民更支持严格的选举法，但美国选民对选举舞弊的总体担忧是一个不分党派、普遍存在的情况，多数选民对选举欺诈和政治腐败的隐忧是共和党人推动相关立法的根本社会基础。2016 年《华盛顿邮报》的一项民调显示，48% 的

---

① Lorraine C. Minnite, *The Myth of Voter Fraud*, New York：Cornell University Press, 2011. pp.146-147.

② Jane Green, “When Voters and Parties Agree：Valence Issues and Party Competition”, *Political Studies*, Vol.55, No. 3（2007）: 629-655.

美国人认为选举舞弊在美国选举中频繁发生；2020 年总统大选前，25% 的受访者将选举舞弊列为需解决的首要问题。更有甚者，两党多数选民都倾向于相信，若自己青睐的政党候选人落败，选举舞弊是其中一个重要影响因素；足见选举舞弊本就是一个有较强话题度的选民动员利器。① 共和党长期有意识地将反选举舞弊作为本党政治宣传和动员的重要政治议题，持续为其进行成体系的合法化论述，包括经常在公开场合引用各种广为媒体报道的选举舞弊指控，极大强化了公众对“美国选举舞弊频发”的认知。尽管这些指控大多只是未经证实的怀疑，随后的调查结果很少发现真正有指向性的证据，更遑论将之定罪；但选民已形成的观念却难以革除，并更可能促使此类州级立法动议的最终通过。②

第二，从政治议程设置的角度，在选举舞弊相关话题本就有较强社会关注度的基础上，共和党进一步将之发展为了一个有利于本党选民动员和挖掘的热点问题。近年来，随着美国选举竞争强度的日益提高，传统意义上的议程形成方式已发生了根本改变。议题所有权 ③ 和突出性理论 ④ 等共同证明，政党会试图通过突出强调和提高自己具有绩效优势的问题的重要程度，把竞选议题集中在本党被认为最有能力的部分。研究表明，选举舞弊相关的新闻报道多集中于“摇摆州”和几个新通过了选民身份法的州，而同一时期这些州的实际案件数量并没有显著提高，可见特别是在具有重要战略意义的州，政党及其竞选团队更可能着力于将选举舞弊问题纳入政治议程，借此在选举中进行舆论造势、获得更多关注，继而加强自身选民基础。⑤

第三，从政党竞争的角度，就选举制度改革的客观效果而言，近年来不断提高的选举竞争性和频仍的小比分胜利刺激了政党愈加倾向于通过操纵、修改选举制度攫取选举优势。自克林顿时期开始，美国总统大选就再不曾出现领先区间超过 10% 的压倒性胜利。进入 21 世纪以来的 6 次总统选举中更是有 5 次得票差均在 5% 以内，竞选的激烈程度大幅提高，无任何一党可在选举中稳

---

① Joseph E. Uscinski and Joseph M. Parent, *American Conspiracy Theories*, Oxford : Oxford University Press, 2014, pp.91-92.

② David C. Wilson and Paul R. Brewer, “The Foundations of Public Opinion on Voter ID Laws : Political Predispositions, Racial Resentment, and Information Effects”, *Public Opinion Quarterly*, Vol.77, No. 4 (2013): 962-984.

③ John R. Petrocik et al., “Issue Ownership and Presidential Campaigning, 1952-2000”, *Political Science Quarterly*, Vol.118, No. 4 (2003): 599-626.

④ Ian Budge, “Issue Emphases, Saliency Theory and Issue Ownership : A Historical and Conceptual Analysis”, *West European Politics*, Vol.38, No. 4 (2015): 761-777.

⑤ Brian J. Fogarty et al., “News Attention to Voter Fraud in the 2008 and 2012 US Elections”, *Research & Politics*, Vol. 2, No.2 (2015): pp.1-8.

定、连续地胜出，两党以小比分胜利轮流坐庄成为选举的"新常态"。势均力敌的选举揭示了政治游戏的丑陋之处：由于选民投票率和其政党认同密切相关，民主、共和两党通过对选民进行党派式的投票偏好排序，便可得知哪些群体是更可靠的动员对象，以及应对他们采取何种战略进行有效的正向政治动员[①]；或相对地，如何对最不可能投票支持自己的对方选民采取"遣散战术"。

更有甚者，在美国特殊的胜者全得的选举人团制度下，此类立法在两党得票相近的"摇摆州"效果最为显著。2020年总统选举中，支持民主党的彭博社富豪布隆伯格宣布筹得超过1 600万美元，将用于为关键"摇摆州"佛罗里达近3.2万名曾因犯刑事重罪、拖欠法庭罚款而被剥夺投票权的人缴纳欠款，以帮助恢复他们在该州的投票权。为最大限度达到党派目的，这笔筹款的受惠对象仅限欠款较少的非裔和西班牙裔已登记选民。据《华盛顿邮报》报道，该州的少数族裔选民有90%—95%支持民主党，此举可以"即时激活数以万计倾向拜登的选民"。共和党人则抨击布隆伯格的做法或将构成贿选，双方各自就此展开了激烈的舆论战。最早通过严格选民身份法的印第安纳、密西西比等多为深红州，这些州立法、行政甚至司法席位均大多长期由共和党占据，法律较容易通过且不易受到其他权力分支的挑战。其后为实现效果最大化，共和党很快开始集中在两党势均力敌的"摇摆州"推动立法。2012年，宾夕法尼亚通过严格的选民身份法后，时任州议会共和党领袖公开宣称这是一个将帮助当年共和党候选人罗姆尼在总统选举中赢下该州的"成功的计划"，充分显示出此类立法更优先服务于党派利益的特质。威斯康星也于2011年通过了被称为"全美最严"的选民身份法，法案几经波折，至今仍是有效状态，并为共和党在2016年总统选举中成功将该州"翻红"立下了汗马功劳。[②]而在其他数个"摇摆州"，如俄亥俄、北卡罗来纳和佐治亚，相关立法则数度遇挫，反复、间歇性生效。共和党孜孜不倦的争夺和民主党的寸步不让构成了两党艰难的立法拉锯。

四、结语

2021年3月3日，民主党控制下的美国众议院正式以220 ∶ 210票通过了关于选举改革的《2021年为人民法案》。作为新一届国会提出的"一号法案"，

① Larry M. Bartels, "Partisanship and Voting Behavior, 1952-1996", *American Journal of Political Science*, Vol.44, No.1 (2000): 35-50.

② 周淑真、郭馨怡：《美国总统选举中"摇摆州"的两党争斗——以威斯康星州为例》，载《当代世界与社会主义》，2019年第6期，第130—137页。

法案在没有一个共和党人参与的情况下由民主党众议员全员（222 名）联合提出，被痛斥为是党争色彩浓厚的民主党一家之言，也让拜登“从分裂性选举斗争中翻篇”的团结呼吁彻底成为一句空话。法案主要涉及选民资格认定、选举安全、竞选资金和选举官员道德规范等方面，有观点认为其严重偏向民主党利益，一旦正式通过并施行，民主党或将长期把握国会两院和总统之位，甚至“永远不再输掉任何一场选举”。可以预见的是，在美国政治社会极化不断加剧、两党恶斗日益白热化的背景下，未来选举相关的法律和制度改革仍将是二者博弈的焦点。美国的投票权问题在从“谁是选民”的民主本质之争走向“如何投票”的民主程序之论的过程中，日益沦为两党政治斗争的工具，反映出当前美国选举政治的异化及其困境：当一切只为党争胜利，甚至不惜通过选民压制和剔除反对者来达成这一目的，“民主选举”究竟意欲何为、又应何去何从呢？

欧洲政党治理研究：理念、路径与困境

关孔文　冯靖翔[①]

摘　要：政党治理起源于欧洲并随其政党政治的演进得到不断发展。在理念层面，欧洲政党治理呈现政党内向型的自身建设和外向型的治理能力提升相复合的概念，其包括政党本身的治理职能和政党体制的治理成效两个方面的内容，暗含治国理政的价值旨归；在治理路径层面，欧洲体现为"超国家层面—成员国层面—次国家层面"的"行政—立法"治理格局，不断朝治理专业化和政党现代化方向发展，党纪治理也演化出欧洲独特的表现形式和治理重点，有形和无形的治理资源也愈发呈现聚拢集中趋势。虽然欧洲政党治理起步较早，也似乎积累了丰富的理论基础和先进经验，但在意识形态危机、身份认同危机和合法性危机共同交织与政策主张缺乏连续性的不利影响下，欧洲政党政治格局呈现碎片化趋势、治理资源分散化态势，政党治理因其以选举和争夺选票为导向的深层弊病而处于一定程度的双向治理困境之下。欧洲的政党治理势必要因时而动，破除多层矛盾和多重危机侵蚀下的政治窘境，协同欧洲一体化进程和政治现代化演进构筑政党治理现代化的新路径。

政党治理萌生于对治理与善治理论的吸收借鉴，源于对世界大党衰退的现实反思，形成于推动执政转型的实践需要，生成于实现政党现代化的必然选择。[②] 就起源地而言，政党治理最先在欧洲发源，并随着资本主义及其生产方式的不断发展而成为当今世界各国国内政治的主要表现形式。因此，欧洲国家的政党似乎更有理由在政党治理领域具有更为先进和丰富的经验。但反观当前欧洲政治现状，不论在成员国层面还是一体化层面，极左、极右翼势力茁壮成长并逐步在议会占据大量席位，特别是民粹主义势力和反建制势力在欧盟所处多重危机背景之下抬头并迅速攫取部分成员国的政权，致使欧洲政治

---

① 关孔文，北京航空航天大学马克思主义学院讲师、国际问题研究中心执行主任；冯靖翔，北京航空航天大学人文社会科学学院经济学系学生。

② 陈驰、陈亮：《政党治理现代化的制度路径》，载《四川师范大学学报（社会科学版）》，2020年第6期，第5—12页。

生态失衡，呈现碎片化局面，也对整体国家的建设和社会的发展造成了消极影响。

一、欧洲政党治理理念的基本含义

政党政治是政治现代化的显著标志，也是现代政治制度最为核心的表现形式。一般意义上认为，政党是将民众同政府联结起来的桥梁和纽带，通过执政和立法合法性的代表权获得对行政机构和立法机构的控制[①]，而政党治理作为政党政策中最为核心的一环，是特定政党或党团意识形态、政治纲领和政策偏好的集中体现，也是政党建设的应有之义。欧洲作为政党治理的起源地，在该领域拥有较为先进的实践经验和丰富的理论储备，也不断发展出具有欧洲特色的治理路径。

其一，从治理概念来看，政党治理在欧洲的政治话语体系中是相对复合的概念。对欧洲而言，政党治理是指政党政府（Party Government）建构过程中的政策环节，其以政党对各个层级政府机构权力的掌控作为基本假设，涵盖政党在治理过程中的内向型功能建构及其行为方式、职能角色设定及其绩效评估两个维度，治理主体限定为政党通过民主方式所获得的政权及其管理过程。[②] 换言之，政党作为国家治理的特定组织而存在，其治理行为往往当且仅当其作为执政党并获取议会多数席位或在政府选举中获得首脑位置时才得以产生，而对政党本身的纲领、党员及选举等治理并不属狭义政党治理范畴。欧洲对政党治理的理解近乎将政党看作一种行动实体，更加关注对该实体的行为及其成效展开治理，而对该实体自身的考察虽有，但更偏向将该内视的外部性作用充分发挥，使对内治理成效得以外溢至该实体的外向型治理中。因此，欧洲话语体系下的政党治理虽包括政府内部机构及其相关机制的建构和治理，但其本质并非基于政党本身的治理和建设，而是指政党执政能力及其治理水平的提升。

其二，从治理理论来看。西方意义上的政党治理理论往往包括两个方面，即政党本身的治理职能和政党体制的治理成效。政党的利益聚合功能使其将利益（绝对利益和相对利益）作为其行为的主要依据，并据此改变政府政策的偏好，从而使得社会利益集团与政党得以结合。但倘若以利益团体作为社会生活

① Gary W. Cox，*The Efficient Secret*，Cambridge：Cambridge University Press，1987.

② Wolfgang C. Muller，Hanne Marthe Narud，*Party Governance and Party Democracy*，New York：Springer，2013.

中具有代表性的政治组织形态，社会将陷入混乱和不稳定的状态。① 因此，政党治理作为国家政治生态的稳定性要素成为欧洲政党治理理论的主要研究变量。大体而言，单一选区简单多数易催生两党制或类两党制体制，比例代表制则促使多党制的产生，但国内政治稳定与否并不与政党体制存在直接和必然的相关性。② 欧洲政党或党团的划分往往以利益聚合作为主要依据而非意识形态，即使同为反建制主义或民粹主义政党，也不一定共享相同的意识形态和政策纲领③，故而联合执政的情况更为常见（如德国、法国、荷兰等国当前政府）。总的来说，欧洲政党治理理论虽然发展起步较早，有其基于利益聚合导向的特征，并反映在具体的治理实践当中，但因其在实践过程中逐渐趋于关注单一的治理后置成果，故而稍显其在认识层面和实践层面的剥离，政党治理理论的“丰富—应用—发展”循环受限。

其三，从治理目标来看，欧洲的政党治理以治国理政作为其价值旨归，但治理过程中的环节有所侧重。欧洲意义的政党治理可以从相互关联的三个维度尝试理解：第一，参与选举的政党，意味着将支持政党的选民资源被挖掘并召集起来；第二，作为议会外组织存在的政党，其涵盖大规模的政党组织、党魁及竞选组织等；第三，作为政府执政者的政党，包括国家行政部门和立法部门的党派代表人，以及将政府诸多机构联系起来的政党结构。④ 政党治理作为政党职能的一种实现形式，往往主要涉及上述政党功能的第二和第三维度，其主要治理目标是获得竞选的胜利及政府组阁权并以此维持竞选优势直到下一轮竞选获胜（见图 3）。因此，欧洲的政党治理也意味着政党通过公共政策的方式，以带有其特殊印记的意识形态和政策偏好塑造政府的决策过程和政策表达。相较之取得政府的首脑位置而言，欧洲政党更偏好寻求议会的多数席位⑤，这是就特定议题决策施以政党影响的前提条件，也是政党表达其特殊利益诉求的具体形式。

由此，欧洲政党治理的核心要义应是竞选后对政府决策话语权的可持续性掌控，其价值取向并非以广义的民众利益作为出发点，而是特定利益

① 郇庆治：《西方政党体制理论：一种比较观点》，载《山东大学学报（哲学社会科学版）》，2001 年第 5 期，第 91—98 页。

② Kenneth Janda，Jin-Young Kwak，*Party Systems and Country Governance*，London & New York：Routledge Taylor & Francis Group，2010.

③ Florian Hartlebm，“ Here to Stay：Anti-establishment Parties in Europe，” *European View*，14（1）39-49，2010.

④ Anthony King，“ Political Parties in Western Democracies：Some Sceptical Reflections，” *Polity*. 2（2）：111-141，1969.

⑤ 同②。

集团的利益诉求，故而其政党治理的目标并不能简单以“善治”界定。因此，欧洲的政党治理难以与国家治理划归同一问题的两个方面。同时，西方的政党政治建构在业已存在的民族国家和公民社会之上，其治理能力相对有限，政党无法在国家治理方面具备较强的管控能力，只能通过社会的方式予以弥补，这也意味着欧洲的执政党权力难以通过政党治理得到系统的科学优化。

图 3 欧洲政党治理基本路径示意图

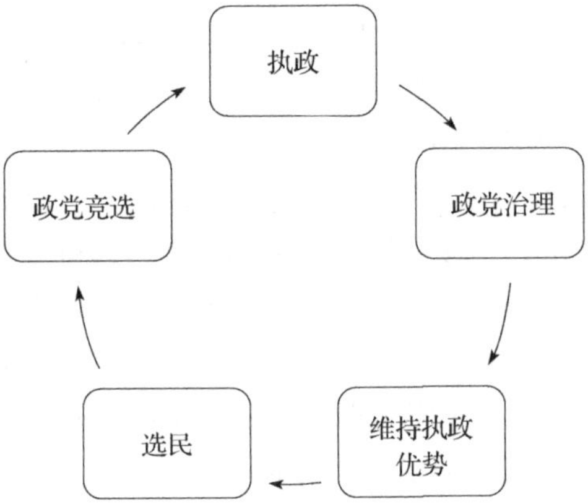

资料来源：作者自制。

二、欧洲政党治理的路径选择

得益于欧洲长期以来政党治理在理念、理论和目标方面的发展变迁，其据此构建的治理路径及其价值取向也渐趋成型。在 20 世纪 80 年代中后期，伴随着国际政治、经济及社会结构的变化，西方政党政治也经历了严重的衰退和危机，欧洲的政党普遍遭到了民众的质疑，特别集中在其是否有能力履行民众赋予的职能问题上。自此，欧洲的政党建设及治理行为随经济社会环境的变幻与政治现代化进程的演变而逐步完善，日趋构建出具有鲜明特色的政党治理模式，也不断获得新的治理实践经验。

第一，就治理模式而言，欧洲日益建立了多层次复合的治理模式，形成了“超国家层面—成员国层面—次国家层面”的立体治理架构。随着欧洲一体化的不断推进，欧洲议会作为欧盟重要的立法和审议机构，其议会职能日益凸显，而在欧洲议会决策过程中的去成员国化行为方式则强化了其特殊的政党政治属性。2009 年 7 月正式生效的《欧洲议会程序条例》规定党团至少要有来自超过7个成员国的25名议员才可组建①，虽在一定程度上约束了欧洲层面政党团体的数量增长，但也为欧洲层面政党治理的基本形态构建奠定了基础。据此，欧洲政党治理和欧盟在其他诸如气候变化、环境保护、能源安全等领域类似，呈现出多层次治理的特殊形态。但不同的是，政党治理并非由成员国政府间合作的方式或以欧盟委员会为主要表现形式的超国家行为方式得以体现，其在一体化层面和非欧盟层面的治理行为并不直接相关。因此，欧洲的政党不仅在次国家层面和国家层面有选举诉求，同时随着欧洲议会权力的日益增长，利益集团和成员国在欧盟政策层面的利益诉求也亟需通过欧洲议会的方式得以表达（见表6）。如德国总理默克尔所代表的联盟党（基督教民主联盟和基督教社会联盟），其在州层面的议会占有574席（总1 868席），有7个州的首脑出自该党团（联邦德国共16州）；在国家层面的德国联邦议会（下议院）占据246席（总709席），在联邦参议院控制28席（总69席），并在7个（共16个）同时在一体化层面的欧洲议会人民党团中占据29席（共96席）②，且现任欧盟委员会主席乌尔苏拉·冯德莱恩也出自该党团。可以看出，非欧盟层面固有的权力行使需求和欧盟层面的权力挤占牵引促使欧洲政党将其权力一方面固牢在本国政治舞台上，另一方面又延伸至超国家层面，由此构成了多层次治理架构的主体。但即便如此，不论是一体化层面的政党治理还是非欧盟层面的政党治理，都体现为一种治理资源、治理行为向上收束的牵引力，即政党治理的落脚点无非在政治实体的顶层，鲜有“自上而下”向社会层面的下沉与嵌入。

表6　欧洲政党政治在不同政治层级中的表现形式

层级	政党政治表现形式	
	行政	立法
次国家层面（州、地方）	州政府首脑	州议会议员席位
成员国层面	国家（联邦）政府首脑、政府组阁	上、下议院议员席位
超国家层面（欧盟）	欧盟委员会首脑及委员	欧洲议会议员席位

资料来源：作者自制。

第二，就治理措施而言，欧洲在政党治理专业化发展、党纪治理、政党现代化及执政资源的整合等方面都有所突破和发展。首先，政党治理的专业化水平是决定其政党治理成效的关键，欧洲政党治理体系的基础是多层次的选举系统，其涉及的选取层级和议题种类较为繁杂，因此选举专业化水平程度就成

① European Parliament，“Rules of Procedure，” *Parliamentary Term*，No.30，2009.

② 数据来源于德国联盟党网站（基民盟／基社盟），参见 www. cducsu.de。

为竞选获胜的重要前提条件。同时，由于后工业化进程所带来的社会文化、政治、媒体环境等多维度的变革，使得政党也不得不据此调整其组织结构和传播实践，这种改变被称之为政党治理的专业化进程。[①]组织结构上，学科领域专家或掌握专门技术的人才在竞选组织中的作用大增，也不断出现专门从事竞选领域的研究人员、顾问、技术人员等职业竞选人员。传播实践和竞选技术上，虽然不同成员国和不同意识形态的政党可能就政党竞选和治理专业化议题的认知存在一些差异，但概言之，欧盟范围内对此已达成基本共识，新媒体和市场手段已成为欧洲政党治理专业化水平的主要表现形式[②]，同时包括民意调查、电讯市场和选区分割等技术手段也成为扩大获胜集合的手段。正如欧洲学者所言，当前的政党选举和治理已不再为“业余选手”留有生存空间了。[③]欧洲政党依据时代发展特征，适时调整政党治理手段，在巩固既有传统治理手段先发优势的同时，也积极尝试应用新式治理手段，特别是在信息技术和大数据迅猛发展的当下，借助大数据深度挖掘和整合，以精准性、技术性、智慧性和先导性技术手段，通过互动化、小微化、高效化的方式实现多层次的协同治理。

其次，党纪治理是指政党通过法律、规范、监督等多重手段获取并维持其执政地位的手段，在欧洲多层次的立体治理体系下，其政党的党纪治理也演化出独特的表现形式和治理重点。健全的党内纪律监督制度是所有现代政党有效运行并实现其政治目标的必然要求和前提条件。[④]欧洲政党的卡特尔化是其最显著的表现形态，随着政党从以获取政权为目的的政治组织变为准国家治理机构，其内部关系也由此发生变化，使得其实现从公民社会向国家机器的转变。[⑤]广义的政党纪律从行为上表现为一种行动和立场的一致，其体现了政党控制其成员特别是核心成员的能力，在欧洲，这种一致与能力又集中表现为党内成员在议会中投票的聚拢性与政党实现这一结果的可能性。一般而言，不论政体如何建构，对政党的治理至少包括三个方面，即以国家层面的法律严格规

① Jens Tenscher，Karolina Koc-Michalska，Darren G Lilleker，“ The professional speak：Practitioners' perspectives on professional election campaigning，” *European Journal of Communication*，31（2）：95-119，2015.

② Jesper Strömbäck，“ Political Marketing and Professionalized Campaigning，” *Journal of Political Marketing*，6（2-3）：49-67，2007.

③ Jesper Strömbäck，“ Selective Professionalisation of Political Campaigning：A Test of the Party-Centred Theory of Professionalised Campaigning in the Context of the 2006 Swedish Election，” *Political Studies*，57（1）：95-116，2009.

④ 林德山：《欧洲政党党内纪律监督制度探析》，《国外理论动态》，2017 年第 3 期，第 11—20 页。

⑤ Richard S. Katz，“ Party as Linkage：A Vestigial Function? ” *European Journal of Political Research*，18（1）：143-161. 18（1）：143-161，2006.

范政党活动、以党内层面的制度建设严明政党纪律和以公民社会层面的多重监督体系进行纪律约束。欧洲国家的一些主流政党在其长期的历史发展中形成了与其自身政党制度及文化相适应的党纪监督机制，如德国社民党，一方面其不断根据政治和社会经济发展情况适时调整政治纲领，界定符合时代要求的政党治理路线（如2007年的《汉堡纲领》等）；另一方面发展“第三条道路”的监督体系，充分发挥大众传媒的舆论监督作用，以此弥补其“中央—地方”党内监督体系的不足。但欧洲政党党纪治理以竞争性选举为主要竞争模式的条件下的局限在于，党纪以各党为了争夺选票获得执政地位乃至连选连任为旨归，党纪治理在此框架下发挥约束党员的作用，因此其治理的直接成果是政党的政治影响力和社会公信力的提升，加之党纪治理还受到政党认同、党内协商以及政党政治格局等多因素的影响，故而通过党纪治理实现政党治理难以直接作用于国家治理。

再次，政党执政资源是执政能力的重要体现，是执政党履行执政职责、实现执政目标、巩固执政地位的各类资源要素的总和，也是政党治理的重要依托条件。政党执政资源包括政治、经济、文化和社会等各类要素，同时涵盖有形资源和无形资源两类。就欧洲的政党而言，竞争性选举客观上强化了不同政党间的意识形态差异，其可利用的党际间资源较少，因此兑现竞选承诺并强化其执政合法性成为动员执政资源、完善政党治理的主要途径之一。政党治理的专业化要求政党将官僚体系和学者体系相勾连，以凸显执政的专业化和决策的科学化。所以，政治基金会作为联系政党政治和选民的特殊形式在欧洲及成员国层面的议会决策过程中发挥日益重要的作用。事实上，当前仅在欧盟层面的政治基金会注册的就有10家，并分别与欧洲议会诸多党团保持亲缘关系。其主要职能包括观察、分析并就议会特定公共政策议题的辩论提供咨询，同时也可通过组织讨论会、培训、会议、特定政策研究等形式影响欧盟决策程序。事实上，政治基金会并非新型治理形态，如德国的阿登纳基金会、艾伯特基金会、赛德尔基金会等作为独立于政府的部门，通过其与政党的亲缘关系，对德国政治和社会生活产生了重要的影响。①

最后，政党现代化是政党巩固执政地位并达成其执政目的过程中的应有之义。政党治理是政党现代化的必然选择，一方面，政党现代化过程本身孕育着政党治理的理论意义和实践意蕴；另一方面，政党治理是政党现代化的一个重要维度，它体现了政党现代化过程中的一些共性规律和发展趋势。② 所

---

① 闫瑾：《德国政治基金会探析》，载《德国研究》，2003年第1期，第17—22页。

② 刘先春、柳宝军：《近年来国内学界政党治理研究述评》，载《当代世界与社会主义》，2016年第3期，第184—194页。

谓政党现代化，就是政党适应客观环境及其变化的需要，适应社会现代化的发展进程，使自身结构、功能、机制和活动方式不断科学化、制度化、规范化的过程。[①]英国工党在成立之初只吸收集体党员，但在成长过程中以集体党员为主的党员结构逐步显露其弊病所在，在认识到发展个人党员的重要性后，英国工党逐步由只吸收集体党员转而从社会上大量吸收个人党员，尤其是妇女党员，这不仅优化了工党的党员结构，促进党内团结，还促进废除已越来越不适应当时经济社会环境的集体投票制。德国社民党也在组织结构上破除了固定党籍制的传统做法，转而采取“项目党员制”的创新做法，满足了不完全赞成本党主张也不想以此身份承担相应政治义务的公民以较为灵活的方式入党、退党，既在政党治理中融合了项目管理的思维，又使政党不断适应政治活动新的变化。针对信息化和数字化的迅猛发展，德国社民党还提出了建立“网络党”的口号，把党的 6 000 个基层组织联网，通过计算机构建了一个党员共同参与的网络平台，形成“网上社会民主党”，并实施了“红色电脑”“红色手机”计划。[②]伴随经济社会的发展和政治格局的变化，政党实现其有效治理的基础与环境也随之发生变化，欧洲政党将其自身的现代化与政党治理基础的构筑提至同一问题的两个方面，是利用二者巩固执政地位的需要。

第三，就治理评价方式而言，政党治理的最终成效应体现为执政能力的提升和政党体系的稳定。一般意义上，政党体系的集约性越强，政党体系越稳定，国家治理的成效就越好。[③]因此，政党执政的稳定性似乎成为欧洲政党治理评价的重要指标，如欧洲人民党长期在欧洲议会中所占席位稳居第一、德国的联盟党（基民盟和基社盟）也自 2005 年以来一直处于执政党地位，这似乎是此类政党治理成果的重要体现。但随着政治和经济的不断发展，社会力量对比也在不断地发生变化，虽然欧洲的政党也尝试通过各种市场化和科技化的途径完善其政党治理行为，并积极引入第三方机构就其治理成效和执政能力进行有效评估，但特定政党的属性本身就限定了其所代表的利益集团。由于并不能够代表全体选民的利益诉求，因此其在政党治理和执政过程中的表现和行为就不能令最广泛选民满意。加之竞争性选举所带来的周期性执政党更迭，政府原有的组织形态和机构设置随着政党的更替而改变，使得政府行政碎片化和非连

---

① 王长江：《政党现代化论》，南京：江苏人民出版社，2004 年版，第 29 页。

② 于海青：《国外政党现代化的观察与思考》，载《山东社会科学》，2012 年第 1 期，第 34—38 页。

③ Kenneth Janda，Jin-Young Kwak，*Party Systems and Country Governance*，London & New York：Routledge Taylor & Francis Group，2010.

续性加重，所以类似通过领导人个人魅力或政党忠诚塑造长期有效的选民基础已经几乎成为欧洲政党的幻影。[①] 虽然欧洲希望通过政党治理实现执政能力提升与政党体系稳定，但其利益主体的局限性决定了欧洲的政党治理与国家治理无法实现良性互动，更难以建立覆盖二者的制度体系。纵使欧盟在政党治理上获取了先动优势，并取得了一定的制度和经验积累，但受制于欧洲点面交织的纷繁政党政治体系和层次多元的立体政党治理架构，欧洲难以在价值凝聚上取得长效的成果，在组织革新等路径也缺乏合力，故而不同层面机制在治理目标虽有共识但难达同一性，治理实践上虽不曾经历间歇但也难称得上具有足够的连续性。

三、欧洲政党治理的困境及其生成逻辑

纵观当前欧洲政党政治现状，不论在一体化层面还是成员国层面，原有优势政党（中左或中右）的治理资源流失显著。欧盟层面，欧洲议会欧洲人民党党团和欧洲社会民主进步联盟党团所占席位数量都有大幅下降，而右翼民粹势力包括德国选择党、法国国民联盟、英国脱欧党、意大利北方联盟、匈牙利青民盟等势力都有所上升。[②] 成员国层面，民粹主义政党和反建制政党也日趋步入议会，德国选择党进入联邦议会、法国“国民阵线”和“不屈的法国”逐渐进入法国政治舞台的中央，意大利“北方联盟”和“五星运动”进入联合政府。[③] 同时，欧洲政党政治也呈现碎片化趋势，且正朝一种具有稳定性和持续性的“新常态”方向发展。欧盟各国议会内政党数量增加，出现了诸如波兰的“自由”党、捷克的捷克海盗党等新党，主流政党地位进一步下滑，甚至与非主流政党力量对比发生逆转，欧洲议会欧洲人民党党团和欧洲社会民主进步联盟党团首次失去欧洲议会多数地位，政党力量从主流政党集中化转向主流政党和非主流政党扩散化，各种政治力量之间组合的流动性加速。这种碎片化在延续过去一个时期欧洲政治结构性变化趋势的同时，也加深了欧洲社会的政治分裂，意味着欧洲治理的复杂化和欧洲改革变数的加大。复杂且混乱的政党政治格局，背后透视出政党治理困境，究其原因有以下几点：

---

① Wolfgang C. Muller, Hanne Marthe Narud, *Party Governance and Party Democracy*, New York: Springer, 2013.

② 房乐宪、关欣：《选民需求、政策供给与欧洲右翼民粹政党竞选表现—基于 2019 年欧洲议会选举的分析》，载《当代世界与社会主义》，2019 年第 6 期，第 115—122 页。

③ 李靖堃：《多重危机背景下的欧洲政党政治格局》，载《国际论坛》，2019 年第 1 期，第 50—61 页。

其一，共同意识形态危机导致政党凝聚力下降，使得政党利益需求和行动能力难以协调。[①] 一般认为，随着政党治理的深入，政党的意识形态应当伴随着政党现代化出现“中间化”趋势，即政党间的意识形态出现向对立方靠拢或兼采其某些主张的倾向，甚至衍生出一种居于二者之间的意识形态，如法共“新共产主义”理论实际上就是把社会主义归结为一种社会运动过程，主张通过在资本主义社会内的连续性变革，克服资本主义“剥削、异化和统治”等弊病，从而实现其理想社会。[②] 然政党在本质上是特定阶级利益的代表者，竞争性政党体系运作的前提是不同政党间的观点对立和思想交锋，故而淡化的意识形态也模糊了党及其成员的思想特性，导致党的思想体系缺乏应有的独立性和完整性，降低了以利益站位为根基的政党作为一个政治实体的行动效力。

其二，身份认同危机使得主流政党失去其根植于意识形态的传统价值取向，加之欧洲多重危机的背景，使得民众更为注重单纯的物质追求而非意识形态议题。欧洲的主流政党代表主流价值观念，具有其鲜明的政治特色，且基本能够保持其执政能力或潜力的连续性和支持群体结构的稳定性。然而，金融危机、难民危机及欧洲一体化危机等一系列危机的爆发，反映了传统主流政党无法有效应对社会经济结构变化带来的种种挑战[③]，特别是由于传统主流政党应对危机不力而导致欧洲民众对当前占主导地位的传统政治方式产生不信任感，尽管这种不信任感可能是短期的，但是仍招致欧洲民众对传统主流政党的不满，甚至对资本主义政党政治制度的怀疑，这使得主流政党保持执政能力的连续性和支持群众结构的稳定性不再容易，对主流政党产生的剥离感被民众上升至制度层面后容易引发政党政治格局的混乱。

其三，合法性危机不仅体现在欧洲传统政党的代表性和执政的合法性不足，也催生了反建制政党通过西方民主程序进入议会和政府。欧洲国家普遍采用代议制的民主形式，选举投票是欧洲民众参与政治生活的重要方式，故而选举的投票率在一定程度上反映民众参与政治生活行使国家权力的程度，体现了候选政党及其将构建的政治格局的合法性，政党的得票率又可以看作其代表选民的程度，进而是判断该政党有无足够代表性的重要指标。近年来，欧洲国家选举的投票率呈明显的下降趋势，在某些国家甚至为历史新低，同时欧洲传统主流政党的得票率也初露下跌端倪。传统主流政党式微也为反建制政党扩大其

① 张磊：《欧洲议会中的党团政治》，北京：北京大学出版社，2013 年版。

② 于海青：《国外政党现代化的观察与思考》，载《山东社会科学》，2012 年第 1 期，第 34—38 页。

③ 李靖堃：《多重危机背景下的欧洲政党政治格局》，载《国际论坛》，2019 年第 1 期，第 50—61 页。

影响力拓展了空间，而反建制政党逐步进入欧洲政治中心的趋势又进一步削弱了传统政党的势力，虽然这种相互作用的关系尚难以达到不断循环、自我强化的境况，但仍给欧洲的政党治理格局特别是传统主流政党带来了不小冲击。

其四，政党政策主张欠缺连续性使政党治理的长效资源难以整合，加之政策主张的对象与主体可能随选举周期来回摇摆，欧洲政党更无法聚拢稳定的治理资源，国家治理与政党治理时常处于剥离状态。欧洲政党治理以政党取得执政地位为前提，在欧洲政党以获得选票为活动导向、政党政治格局随选举周期而运动的背景下，政党治理也将渐趋裹挟在竞选及选举周期的影响与政党争取连选连任的驱使中。政党在竞选期间需以特点鲜明、指向明确的竞选纲领和政策承诺争夺尽可能多的选票，同时为与对手竞争所驱使，竞选口号常常较为激进或极端，然而在赢得选举获得执政地位后，执政党在意识形态抑或是政策施行等方面竟骤然出现朝中间靠拢的倾向。普遍意义上讲，欧洲政党的执政活动以选举为导向，并以获得执政地位的可持续性延伸作为治理的主要目标，这在一定程度上意味着其在获得执政地位后即基本实现政党的政治活动目的，从而在实际施政与履行竞选承诺的过程中趋于制定较为温和而易于推行的政策，通过政策塑造的普遍性导向解决执政过程中面临的主要治理议题。执政前的竞选承诺与执政后的政策施行之脱节表现为政党政策主张缺乏一定的连续性，施政工具与施政目标在执政前后的不一致也导致政党治理资源流失和治理目标短视，政党治理进而体现为强度上下波动与目标左右摇摆的不稳定状态。

四、结语

政党治理是政党实现自我发展，并以此巩固政治地位的必然选择。政党治理起源于欧洲，在其不断发展的过程中逐渐形成了相对复合的概念，虽包括政党内向型的建构和治理，但本质上瞄准的是政党的执政能力与治理水平的提升。西方意义上的政党治理理论包括政党本身的治理职能和政党体制的治理成效，但受制于欧洲政党更表现为利益而非意识形态的聚合，故而政党政治理论更关注治理的后置成果。欧洲政党治理的核心要义是竞选后对政府决策话语权的可持续性掌控，故而难以“善治”界定其目标。欧洲政党治理兼具多层次符合的治理模式和立体治理架构，治理资源与行为呈向上聚拢姿态。同时，欧洲在政党治理专业化发展、党纪治理、政党现代化及执政资源的整合等方面都有所突破和发展。欧洲希望通过政党治理实现执政能力提升与政党体系稳定，但其利益主体的局限性决定了欧洲的政党治理与国家治理无法实现良性互动，更难以建立健全覆盖二者的制度体系。欧洲政治当前正面临共同意识形态危机、自我认同危机和合法性危机，在政策主张尚缺失连续性的情况下，致使欧洲政党治理资源流失，政治也逐步呈现碎片化局面，政党治理面临困境与挑战。

基于欧洲政党政治格局的历史变化，深究当前欧洲政党治理所面临困境之根本，发现欧洲政党将选举和争夺选票奉为圭臬是导致其政党治理出现双向治理困境的深层原因。由于欧洲政党政治活动效能与成果难以评估，特别是非执政党与传统主流政党的绩效更是难以通过该国经济社会等各方面的变化衡量，因此欧洲政党取得成绩与否及该成绩符合广大人民利益与否近乎以下一选举周期的竞选投票结果反映，这一方面激励政党通过各种手段方式赢得选票，强化了政党以选举和争夺选票为导向的政治价值取向，因而政党治理的受众本质上是其支持架构下的选民，另一方面又由于其近乎是选民对政党进行评价的单一方式，因此选民对政党的不满或不信任情绪往往通过选票反映出来，在共同意识形态危机、自我认同危机和合法性危机的影响下，特别是政策主张缺乏连续性引致选民对政党的不信任又极易导致政党选票流失。综上来看，在以选举和争夺选票为导向的根本弊病影响下，欧洲政党治理的受众近乎狭义地缩小为其选民抑或是潜在的选民，其治理效能实际上是为了获得选票，但又恰恰因为其以选举和争夺选票为导向，导致欧洲政党治理出现一系列危机且政治主张缺乏连续性，进而可能丧失选票和执政地位。一言蔽之，欧洲政党将选举和争夺选票为根本价值取向，导致政党出现以获得选票目的的治理反而使其处于丧失选票的双向治理困境。

澳大利亚自由党内的对华鹰派代表人物分析

肖　欢[①]

摘　要：澳大利亚莫里森政府执政以来，采取强硬的对华政策，接连在涉港、涉疆、涉台及新冠病毒溯源等问题上频频发难，导致中澳关系陷入严重困难的局面。在这一过程中，自由党内对华鹰派人物发表的言论、推动的决策、采取的行动发挥了重要的作用，产生了直接的负面影响。通过分析对华鹰派代表人物的工作经历和对华态度，可以发现他们受到自由党亲美、亲西方政治传统的影响，都具有军事、国家安全方面的工作背景，并将继续对澳大利亚的对华政策施加消极影响。

澳大利亚是议会制君主立宪制国家，议会是国家政治活动的中心，主导着国家内外政策的制定和执行。澳大利亚的对华政策不仅受到来自美国的巨大外部影响，也深受国内政党政治的直接影响。自由党作为执政联盟（自由党 - 国家党联盟）的主导势力，近年来在内部鹰派人物的推动下，采取了强硬的对华政策，对中澳双边关系和印太安全造成了负面的影响。本文将梳理和分析自由党内的对华鹰派代表性人物及其特点，并试图对自由党今后的对华政策做出趋势性判断。

一、澳大利亚的政党制度

根据澳大利亚宪法，澳大利亚议会由众议院和参议院组成，众议院目前由全国 151 个选区当选的议员组成，各州和领地根据人口规模划分选区，每个选区的人口数量大致相同。参议院目前由 76 名议员组成，与众议院不同，各州在参议院的席位数是均等的，即每州 12 个席位，北领地和首都领地也各有 2 个席位。[②]

---

① 肖欢，浙江（嘉兴）中外政党研究中心副主任，教授。

② “Parliament of Australia”，https://www.aph.gov.au/Senators_and _Members.

众参两院都设有议长，由各议院议员选举产生。众议院议长多由执政党成员担任。议长负责主持会议，安排议事日程，主管和监督议会的行政事务，对外代表议会。由于议会规模庞大，不容易议事、决策，政治上也不好驾驭；加之社会的飞速发展使得需要立法的事务日渐增多，而且这些事务较复杂，处理起来需要有专门的技术和知识。在这种情况下，各种委员会应运而生。这些委员会是议会的辅助性机构，主要任务是协助议会审查议案，在议会立法过程中发挥重要作用。众多的委员会大致可分为三类，即两院联合委员会、常设委员会和特别委员会。两院联合委员会主要包括外交与国防委员会、情报与安全委员会、议事日程委员会、公共账目委员会、首都直辖区委员会等；常设委员会是各院按职能建立的，主要包括财政预算委员会、议事规则委员会、社会福利委员会、贸易与商业委员会、教育与科学委员会、资源与环境保护委员会等；特别委员会是为进行某些工作而设立的临时性委员会，任务一旦完成即撤销。

议会两院有权对任何问题提出议案。关于拨款或征税的议案，只能由众议院提出，但参议院有权退回众议院的提案，要求众议院重新修正。除此之外的其他议案，两院享有同等的权限。宪法规定虽然如此，但在实际的政治生活中，众议院在议会中占据明显优势。参议院的作用主要是复核众议院所通过的议案，如果执政党在参议院中拥有多数席位，参议院照例只会批准议案，因而被人指责为“橡皮图章”；而参议院中如在野党占优势，反对党又会力阻众议院的法案获得通过，此时它又被人指责为“妨碍院”。

目前，澳大利亚有工党、自由党和国家党三个主要政党，还有绿党、单一民族党等小党。长期以来，工党、自由党和国家党占据着澳大利亚政治舞台的中心，是政治活动的主角。从政党制度而言，澳大利亚是比较典型的两党制国家。工党和自由党是全国影响力最大的两个党。自 1900 年以来，澳大利亚的经济、社会及种族构成出现了很大变化，但政权多是在工党和自由党及其联盟之间易手。虽然自由党及其联盟在不断组合，但政权总是在这个非劳工同盟和工党之间进行更迭。因此，国内外学术界基本上都认为澳大利亚是较典型的两党制国家。①

在 2019 年的澳大利亚联邦大选中，自由党 - 国家党联盟赢得众议院 77 个议席，自由党领袖斯科特·莫里森（Scott Morrison）继续连任总理，工党获得 68 个议席，未能赢得本次选举。此外，在参议院，绿党和其他小党占据了 15 个席位，使得这些小党在澳大利亚国家政治生活中发挥了越来越重要的作用。

---

① 中国大百科全书出版社编：《中国大百科全书·政治学》，北京：中国大百科全书出版社，1995 年版，第 212 页。

二、自由党内的对华鹰派代表人物

自由党是在1944年由罗伯特·戈登·孟席斯（Robert Gordon Menzies）创立，他身份认同上更强调西方属性，主张加强与欧美的传统联系，强化与美国的同盟关系。相比较而言，工党则更加强调澳大利亚外交的独立性，注重与亚洲国家的关系，在外交上积极支持多边主义和国际主义。① 因此，本文侧重对自由党内的对华鹰派人物进行梳理。

莫里森执政以来，迅速响应美国特朗普政府的对华强硬政策，对中国采取了全方位的攻击性行动，导致中澳关系陷入严重困难局面。莫里森政府在涉港、涉疆、涉台等涉及中国核心利益问题上屡屡采取错误言行，毒化双边关系；在毫无证据的情况下，莫里森政府指责中国对澳搞所谓“干预、渗透”，对中澳两国正常交往与合作政治化、污名化并无端设限；莫里森政府还在国际上带头提出对新冠病毒溯源进行所谓的“独立调查”，还取消了维多利亚州与中国此前签署的“一带一路”备忘录和框架协议。

中澳关系的恶化与自由党内部鹰派成员发表的言论、推动的决策、采取的行动直接相关。通过对澳大利亚官方网站公开信息的查询，三位具有代表性的自由党对华鹰派人物的简要情况和对华态度如下。

一是彼得·达顿（Peter Dutton），1970年生于布里斯班，毕业于昆士兰科技大学，自由党迪克森选区议员，曾任莫里森政府国防部长（2021年3月30日至2022年5月），现任自由党党魁。1988年，达顿加入青年自由党，开始其政治生涯。1989年，他第一次参加州选举，但未获成功。1990—1999年，达顿从昆士兰警察学院毕业后，在布里斯班担任缉毒警察，随后进入反国家犯罪局工作。1999年，他离开警察部门开始经商。2001年，达顿成为自由党迪克森选区成员并进入澳大利亚议会。2004年，他被任命为霍华德政府的劳动参与部部长。2006年，达顿升任助理财政部长。在2007年的选举中，他成功赢得自由党迪克森选区的席位。2008—2013年，他任影子内阁财政部长。2014年，达顿任阿博特政府移民部长，以在移民和难民问题上的强硬立场而闻名。2017—2021年，他担任内政部长，负责澳大利亚联邦警察、边境部队、安全情报组织及刑事情报委员会。

作为自由党保守派成员，达顿在担任澳大利亚内政部长和国防部长期间，多次发表对华的负面言论。他曾高调宣称“中国共产党的行为与澳大利亚价

---

① Tanya Plibersek，“Australian Foreign Policy：The Labor Approach”，Australian Journal of International Affairs，Vol.70，No.5，2016，pp.460-466.

值观不符”，并呼吁对澳大利亚高校面临的外国干预、网络攻击以及窃取知识产权的行为加以警惕。① 对于台湾问题，达顿在 2021 年 11 月接受采访时宣称：“如果美国介入台海战事，无法想象澳大利亚作为盟友不站在美国这边。”② 2022 年 3 月，他接受采访时又表示，“到时候我们会根据国家的最大利益做出决定。”他称，未来一旦在台海地区真的发生了军事冲突，那么澳大利亚政府将会毫不犹豫地向台当局提供武器装备，为其进行军事武装。③

二是安德鲁·威廉·海斯蒂（Andrew William Hastie)，1982 年生于悉尼，毕业于新南威尔士大学及澳大利亚国防军学院，自由党坎宁选区议员，曾任莫里森政府国防部助理部长（2020 年 12 月至 2022 年 6 月），现任自由党影子内阁国防部长。2001—2015 年，海斯蒂在澳大利亚国防军第 2 装甲团和特种空勤团服役，曾参加在阿富汗和中东的军事行动。2015 年退役后，他在自由党坎宁选区当选议员进入政界。2016 年 9 月，海斯蒂被任命为议会情报与安全联合委员会成员。2017—2020 年，担任该委员会主席，负责国家安全、反恐、反间谍事务。④

海斯蒂是自由党极端保守反华势力的代表人物，长期在澳大利亚政界宣扬中国对澳大利亚进行“威胁”“渗透”的观点。2017 年在澳大利亚媒体闹得沸沸扬扬的“中国特工”王立强骗局，就是此人一手策划，对中澳关系造成了非常恶劣的影响。对于台湾问题，海斯蒂在 2021 年 11 月接受采访时，公然宣传台湾是“民主国家”，澳大利亚需要支持它。但是谈及澳大利亚是否会军事介入台湾问题时，他未正面回答，只是称“最好让国家安全委员会来决定”⑤。他在 2022 年 3 月接受采访中污称“中国是如同俄罗斯一样的修正主义和扩张主义国家，因此澳大利亚需要准备好应对中国在台湾及其他的行动”⑥。

三是詹姆斯·威廉·帕特森（James William Paterson)，1987 年生于墨尔本，毕业于墨尔本大学，自由党维多利亚选区议员（2016 年至今)，自由党影子

---

① Amy Greenbank，“ Peter Dutton Vows to ‘Call Out’ China over Foreign Interference and Cyber Hacks ”，https://www.abc.net.au/news/2019-10-11/peter-dutton-calls-out-china-foreign-interference- cyber-hacks /11595750.

② Australian Government Department of Defense，“ Biography of Minister of Defence ”，https://www.minister.defence.gov.au/minister/peter-dutton/transcripts/doorstop-interview-parliament-house-canberra.

③ 《不再出兵“保护台湾”？澳防长达顿这回扬言要给台湾提供武器》，https://3w.huanqiu.com/a/c36dc8/475CiSgfKzL。

④ 同②。

⑤ “ Interview with Pete Stefanovic ”，https://www.minister.defence.gov.au/minister/andrew-hastie/transcripts/interview-pete-stefanovic-sky.

⑥ “ Interview with Sharri Markson ”，https://www.minister.defence.gov.au/minister/andrew-hastie/transcripts/interview-sharri-markson-sky-news-0.

内阁网络安全与反外国渗透部长，现任议会情报与安全联合委员会主席。帕特森曾任职于维多利亚雇主工商会（VECCI）以及参议员米奇·菲菲尔德（Mitch Fifield）办公室，他还是公共事务研究所（Institute of Public Affairs）的副执行主任。2016 年 3 月，帕特森成为自由党维多利亚选区议员。2021 年，在安德鲁·海斯蒂被任命为助理国防部长后，他当选为议会情报与安全联合委员会主席。

帕特森是自由党民族右翼派成员，对华态度强硬，也是被称为“金刚狼”（Wolverines）的跨党派对华鹰派议员小组的创始成员之一。2017 年，帕特森是第一批反对特恩布尔政府与中国签署引渡条约的自由党议员之一。他还极力反对维多利亚州与中国签署的“一带一路”备忘录和框架协议，并鼓吹立法允许外交部长取消公立大学、地方议会和州政府与外国政府达成的违反澳大利亚国家利益的协议。[①]2021 年 10 月，帕特森被报道称：“中国的外国干涉和间谍活动是对澳大利亚生活方式的最大威胁，超过了恐怖主义。”[②] 2021 年 11 月，帕特森在欧洲议会发表讲话时，敦促有关国家联合起来，对抗“来自中国等国的外国干涉”[③]。2022 年 3 月 13 日，他在伦敦表示：“希望中国从俄罗斯在乌克兰的经历中吸取教训……还要看到西方世界采取的无法想象的决心，让俄罗斯承受了非常高昂的代价。”[④]

三、自由党内对华鹰派代表人物的特点

通过对自由党内对华鹰派代表性人物的分析，我们可以发现以下特点：

首先，自由党内鹰派人物的对华态度受到该党亲美、亲西方的政治文化传统的影响。自由党创始人孟席斯就非常亲美，强调西方的共同价值观。他在总理任期内签署了同美国的同盟条约，还并追随美国参加了朝鲜战争和越南战争。孟席斯的外交思想对自由党有着深刻的影响，这也就不难理解，为何历届的自由党政府都很强调美国在地区安全中的主导角色，强调美澳同盟对于维护澳大利亚国家安全的重要性。在美国对华推行接触政策时，自由党内还会选择在“安全”和“经济”之间保持微妙的平衡；而当美国对华政策发生巨大转

---

① Anthony Galloway，“ Chinese embassy complains over senator’s ‘bias’ ”，https://www.senatorpaterson.com.au/news/chinese-embassy-complains-over-senators-bias.

② Cameron Stewart，“ China biggest threat to way of life，says senator James Paterson ”，https://www.senatorpaterson.com.au/news/china-biggest-threat-to-way-of-life-says-senator-james-paterson.

③ 同①。

④ David Hurley，“ China to ‘learn a lesson’ ”，https://www.senatorpaterson.com.au/news/china-to-learn -a-lesson.

变，将中国视为头号对手时，自由党政府内部的鹰派人物自然会大力鼓吹澳大利亚应追随美国，对华采取强硬态度，并在党内获得支持。

其次，自由党内的对华鹰派人物都具有军事、国家安全方面的背景，主导着政府和议会中这一领域的话语权。莫里森政府的国防部长达顿曾在警察部门任职，并担任过负责安全情报组织的内政部长；助理国防部长海斯蒂在澳大利亚国防军服役 15 年之久，多次被派往海外参与作战行动，进入政界后，他曾任澳大利亚议会的情报与安全联合委员会主席，负责国家安全、反恐、反间谍等事务的立法和政策制定工作；帕特森虽然初出茅庐，但却接替海斯蒂成为议会的情报与安全联合委员会主席。正是因为鹰派人物的这一特殊背景，使他们在看待和处理对华关系时，带有严重冷战思维，陷入安全困境的误区。正如澳大利亚国内人士对持续下滑的中澳关系评论说，联邦政府“反华”的主要是军事、安全部门，他们看待中国带有严重的意识形态偏见。[①]

再次，自由党内的对华鹰派人物多为“少壮派”，且与美国关系紧密。相对于澳大利亚政坛内对华态度较为温和的老一辈政治家，如前总理、工党领袖保罗·基廷（Paul Keating），自由党内的鹰派很多都年纪轻轻且缺乏丰富的政治经验。前文介绍的海斯蒂 1982 年出生，帕特森 1987 年出生，后者更是在 28 岁时就当选为澳大利亚参议院最年轻的议员。作为政界的“素人”，他们只有通过发表耸人听闻的言论来博人眼球，赢得公众的注意，而鼓吹对华强硬、渲染“中国威胁”是他们获得选民支持、出任政府高官、争取国防拨款的快速而有效的手段。此外，两人同美国的关系也非常密切。海斯蒂曾多次在阿富汗、中东地区执行军事任务，与美国军方和情报界有着深度合作。帕特森在 2014 年进入政界前，曾经在美国国会众议员共和党人林肯·迪亚兹－巴拉特（Lincoln Díaz-Balar）办公室做实习生，而迪亚兹－巴拉特是以反共、反卡斯特罗政权而著称的古巴裔政客。[②] 可以判断，自由党内的对华鹰派人士在澳大利亚政界的得势，与美国的大力支持密不可分，所以，他们既是强烈的“亲美派”，也是强硬的“反华派”。

四、结语

可以预见，在美国大力推进印太战略、持续强化美澳同盟的大背景下，自由党内的对华鹰派势力将继续对该党的中国政策走向发挥重要作用。在

---

① 刘天亮：《与澳联邦不同，澳各州与中国“关系紧密”》，《环球时报》，2019 年 11 月 11 日。

② “James Paterson”，https://www.celebsagewiki.com/james-paterson-australian-politician.

2022年5月举行的澳大利亚联邦选举中，自由党失去了执政党地位，成为反对党。尽管自由党内对华鹰派无法如之前那样通过掌握国家政权直接制定对华政策，但是依然可以利用反对党的身份影响澳大利亚对华政策的走向。同时，作为刚刚上台的执政党工党，在制定对华政策时，也会考虑反对党的立场，一般情况下不会在短期内做出重大改变，尽量延续此前对华政策的稳定性。

总之，在美国大力推进印太战略、持续强化美澳同盟的大背景下，自由党鹰派势力对华强硬、遏制的政策主张将继续在澳大利亚国内政治中发挥不可忽视的作用，从而对执政党工党可能采取的改善对华关系的措施形成牵制和阻碍。

当代韩国政党体制的困境与特征及其走向

［韩］金龙勋[①]

摘　　要： 以往，韩国的左派政党和右派政党在对立的同时，还能够推动政治的发展，但是现如今左右政党的竞争和对立加剧，甚至有可能破坏政党政治体制。比如，2020年的议会选举结果导致执政党赢得了足够的议席，使其无需与在野党达成协议就可以通过几乎所有法案，表现出独断专行政党的特征。执政党的这种独断专行和对此持反对意见的在野党之间的矛盾深化导致政治两极化。而且，可以称为选举民主制度弊端的身份政治和粉丝政治现象也日益明显。

在韩国政界有句话叫“政治是生物”，这句话来源于政治，它就像生物一样时时刻刻地进化着。政治是把不可能变成可能，相反，把可能变成不可能，这就是人类的行为。这种政治行为的主体是政党，韩国的政党政治是否随着时代的发展而变化？可以肯定的是，最近在韩国，政党并没有发挥其应尽的职责。政党的主要作用是代表民意，但目前韩国政党的主要目标并不是代表民意，而是通过选举胜利掌控政权。迄今为止，韩国政党政治的最大特点是：左、右政党之间不断的竞争和分裂，形成了现在的政治格局。也就是说，南北分裂衍生出来的左右对立的政治是韩国政党政治的结构性特征。

在英美等自由民主主义国家，左右的对立虽然也会成为政治发展的绊脚石，但是良性的竞争不仅会带动政党政治的发展，还会带动社会发展。以往，韩国的左派政党和右派政党之间的充满活力的竞争也确实对社会发展起到了积极的作用。但是这种充满活力的竞争未能朝着积极的方向发展，相反正在激化社会矛盾，这无疑是民主选举制度的危机。

本文分析韩国政党政治的结构性特征和韩国政党政治独特的政治现象。特别是文在寅上台以来出现左右阵营对立的政治两极化，从而剖析身份政治和

---

① 金龙勋，中国人民大学博士研究生，韩国统一战略研究所副所长。

粉丝政治对韩国政党政治的危害，本文提出韩国政党政治弊端的克服方案和发展方向。

一、韩国政党体制的问题与特性

政党是连接国家与社会的媒介，必须“适应社会变迁，发挥接纳新参与者的媒介作用，并保持稳定的支持基础”[①]。在维持这种支持基础的过程中，左右政党之间的竞争和对立阻碍了另一方的“独断专行”，从而使社会不会走向极端。也就是说，让选民选择具有反对倾向的政党作为“独断专行政党”的替代方案。选民可以根据政治立场选择代表自己利益的政党，并支持不同的政党，从而能够形成稳定的政党体制。[②]

虽然在对立和竞争过程中不可避免地发生社会费用，但从长远角度来看，这样会促进政党政治的稳定。因此，伴随现代化进程的加速推进，政党之于现代政治的价值功能亦日益凸显，不仅成为“治理国家不可缺少的工具”[③]，甚至成为“半国家机构”或“准国家机构”。

韩国的政党格局在解放后比较短的时间内得到了稳定，特别是1987年民主化后，随着几次和平的政权交替，政党成为韩国社会发展和运行的中枢。虽然宪法明确规定韩国政党体制为多党制，但实际上表现为两党制。也就是说，虽然政党名称经常更换，但实质为保守倾向的政党和进步倾向的政党轮流执政的政党体制。从代表各种民意的意义上看，多党制反映了较高的民主发展水平，但到目前为止，韩国还没有摆脱两党制的基本内核。

在最近的几次选举中，两个主要政党几乎囊括3/4有效选票，选举的政党制度又逐渐趋向两党制。尽管有多党制的外貌，韩国事实上仍维持国会政党的两党制度。[④] 从议席的具体分配来看，各政党所占的比例有很大不同。在有效政党中，有两个政党占据主导地位，他们占有的议席比例平均在3/4。[⑤] 根

---

① Larry Diamond, *Developing Democracy: Toward Consolidation*, Baltimore: Johns Hopkins University Press, 1999.

② Lipset, Seymour M. and Stein Rokkan, "Cleavage Structures, Party Systems and Voter Alignments: An Introduction", in Seymour M. Lipset and Stein Rokkan (eds.), *Party Systems and Voter Alignments: Cross-National Perspectives*, New York: Free Press, 1967, pp.1-64.

③ ［美］罗杰·希尔斯曼著:《美国是如何治理的》，北京：商务印书馆，1986年版，第327页。

④ 卞晶:《当代韩国政党政治民主化的变迁特征——以卡特尔政党理论为分析视角》，载《当代韩国》，2010年第2期，第86页。

⑤ 牛晓萍:《韩国的政党政治与民主主义的巩固》，载《青年学者论坛》，2014年第11期，第256页。

据表 7 分析，2000 年以后举行的 6 次国会议员选举中主要两个政党的议席数，两党制的面貌更加明显。在第 21 届议会选举中，执政党共同民主党以地区 163 席、比例代表 17 席，共获得 180 席，这相当于全体议席数的 60%；第一大在野党国民力量以地区 84 席、比例代表 19 席，共获得 103 席，这相当于全体议席数的 34%。两个政党合计 276 席，相当于全体议席数（300 席）的 94%。第 20 届，共同民主党的议席数为 123 席，占 41%，新国家党为 122 席，占 40%，两个政党的议席占有率达到 81%。第 19 届新国家党的议席数为 152 席，占 50%，民主统合党为 127 席，占 42%，两个政党的议席占有率达到 92%。第 18 届中，大国家党以 153 席获得 51%，统一民主党以 81 席获得 27%，两个政党的议席占有率为 78%。① 总之，2000 年以后，两大政党的议席占有率大致在 80%—90%（见表 7）。

表 7　2000 年之后韩国两大政党在国会议员选举中的议席数

			总议席数	两党议席数占有率
第 21 届（2020 年）	共同民主党	国民力量	总议席数	两党议席数占有率
	180（60%）	103（34%）	300	94%
第 20 届（2016 年）	共同民主党	新国家党	300	81%
	123（41%）	122（40%）		
第 19 届（2012 年）	新国家党	民主统合党	300	92%
	152（50%）	127（42%）		
第 18 届（2008 年）	大国家党	统合民主党	299	78%
	153（51%）	81（27%）		
第 17 届（2004 年）	开放国民党	大国家党	299	90%
	152（50%）	121（40%）		
第 16 届（2000 年）	大国家党	新政治国民会议	273	90%
	133（48%）	115（42%）		

资料来源：韩国国会网。

萨托利提出，第三党或者并列第三党何时应该被忽略，只要第三党的存在不能阻止两个大党单独执政，即当联盟是不必要的时候，我们就有了一种

① 当时，大国家党内的亲朴槿惠派系议员未能得到党的公推，因此退党成立了“亲朴连带”。他们在第 18 届议会选举中获得了 14 席，之后与新国家党合并。因此，亲朴连带可以看作是大国家党的卫星政党，如果包括这些议席数，泛在大国家党接近 56%，两党的占有率达到 83%。

两党形式。[1] 与此同时，两党体制下，政党将进行向心性的竞争，削弱分野并以负责任的节制来玩“政治游戏”。有当它们先决条件是以意识形态分布最少且存在高度共识为特点的政治社会时，两党制才是最好的解决方案。[2] 这意味着，根据主要两个政党的意识形态差异程度，两党制既能很好地发挥“作用”，也不能发挥应有的作用。目前韩国的政党政治状况如何？遗憾的是后者。

韩国政党政治形成了朝野两大政党长期把持国会的格局。因朝野尖锐对峙、效率低下，这种“两党体制”饱受诟病，成为阻碍韩国政党政治健康发展的痼疾之一。[3] 随着朝野的对立日益加深，目前两党制的弊端压倒了正面的功能。特别是在第 21 届议会选举中占据绝对多数席位的共同民主党独断专行，现在韩国的两党制实际上处于瘫痪状态。如前所述，在过去 6 次议会选举中，执政党的议席占有率平均维持在 50%，但在第 21 届议会选举中，执政党以 180 席占据了 60%。这与国民力量（34%）相差 26%。

目前，两党的议席数有所变化，截至 2021 年 4 月，共同民主党的议席数是因 6 名议员退党，目前是 174 席。国民力量的议席因 1 名议员退党，目前是 102 席。两党的议席占有率为 92%，变化不大。执政党的 174 个席位，再加上共同民主党的卫星政党“开放民主党”和执政党倾向的无党派议员、“时代转换”和“基本收入党”等相当于“友军”的政党议员，可以确保在国会表决过程中获得在籍议员的 3/5（180 票）。这是除修宪以外所有法案都能通过的议席数。例如，处理法案、预算案、任命动议案、推进快速通道[4]、在野党无限制演讲的无效化等都是可能的。因此，在第 21 届国会中，执政党可以在没有与在野党达成协议的情况下进行立法，因此与在野党圆满达成协议进行立法的情况屈指可数。

共同民主党在 2020 年 12 月 13 日，因在野党反对修订《国情院法》，进行了连续 61 个小时无限制演讲，因此提出“无限制演讲终结动议案”，以 180 票赞成强行结束。此前，共同民主党在第 20 届国会上未经朝野协商就修订了《选举法》。制定“游戏规则”的选举法修订按照传统惯例是应以朝野协议为基础进行修订的。当时也是通过快速通道完成的，这在宪政史上尚属首次。

当然，如果执政党的独断专行和由此引发的问题持续发生，执政党的地位随时可以移交给在野党。总之，基本上是在两党制体制下暂时表现出独断专

---

① ［意］G. 萨托利著，杨德山主编：《政党与政党体制》，北京：商务印书馆，2006 年版，第 269 页。

② 同①，第 280—282 页。

③ 李永春：《韩国政党政治的现状及走向——以第 21 届国会议员选举为例》，载《韩国政治》，2020 年第 5 期，第 115 页。

④ 根据韩国《国会法》第 85 条第 2 项的“指定快速处理案”被称为快速通道。这是为了迅速处理紧急、重要的案件而于 2015 年引入的制度。

行政党的特点。这不得不说是民主政党制度的倒退。

二、在韩国两党制下中间派政党的现状

韩国之所以未能摆脱两党制，是因为中小政党无法有效牵制两大政党。一般来说，在韩国，中间阶层是指大学毕业的白领工人和小资产阶层。从收入方面来看，收入少于中位数 50% 的人为贫困阶层，在 50%—150% 之间为中产阶层，超过 150% 则为上流阶层。[①] 他们政治倾向的特点是两面性，既希望社会改革，又追求政治稳定。因此，在韩国的选举中，中间阶层的政治意识也具有较高的可变性。[②]

值得注意的是，在韩国代表中间阶层的政党不是中小政党，而是代表保守和进步的现有主要政党。这意味着并没有能够有效代表中间阶层的中小政党。在韩国被认可为有意义的中小政党，必须拥有可以组成“院内交涉团体”的 20 个以上的议员席位。但是，截至第 21 届国会议员选举，中小政党正义党的议席数仅为 6 席。除了主要两党之外，其他 5 个党加起来也只有 14 个席位。在 2000 年以后的 6 次国会议员选举中，占据 20 席以上的政党只有在第 20 届国会议员选举中占据 38 席的国民之党。国民之党是在韩国社会掀起“中间改革”风潮的安哲秀于 2016 年创建的党。但随着党内中左派议员和中右派议员分裂，国民之党实际上已经沦落为少数政党。因此，在韩国中小政党不能成长的理由是什么呢?

首先，现代社会的发展使社会结构越来越呈现出橄榄型，中产阶级或中间阶层所占比例明显上升。一个政党或政客要想在竞选中获胜，在政策上居中是最佳选择。[③] 因此，保守和进步政治势力为了得到中间阶层的支持，采取了多种政策。有时为迎合作为选民主体的中间阶层，政党在意识形态上左与右的差异越来越模糊，在主要的政策上也相互吸收和借鉴，越来越多的政党以“全民政党”的形象出现。[④] 由此可见，在大部分国家，进步和保守政党为何会提出相似的政策。换句话说，以环境、宗教、女性、劳动者等为旗号的中间或左右极端主义倾向的政党为何沦落为少数政党，由此可见一斑。

---

① ［韩］홍두승，높은 사람 낮은 사람：한국사회의 계층을 말한다，서울：동아시아，2012，36-43 쪽。

② 严飞、崔峨理河：《韩国社会阶层分化的特点及趋势》，载《国外理论动态》，2020 年第 4 期，第 162 页。

③ Peverill Squireetal，*Dynamics of Democracy*，Chicago：Brown & Benchmark Publishers，1997，pp.273-275.

④ 董向荣：《韩国政党政治的发展与演变》，载《当代韩国》，2006 年第 2 期，第 49 页。

经济学家安东尼·唐斯（Anthony Downs）将“霍特林模型”（Hotelling's game）运用到政治投票中，解释了这种现象。他的“中间选民定理”认为，在两党制中，每个政党为了赢得选举，都要尽可能地争取更多选民的支持，所以政党表述的施政纲领要尽可能地处于中心位置。①

“中间选民定理”很好地说明了各民主主义国家福利支出增加的原因。几乎所有情况下，中间选民的收入都比平均收入者低。一般来说，收入分配不均，富裕阶层为少数，中间选民更多，由此呈现出向右倾斜的分布（Right-swed Distribution），因此，中间选民的福利政策偏好略高。② 目前，不仅是共同民主党，保守党国民力量为了得到中间阶层的支持，主张的大部分政策也都是增加福利优惠的。传统上保守党一直以“没有增税的福利是虚构的”的口号批判进步党。但是具有保守倾向的前总统朴槿惠也提出了扩大福利的政策，而且她主张以财阀改革为核心的“经济民主化”。例如朝野双方为了得到中间阶层的支持，最近也抛开左右，针对因新冠肺炎疫情影响的低收入阶层推出了大量现金性政策。站在中间选民立场上，两大政党推出了选民喜欢的政策，所以才会得到支持。当然，这种倾向是导致中小或中间派政党出现更加困难的主要原因。

其次，即使支持中间派政党，但在实际投票中不支持中间派政党的选民心理在韩国很强。随着投票日的临近，选民们开始思考两个问题：一是支持的政党议员当选的概率；二是支持的政策是否真的能反映出来。也就是说，选民虽然支持中间派政党，但也担心所支持的中间政党不会当选。所以，退而求其次，他们实际上支持当选可能性较高的候选人。这种心理在韩国学界被称为“死票防止心理”。这与在消费者购买过程中看到很多人购买人气商品后，本人虽没有购买意向，却同样购买的“从众效应”③ 的现象相似。因此，中间派政党的支持率一直很低。

最后，提倡中间改革的人物或阵营没有表现出与现有政党的差别，甚至缺乏领导能力，因为在韩国两党制中，中间派政党很难提出与现有政党不同的政策和蓝图，这与政治环境有关。韩国政界一直对多党制给予肯定评价。他们

---

① ［美］安东尼·唐斯著，姚洋等译：《民主的经济理论》，上海：上海人民出版社，2005 年版，第 108—109 页。

② Tom W. Rice, " An Examination of the Median Voter Hypothesis ", *The Western Political Quarterly*, Vol. 38, No.2, July, 1985, p.13.

③ “从众效应”是美国经济学家哈维·莱宾斯坦（Harvey Leibenstein）提出的网络效应之一。从众效应也称乐队花车效应，是指当个体受到群体的影响（引导或施加的压力），会怀疑并改变自己的观点、判断和行为，朝着与群体大多数人一致的方向变化。防止这种“从众效应”，在韩国政界被称为是“死票防止心理”。

认为，在当今社会复杂化、利害关系多元化的时代，需要中间派政党的积极作用。但韩国与法国等欧洲国家不同，并没有多党制可以扎根的种族多样性、语言和宗教的多元性、地域上的异质性等。产业化过程中产生了“进步”和“保守”，这只能起到左翼政党和右翼政党诞生重要变数的作用。再加上中间阵营受到南北关系和韩国的安保文化极度制约，使之不能成长和发展。

三、韩国左翼政党和右翼政党的对立与特征

在过去相当长的一段时间里，韩国社会结构受到了地区性分裂因素的影响。以金泳三、金大中、金钟泌等三金为代表的地区老板为中心，韩国社会出现了分裂。[①] 再加上产业化和民主化势力之间的分裂，形成了现在的保守和进步阵营的两大轴心。在全球化、国际化的浪潮中，进步和保守的理念矛盾和对决框架仍然影响着韩国社会。这种理念矛盾无疑是社会损失，但正因为这种左右对决框架，才产生了受益的既得利益阶层，即代表左右的政党。只要双方对决的格局持续下去，他们几乎不可能在选举中失败，因此他们持续代言着左右阵营的理论。

最近，韩国两大阵营之间的对立演变成政治两极化。美国政治学家将政治领域中的不同政党之间的对立和矛盾的深化，即两极化加剧定义为“极端党派性”，即执政党与第一大在野党成为主要政党，引发极端的矛盾和敌对。问题的核心不是政党之间的差异，而是极端的对立，因此，各政党“对社会的各种要求没有反应，也没有表现出责任感”[②]。换句话说，并不是两个政党之间的理念、政策差异加大，而是互相绝对不能容忍的极端反对使政治变得岌岌可危。萨托利将其定义为“双边反对派”(Bilateral Oppositions)，即“根据信念体系反对的势力”或“不可两立的对抗派”。[③]

目前，由于政治两极化，韩国政党政治处于无法发挥作用的状态。韩国各政党之间的关系徘徊于要么对抗、要么勾结的两个极端，一方面执政党总是千方百计地利用自己掌握的资源打击和限制反对党；另一方面反对党对执政党

① Steinberg Shin，“ Tensions in South Korean Political Parties in Transition：From Entourage to Ideology?”，*Asian Survey*，Vol.46，No.4，2006，pp.523-527.

② Nathaniel Persily (ed.)，*Solutions to Political Polarization in America*，Cambridge：Cambridge University Press 2015，p.4.

③ Giovanni Sartori，*Parties and Party Systems*，Cambridge：Cambridge University Press，1976，pp.118-119.

也是极尽抵制之能事。[①] 执政党为了巩固权力无原则地拉拢反对派议员的状况也时有发生。这种“零和博弈”式的党政关系，反映出韩国政治精英“非黑即白”的二元对立思维模式与拒绝中间路线的意识构造特征。[②] 因此，金大中前总统生前曾指出：“韩国政治经常进行为了反对而反对、为了斗争而斗争。”[③]

值得关注的是，两大政党为了赢得选举，还果断放弃了一直以来自己主张的意识形态和价值观。一般来说，进步阵营重视女性、性别、阶级等少数人权。文在寅总统是人权律师出身；涉及性犯罪的前首尔市市长朴元淳和前釜山市市长吴巨敦都是进步阵营出身。朴元淳曾是韩国性骚扰事件的首位辩护律师。尤其是文在寅总统在担任执政党代表期间，曾制定党内规定，如果自己因性犯罪或受贿罪进行补选，将不会推出候选人。但是共同民主党违背这一原则，在 2021 年 4 月进行的选举中推举了候选人。

欧洲的左派政党和日本共产党不仅对朝鲜的人权问题，而且对核开发也持批判态度。但是，韩国进步阵营对身为同胞的朝鲜人民的人权问题保持沉默。这是只有韩国进步政党独有的特色现象。美国国务院在《2020 年国别人权报告书》中评价称：“人权律师出身的总统的国家对金正恩政权的人权蹂躏睁一只眼闭一只眼，最终遭到了尴尬的局面。”[④]

当然，从传统上看，韩国的进步阵营对朝鲜表现出友好态度，而保守阵营则表现出敌对立场[⑤]，这是事实。但进步政权卢武铉政府曾赞成联合国“朝鲜人权决议案”。2006 年 12 月 19 日，卢武铉政府首次对朝鲜人权决议案投了赞成票。[⑥] 当时韩国政府从某种程度上忧虑朝鲜核试验和朝鲜人权问题的严重性角度出发，赞成决议案。但是，同样被评价为进步政权的文在寅政府和共同民主党，不仅对朝鲜人权问题，而且对核问题也没有发出批评的声音。

四、身份政治与粉丝政治逐渐兴起

代表包括黑人在内的人种、性别、宗教、阶级等社会弱势群体而衍生的

---

① 宋国华：《韩国政治转型中的政党政治研究》，山东大学国际政治专业博士论文，2009 年 3 月，第 13 页。

② 同①，第 21 页。

③ ［韩］金大中著，黄玉今等译：《我的人生，我的路》，北京：外文出版社，1998 年版，第 45 页。

④ https://www.state.gov/reports-bureau-of-democracy-human-rights-and-labor/country-report s-on-human-rights-practices/.

⑤ 牛林杰、刘宝全主编：《2008—2009 年韩国发展报告》，北京：社会科学文献出版社，2009 年版，第 41—47 页。

⑥ https://www.un.org/zh/ga/61/res/all1.shtml.

身份政治在过去的半个世纪里扩大和发展到了多个领域。因此，最近出现了比起经济或意识形态，政治问题更由认同感决定的倾向。人们根据种族、性别、工作场所、教育、人际关系来决定认同感。虽然身份政治把社会分成小集团，但可以形成更广泛、更综合的身份。① 不仅如此，最近的身份政治还基于个人的收入、志趣和倾向而出现。因此，身份政治在民主主义国家的左派和右派的政治行为过程中成为一种普遍现象。也就是说，身份政治具有普遍性、多重性、冲突性和后现代性等显著特征，最初只是边缘针对主流的反抗政治，后演变为左翼与右翼之间的对抗政治。特别是越发达的国家、越民主的社会，身份政治的影响力越大、破坏性越强、关涉性越广。②

关于身份政治，塞缪尔·亨廷顿在 1996 年出版的《文明的冲突与世界秩序的重建》中指出了身份政治的弊端：人不能只靠理性生活。只能追求自己的利益，不能合理地计算和行动。追求利益的政治要以认同感为前提。③ 问题在于以这种认同感为前提的政治是分裂的。身份政治的主导者对妥协和协商不感兴趣，只希望“不是全部就是全无”④。

在韩国也不难看到这种身份政治。但是，韩国也有左右阵营的对立和身份政治现象混杂或模糊的情况。可以肯定的是，随着在阵营之间的对立中增加了身份政治的现象，社会分裂变得更加明显，便于左右政党利用分裂集团的不满和愤怒，这与左右阵营的政治两极化现象相似。而且，在韩国政界，身份政治不仅是集结支持层，也是获得新支持者的一个重要的得票行为。在选举决定一切的韩国政党政治中，政治精英和竞选团队也越来越倾向于借用身份政治制造议题、设置议程。不容否认，身份政治正成为当前开展政治动员和激发政治热情的动力源泉。⑤

比如，韩国分为企业家和劳动者、正规职业和非正规职业、住宅所有者和无住宅者、环境保护论者和环境开发论者、新一代和老一代等。特别是，根据政治倾向分为亲美和反美、亲中和反中、亲北和反北、脱核电和反对脱核电等。这不仅是政治志趣，也侧面体现了根据认同感分为左右阵营的韩国社会。

---

① ［美］弗朗西斯·福山等：《信念式国民身份——应对身份政治带来的民主危机》，载《国外社会科学前沿》，2019 年第 11 期，第 22—34 页。

② 庞金友、洪丹丹：《大变局时代的身份政治与西方民主政治危机》，载《行政论坛》，2019 年第 6 期，第 5—13 页。

③ Samuel Huntington，*The Clash of Civilizations and the Remaking of World Order*，New York：Simon & Schuster，1996，p.97.

④ Stephen Hart，*Cultural Dilemmas of Progressive Politics：Styles of Engagement among Grassroots Activists*，Chicago：University of Chicago Press，2001，pp.213-215.

⑤ 同②。

这种身份政治，越来越精细的身份划分使民主社会分裂成碎片，威胁到整个社会进行公共协商和集体行动的可能。① 身份政治最严重的国家是美国，前总统特朗普虽然代表以白人为中心的美国人当选总统，但这种身份政治加剧了社会分裂和政治两极化。

值得一提的是，身份政治的特征之一是“单一焦点政治”。这意味着，特定少数集团为了摆脱自身的恶劣处境，只集中突出一个焦点，使其他焦点不会受到关注。如今政党推行单一焦点政治的事例日益增多。例如，在被称为“日本首次网络总选”的 2005 年总选中，自民党虽然有很多的政策，但有意集中“邮政事业民营化”这单一焦点，最终获胜。② 在韩国，文在寅政府执政前后提出了“清算积弊”的单一焦点，这不仅得到了进步阵营的支持，还得到了中间和保守阵营的支持。自文在寅总统执政的 2017 年以来，清算积弊这句话一天不落地出现在新闻中。③ 但是这种清算积弊的政治比起法律和社会协议，更具有感情性和排他性。最终，清算积弊很有可能被用于争取权力。④

在韩国政党政治中，与身份政治一起成为问题的还有粉丝政治。过去金泳三、金大中时期也存在政治粉丝团，但是从卢武铉政府开始，政治粉丝对政党政治产生了不小的影响。特别是在朴槿惠、文在寅政权下，这种粉丝政治急速发展。粉丝政治，顾名思义，就是把政界人士视为艺人，无论他做什么都支持。他们可以一呼百应，政党也跟随“魅力型领袖”的政治生命而沉浮。政党的建立或分合，往往与政治理念无关，而是基于领袖个人的社会关系网络及其政治利益的需要。⑤ 粉丝政治不仅在韩国，在美国、欧洲民主主义国家也很普遍。互联网的发展给人类带来了巨大的便利，但相反，副作用也层出不穷，尤其是粉丝政治的出现，即网络上的社交网络服务发展提供了粉丝政治的基础。

政治社会网络内的支配—服从关系，对应政治精英与一般民众之间的关系定位，自然表现出对特定人物的盲目服从倾向，毫无疑问，这会极大地损害

---

① ［美］弗朗西斯·福山等:《信念式国民身份——应对身份政治带来的民主危机》，载《国外社会科学前沿》，2019 年第 11 期，第 22—24 页。

② 모리 켄 (森健), 하연수 옮김,『구글 · 아마존화하는 사회』(작가정신, 2008), 35-36 쪽.

③ Kim Gwi-Ok, “The Direction of a Social Movement Toward Reconciliation and Communication in The Times of Deep-Rooted Social Evils Eradication”, *Humanities for Unification*, 2018, Vol.76, pp.127-128.

④ Kim Yousnik, “Pluralist Law-making for ‘Rooting out Deep-rooted Evils’”, *Korean Journal of Law & Society*, 2018, Vol.76, p.1.

⑤ 张英姣、杨鲁慧:《韩国民主转型以来政党政治发展的轨迹、特征及成因》，载《江西社会科学》，2014 年第 5 期，第 217 页。

韩国民众社会的民主性，妨碍其权力场域的制度化良性循环。[①] 因此，粉丝政治被认为是阻碍左右分裂的韩国社会团结的现象。因为粉丝对特定政治人表示单方面支持，不接受反对意见。在政治领域，这种粉丝政治越深化，社会就越分裂。如互相找不到共同点，就通过投票来决定。通过投票当选的政治家迎合支持自己的粉丝势力，这与国家利益和社会发展无关。

更大的问题是，对政治非常关心的少数（粉丝势力）会对政治行使影响力。对此，美国乔治敦大学教授、政治学家杰森·布伦南（Jason Brennan）尖锐地指出了“粉丝政治”。他把选民分成三种人，即消极的“霍比特”、积极的“足球流氓”、合理的“火神”。大部分选民被归类为对政治不感兴趣的霍比特；政治知识水平高，在选举中做出合理选择的选民火神是少数；剩下的就是偏食信息、不接受反驳的足球流氓。布伦南教授指出足球流氓任意摆布美国政治。[②] 只有美国如此吗？韩国的足球流氓对竞争的对手阵营行使影响力，使他们支持自己支持的政党和政治家。也就是说，就是这些粉丝社团与政党之间关系的模糊性导致制度性规则的麻痹。一些势力较大的粉丝社团常常会利用自身力量试图影响政治的游戏规则，“绑架”政党或政治人，模糊制度政治与民间政治的界限。[③]

韩国的足球流氓就是支持文在寅总统的所谓“文派（文在寅派）”或“亲文派”。在前任政府中也有支持朴槿惠的人，被称为“挺朴派（朴槿惠派）”。但是，“文派”的政治影响力远远超过“挺朴派”，他们对批评文在寅总统的人不惜进行“文字炸弹”或“恶性留言恐怖袭击”。甚至，同一党内也适用这样的“粉丝政治理论”。共同民主党内部，也存在“文派”和“非文派”的激烈矛盾，这可能会削弱该党在大选中的优势。各政党的分分合合，给本已动荡的韩国政局增添了新的不确定性。[④] 在美国和韩国等赢者通吃的总统制国家，粉丝政治尤为突出。遗憾的是随着这些政治粉丝的力量越来越大，政治中间地带正在消失。如前所述的政治两极化、身份政治、粉丝政治成为韩国政党政治发展的绊脚石。

---

① 李凤华、丁新宇：《精英分析视阈下的韩国政党分化组合》，载《韩国研究论丛》，2018 年第 2 期，第 16 页。

② Jason Brennan，*Against Democracy*，Princeton：Princeton University Press，2016，pp.16-18.

③ 郑继永：《试析韩国的政治粉丝社团现象》，载《东北亚论坛》，2011 年第 6 期，第 54 页。

④ 刘荣荣、王付东：《韩国政局动荡的特点、动因及影响》，载《现代国际关系》，2017 年第 1 期，第 30 页。

五、结语

韩国政党政治遭遇前所未有的困境。值得关注的是，在 2021 年 4 月 7 日举行的补缺选举中，执政党失败了，执政党的路线变更是不可避免的。今后，为了获得民心，朝野应该恢复协议的政治。特别是要通过制度改革解决根本性问题。首先，要改善选举结果不能很好地代表民意、不能出现中间派政党的赢者通吃的选举制度。另外，必须改善帝王式总统制。例如，采用总统连任制或小选举区制改革。当然，这些改善方案此前不仅在学界，而且在政界也提出过。但是，朝野两党以“小贪大失”的态度，实际上并没有实现。朝野政党应该铭记，像此次补选一样，“水能载舟，亦能覆舟”。

泰国政党政治发展特点

宋清润[①]

摘　　要：泰国在1928年建立首个政党——民党，是东南亚最早建立政党的国家。但是，一直到现在，泰国始终未能建立起符合本国国情的、稳定的、规范的政党制度。在政党活跃的绝大多数时间里，泰国通常是多党林立的局面，多党联合政府一般不稳定，效率不高，还经常存在腐败现象。只有在21世纪初的前5年多时间里，他信·西那瓦领导为泰党曾经建立过一党独大局面，但是，一党独大制度在维持政府稳定、提高施政效率的同时，也产生了专权和腐败，并严重损害了其他政党和利益集团的利益，最终引发了此起彼伏的抗议活动和军人政变。目前，泰国文人、政党与军队等利益集团的博弈仍在继续，并暂时处于军队的下风。泰国仍在探索建立稳定的、包容的、高效的政党制度，但并未完全成功，政党要在国家政治生活中长期处于中心地位，尚需时日。

王浦劬主编的《政治学基础》一书根据马克思主义的观点，认为：政党集中代表特定阶级利益，是该阶级的领导力量，由该阶级的骨干组成，其目的是夺取或者巩固国家政权。由此可见，政党的阶级性或者说是阶层属性非常明显，其存在的主要目的是通过选举等方式在国会赢得尽可能多的议席，或者是通过赢得大选而执政，获得政治收益。[②]政党在现代政治中发挥着关键作用，当今世界，很多国家都存在政党。泰国在1928年建立首个政党——民党，是东南亚最早建立政党的国家。但是，一直到现在，泰国政党政治发展曲折复杂，始终未能建立起符合本国国情的、稳定的、规范的政党制度。

一、泰国政党曲折发展历程

从1928年泰国首个政党——民党成立至今，泰国政党发展历程曲折，政

---

① 宋清润，北京外国语大学亚洲学院副教授，博士。

② 王浦劬主编：《政治学基础》，北京：北京大学出版社，1995年版，第264—265页。

党活动及其作用仍受到多方掣肘，尚不能完全成为政治中的绝对主导力量。

（一）20 世纪 20 至 70 年代：政党在夹缝中生存

1928 年，泰国建立了第一个政党——民党。该党奠基者为泰国知名政治人士——比里·帕侬荣，其成立初期大约有 200 名成员，于 1932 年联合开明军人推翻封建专制，在泰国建立君主立宪制。不过，此后，泰国政局频繁动荡，军人也曾多次执政，限制政党活动，经常实施党禁。只有在民选政府执政时期和开明军人政府时期，或者军人政府需要利用政党和大选为其执政披上合法外衣时，政党才有生存和活动空间。但总体看，大致在 1932—1979 年，泰国军人统治时间的总和远远超过文人政府执政时间的总和，在此期间，泰国没有形成稳定的政党政治局面。随着军人政变的一次次发生，政党也一次次地被禁止存在或者被限制活动，即便军人政府有时允许政党存在，政党也经常是在夹缝中生存，处处谨小慎微。而当文人短暂执政时，政党政治也随之短期活跃起来。

（二）20 世纪八九十年代：政党发展逐渐成熟

20 世纪 80 年代基本为炳·延素拉暖将军领导政府治理泰国的时期，其对政党的政策比较宽容，军人和部分政党联合执政，共享权力，这是当时政局能保持较长时期稳定的重要原因。一方面，炳总理支持政党发挥作用，并通过推动政党参政来提升政府合法性，协调不同政治派别的利益。1981 年 6 月 12 日，国会通过新的《政党条例》，在鼓励政党发展的同时，也对政党发展予以规范。条例规定，每个政党的成员人数必须在 5 000 人以上，每个政党的党员必须来自全国各个地区。新的政党条例实施后，泰国政党数目减少了约一半，仅为 16 个，其中，在多次大选时获得议席的政党大约为 10 个。[①] 炳与多个主要政党合作，让其参与联合政府。这种权力分配格局使多方利益通过政党参政得以表达，增强了政府代表性和施政科学性，有助于缓解社会不同阶层之间的矛盾。另一方面，炳总理也不完全信赖和依靠政党，联合政府的总理、国防部长等几个核心职位仍由军人出任，政党成员则主要担任管理社会经济等事务的部长，如此一来，军人实际主导政府，政党则在政府权力格局中处于辅助地位。炳总理组建不同政府时也并非始终依靠某几个政党，而是经常调整参加政府的政党，防止某个政党势力在政府内部威胁其总理的地位。

1988 年，炳卸任总理。1988 年 7 月至 1991 年 2 月，为差猜·春哈旺领导

① 李延凌：《泰国》，南宁：广西人民出版社，2004 年版，第 346—347 页。

的文人政府时期，当时泰国的主要政党有泰国党、社会行动党、民主党等，政党此时是政坛的主导力量，并绝对主导政府权力，而军人则在政治上失势。然而，1991 年 2 月，泰国军人再度发起政变并掌握政府权力，但迫于时代进步的压力，允许政党继续存在。此时的政党大致分为两个阵营：支持军人的政党和反对军人的政党。社会行动党、民主党等因为倡导文人和政党领导政府而冒犯了军人政权，受到后者的严格限制，其部分重量级成员被军人政府指控存在违法行为。1992 年 3 月 22 日，支持军方的政党与反对军方的政党在大选中进行激烈角逐，最终没有任何政党赢得下议院多数席位，军方恩威并举，召集己方的团结正义党、泰国党、社会行动党等 5 个政党组成执政联盟，共拥有下议院 360 席中的 195 席，并推举素金达・甲巴允将军为总理。[①] 大选之后，参与执政的政党获得了一些内阁高级职位，然而，政党在政治格局中的地位低于军方，政党领导人也无法出任总理，执政联盟内的多个政党的议席主要是为素金达当选总理服务的，即为军人继续主导政府提供了合法性外衣。

1992 年 5 月，素金达政府被反对党和民众的抗议运动推翻，在此后的 14 年时间里，由于军人政治影响力总体较小，泰国政党迎来了有史以来最长的一段黄金发展期，成为主导政坛的力量，这种状况大致持续到他信民选政府 2006 年 9 月被军人政变推翻。

综上所述，在 20 世纪八九十年代，军人在政坛上的影响力由强变弱，泰国再没有出现党禁现象。在 80 年代，是军人和政党共同组建政府，但军人在政治中占据主导地位，部分政党为了获得执政收益而依附于军人。但 1992 年素金达政府下台后至 2000 年底的近 8 年时间里，政党迎来了较好的发展时期，主导了政治发展和政府组建。但在这 8 年时间里，整个政党制度仍处于发展完善期，呈现出的总体特点是：中小政党林立，下议院中的议席分散，多个政党联合执政。因此，在这期间，在泰国历次大选中，没有一个政党能够赢得下议院半数以上席位而获得单独组阁权，只能组建多党联合政府，这就导致政府稳定性差。

（三）21 世纪初：一党主政格局的建立与消失

与此前中小政党林立的局面不同，在 21 世纪初的 5 年多时间里，泰国政党格局发生历史性变革，一度出现泰爱泰党一党主导泰国政府和政治多年的罕见局面。而泰国政党格局发生巨变与 1997 年宪法鼓励大党发展有着非常直接

---

① Paul M. Handley, *The King Never Smiles: A Biography of Thailand's Bhumibol Adulyadej*, New Haven and London: Yale University Press, 2006, p.470.

的关系。自 2001 年 2 月泰爱泰党开始执政至 2006 年 9 月其被政变推翻前，是泰爱泰党一党独大时期。在 2001 年 1 月大选中，泰爱泰党赢得 500 个下议院议席的 248 个，接近下议院的半数议席，而第二大党民主党仅仅获得 128 个议席，其他中小党获得席位更少。这个结果在泰国政治发展史上具有里程碑意义。泰国首次确立一党主导政府的政治格局，这与此前多党联合政府中的“大党优势小、受中小政党左右”的局面有着质的不同。此后 4 年，泰国一度出现政府首次稳定完成 4 年任期、经济快速发展的良性局面。而在 2005 年 1 月大选中，泰爱泰党赢得了超过 75% 的下议院席位，再度扩大了其相对于其他政党的议席优势，成为泰国选举史上首个实现连选连任并一党组建政府的政党。在泰国历次大选后产生的政府中，泰爱泰党第一次终结了多党联合政府，第一次终结了联合政府内部缺乏强势主导型政党的历史。泰国政府首次出现了一党独大的局面，一度结束了此前中小政党林立、多党联合政府低效的局面，出现了政府多年稳定的局面。

泰爱泰党执政时期，泰国政府总体稳定，经济高速发展，但一党主政也带来诸多问题。他信领导的泰爱泰党依仗大批草根的支持，强势施政、大肆谋利，部分举措过激，触犯了王室、军方、官僚、中产阶级等的利益，最后遭遇强烈抗议。2006 年 9 月 19 日，他信领导的泰爱泰党政府被军人推翻，一党独大局面仅仅持续 5 年多。随后，反他信阵营利用司法机构，不断打击他信阵营的政党，力图阻止再度出现一党主政局面。2007 年 5 月，泰爱泰党因为涉嫌选举舞弊，被宪法法院判决解散，该党 111 名执行委员 5 年内不能参政，这个大型政党因此受到重挫，从泰国政坛上消失。

2006 年军人政变后，泰国政党制度又需要进行重新调整了。泰国 2007 年宪法对选举制度进行了改革，限制超大型政党的发展，改变了上部宪法中的小选区制度，让泰国未来大选重新实行大选区制度，基本上是每个选区有 3 个议席名额（少数选区有 2 个议席名额）。这让大党较难赢得大选区的所有议席，有利于中小政党获得议席，从而降低出现超大型政党的概率。上述规则修改确实产生了一定效果。在 2007 年 12 月的大选中，支持他信的民力党赢得了 233 个下议院席位，成为下议院第一大党，其议席数接近于、但未达到下议院总席位 480 席的半数——240 席，一党无法主导下议院。然而，民力党仍是较大的政党，其议席数量远远领先于只有 165 个议席的第二大党民主党，再度牵头组建政府。①

① 《泰国议会选举正式结果公布人民力量党获胜》，http://www.chinadaily.com.cn/hqkx/2007-12/25/content_6347283.htm。

反对他信阵营的政党无法在大选中获胜并执政，便再度使用司法手段对付民力党。因民力党涉嫌在 2007 年大选中舞弊，2008 年 12 月，宪法法院判决解散民办党，并禁止该党执行委员 5 年内参政。民力党领导的政府垮台后，民力党很多议员和党员加入同样支持他信的为泰党。不过，也有一些原先支持他信的议员成立泰国自豪党，转而支持民主党，在 2008 年底的国会选举中，民主党领导多党执政联盟上台，为泰党则无法牵头组建新政府。① 由此可见，此时，军方和司法机构再度干预政治，精英阶层想方设法扶持民主党与为泰党展开激烈竞争。泰国政坛主要是这两大政党在展开激烈竞争，其他中小政党有时凭借其关键少数席位参加某一大党组建的联合政府，甚至可以获取超出本党实力所应获得的内阁职位和经济利益。比如，泰国自豪党是民主党领导的多党联合政府中的关键少数党，其议席只有民主党议席的 1/4，却获得了内政部部长、交通部部长等 17 个内阁职位（除总理外，内阁有 35 个内阁职位，即泰国自豪党获得近一半内阁职位），而且，这些职位能给该党及其支持者带来诸多利益。此种权力分配格局引发民主党部分成员不满，执政联盟内部矛盾重重。反对派也在 2009 年和 2010 年两度发起了严重的街头抗议活动。

综上所述，在 2007 年 12 月大选至 2011 年 7 月新大选举行之前的近 4 年时间里，泰国政党发展再度经历跌宕起伏的过程，超大型政党暂时消失，多党联合政府更迭频繁，泰国再度陷入政局动荡、经济社会发展受阻的困境。

后来，泰国又一度有所恢复一党主导下议院和政府的局面。在 2011 年 7 月大选中，支持他信的为泰党赢得下议院 500 个议席中的 265 席，再次超过半数，成为下议院第一大党，而第二大党民主党仅获得 159 席，比为泰党少 106 席，难以挑战后者在议会的主导地位。② 为泰党此次获得压倒性胜利的主要原因是：他信领导的前泰爱泰党前几年执政时的民意基础基本保留下来，这笔政治资产是为泰党获胜的重要资本；为泰党获得他信的资金支持和竞选策略指导，并推出形象较好的英拉作为总理候选人；还提出惠及大多数泰国人的竞选政策；而前民主党政府政绩不佳，引发曼谷等地的百姓不满。

至此，泰爱泰党、民力党和为泰党等他信阵营的政党赢得了 2001 年至 2011 年间的历次大选，并多次执政，这在泰国政党发展史上也算是一大奇迹。当然，在此期间，支持他信的政党并非一直在执政，因为政党政治的发展遭遇其他因素干扰。比如，军人 2006 年 9 月推翻泰爱泰党政府后，扶持素拉育政府执政一年左右；2008 年底，民主党是经过政党谈判和国会选举而执政，并

① 杨子岩：《高法判决后的泰国政局》，载《人民日报海外版》，2010 年 3 月 3 日，第 2 版。

② 《泰选举委员会公布大选计票结果为泰党赢 265 席》，http://www.chinanews.com/yl/2011/07-05/3159521.shtml。

非通过赢得大选而执政。

然而，为泰党主导政府的局面好景不长。由于为泰党与在野党的矛盾尖锐，为泰党执政自然引发对手不满。2013 年下半年，素贴领导更多反政府人士，掀起了反对政府的抗议活动浪潮。素贴曾经任民主党副主席和政府副总理，其抗议活动也得到了民主党的支持，2013 年底，在野的民主党 100 多名下议员集体辞职，部分议员还加入素贴领导的抗议活动。2014 年 2 月 2 日，泰国提前举行大选，但是，抗议活动导致部分地区无法投票，因此大选无效。同年 5 月 22 日，巴育将军领导军人推翻为泰党政府。

此轮为泰党执政持续不到 3 年时间，为泰党政府未能完成 4 年任期，一党主政的局面再度被非正常手段推翻。自 2014 年 5 月 22 日政变至 2017 年底，泰国政党活动再度陷入低谷期。在此期间，军人限制政党活动，政党基本被排除在国家立法议会和政府之外，无法在政治中发挥主导作用。

由于 2007 年宪法在限制大党发展和执政方面的成效并不显著，因此，2017 年 4 月，泰国的新宪法加大限制大党发展的力度，力图推动中小政党的发展，让诸多政党在下议院相互制衡，使泰国政坛较难再出现一党主导下议院和政府的局面。而且，宪法规定，在大选后 5 年过渡期内，由军方任命产生的上议院 250 名议员有权与下议院 500 名议员一起投票选择总理，新总理人选必须获得两院半数以上议员同意才能当选，这就再次削弱了下议院中的政党议员在选举新总理中的作用。而且，新总理人选不是必须来自下议院议员，非政党人士也可以出任新总理。上述这些规定彻底打破了此前由政党议员组成的下议院单独选举总理的局面，意味着 2019 年大选后的泰国政党政治发展仍将受到军人等力量的制约，一个政党即便赢得大选，也较难主导新政府运作。

2017 年 10 月，泰国颁布新的《政党法》，该法也是泰国第 7 部政党法，被压抑已久的政党再度活跃起来，这为举行 2019 年 3 月大选创造了重要条件。为泰党、民主党等既有的老牌政党再度备战大选，人民国家力量党、新未来党等一批新政党也积极参加大选。不过，新《政党法》与宪法中有关政党的内容精神较为一致，明显加强了对政党的管理。该法一方面声称要促进“能代表全国不同地区民众利益的全国性政党”的发展，部分规定也有助于优化政党发展环境和加强对政党的监管；另一方面该法在多方面提高政党注册条件，提高了新政党申请和建立的门槛（如提高政党注册资金、政党党员最低人数和政党分支机构数量等方面的门槛），增加了限制政党活动的条款，增加了党员登记和审查制度，使所有政党的党员数量大幅缩水（如民主党党员数量从新法出台前的 200 多万降至新法出台后的 9.7 万，为泰党党员数量从新法出台前的数十万降至新法出台后的约 1 万)[①]，并加大对政党违法行为的处罚力度。总体看，政党的存在及其活动受到法律的诸多限制。[②]

由于新宪法和新《政党法》的一些规则限制，导致 2019 年大选选出的下议院出现明显的政党林立状况，共有 27 个政党获得下议院席位，这是泰国 1932 年以来国会中政党数量最多的一次。在下议院 500 个议席中，只有为泰党和人民国家力量党两个政党获得 100 个以上的席位，但是没有哪个政党能赢得下议院过半数以上席位。由于缺乏主导型政党，大选后只能由大党牵头组建多党联合政府，但由于第一大党为泰党的席位优势并不突出，政党利益博弈激烈，因此，政府组建的过程曲折，最终由支持巴育的第二大党人民国家力量党成功牵头组建多党联合政府，巴育得到 250 名上议员的支持，这是为泰党所无法企及的优势。这次大选后的政党林立格局与 1997 年宪法颁布后的大党主政局面相反，虽然其避免再度出现此前“一党独大、缺乏制约”的局面，但是下议院政党林立和多党联合政府的弊端也再次凸显出来，比如，政府施政效率不高，巴育政府 2020 年和 2021 年出现多次重大人事变动与改组，等等。

总体看，目前泰国政党在政坛中的地位和作用有所下降，并非政坛的实际主导力量，而军方、司法部门等机构的权力却很大，甚至能影响政党的发展乃至存废。比如，2020 年 2 月 21 日，泰国宪法法院以“接受超过法律规定额度的捐款”等为由，判决解散第二大反对党新未来党，促使泰国政党格局重新洗牌。

二、泰国政党主要特点

泰国政党缺少高度一致的本党意识形态基础和组织凝聚力，具有明显的利益集团性，组织比较涣散，很少有能够代表全国绝大多数民众、在全国各地均有分部的全国性政党，大多数政党存在时间也较短。而且，泰国政党地域分布不平衡。由于曼谷是泰国政治、经济和文化中心，绝大多数政党的总部通常在曼谷，而在其他 70 多个府的分支党部都不多，到乡镇一级的基层党组织更是少之又少，这也是泰国政党政治的一大缺陷。泰国的政党主要有以下特点：

---

① Kas Chanwanpe，“ Last hurdle to Thai election cleared as parties law approved ”，*The Nation*，June 6，2018，https://www.nationthailand.com/politics/30347084.

② 常翔、张锡镇：《泰国新政党法解析》，载《东南亚纵横》，2018 年第 6 期，第 47—53 页。

（一）政党建立与解散较为随意和频繁

泰国大多数政党不具备统一的意识形态基础，多数政党没有稳定的、系统的政治纲领，组织涣散，其本质上是一个由利益群体组成的政治联盟。当然，也有少数较大政党算是例外，比如，民主党长期具有比较明确的意识形态纲领和较完善的组织体系。泰国多数政党都不是全国性政党，一般只在曼谷有一个中央党部或者在少数地区设立分部，主要依靠几个核心人物，基层组织不完备，很少有政党建立遍布全国各地的基层组织体系。也就是前泰爱泰党、长期存在的民主党等少数政党在全国大部分地区的基层组织较多，算是准全国性政党。泰国政党通常没有严格的组织纪律，党员不一定完全遵守党的规章和决定，政党组建及其运作主要取决于利益上的一致，一旦骨干成员政见不合或者利益分歧巨大时，政党成员就很容易脱党、换党，政党甚至可能分崩离析。

从泰国最早的政党——民党 1928 年成立至今，只有个别政党存续下来，有些政党则命运多舛：或者消失，或者更名，或者分裂，等等，每个政党存在期限基本从几年到十几年不等，存在几十年的政党寥寥无几。

（二）政党代表的利益具有狭隘性

泰国很多政党就是为选举而建立的，他们主要关注与选举相关的法律、信息、活动等，成为执政党（之一）或者至少赢得国会席位是绝大多数政党孜孜以求的目标。因此，总体而言，泰国政党意识形态方面的凝聚力不足，有时候多个政治派别为参加大选而临时拼凑个政党，内部组织建设较差，派系林立，政策规划与执行能力欠缺。①

政党林立局面是泰国政党发展史上的常态，这也就意味着，多数政党只能代表某些区域的利益，或者是只能代表某些阶层的利益，因此，泰国的全国性政党较少。当前，相对于其他中小政党而言，民主党、为泰党可以算是全国性政党，但这两个政党的影响力也具有明显的区域特征，每个政党也只能代表一部分地区和阶层的利益。比如，为泰党的影响力区域主要是北部、东北部的广大地区（前泰爱泰党也大致如此），其在南部的影响力较弱，主要代表草根阶层的利益；民主党的影响力区域则主要是在中部的曼谷及南部地区，在北部、东北部地区的影响力较弱，主要代表精英阶层和中产阶级的利益。而在 2019 年大选之后牵头组阁的人民国家力量党，其仅有 116 个议席，代表的主

① Aurel Croissant and Paul Chambers，“Unravelling Intra-Party Democracy in Thailand”，*Asian Journal of Political Science*，Vol.18，No.2，August，2010，p.195.

要是精英阶层和中产阶级等的利益，其影响力主要在中部、南部等地区，也不是真正意义上的全国性政党。

（三）政党参政存在不规范性

如上文所述，泰国多数政党是一些人谋取权力、地位和利益的平台。因此，为了获取更多利益，很多政党及其骨干往往违背政治原则，在参政时干出一些违规、违法之事。

在参政方式上，泰国政党有时候遵守政治规则和法律法规，但有时候存在参政的不规范性、不合法性乃至极端违法性的现象。在泰国，选举竞争比较激烈，政党为了取胜，在开展合法竞争之外，一些政党及其议员候选人在竞选时则经常明里暗里地买票、贿选，这已经是存在多年、众所周知的政治现象，选民已经习以为常。当然，有些政党的买票行为较为隐蔽或巧妙，有些政党的买票行为则较为公开和直接。比如，政党在开展竞选造势集会时为了吸引选民参加，以及为了吸引选民投本党候选人的票，经常在现场给民众发放现金、小礼品或生活用品等。在大选投票日之前的几个夜晚，在很多农村经常出现“半夜狗叫”的现象，那就是政党拉票人给选民发钱时闹出的动静惊动了狗。即便到了 21 世纪，当政治斗争激烈时，国会里的政党斗争方式也是五花八门，有些政党为了己方利益，经常脱离议会政治的合法运作范畴。比如，在野党议员有时不出席总理的就职仪式，不听取、不表决总理的施政报告，不参加执政党召集的国会会议，甚至出现在野党议员直接上街参加抗议政府的活动。他信阵营的政党和反他信阵营的政党都与街头政治组织存在密切联系。比如，泰爱泰党、民力党、为泰党与“红衫军”经常彼此呼应，开展支持他信阵营的活动，民主党则与“黄衫军”彼此呼应，经常开展反对他信阵营的活动。这导致政党斗争和街头政治搅在一起。当两派政治斗争激烈时，双方的支持者就会上街力挺本方政党，叫板对方政党领导的政府，街头政治此起彼伏。比如，他信阵营的一些议员经常明里暗里参加“红衫军”抗议活动；2013 年底，民主党部分议员辞职，参加民主党前副主席素贴领导的反对英拉政府的长期抗议活动。上述因素使得朝野政党经常脱离合法竞争的轨道，形成政党恶斗的怪圈，这不利于泰国建立正常的政党政治制度。

三、结语

泰国政党历经 80 余年的发展，在军人政府时期，政党发展受限，在文人政府时期，政党则比较活跃，通常是多党林立局面。但泰国多数政党运作仍不规范，尚未建立完善的政党制度和形成稳定的政党格局，政党在军人集团和政治强人面前仍显弱势，较难在政坛长期发挥主导作用。在泰国，像民主党这样存在 70 多年的政党很少，有些政党往往只存续数年或者十几年，有些政党就是为了大选而成立的，有些政党的名称换来换去，有些政党则因为影响力衰微而淡出政坛，有些政党自我消亡或者因为违法而被法院解散。泰国主要政治力量也经常不按规则和常理出牌，政党长期在不同政治力量的夹缝中生存和发展，经常受到军人和其他一些利益集团的挤压。政治恶斗和司法干政导致政党命运多舛、使政党组建的民选政府不稳，进而导致政局动荡。

尽管政党在泰国政坛上发挥了一定的积极作用，然而，在很多时候，每个政党主要为某些地区或者某些阶层谋利，由于具有很强的利益狭隘性，其执政后就会竭尽所能维护己方阵营利益，打压在野党利益，进而激化泰国政坛矛盾，使政党之间“夺权”与“保权”的斗争愈发激烈。由于中小政党林立，除了民党建立过短暂的一党主政的政府、他信领导的泰爱泰党建立一党政府一年多等少数情况之外，泰国多数大选后产生的政府基本是多党联合政府。而通常联合政府内部矛盾重重，任期很短就下台，政府更迭不断自然就成为家常便饭。而由于政党斗争经常脱离政治法治轨道，泰国政党在博弈激烈时的暴力色彩浓厚。不过，可喜的一面是，近年来，泰国的一些法律法规也在加强对政党的管理，一些政党在组织建设、资金管理、媒体公关、社会调研、信息搜集等方面雇佣更多专业人士，优化政党运作。总体而言，未来泰国政党运作要实现真正的透明、规范，革除诸多弊端，任重道远。①

① Wolfgang Sachsenröder（Eds.），*Party Politics in Southeast Asia*，Singapore：Southeast Asia Political Party Forum，2014，p.339.

柬埔寨政治发展中的“强政党”逻辑

顾佳赟[①]

摘　　要：柬埔寨政党政治诞生于二战后法国殖民主义回归与柬埔寨佛教民族主义兴起的年代。柬埔寨政治精英顺应“第二波民主化”进程，选择借鉴西方政党制度和君主立宪制度来构建政治秩序。尽管在东西方价值的激烈碰撞下，柬埔寨经历了政治制度的多次轮换，但政党始终是国家政治生活的核心要素。1993 年柬埔寨王国政府恢复成立。在国际社会干预下，柬埔寨采用了鼓励多党联合执政的国会席位分配制度，体现出美西方国家对柬埔寨民主转型的设计和期待。然而，政党政治从在柬埔寨落地伊始就在西方价值与东方文化之间调适，在内政和外交中塑造“强政党”始终是柬埔寨政治发展内在需求和行为逻辑。当代柬埔寨政治发展或许不是对西方民主化设计的完美回应，但却维护了柬埔寨国家政治稳定，也实实在在地推动了国家的发展。

20 世纪 50 年代，柬埔寨在全球民族运动的浪潮中完成了非殖民化的历史进程，开启了从封建社会向民主社会转型的政治发展之路。政党制度是柬埔寨政治精英推动政治发展的主要依凭。早在殖民时期结束以前，柬埔寨就已经开始借鉴西方民主模式，建立起政党制度。不同利益集团所建立的政党存在迥异的政治诉求，各政党围绕立法机构选举展开政治竞争，促进政治发展。以最早建立的政党——民主党、自由党和民主进步党为例，他们在君主权力和国家独立的问题上诉求各异。民主党当时由民族主义人士组成，谋求限制君权，尽早谋得国家独立；自由党则代表着王室、贵族和商业精英利益，主张与法国保持紧密联系，渐进地实现国家独立；而由资深王室成员和官僚组成的民主进步党则在君权和独立问题上十分保守。尽管如此，三党参与的柬埔寨历史上首次选举催生了柬埔寨的首部宪法。柬埔寨在国家实现真正独立之前便步入宪政时代。

独立后，柬埔寨长期沿用多党制度，既鼓励更为广泛的政治参与，也保

---

① 顾佳赟，北京外国语大学亚洲学院副教授、柬埔寨研究中心主任。

留下政党轮替执政的可能性。然而，在柬埔寨政党政治发展的历史中，从未发生过政党轮替执政。即便在1993年柬埔寨恢复多党制度，采取鼓励多党联合执政的国会席位分配制度后，柬埔寨人民党还是实现了近乎30年的长期执政。柬埔寨政治发展透射出在内政和外交中塑造“强政党”的内在需求和行为逻辑。本文通过分析柬埔寨当代政党政治的思想基础、政党政治形成与流变，阐释“强政党”逻辑形成的原因和对国家发展的影响，说明“强政党”的出现或许没能完美地回应西方对柬埔寨民主化转型的期待，但是却符合柬埔寨的历史发展和政治文化。并且，“强政党”在事实上维护了柬埔寨国家稳定，推动了社会经济发展。

一、政党政治历史演进中存在“强”逻辑

冷战时期，柬埔寨在东西方价值思想的激烈碰撞下，政治制度发生过复杂演变。短短40年间，柬埔寨先后施行了君主立宪制、议会共和制，以及社会主义制度。直到1993年，才重回君主立宪制。无论施行何种政治制度，围绕政党进行的权力分配一直是柬埔寨国家政治生活的主要形式，为当代政党政治建筑了基础。然而，柬埔寨没有经历过西方政治思想从起源到传播发展的全过程，其政治文化也深受君主制度和社会主义思潮影响。柬埔寨政党政治发展存在不同于西方“民主”共性的“强”的个性因素。

（一）政党制度初建社会基础薄弱妥协“强”权

建立政党制度是法国殖民者为应对印度支那战争，避免腹背受敌，向柬埔寨民族运动做出的妥协。制度的创建比较仓促，柬埔寨社会尚未做好从封建社会向民主社会过渡的准备。一方面，政治精英缺乏有关民主制度的智识，民众对政党制度也十分陌生。1947年在签发宪法前，西哈努克才刚刚知晓宪法和民主究竟为何物。[①] 尽管民主党提出了诸如“人民组成为人民的政府”[②] 的进步主张，但是在缺少思想基础的柬埔寨社会，政党无法真正代表人民，只能代表拥有权利、财富和知识的既得利益群体和政治精英阶层。另一方面，建立政党制度并不意味着民主政治在柬埔寨的彻底胜利，柬埔寨的殖民地性质没有发生根本变化，殖民者仍掌握着柬埔寨的国家主权。虽然通过政党选举，柬埔寨能够组建起立法机构，但是评判立法合法性和有效性的权力依然掌握在殖民政

① ［柬］诺罗敦·西哈努克著，晨光等译：《西哈努克回忆录——甜蜜与辛酸的回忆》，哈尔滨：黑龙江人民出版社，1987年版，第153页。

② 同①，第154页。

府手中。由此可见，政党制度的建立虽然体现出柬埔寨政治发展趋势的进步性，但薄弱的社会基础使得政党制度的执行势必流于形式，成为贵胄强权操弄权术、瓜分利益的新工具，而不是赋予民权的民主手段。

（二）王权渗透政党政治催生“强”政治组织

柬埔寨王权有数千年的历史，与之相比，政党制度在发展之初处于低位弱势。殖民制度下的国王权力超越了政治制度，也超越了宪法。1949 年 9 月，由于对民主党获得首届大选胜利不满，西哈努克国王先是解散国民议会，后悬置宪法。直至 1951 年，柬埔寨再没有举行过国会选举，也没有启用宪法，而是重新回到没有宪法、没有议会的纯君主政体。[①] 结束殖民制度后，柬埔寨虽然施行君主立宪制，国王权力在法律上受到制约，但是，西哈努克逊位参政的举动客观上实现了君主权力向政党政治的渗透。一方面，西哈努克成为集政治领导人和君主地位于一身的国家首脑；另一方面，其所创建的人民社会同盟，通过整合国内绝大部分的政党和政治派别，成为引领国家政治生活和发展走势的绝对力量。君主权力对政党政治的历史影响甚至延续至今。1993 年恢复君主立宪制度后，柬埔寨君主在政党政治中的作用依然不可小觑。洪森曾在 2008 年表示：“柬埔寨的君主制度有别于日本、马来西亚、英国和泰国的君主制度，虽然那些国家也有国王，但王室不参政。而柬埔寨的王室参与政治。”[②]

（三）社会主义思潮影响政党政治锻造“强”政治力量

柬埔寨人民革命党是社会主义政党，其前身可以追溯至印度支那共产党。1981 年版《柬埔寨人民党章程》将其描述为柬埔寨工人阶级先锋队，代表柬埔寨人民最高利益。[③] 在柬埔寨人民共和国时期（1979—1993 年），人民革命党作为执政党，肩负起在国家遭受民主柬埔寨时期（1975—1979 年）极左政策破坏之后，恢复国家政治秩序和生产生活的使命。人民革命党密切联系农民群众，通过组织“下基层”工作组，在群众中建立基层党组织，执行打击和争取转化敌人，发展生产、争取人民生活稳定和建立真正的革命力量的中心任务。[④] 同时，采取组织生产互助组等举措恢复经济生产。从 1979 年到 1987

---

① ［柬］本贵：《柬埔寨政府：1945—2010》，金边：高棉出版社，2010 年版，第 14—15 页。

② 邢和平：《洪森谈人民党和他本人的执政经验——专访柬埔寨人民党副主席洪森》，载《东南亚纵横》，2008 年第 6 期。

③ 王忠田：《柬埔寨人民革命党章程》，载《东南亚研究》，1991 年第 2 期，第 101—106 页。

④ 顾佳赟：《柬埔寨政党政治演进与洪森政权长期执政》，载《东南亚研究》，2020 年第 3 期，第 58—78 页。

年，柬埔寨全国稻谷产量从265 220吨提升至18 313 350吨。耕地面积数量接近翻番。[①]1991年，为参加新体制下的政党选举，人民革命党对政党名称和路线方针进行了调整。一是在政党名称中删去“革命”二字，更名为“人民党”；二是宣布放弃马列主义单一路线，走上政治多元化道路。[②]从此，人民党以一个“全民政党”的形象出现在新王国的政坛。

二、当代政党政治发展助力“强政党”形成

1991年国际社会达成《柬埔寨和平协定》，要求将“政治多元化”“自由民主制度”和“定期选举”原则[③]纳入柬埔寨新宪法。柬埔寨由此确立起以“自由、民主、多党”精神为内核的君主立宪制度。为实现民族和解，让冲突各方都能享有分享政权的机会，柬埔寨采用了鼓励政党联合执政的国会席位分配方法，即国会2/3多数原则通过政府信任案和通过弹劾内阁政府案。[④]胜选政党只有赢得国会2/3以上席位才能独立组阁。否则，就需要与国会内其他政党联合组阁。尽管如此，柬埔寨经历了从“多党”到“一党”的政治演变。人民党成长为一个既与国王形成政治默契，又独占国会全部席位的“强政党”。

（一）政党制度构建为“强政党”出现提供制度准备

当代柬埔寨政党制度在政党之间的激烈争斗中逐渐完善起来。1993年至1998年是其政党制度的形成阶段。这期间，柬埔寨针对政党制度的规定完全依靠宪法中的框架性条款，政党管理的体制机制不健全。对政党的组建条件、党员资格、政党和党员行为规范等缺少明确限定和约束。当联合国临时权力机构于1993年11月撤出柬埔寨后，人民党和奉辛比克党之间的矛盾开始激化，最终酿成“七月事件”。“七月事件”后至2017年是自主施行政党制度阶段。1997年下半年，人民党总结和反思“七月事件”中体现出的制度缺乏的教训，推动国会通过《政党法》。法案明确规定：“政党尤其不能组建武装部队。对外，政党不得依附于或服从于任何外国政党或外国政府。”[⑤]随后出台的《人民

---

① ［柬］洪森著，邢和平译：《柬埔寨十年：柬埔寨人民重建家园的艰辛记录》，顺德文化事业股份有限公司，2001年版，第118页。

② ［英］迈克尔·利弗：《当代东南亚政治指南（七）柬埔寨人民党》，载《南洋资料译丛》，2003年第4期，第65—73页。

③ United States Institute of Peace，“ Agreement on a Comprehensive Political Settlement of the Conflict”，https://www.usip.org/publications/2000/02/peace-agreements-cambodia.

④ 顾佳赟：《柬埔寨王国宪法》，载《亚非研究》，2018年第1期，第287—316页。

⑤ 顾佳赟：《柬埔寨王国政党法》，载《南洋资料译丛》，2017年第2期，第53—57页。

代表投票选举法》则是柬埔寨政府为联合国撤出后首次独立举行大选所进行的制度准备。从 2017 年至今是政党行为严格约束阶段。为应对美西方势力扶植的救国党“夺权”威胁，人民党在 2017 年两度推动修订《政党法》，管束政党及其领袖的政治态度和行为。法案修订的内容主要涉及政党行为规范，党员身份要求，党主席、副主席身份要求，政党解散条款，政党与外国政府和组织关系，以及内政部对违规政党惩戒办法等。其中规定违反行为规范的政党，法庭可以判处“暂停政党活动不超过 5 年”，或“解散该政党”①。这实际上为 4 个月后解散救国党作好了法律准备。届时，缺少最大竞争对手的人民党势必成为柬埔寨的“强政党”。

（二）国王参与政党政治为“强政党”出现提供加持

与 1947 年订立的宪法不同，1993 年《柬埔寨王国宪法》限制了国王权力的边界，明确规定国王不执政。而且须要依据宪法和“多党、自由、民主”原则履职。② 但这并不意味着国王被完全排除出政治生活。现行宪法规定，国王拥有任命首相和内阁、大法官、王家军总司令、驻外使节等国家重要官员的权力，还拥有在参议院指定两人担任议员的委任权。③ 同时，国王拥有减轻和赦免刑罚的权力。对于政客而言，国王的特设权是其逃避政治祸端或者恢复政治身份的庇护伞。国王也经常利用特设权与政治首脑、政党领袖磨合政治关系。

西哈努克是一位热衷政治的国王，非常注意平衡政党关系，维护王权和政局稳定。在 1998 年和 2003 年两次大选后形成的奉辛比克党与桑兰西党联合杯葛组阁的政治僵局中，西哈努克压制强势的人民党，使用特设权赦免奉党主席拉那烈在“七月事件”中的罪责，化解了前者，但面对后者，却采取与强势一方合作的策略，支持人民党主张。客观上形成了王权对俗权的加持。西哈莫尼国王继位后，非常注意保持与政事的距离，完全采用倚重强势政党的策略来维护王权和君主制度存续。如今，在国王和首相之间已经形成了心照不宣的政治默契。西哈莫尼公开表达对洪森政府的认可。人民党则表达坚决拥护王权和君主制度的决心，并将“捍卫君主制度”写入《为建设和保卫国家柬埔寨人民党施政纲领（2018—2023）》④。可以说，王权加持了人民党政权的执政合法性

① 《关于〈政党法〉和〈政党法修正案〉的修正案》，http://national-assembly.org.kh/ViewLawFile.aspx?LawDID=519。

② 顾佳赟：《柬埔寨王国宪法》，载《亚非研究》，2018 年第 1 辑，第 287—316 页。

③ 同②。

④ 《为建设和保卫国家柬埔寨人民党施政纲领（2013—2018）》，https://www.cpp.org.kh/details/6848；《为建设和保卫国家柬埔寨人民党施政纲领（2018—2023）》，https://www.cpp.org.kh/details/80399。

与稳定性，增强了人民党成为“强政党”的合理性。

（三）多党到一党的政局演变为“强政党”出现提供选民基础

柬埔寨当代政党政治发展主要可以分为三个阶段，即多党政治阶段、两党政治阶段和一党政治阶段（见图 4）。政治权力随着主要政党数量的下降而愈发集中。

图 4　柬埔寨历届政党在国会中的议席数量图

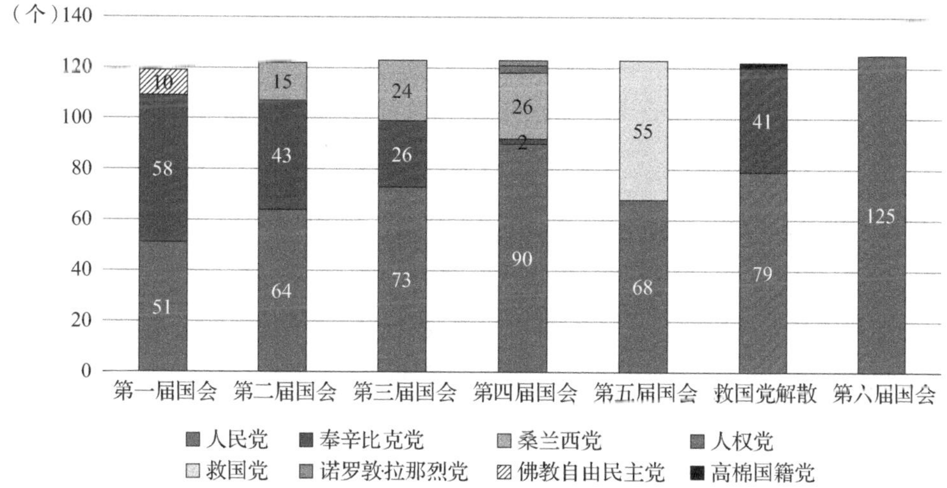

（数据来源：依据《柬埔寨史》以及柬埔寨国家选举组织委员会官方网站 https://www.nec.gov.kh 整理。）

从 1993 年王国恢复以来的首次大选至 2008 年第四届大选，柬埔寨政党政治格局处于多党政治阶段。第二届和第三届国会均由人民党、奉辛比克党和桑兰西党组成，但在政治秩序上执政党和反对党分庭抗礼的局面已经逐渐形成。2006 年，人民党和桑兰西党策动了对宪法中有关国会三分之二多数票通过政府信任案条款的修订，将其修改为绝对多数票原则，降低了政党独立组阁的条件。因此，在第四届大选中，人民党取得了大胜。尽管多党竞争的政治结构没有发生变化，但是显现出人民党、桑兰西党两党一“超”一“强”的局面。2013 年举行的第五届国会选举结束了多党政治格局，柬埔寨进入两党政治阶段。人民党和救国党包揽了全部 123 个国会席位。人民党赢得 68 个议席，救国党赢得 55 个，其余 6 个政党均未赢得任何席位。2017 年 11 月，柬埔寨最高法院因救国党主席金速卡涉叛国罪，判决解散救国党。此举帮助人民党在 2018 年举行的第六届国会选举中，赢得全部 125 个国会席位，成为名副其实的“超级政党”。

政治格局的演变折射出柬埔寨选民心理从“崇王”到“求变”，再到务实求稳的复杂变化。在最初的几届大选中，很多选民怀有悲伤的历史记忆，期盼国王回归能够使国家和平发展。然而，奉辛比克党在“七月事件”中败北，党内发生分裂，选民开始放弃王族治国的幻想。与此同时，西方势力介入柬埔寨政党政治，扶植桑兰西等反对派领导人宣扬所谓“自由”“民主”价值观。战后出生的大量青年选民受其熏陶，寻求现有政治秩序改变。依靠青年选民群体“求变”心理，救国党在 2013 年大选中最大限度地缩小了与人民党的差距，形成夺权之势。然而，随着金速卡接受西方培训的事实败露，青年选民群体认清国家政治稳定的重要性，选择倚靠自己的学识和技能，投身经济发展，改善生活。可以说，正是选民心里趋于务实稳定的特征为“强政党”的出现提供了可能性。

三、“强政党”推动柬埔寨国家发展

“强政党”人民党在柬埔寨的长期执政有效推动了国家政治经济发展，并在国际舞台上树立起柬埔寨平等中立的国际形象。

（一）“强政党”主导国家政治发展

人民党在政党政治中始终立于主动，主要得益于其广泛的政治动员能力。人民党开展的政治动员不仅仅针对基层民众，也针对重点政党和一般政党。“下基层”是人民党沿革自人民共和国时期的工作方法。在新的政治形势下，“下基层”的中心任务已经调整为通过国家行政单位与基层行政单位结成帮扶对子的形式，下派党员工作组，宣传人民党的政治理念，解决民生实际困难，树立党的良好形象。

在政党层面，人民党始终将团结奉辛比克党作为政治动员的首选。即使奉辛比克党势力下滑，人民党也没有放弃与奉辛比克党合作的策略选择，谋求与奉辛比克党组成政治联盟多次被写进人民党的重要决议[①]。2013 年，人民党将与奉辛比克党联合组阁的合作精神写入《柬埔寨人民党 11 点政治原则》[②]。2017 年 12 月，因救国党被解散而空缺的 55 个国会议席有 41 个被分配给奉辛比克党。[③] 奉辛比克党一跃成为国会第二大党。除动员重点政党外，人民党还

① 邢和平：《见证柬埔寨 2003 年大选（上）》，载《东南亚纵横》，2003 年第 12 期，第 45—49 页。
② 《柬埔寨人民党 11 点政治原则》，https://www.cpp.org.kh/details/6887。
③ 《国会召开全体会议人民党 79 议席正式坐实》，http://jianhuadaily.com/20171207/4415。

通过建立政治协商制度，动员一般政党参政议政。第六届大选后，人民党主动发出倡议，联合16个参选的政党成立最高咨询建议委员会，与政府共商国是。为了体现最大程度政治公平，委员会主席由各政党主席轮流担任。

（二）“强政党”推动国家经济建设

《四角战略》是人民党在2004年推出的一部完全以经济建设为核心的国家发展计划。通过实施计划，柬埔寨政府将在发展农业生产、发展私人经济和增加就业、恢复与重建基础设施、培训人才与发展人力资源等四个领域实现经济增长。① 人民党长期执政增强了《四角战略》的延续性，“通过良好的行政落实经济建设目标”已经固化为《四角战略》的中心任务。在人民党的策动下，每一届政府施行《四角战略》中的一个阶段性子战略。比如，第三届政府施行的是《四角战略》(第一阶段)，第四届政府施行的是《四角战略》的第二阶段。目前，《四角战略》已经实施至第四阶段。从1993年到2019年，柬埔寨国内生产总值呈逐年上升态势（见图5）。柬埔寨人民生活水平也大幅提高。2015年，柬埔寨从贫困国家迈入中低收入国家行列。洪森认为，柬埔寨有望实现2030年成为中高等收入国家的目标。② 柬埔寨的贫困率从2004年的53.5%下降为2018年的9%。③

图5 柬埔寨国内生产总值增长图（1993—2019）

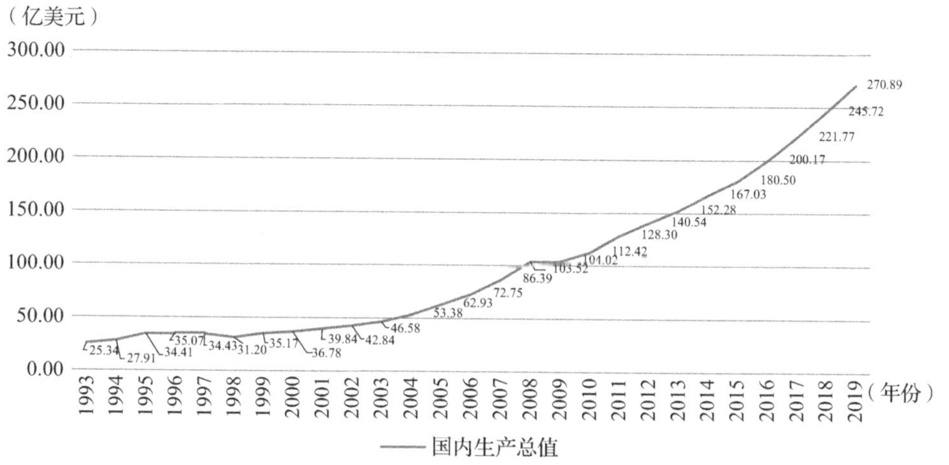

（数据来源：世界银行，https://data.worldbank.org.cn/indicator/NY.GDP.MKTP.CD?end=2019&locations=KH&start=1961&view=chart。）

---

① 《柬埔寨王国〈四角战略〉》，http://cb.mofcom.gov.cn/aarticle/ddgk/zwminzu/200412/20041200318821.html。

② 《柬埔寨力促经济持续增长》，http://world.people.com.cn/n1/2019/0524/c1002-31100627.html。

③ 《洪森首相2019年柬埔寨传统新年贺词》，https://pressocm.gov.kh/archives/51422。

(三)"强政党"塑造国家对外形象

柬埔寨长期处于东南亚地缘政治博弈的中心。冷战时期，美国为构建遏制中国的“泰国—柬埔寨—南越”防御链，策划和协助朗诺集团发动政变，引发柬埔寨长达 23 年的内战。因此，人民党执政非常注重塑造政府平等中立的外交形象。

在东南亚，柬埔寨最重要的双边关系是与东盟关系。洪森认为，柬埔寨在维护地区和平稳定问题上，与东盟的大国、富国拥有一样的发言权。① 在很多关涉东盟的关键性议题上，人民党政府秉持平等原则，发挥了重要的调节作用，避免事态朝更为不确定的方向发展。在 2012 年和 2016 年东盟外长会议上，柬埔寨两次在针对中国的南海议题上投出反对票，坚决不同意在东盟框架内将南海问题扩大化、国际化。

对华和对美关系是柬埔寨最重要的两对双边关系。有学者认为，冷战以后，包括柬埔寨在内的东南亚国家执行了“经济上靠中国，安全上靠美国”的两面下注政策，即在中国经济实力上升的过程中获取经济利益，同时加强与美国军事和安全联系，利用美国在本地区的军事存在平衡中国在安全领域的影响力。② 事实上，“经济—安全”二元结构难以解释人民党在平衡中美关系上的策略选择。实际上，柬埔寨既没有在经济上靠中国，也没有在安全上靠美国，而是基于国家利益，遵循中立原则，处理对华和对美关系。

经济上，中国是柬埔寨最重要的合作伙伴。共建“一带一路”倡议提出以来，中国连续成为柬埔寨最大年度外资来源国。中柬双边贸易额从 2013 年的 37.72 亿美元增长为 2019 年的 94.3 亿美元。③ 中国成为柬埔寨最大贸易伙伴。尽管如此，欧盟和美国仍然是柬埔寨最主要的出口市场。因为在柬埔寨的经济结构中，出口导向的制衣制鞋产业一直是十分重要的组成部分。安全上，人民党政府坚持中立立场，拒绝依附任何国家。洪森认为，南越领导人吴庭艳、菲律宾领导人马科斯和高棉共和国领导人朗诺都曾因依附美国而自食其果，是柬埔寨应当吸取的历史教训。④

---

① 邢和平：《洪森时代》，柬埔寨幸运之星出版公司，2008 年版，第 337 页。

② 周方银：《中国崛起、东亚格局变迁与东亚秩序的发展方向》，载《当代亚太》，2012 年第 5 期，第 4—32 页。

③ 2013 年数据来源：《柬埔寨 2013 年宏观经济形势及 2014 年预测》，http://cb.mofcom.gov.cn/article/zwrenkou/201404/2014040056 3948.shtml。2019 年数据来源：《2019 年中国—柬埔寨经贸合作简况》，http://yzs.mofcom.gov.cn/article/t/202007/20200702987514.shtml。

④ 邢和平：《洪森时代》，柬埔寨幸运之星出版公司，2008 年版，第 309 页。

四、政治发展中形成“强政党”逻辑的原因分析

从历史上看，柬埔寨的“强政党”逻辑本身就是强大的。几乎所有执政党或是政治领袖都在追求建设一个“强政党”，实现国家治理能力的最大化。究其缘由，是因为“强政党”逻辑既有符合柬埔寨文化渊源的一面，也有符合现实需要的一面。

（一）统一思想认同需要“强政党”逻辑

柬埔寨虽然经历了将近百年的殖民统治，但是殖民政府采取了“既同化又联合”的殖民政策，即在改造殖民地使之“法兰西化”的同时，也承认殖民地的文化个性，寻求与当地王权合作。因此，虽然殖民系统带来的西方价值观念与柬埔寨传统文化发生了激烈碰撞，但是柬埔寨传统政治文化没有发生断裂。在植入政党制度、建立君主立宪政体以后，传统王权治国的逻辑惯性依然发挥着作用。然而，柬埔寨的民族独立发生在冷战环境当中，“自由”“民主”“社会主义”等来自西方政治思想的传入迫使新兴民族国家融合现代与传统思想，建立统一的思想认同。西哈努克提出的“佛教社会主义”理念就是其中之一。佛教社会主义与传统社会主义学说不同，是西哈努克综合佛教教义、柬埔寨传统和现代治国经验，以及当时的民族主义精神创立的柬式治国论，是具有时代特色的政治文化体现。在佛教社会主义理念的指导下，西哈努克建立起人民社会同盟这个强大的政治组织，作为形成思想认同，施行国家治理的依托。1993 年以来，柬埔寨虽然逐渐实现民族和解，但是面临着西方意识形态与国家政治发展之间的矛盾。西方扶植的政党与人民党之间频繁冲突，致使社会思潮在经济建设与政权更迭之间摇摆不定。在这种情况下，人民党长期推行的《四角战略》将国家发展的中心任务集中到经济建设上，而不是政治斗争上。通过“强政党”的政治作为使得社会思想认同在一定程度达成统一。

（二）稳定政治大局需要“强政党”逻辑

目前，柬埔寨民众的平均受教育程度不高。很多选民对传统文化的认识有限，对外来思想的认知不深，在异质思想文化碰撞中难以正确辨别和行动，较易受到利益驱使和西方意识形态操控，影响国家政治稳定。然而，柬埔寨在长期政治发展进程中形成的政治文化有别于西方思想制度。自 20 世纪 40 年代开始，山玉成等一批柬埔寨民族主义者借鉴西方民主共和思想制度，希望将柬埔寨建设成为一个没有君主的共和国度。这种政治思想在朗诺政权得以付诸实

践，取缔君主制度成为朗诺政权、民柬政权和金边政权的共识。尽管如此，西哈努克依然在民众中享有极高声望。这是因为柬埔寨的君主除了治国职能外，还拥有崇高的宗教身份，是民众的精神慰藉。

然而，柬埔寨的反对党在创设之初就提出“推翻君主制，建立自由民主的柬埔寨共和国”的宗旨[①]，并逐渐赢得青年选民群体的响应，引起社会舆论对君主制度是否应当存续的质疑。自 2014 年 4 月，救国党主席桑兰西向西哈莫尼致函，指责国王不应该为国会背书[②]之后，在社交平台诋毁国王的事件便时有发生。此外，反对党对王权的质疑加剧了其与执政党之间的对抗，引发暴力冲突，危害国家安定。可以说，如果没有人民党这个“强政党”坚决维护君主制度，动用司法手段处置涉事政党和个人，就不能排除柬埔寨重陷内乱的可能性。

（三）立足国际舞台需要“强政党”逻辑

自独立伊始，柬埔寨便是冷战两大阵营对抗的支点国家。美国希望争取柬埔寨，使之与泰国、南越连接，构筑抵御北越、遏制中国的封锁线。苏联支持下的北越则希望借助柬埔寨领土，战胜美国，统一南越。为了避免国家陷入越战漩涡，西哈努克与人民社会同盟姿态强硬，甚至不惜与美国断交。洪森认为，冷战时期，柬埔寨能够维持 16 年的独立和中立是西哈努克取得的伟大胜利。[③]换句话说，正是因为西哈努克与人民社会同盟坚持独立、中立外交政策的一贯性，为柬埔寨独立后在复杂冷战环境中斡旋和发展争取了空间。尽管朗诺政权、民柬政权、金边政权对内都体现出“强政党”的特质，然而，这些政权在对外关系上并不“强势”。朗诺政权委身美国，民柬政权断绝了大部分国际交往，金边政权则踌躇于联合国要求越南从柬埔寨撤军的巨大政治压力。

柬埔寨恢复和平后，再度成为美国意图打造的东南亚“民主桥头堡”国家。但洪森领导的人民党坚持独立自主的对外政策，从国家利益出发，展开国际合作。美国为此采取了十年敌视洪森政府的政策，还在柬埔寨国内扶植代理人，企图干涉柬埔寨内政，颠覆人民党政权。除此之外，柬埔寨还与周边的泰国、越南、老挝存在领土争议，只有人民党这样的“强政党”才能始终奉行独立、中立的外交政策，在大国博弈中寻求国家发展的空间。

---

① 邢和平、蔡锡梅：《柬埔寨政坛内幕（1993—2004）》，柬埔寨教育出版社，2004 年版，第 122 页。

② 《柬首相威胁“法办”反对派因其指责柬国王》，https://world.huanqiu.com/article/9CaKrnJENAU。

③ 邢和平：《洪森时代》，柬埔寨幸运之星出版公司，2008 年版，第 336 页。

五、结语

柬埔寨独立后施行的政治体制始终围绕政党政治组织国家政治生活。政党政治虽是源自西方的舶来品，但在柬埔寨发生本土化，与其传统政治文化相融相契，发展出“强政党”的政治逻辑。即便是在将比例代表制度植入柬埔寨当代政党政治后，柬埔寨政治发展的土壤依然将人民党从一个社会主义政体下的专政党培植为一个“多党、自由、民主”政体下的“强政党”。

不可否认，柬埔寨政党政治的发展路径没能完美回应西方国家对所谓“民主”的期待，但是“强政党”逻辑下的政治发展却回应了柬埔寨民众的民主诉求，也务实推动了柬埔寨社会的恢复与发展和国际形象的建立。世上本没有什么最合理的政治发展路径，大部分后发展现代国家都借鉴西方政治思想制度组织着政治生活。柬埔寨的“强政党”逻辑从一个侧面说明，后发展现代国家无法照搬西方思想制度组织政治生活。西方思想制度只有与当地政治文化传统相妥协、相融合时才能发挥效能。西方所谓“民主”国家往往立足于制度优越论的制高点，忽略了后发展现代国家的历史文化个性和国家发展诉求，人为制造着所谓“文明的冲突”。

巴基斯坦政党政治新变局：成因及影响分析

武　祥 [1]

摘　要：巴基斯坦正义运动党在胜选道路上用时之短、崛起速度之快、选民动员之成功均开创了巴基斯坦政党史上的先河。本文透过对巴基斯坦政党政治传统特征的梳理，归纳正义运动党执政所带来的新变局，解析该党意识形态、组织动员以及巴基斯坦军政关系在促成巴基斯坦政党政治新变局中所发挥的作用，勾勒新变局给巴基斯坦国内政治、经济和中巴关系等层面带来的影响。

2018 年 7 月 28 日，巴基斯坦前板球明星伊姆兰·汗（Imran Khan）领导的正义运动党（Pakistan Tehreek-e-Insaf）赢得国民议会中的相对多数议席，伊姆兰·汗成功当选巴基斯坦新一届政府总理。自 1996 年成立至胜选，正义运动党的迅速崛起令观察者颇感意外。2002 年国民议会选举中，正义运动党仅得到 1 席；2013 年大选中，正义运动党得到 342 个席位中的 35 席，跻身议会第三大政党；2018 年大选后，经历数轮席位调整，正义运动党占据 156 席，成为国民议会第一大党。[2] 该党成功获得执政地位后，巴基斯坦政党政治格局已发生悄然变化。现有文献较多集中于介绍伊姆兰·汗的领导力或正义运动党在联邦层面的博弈，较少留意正义运动党意识形态、组织动员手段以及地方层面的议席争夺。[3] 本文拟对正义运动党上台之后的巴基斯坦政党政治新变局的特征、成因及影响进行分析。

---

① 武祥，中国人民解放军国防大学政治学院讲师。

② National Assembly of Pakistan，“Party-Wise Graph，” http://www.na.gov.pk/en/party-stats.php.

③ 可参阅李厚蕾：《当前巴基斯坦政党政治的特点及其影响》，载《当代世界社会主义问题》，2018 年第 3 期，第 156—164 页；林一鸣：《巴基斯坦总理伊姆兰·汗》，载《国际研究参考》，2018 年第 8 期，第 47—52 页；Salman Yousaf，“ Political marketing in Pakistan ： exaggerated promises，delusive claims，marketable development projects and change advocacy”，*Journal of Public Affairs*，2016，16（2）：140-155 ；Muhammad Rizwan，Manzoor Ahmad and Muhammad Bilal，“ Intra-Party Democracy in Pakistan Tehrik-e-Insaf”，*Global Regional Review*，2016，1（1）：75-84；Ajay Darshan Behera，“Pakistan General Elections 2018：Clear Signs of a Guided Democracy”，International Studies，2018，55（3）：238-252.

一、巴基斯政党政治新变局

巴基斯坦政党政治自2008年步入有序的政党轮替轨道，巴基斯坦人民党（Pakistan People's Party，简称“人民党”）和巴基斯坦穆斯林联盟（谢里夫派）［Pakistan Muslim League-Nawaz，简称“穆盟（谢派）”］分别以信德省和旁遮普省的选民支持为依托，在联邦层面角逐大选的格局日渐清晰。2018年正义运动党胜选之后，既有政党政治格局在联邦和地方层面均发生重要变化，新变局呈现以下特征：

（一）两党轮替预期被打破

2008年以来，巴基斯坦已在议会民主制下实现了两次和平的权力更迭，人民党与穆盟（谢派）实现了轮流执政。[①]两党各自执政期间，分别在政治稳定、经济增长、外交合作、打击恐怖主义等议题上取得了较大进展，巴基斯国内政党政治趋于稳定。在此背景下，巴基斯坦国内和国际舆论对于人民党和穆盟（谢派）长期轮替存有预期。正义运动党胜选所带来的直接变化就是两党轮替格局被终结，正义运动党、人民党与穆盟（谢派）“三足鼎立”局面最终确立，并在联邦层面呈现出来。

2008年大选奠定了当今巴基斯坦政党政治的基本格局。2008年国民议会选举中，人民党在阿里·扎尔达里（Asif Ali Zardari）领导下赢得了国民议会总席位中的120席，成为议会第一大党。[②]此次大选结束半年后，穆沙拉夫向民选政府和平移交权力。人民党掌握了总统、总理、国民议会议长以及国民议会多数席位，主要执政党同时掌握这些关键权力在巴基斯坦建国以来尚属首次。[③]2008年至2013年5年任期中，人民党利用稳固的执政地位充分调动治理资源，在维持国内政治稳定、保障社会秩序、阻止经济下滑等方面做出了值得肯定的成绩。尽管人民党在2013年国民议会大选中被穆盟（谢派）取代，但是连续5年的执政还是创造了巴基斯坦历史上第一次民选政府完成任期的历史记录。

2013年大选对此后巴基斯坦政党政治格局的塑造至关重要。经过2013年

---

① 此前巴基斯坦共经历四次军人政权，按照时间顺序分别为阿尤布·汗时期（1958—1969年）、叶海亚·汗时期（1969—1971年）、齐亚·哈克时期（1977—1988年）和穆沙拉夫时期（1999—2008年）。2008年至2018年是巴基斯坦政党政治最为稳定的十年。

② 陈继东：《巴基斯坦议会选举与政党实力消长》，载《南亚研究季刊》，2008年第2期，第24—28页。

③ 向文华：《巴基斯坦人民党研究》，北京：人民出版社，2015年版，第285页。

5 月的国民议会和四省议会选举，正义运动党的力量迅速壮大。尽管未能动摇穆盟（谢派）独大的局面，但正义运动党和人民党各守一隅的政治格局开始初具雏形。[①] 此次大选后，穆盟（谢派）实现单独组阁，人民党和正义运动党为国民议会反对党。2018 年大选后，此前不具备联邦层面执政经验的正义运动党夺得议会相对多数席位，打破了此前巴基斯坦国内对穆盟（谢派）和人民党实现两党轮替的普遍预期。

（二）家族政治传统被冲击

巴基斯坦建国以来，继承了原英属印度治下的制度遗产，允许多个政党通过竞争性的选举获得执政地位从而执掌政权。但与此同时，巴基斯坦也处于从传统农业国家向现代工业国家转型的进程中。伴随着巴基斯坦建国而成长起来的政党和政党体制，无不受到传统社会结构的影响。这就意味着，血缘、家族、宗教等传统因素在巴基斯坦政治中仍发挥着较大的作用。此前活跃在巴基斯坦国民议会中的人民党和穆盟（谢派）均有着深厚的家族色彩。正义运动党创始人伊姆兰·汗 1952 年生于旁遮普省拉合尔市一个较富裕的家庭，[②] 并非巴基斯坦名门望族和政治世家。2018 年大选后，正义运动党在联邦层面执掌政权冲击了此前巴基斯坦政治中浓厚的家族传统。

同正义运动党相比，人民党是一个典型的从巴基斯坦传统社会结构中走来并带有现代特征的政党。人民党成立于 1967 年，到目前为止经历了五代领导人，政党领袖更替带有明显的家族政治烙印。[③] 人民党创始人阿里·布托（Zulfikar Ali Bhutto）生于巴基斯坦信德省拉尔卡拉区最富有的布托家族。布托家族是巴基斯坦仅次于旁遮普的第一要省信德的世代豪门。[④] “截至巴基斯坦 1959 年土地改革之前，布托家族的每个主要旁支都据称在拉尔卡拉、雅各布阿巴德、特达和库苏尔等地拥有 4 万至 6 万英亩的肥沃土地。”[⑤] 人民党的票仓和群众基础根植于信德省，在巴基斯坦的国民议会大选和地方议会选举中，信德省的选票往往也是人民党最有把握拿下的。

穆盟（谢派）的前领袖纳瓦兹·谢里夫（Mian Muhammad Nawaz Sharif）生于旁遮普省的谢里夫家族，其父亲为旁遮普省钢铁与农业两大集团的奠基

---

① 李青燕：《巴基斯坦政党政治版图重组及影响》，载《当代世界》，2014 年第 2 期，第 67—69 页。

② Imran Khan，*Pakistan*：*A Personal History*，London：Bantam Press，2011，p.19.

③ 1979 年阿里·布托被军人政权处以绞刑后，他的夫人努斯拉特·布托接任人民党主席，1984 年他们的女儿贝·布托接替人民党主席。2007 年贝·布托遭遇自杀袭击身亡后，由其丈夫阿里·扎尔达里接任人民党主席。目前人民党主席为贝·布托和阿里·扎尔达里的儿子布托·扎尔达里。

④ 叶海林：《巴基斯坦政党背后的世家政治》，载《文化纵横》，2013 年第 1 期，第 54—59 页。

⑤ Salmaan Taseer，*Bhutto*：*A Political Biography*，Ithaca Press，1979，p.8.

者。纳瓦兹·谢里夫在齐亚·哈克（Muhammad Zia-ul-Haq）执政时期步入政界，于1985年当选旁遮普省省长，1988年军人政府下的《戒严法》终结后再次当选该职位。凭借在旁遮普省深厚的根基，纳瓦兹·谢里夫于1990年至1993年、1997年至1999年两度出任巴基斯坦总理。2013年谢里夫领导的穆盟（谢派）在大选中获胜，第三度当选巴基斯坦总理。从运行方式上看，该党也带有明显的家族政治色彩。2018年3月，纳瓦兹·谢里夫的弟弟夏巴兹·谢里夫（Shahbaz Sharif）第二次当选穆盟（谢派）主席，同年8月当选国民议会议员。夏巴兹·谢里夫在旁遮普省掌握着丰富的政治资源，曾三度担任旁遮普省省长，现任巴基斯坦第23届总理。

（三）地方议席垄断被重塑

地方因素也在巴基斯坦政党政治中发挥重要作用。错综复杂的政商关系和盘根错节的利益纠葛均交织和裹挟在地方议席的争夺中。2018年大选后，不但正义运动党的票仓开伯尔－普什图赫瓦省在巴基斯坦政治中的地位得以凸显，就连穆盟（谢派）和人民党各自长期票仓的旁遮普省和信德省议席状况也发生了改变。

穆盟（谢派）掌握在谢里夫家族手中，而谢里夫家族势力又在旁遮普省经营多年。“旁遮普省在巴基斯坦国内占据一家独大地位。人多地广、工农业发达、经济体量大，尤其是在议会中占据了近六成的席位，造成‘得旁遮普省得天下’的选情局面。”[①] 人民党掌握在布托家族手中，布托家族三代人在信德省长期耕耘，从信德省获取执政的选民基础。信德省位于巴基斯坦东南部，南濒印度洋，农业基础雄厚，工、商业发达。

表8 2013年巴基斯坦国民议会三大党在地方议会的席位分布

政党	旁遮普省	信德省	开伯尔—普什图赫瓦省	俾路支省
穆盟（谢派）	214	4	12	8
人民党	6	94	3	0
正义运动党	24	2	39	1

（资料来源：巴基斯坦选举委员会网站2013年省级议会选举结果，www.ecp.gov.pk/。）

在2013年地方议会的选举中，穆盟（谢派）和人民党分别掌握各自票仓旁遮普省和信德省的绝大多数选票，正义运动党主要从巴基斯坦西北部的开伯

① 冯威：《谢里夫家族和旁遮普省关系研究（1988—2015）——兼论巴基斯坦央地关系》，载《南亚研究季刊》，2016年第3期，第77—85页。

尔—普什图赫瓦省获得自己的民意支持（见表 8）。值得一提的是，2013 年人民党仅在旁遮普省获得 6 个席位，而正义运动党在穆盟（谢派）的大本营赢得了 24 个席位。①

表 9　2018 年巴基斯坦国民议会三大党在地方议会的席位分布

政党	旁遮普省	信德省	开伯尔—普什图赫瓦省	俾路支省
穆盟（谢派）	166	0	6	1
人民党	7	99	5	0
正义运动党	181	30	85	7

（资料来源：旁遮普省议会网站，www.pap.gov.pk；信德省议会网站，www.pas.gov.pk；开伯尔－普什图赫瓦省议会网站，www.pakp.gov.pk；俾路支省议会网站，www.pabalochistan.gov.pk。）

从 2018 年地方议会选举情况看，正义运动党不但巩固了在开伯尔—普什图赫瓦省的优势，在旁遮普省和信德省也取得了令人瞩目的成绩。尤其在旁遮普省，正义运动党一举夺取了 181 个席位，而穆盟（谢派）的席位锐减到 166 席，已非旁遮普省议会中的绝对多数。在信德省，正义运动党夺得 30 席，同 2013 年相比取得了很大进步，而穆盟（谢派）却一席未得（见表 9）。

特定政党长期把持特定地域选票所塑造的地方席位垄断被重塑。“反建制”的正义运动党横扫了原先牢牢掌握在穆盟（谢派）手中的旁遮普票仓，而且在信德省的地方议会选举中也取得了不俗的成绩。在此背景下，正义运动党高呼“变革”和“反腐败”的口号势必触及人民党和穆盟（谢派）在地方上的利益，未来三个党派在联邦和地方层面的斗争方式值得关注。

二、新变局的成因分析

为何正义运动党能在短时间内“刷新”巴基斯坦政党政治的基本面貌？除被探讨较多的伊姆兰·汗个人魅力因素外，② 笔者认为，正义运动党意识形态吸引力、组织化水平提升以及巴国内军政关系企稳在促成政党政治新变局中发

① 旁遮普省议会总席位 371 个，其中普选席位 297 个；信德省议会总席位 168 个，其中普选席位 130 个；开伯尔－普什图赫瓦省议会总席位 145 个，其中普选席位 115 个；俾路支省议会总席位 65 个，其中普选席位 51 个。

② Christopher Sandford，*Imran Khan：The Cricketer，the Celebrity，the Politician*，Harper Collins，2009；S. Akbar Zaidi，Imran Khan and His Naya Pakistan，*Economic & Political Weekly*，August 4，2018；Avijit Ghosh，“Imran Khan：From top cricketer to winning politician，” July 27，2018，https://timesofindia.indiatimes.com/world/pakistan/imran-khan-from-top-cricketer-to-winning-politician/articleshow/65155894.cms.

挥了重要作用。

（一）政党意识形态吸引力

政党意识形态是政党得以“安身立命”的合法性基础，反映了该政党成员的一致信仰和共同认识。正义运动党意识形态中鲜明的“变革”“反精英”和“反腐败”等特征，与人民党和穆盟（谢派）倾向于维持现状的偏保守意识形态保持了清晰的区分度。同时，正义运动党呼吁“宽容”“民族团结”“消除仇恨与宗教偏见”[①]，又同激进的以伊斯兰教义为主导意识形态的政党做出了区隔，这样一种兼具激进与包容的意识形态对巴基斯坦日益扩大的中产阶级选民队伍形成了较大吸引力。

在政治层面，正义运动党认为腐败侵蚀了巴基斯坦，因此需要一种负责任和透明的文化来恢复民众对政府体制的信心。伊姆兰·汗呼唤改变以往精英治理和家族治理的模式，注重通过可靠的民主，政府透明度和领导责任来实现政治稳定。在经济社会层面，正义运动党强调“自力更生”，认为以往数届政府持续不断地从国际社会贷款并没有起到帮助发展经济和改善民众生活的作用，相反这些贷款通过各种项目和各类名目，流入腐败政治精英的口袋中。他们主张通过经济发展让贫困问题得到治理，使妇女和儿童的受教育权利得到保障。在宗教层面，正义运动党反对宗教极端主义思想，主张通过经济发展和社会建设从根源上铲除宗教极端主义生存的土壤。提倡重点是解决宗教极端主义的根源，即不公正、贫困、失业和文盲，宗教教条不能被用来制造恐惧。[②]

为尽可能多地争取选民支持和整合各种利益的需要，人民党和穆盟（谢派）在长期两党斗争中，均考虑到照顾不同选民群体利益，包容各种宗教文化价值观。两党已对自身的意识形态做出过多次调适，在许多重大社会议题上渐渐靠近意识形态光谱的中间位置。而正义运动党意识形态在倡导包容性的同时，又极具针对性。作为一个成立历史不长，且未有联邦层面执政经验的政党，其剑锋直指对手们根植于历史深处的家族政治传统和庇护型政党体制。对巴基斯坦众多年轻选民而言，与其耗费漫长的时间等待人民党或穆盟（谢派）做出改变，不如现在就将选票投给以“非家族”和反腐败著称的正义运动党。正如伊姆兰·汗所说：“正义运动党最终脱颖而出，如野火般燃遍全国，成为全巴基斯坦30岁以下年轻人的首选（约占全国人口比例的70%）。”[③] 正义运动

---

① Pakistan Tehreek-e-Insaf，“Final PTI constitution-2019，” https://www.insaf.pk/public/insafpk/pti-constitution.

② Pakistan Tehreek-e-Insaf，“Our Ideology，” http://www.insaf.pk/public/insafpk/what-is-pti.

③ Imran Khan，*Pakistan*：*A Personal History*，London：Bantam Press，2011，p.170.

党的意识形态对巴基斯坦的青年群体具有很强的吸引力，这部分人口占巴基斯坦全国人口的比重较高，对正义运动党的胜选作出了重要贡献。

（二）政党组织动员能力

正义运动党相对扁平化的组织动员体系和人民党与穆盟（谢派）垂直纵向的组织动员截然不同。在推举政党候选人方面，正义运动党采用大规模党内选举的方式，产生参与争夺地方省议会和国民议会的候选人。这一独特组织动员手段，既发挥了挑选和锤炼党员的作用，又使得党内矛盾和分歧在大选前得以暴露并加以解决，客观上起到了凝聚共识、提升政党组织动员能力的作用。

2012 年 3 月，正义运动党宣布将效仿美国式的候选人提名程序开展美式党内选举，在全国各个区级层面引入地方的预选会议。有抱负的候选人展开辩论并接受初选，以赢得未来在省议会或国民议会竞争席位的资格。这场规模空前的党内选举于 2012 年 10 月至 2013 年 3 月举行，超过 400 万注册党员参与了投票，经过漫长的选举过程，最终成功选出正义运动党主席、全国委员会以及联邦和省级议会候选人。正义运动党也由此成为第一个在巴基斯坦举行全国范围大规模党内选举的政党。“作为一个以‘变革’为口号而吸引选民支持的政党，党内选举是正义运动党实现这一愿景的重要手段。”[①] 2017 年 6 月，正义运动党再次发起大规模党内选举活动。[②] 一方面，通过党内选举充分地“练兵”；另一方面，通过舆论宣传造势，把即将到来的大选渲染为与“家族式”政党的对决，最大限度争取选民支持。

从组织动员的视角来看，人民党和穆盟（谢派）非常类似和接近“庇护型政党”。在拉里·戴蒙德等学者看来，“庇护型政党”是精英的联盟，每个精英都基于自己在地理上、功能上或者人格上的支持，以特别的党派形式组织起来，这类政党较为典型地具有较弱的组织，具有较少组织形式和意识形态，甚至不强调任何重点。[③]“庇护型政党”的内部存在一种纵向的社会关系网，即地位较高的庇护者利用权力和资源施惠于党内候选人，而后者则报以追随、服侍和尊重。在人民党和穆盟（谢派）成立和壮大的年代，巴基斯坦的国家建设进程起步时间还较短，整个国家处在较低的经济发展水平、文化教育水平和欠

---

① Muhammad Rizwan, Manzoor Ahmad and Muhammad Bilal, “Intra-Party Democracy in Pakistan Tehrik-e-Insaf”, *Global Regional Review*, Volume 1, Number 1, 2016, p.83.

② Amir Wasim, “Overdue PTI intra-party elections on June 11,” *The Dawn*, 14 May 2017, https://www.dawn.com/news/1333039, 2019-03-21.

③ ［美］拉里·戴蒙德、理查德·冈瑟主编，徐琳译：《政党与民主》，上海：上海人民出版社，2012 年版，第 15 页。

发达的交通与通讯条件之下。在此期间，人民党和穆盟（谢派）在联系选民、利益表达和利益整合等方面发挥了积极和正面的作用，但值得注意的是，“庇护型政党”的内部关系建立在非平等的等级关系之上，随着逐渐掌握权力并成为执政党，贿选、腐败、利益交换和利益分配层出不穷，而且也越来越不为巴基斯坦现代国家建设所兼容。

（三）国内军政关系企稳

巴基斯坦政党政治具备了高度竞争、定期选举等民主形式，然而政党斗争中呈现出互不妥协的特点却暴露出从传统向现代国家转型的困境。巴基斯坦曾在探索民主制度运行的过程中付出过惨痛代价，政党斗争白热化加速了社会共识的撕裂和国家认同的扭曲，最终导致 1971 年国家的分裂。在巴基斯坦制度力量与适应性缺失的时期，军队总能及时填补权力的真空，采取铁腕手段确保基本的国家秩序。

鉴于建国以来在抵御外辱、维持社会秩序等方面发挥的重要作用，军队在巴基斯坦国内政局中素来享有举足轻重的地位。“巴基斯坦独立后的历史也证明，凡政府与军队之间的关系和谐平稳时，巴基斯坦的社会就稳定，经济就发展。反之，军队与政府产生矛盾分歧以至于对抗时，军队就会出来干预，出现军人政权。”[①] 以距今最近的一次军人政权上台过程为例，1990 年谢里夫任总理后不断抛出宪法修正案实现总理扩权，与军方摩擦增多。[②]1999 年 10 月 12 日，谢里夫宣布解除穆沙拉夫陆军参谋长一职。穆沙拉夫立即采取反制措施，解散了谢里夫政府，此后开启近 10 年的军人政权（1999—2008 年）。

正义运动党在全国扩展的初始阶段，与穆沙拉夫执政时期有部分的重叠。伊姆兰·汗在自传中称之为“人生中最为艰苦奋战的 14 年（1996—2010 年）”[③]。在此时期，正义运动党并未同军方发生明显或公开化的冲突，该政党的力量亦得到快速壮大和发展。“2011 年 10 月 30 日，在正义运动党召集的拉合尔集会上，据称吸引到 10 万至 20 万人参加，这是巴基斯坦有史以来规模最大的政治集会之一，甚至连正义运动党自身都感到意外。从那时起，政治分析人士开始认真对待伊姆兰·汗。”[④] 2008 年至 2018 年，巴基斯坦已在议会民主制

---

① 吴永年：《巴基斯坦军人政权与民主政治》，载《世界经济与政治》，2007 年第 11 期，第 40—44 页。

② 冯威：《谢里夫家族和巴基斯坦军方关系研究（1988—2015）——兼论巴基斯坦文武关系》，载《南亚研究季刊》，2017 年第 1 期，第 77—85 页。

③ Imran Khan，*Pakistan：A Personal History*，London：Bantam Press，2011，p.170.

④ Ajay Darshan Behera，“Pakistan General Elections 2018：Clear Signs of a Guided Democracy”，*International Studies*，Volume 55，Issue 3，2018，pp. 244-245.

下实现了两次和平的权力更迭。不仅输掉大选的政党未采取过激的手段挑战民主制度，而且军队也保持了克制，未直接干预政党政治的运行。军政关系企稳成为正义运动党得以快速实现扩张的重要结构性因素。

三、政党政治新变局的影响

巴基斯坦政党政治格局由“两党轮替”转向“三足鼎立”，家族政治传统受到冲击，地方议席垄断得到重塑。一方面，新变局的出现打破了原有政党间互动结构；另一方面，伊姆兰·汗领导下的正义运动党上台执政后，在议题塑造和制度变革等方面逐步发挥较大的能动作用。以下从巴基斯坦国内政治、经济及中巴关系三个视角出发，考察新变局带来影响的方式和程度。

（一）政治层面

巴基斯坦政党政治新变局给政治层面带来的影响主要集中在联邦和地方两个方面。从联邦视角来看，正义运动党具有推动“变革”的决心，并且已经切实推动了变革举措。当选总理后，伊姆兰·汗向巴基斯坦公务员队伍发表公开讲话，核心和主旨落在急需对巴基斯坦官僚体制做出改变上。他以过去正义运动党在开伯尔-普什图赫瓦省推行的警察系统改革为例，向大家证实做出变革能够带来绩效提升。同时也提道：“由于公务员薪酬体系的不合理性，助长了公务员系统的贪污和腐败。因为官僚机构吸引了最优秀的人才，如果他们拿到了很好的报酬，就不会受到偷窃和腐败的诱惑。”[①]

做出艰难的变革需要运用特殊的手段。2018 年 9 月，伊姆兰·汗成立了公务员制度改革特别工作组，由机构改革和财政紧缩顾问伊斯拉特·侯赛因（Ishrat Husain）博士担任主席，开始改革这一最墨守成规的机构。[②]该工作组由 19 人组成，负责公务员政策，管理、招聘、培训和职业规划，建议必要的立法，以及设计联邦和省级公共服务结构等工作。教育改革工作组和追回海外非法藏匿资金工作组也同期成立，前者由联邦教育和遗产部长领导，负责巴基斯坦全国教育系统改革，后者肩负追回巴基斯坦人非法藏匿在国外资金的工作。[③]

---

① Pakistan Tehreek-e-Insaf, “Prime Minister Imran Khan Speaking To The Government Employees”, http://www.insaf.pk/public/insafpk/news/prime-minister-imran-khan-speaking-government-employees -sep-14th-2018.

② “Bureaucratic reforms”, https://www.thenews.com.pk/print/377930-bureaucratic-reforms.

③ “PM forms task force for civil service reforms”, https://www.geo.tv/latest/210140-pm-forms-task-force-for-civil-service-reforms.

伊姆兰·汗推行的改革举措发生在巴基斯坦政党政治新变局背景下，在联邦层面推行具有轰动效应的重大变革将面临国内各派政治力量的博弈与斗争。

在地方视角下，尤其是占巴基斯坦人口比重 50% 的旁遮普省，正义运动党也赢得了省议会第一大党的位置。政治力量对比的改变，再加上正义运动党“反建制”的意识形态，将会给旁遮普省的政治生态带来较深远的影响。旁遮普省曾是穆盟（谢派）的大本营，在巴基斯坦国家治理中的地位至关重要。正义运动党在旁遮普省议会获得了第一大党的地位，但总席位仍未过半，因此它选择联合穆盟（谢派）的对手穆斯林联盟领袖派获得了执政地位。伊姆兰·汗提名正义运动党的布兹达（Sardar Usman Buzdar）参选旁遮普省首席部长一职，而他的竞争对手正是在旁遮普省经营多年的夏巴兹·谢里夫，省议会得票对比为 186 票对 159 票。[①] 尽管布兹达成功当选，但夏巴兹·谢里夫得票也并不逊色，再加上两党在省议会议席分布也是相差无几。正义运动党在旁遮普省推动的改革一旦同最大的反对党穆盟（谢派）利益发生冲突，将可能激起该党的强烈抵制。正义运动党除了在自己的大本营开伯尔－普什图赫瓦省立足较稳外，在其他三个重要省份能否成功地贯彻和执行联邦层面的改革意图可能会成问题。

（二）经济层面

巴基斯坦政党政治新变局出现后，正义运动党政府运用政治手段处理经济沉疴和弊病的趋势正在逐渐显现。此前，正义运动党仅有在开伯尔－普什图赫瓦省执政经验，尚未有过在联邦层面的执政经验，更未有过运用财政政策和货币政策调动国家经济的经历。正义运动党成功组阁后，执政经验的缺失仍受到来自巴国内部分学者与媒体的质疑。[②] 对比此前 10 年，在人民党执政时期（2008—2013 年）以及穆盟（谢派）执政时期（2013—2018 年），尽管两党受到了来自正义运动党的猛烈抨击，但他们均在一定程度上有效地运用了经济及政策杠杆，走出了执政初期的困境，撬动了巴基斯坦经济缓速增长。

人民党 2008 年至 2012 年执政期间，经济尽管在 2008—2009 年略有下降，但此后便企稳回升（见图 6）。人民党政府总理吉拉尼带领新政府在头 100 天的施政纲领中提出了应对 2008 年金融危机带来的经济下滑的紧急措施。此后人民党政府启动了节约政府开支计划，如削减总理府预算 40%，对于内阁部长的公务用车进行限制，稳定农业基础，提高小麦支持价格，为农户提供廉

① Rana Yasif，“PTI's Usman Buzdar becomes new Punjab chief minister”，https://tribune.com.pk/story/1784399/1-punjab-assembly-pick-20th-chief-minister/.

② Nauman Sadiq，“Imran Khan's ‘Socialist Revolution' in Pakistan”，https://uprootedpalestinians.wordpress.com/2019/02/20/imran-khans-socialist-revolution-in-pakistan/.

价种子和化肥等。与此同时，积极开展外交行动，在国际货币基金组织的支持下，巴基斯坦实现了汇率稳定，外汇储备开始回升。[①]

图 6　2008—2012 年巴基斯坦国内生产总值（单位：亿美元）

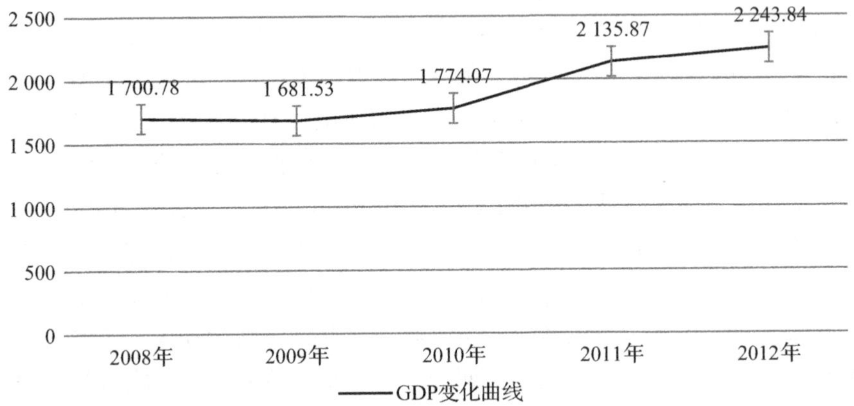

（资料来源：世界银行网站巴基斯坦国内生产总值，data.worldbank.org/indicator/NY.GDP.MKTP.CD?locations=PK。）

穆盟（谢派）执政期间的经济表现。穆盟（谢派）在经济政策上强调自由市场的作用，成为执政党后，采取提振经济的措施为：减少政府对电力企业的补贴，通过出售巴基斯坦联合银行和巴基斯坦石油公司的股份，以及拍卖 3G 电信执照的方式来完善资本市场。从 2013 年至 2017 年，巴基斯坦国内生产总值稳步增长，于 2017 年突破 3 000 亿美元（见图 7）。

图 7　2013—2017 年巴基斯坦国内生产总值（单位：亿美元）

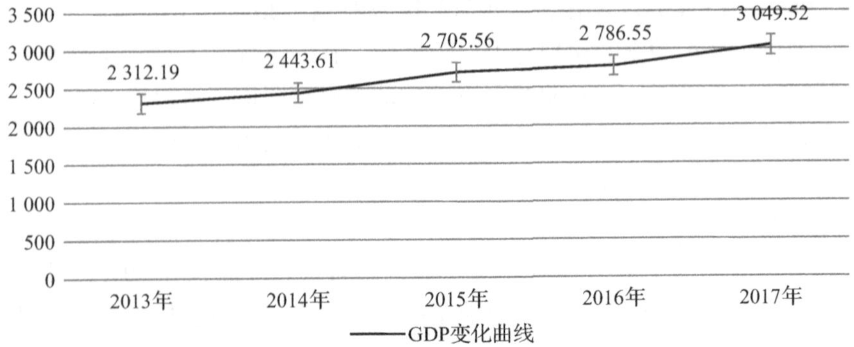

（资料来源：世界银行网站巴基斯坦国内生产总值，data.worldbank.org/indicator/NY.GDP.MKTP.CD?locations=PK。）

① 向文华：《巴基斯坦人民党研究》，北京：人民出版社，2015 年版，第 340 页。

在正义运动党的意识形态中，经济议题往往和政治、社会民生等议题密不可分。伊姆兰·汗当选总理后在参议院的首次演讲，虽主题为经济议题，但具体发言内容更多涉及教育、贫困以及精英腐败等问题。[①]正义运动党执政后，面临的首要难题就是外债飙升所引发的一系列经济问题。截至2018年8月中旬，“巴基斯坦的债务和负债在上一财政年度末大幅上升至接近30万亿卢比，占经济总规模的87%，这主要归咎于上届政府的扩张性财政政策及其未能改革税收管理”[②]。釜底抽薪的解决方案在于增加税收，而举借新债填补即将到期的旧债又迫在眉睫。伊姆兰·汗领导的正义运动党政府一方面积极寻求国际货币基金组织的贷款援助[③]；另一方面在全国推行资产申报计划以增加税收。[④]后者将触及巴基斯坦权贵阶层的海外利益，能否在全国层面得到贯彻仍有待观察。

（三）中巴关系层面

尽管巴基斯坦国内政党间竞争程度较高，但在对华友好方面呈现出较为一致的共识，人民党政府和穆盟（谢派）政府均视巴中关系为巴基斯坦外交政策的基石。2018年7月，正义运动党在同两大传统政党的竞争中脱颖而出，曾引发部分媒体关于“中巴关系逆转”的猜测。正义运动党上台前曾对中巴经济走廊项目提出过质疑，但这种质疑是建立在议会民主制下反对党对穆盟（谢派）政府的不满和抨击，更多涉及巴基斯坦内政而非外交。2016年10月，伊姆兰·汗向时任中国驻巴基斯坦大使孙卫东表示，“抗议旨在发起对穆盟（谢派）政府的调查，而非针对中国”[⑤]。

2018年7月当选后，伊姆兰·汗在多个公开场合表示要向中国学习反腐、扶贫及环境治理等方面的具体做法。[⑥]2018年11月，伊姆兰·汗出任总理后

① Pakistan Tehreek-e-Insaf, “Prime Minister Imran Khan's First Speech In The Senate,” https://www.insaf.pk/public/insafpk/news/prime-minister-imran-khans-first-speech-senate.

② Shahbaz Rana, “Pakistan's debt, liabilities swell 83% to Rs30tr”, https://tribune.com.pk/story/1781749/2-pakistans-debt-liabilities-swell-83-rs30tr/.

③ “Pakistan reaches agreement with IMF, to get $6 billion over 3 years”, https://economictimes.indiatimes.com/news/international/world-news/pakistan-reaches-agreement-with-imf-to-get-6-billion-over-3-years/articleshow/69298422.cms.

④ “PM asks nation to take advantage of asset declaration scheme”, https://tribune.com.pk/story/1988864/1-pm-reiterates-appeal-asset-declaration/.

⑤ Khawar Ghumman, “Protests not against CPEC, PTI chief assures Chinese envoy”, https://www.dawn.com/news/1290877.

⑥ Embassy of the People's Republic of China in the Islamic Republic of Pakistan, “Ambassador Yao Jing called on Imran Khan, Chairman of the Pakistan Tehreek-e-Insaf”, https://www.mfa.gov.cn/ce/cepk/eng/zbgx/t1583481.htm.

首次访问中国，巴外交部部长、商务部部长、财政部部长及铁道部部长同行。除会见中国政府高级官员外，他还与中国工商界人士举行了重要会议，签署了 15 项谅解备忘录。这些备忘录涉及在巴基斯坦减轻贫困、加强农业、工业、技术和职业培训方面的合作协定。同时，中国将支持巴基斯坦建立经济特区。伊姆兰·汗总理访华期间还出席了中国国际进口博览会，并作为主旨发言人发表讲话。他在讲话中强调了“一带一路”倡议中巴基斯坦的重要性与中巴经济走廊的优势，并介绍了瓜达尔港在这一倡议中的重要地位。[①] 伊姆兰·汗的成功访华，有助于廓清对于中巴关系的负面报道，但正义运动党能否深入推进中巴经济走廊项目落地，尚需该党在协调政党联盟、反对党和民众的诉求之间做出更大的努力。

事实上，巴基斯坦政党政治新变局并不会给中巴关系带来所谓逆转性变化。值得注意的是，新变局之下，地方政治力量的改变可能会给特定地区的特定项目带来合作风险。从国民议会三大党在地方议会的席位分布来看，穆盟（谢派）在旁遮普省沦为反对党，人民党在信德省赢得绝对多数席位，正义运动党在信德成为最大的反对党并在开伯尔—普什图赫瓦省赢得了绝对多数议席。唯独在俾路支省，三大政党中无一赢得多数席位。中巴经济走廊的众多项目分布于不同省份，尽管在联邦层面正义运动党多次表示对项目的支持，但落实到具体省份能否调动起当地的治理资源仍值得关注。俾路支省位于巴基斯坦西南部，同阿富汗、伊朗接壤，面积占巴基斯坦国土面积的 40%，中巴经济走廊最南端的瓜达尔港就坐落在俾路支省。在选票至上的民主制度下，俾路支省因人口仅占全国总人口的 5% 而未受重视，始终难以从联邦获得足够的治理资源，该地区的社会稳定、经济发展和安全局势都面临较大挑战。

五、结语

巴基斯坦建国以来的历史表明，宗教、家族、地域和军政关系等均是影响巴基斯坦政党政治的重要因素。尽管正义运动党有着改变巴基斯坦旧政治传统的主观意愿，并且客观上也带来了一些新变化，但这些新变化能否彻底地改变原有的政治生态仍需打上问号。正义运动党执政后推行的政策触及受党派、地方甚至个人利益至上原则所支配的巴基斯坦传统政党政治，而联邦和地方层面的政党斗争与政治博弈将给中巴经济走廊建设带来部分风险与挑战。对此，

① Sidra Tariq Jamil, “ PM Khan’s Successful Visit To China : Deepening The Relationship And Strengthening Ties ”, http://www.insaf.pk/public/insafpk/blog/khans-successful-visit-china-relationship-strengthening-ties.

中国可以尝试从以下几点着手应对：

首先，积极开展政党层面的交流与合作。清晰把握正义运动党的施政理念、规划和策略对于识别和规避政治风险至关重要。中共可通过邀请或出访的方式，向正义运动党核心成员或顾问了解该党执政理念和执政新做法的第一手信息。同时，亦重视从侧面了解巴基斯坦各省议会内部反对党对正义运动党的评价与认可度。其次，积极推进外交对话，增进战略互信。对巴基斯坦来说，中巴经济走廊的巨额投资是振兴巴基斯坦的历史机遇，但对于各政党而言，能否为本党的票仓争取到相应的发展资源，将直接影响该党在选举中的席位增减。因此，中国在外交层面应注意到不同政党背后群众基础的地域性差异，做好宣传和解释工作。避免因项目选址分歧而发生政治“错位”，对外传递出通过经济发展改善巴基斯坦西北部和西南部治理状况的信心。最后，积极搭建对巴投资的风险沟通平台。通过构建风险沟通平台，将巴基斯坦地方选举、政党轮替和地方民众游行示威等因素整合起来，提升中国在巴投资企业对政治风险的敏感度，尽可能将风险评估和预警工作前置。

新加坡一党独大体制的制度成因分析

周建勇　周华杰[①]

摘　　要：政党体制与选举制度高度相关，著名的迪韦尔热定律肯定了这两种制度之间的相关性。在新加坡，人民行动党能牢牢掌握议会多数席位，离不开集选区制这一独特的选举制度设计。1988年大选引入的集选区制度，作为一种非完全竞争的选举制度安排，既适应了新加坡的政治社会结构，也压缩了反对党参与选举的政治空间，稳固了人民行动党在选举中的绝对优势地位。本文分析了新加坡实行集选区制以来对选举制度进行的七次调整，以及历次大选中单选区和集选区的政党议席情况，证实了集选区制对巩固新加坡一党独大体制的制度影响。

关于政党体制类型及其成因，学界一般有两种解释路径：第一种聚焦政党的社会基础，即政党不过是社会分化在政治领域的体现，有什么样的社会结构，就有什么样的政党结构[②]，“旧的”政党容纳新的社会结构与“新的”选民结盟，从而导致政党体制的稳固，这一路径更多解释了政党体制稳固而非政党体制形成的原因。“政党不仅没有机械地反映社会不平等体系，而且政党本身就是其自身结构不平等的制造者。”[③] 不同于第一种解释，第二种解释聚焦政治制度，特别是选举制度与宪政体制的影响，“选举制度即便不是政党体制的唯一决定因素，也是其重要的决定因素之一”[④]。正是由于选举，政党才从地域性团体走向全国性政党。[⑤] 以莫里斯·迪韦尔热命名的“迪韦尔热定律”

---

① 周建勇，中共上海市委党校中外政党比较研究中心主任、教授；周华杰，中共上海市委党校硕士研究生。

② ［意］安格鲁·帕尼比昂科：《政党：组织与权力》，上海：上海人民出版社，2018年版，第3页。

③ 同②，第4页。

④ ［美］阿伦·利普哈特著，陈崎译：《民主的模式：36个国家的政府形式和政府绩效》，北京：北京大学出版社，2006年版，第104页。

⑤ 周建勇：《欧洲主要国家的政党与政党体制》，南昌：江西人民出版社，2017年版，第19页。

(Duverger's Law)[①] 更是揭示了选举制度与政党体制之间的某种规律，即多数制易形成两党制，比例代表制易形成多党制；混合选举制因单选区和比例选区的议席构成不同而形成不同政党体制类型，如德国的多党制、日本的准两党体制。[②] 这一解释路径说明，一国政党体制的形成与演变，往往跟制度特别跟选举制度的形塑有关。

新加坡允许多党存在并参与大选，是战后亚洲国家将西方代议制、普选制结合起来实现民主化的典例之一。自 1965 年独立以来，在四年一度的全国大选中，没有一个政党能挑战人民行动党的地位，也没有一个反对党（或联盟）能赢得多数席位，人民行动党一直执政至今，这也导致亨廷顿始终认为，"世界上最富裕的国家除新加坡外，都是民主国家"[③]，遑论这一评价是否公允，单就制度特别是选举制度而言，新加坡集选区制对人民行动党一党长期执政发挥了至关重要的作用。本文通过对 1988 年以来新加坡选举制度改革及八次大选结果的分析，展示新加坡式选举制度在塑造一党独大体制中的独特作用。

一、选举制度变革：从单选区制到单选区 – 集选区制

在 1988 年前，新加坡实行单选区（Single Member Constituency，又译单名选区制、单一选区制）相对多数制，这一制度根据议席规模和选区规模，依一定规则把全国划分为若干选区，每个选区分配一个议席。如 1984 年新加坡大选，国会有 79 个议席，全国就划分为 79 个选区。1988 年，新加坡改革选举制度为单选区 – 集选区制，单选区和集选区并存，计票方式均为相对多数制（未采取比例代表制）。1988 年以来，新加坡在每次大选前均调整选举制度，特别是选区划分、议会席位与议席规模等，让集选区制的政治效果最大化。

集选区（Group Representation Constituency，又译集体选区）是新加坡一种特殊的选区划分方式。1988 年 5 月，为了保证少数族裔（马来人、印度人或亚欧混血族）的参政权，确保国会拥有马来人及其他少数种族的议员代表，新加坡国会通过宪法修正案修改国会选举办法，将原来单一的单选区制改为单选区与集选区制并行，要求凡在集选区竞选的政党候选人或独立人士，必须三人一组，其中每组必须至少有一名马来人或其他少数种族人士；同时规定在集

① ［法］莫里斯·迪韦尔热：《政党概论》，台北：青文出版社，1991 年版，第 217 页。

② 周建勇：《日本混合选举制改革以来的政党体制变迁及其可能走向》，载《中共浙江省委党校学报》，2016 年第 4 期，第 107—114。

③ ［美］萨缪尔·亨廷顿著，刘军宁译：《第三波：二十世纪后期的民主化浪潮》，上海：上海三联出版社，1998 年版，第 2 页。

选区当选的议员人数不能少于全体国会议员人数的 1/4，但不能超过半数。而且要确保马来集选区占集选区总数的 3/5，在马来集选区竞选的竞选小组必须提出马来种族候选人。[①] 关于选举投票，选民是对集选区的竞选小组投票而不是对个人投票，每个竞选小组中的候选人要么一起获胜，要么一起失败。在相对多数制的计票方式下，集选区中得票最高的竞选小组胜出，该小组所有候选人全部当选为国会议员，即赢者通吃。

该选举制度在 1988 年 9 月的大选中正式实施，81 个议席被分配至 42 个单选区和 13 个集选区。相邻的 3 个单选区合并为 1 个集选区，每个集选区分配 3 个议席。在 13 个集选区中，8 个为马来集选区，至少要有 8 名马来候选人，另 5 个集选区必须至少有 5 名印度族或其他少数种族候选人。

之后每逢大选，新加坡均对选举机制（名额、选区划分等）进行调整，到现在为止，这种调整一共进行了七次。

1991 年大选，新加坡首次修改集选区制，将每个集选区候选人增至 4 名。同时，允许集选区议员人数增加至国会议员总人数的一半，但不能超过国会议员总数的 3/4。吴作栋称这一修改的目的在于解决集选区内选民增加的问题。1991 年大选中，单选区缩减为 21 个，集选区增加至 15 个。

1997 年大选，新加坡修改选举制度，将国会议席增至 83 席，单选区由 21 个减少至 9 个，集选区仍维持 15 个，但每个集选区议员增加到 4-6 名，其中 6 个议席的选区有 4 个，5 个议席的选区有 6 个，4 个议席的选区有 5 个。

2001 年大选，新加坡修改选举制度，将国会议席增至 84 席，全国选区被划分成 14 个集选区和 9 个单选区。政府取消了所有 4 个席位的集选区，只设 5 席或 6 席的集选区，从而使反对党更加难以组建集选区参选团队。

2006 年大选，新加坡修改选举制度，总议席数仍为 84 席，选区范围与议席分配与 2001 年基本一致，总选区仍为 23 个。主要变动在于亚逸拉惹和武吉知马这两个人民行动党的堡垒区被并入毗邻的集选区。集选区总数仍保持 14 个，其中 5 个议席的选区有 9 个，6 个议席的选区有 5 个。

2011 年大选意义重大，新加坡对选区规模和划分、议席总数等做了较大调整：①将国会议席从 2001 年、2006 年的 84 席增加为 87 席。②单选区大幅调整，从 9 个增加到 12 个，其中 4 个单选区保留，8 个单选区重新划定。③集选区数增加 1 个，从 14 个变成 15 个，但议席数仍为 75 席；六人制集选区从之前两届的 5 个减少至 2 个，五人制集选区从 9 个增加至 11 个，在 2001 年大选中被取消的四人制集选区再次出现，共划分出 2 个。

---

① 黄云静：《新加坡的集选区制度》，载《东南亚研究》，1998 年第 3 期，第 2 页。

2015 年大选，国会议席增加为 89 席。选区划分上，比上一届增加了 1 个单选区，1 个集选区。此次共有 181 名候选人竞选 13 个单选区和 16 个集选区的议席。

2020 年大选，部分选区大洗牌，选区总数从原有的 29 个增至 31 个，增加了 1 个单选区和 1 个集选区，国会议席总数也从 89 个增至 93 个。自 1997 年起出现的六人制集选区也走入历史，不再出现。

从下面的两个表中，我们可以看到新加坡引入集选区制以来的选举制度调整的基本情况（见表 10），以及集选区的构成情况与平均当选人数（见表 11）。

表 10　新加坡 1988—2020 年集选区制调整情况

选举时间	单选区数量	集选区数量	集选区议席	选区总数	国会议席总数
1988-09-03	42	13	39	55	81
1991-08-31	21	15	60	36	81
1997-01-02	9	15	74	24	83
2001-11-03	9	14	75	23	84
2006-05-06	9	14	75	23	84
2011-05-07	12	15	75	27	87
2015-09-11	13	16	76	29	89
2020-07-10	14	17	79	31	93

（资料来源：根据《联合早报》、陈玲玲《新加坡的政党政治：在野党的参政议政空间》报道整理自制。）

表 11　新加坡 1988—2020 年大选集选区构成情况与平均当选人数

大选时间	三人集选区	四人集选区	五人集选区	六人集选区	平均当选人数
1988 年	13	0	0	0	3
1991 年	0	15	0	0	4
1997 年	0	5	6	4	4.93
2001 年	0	0	9	5	5.36
2006 年	0	0	9	5	5.36
2011 年	0	2	11	2	5
2015 年	0	6	8	2	4.75
2020 年	0	6	11	0	4.65

（资料来源：根据《联合早报》报道整理自制。）

自 1988 年以来，新加坡国会议席逐步增加，从 81 席增至 93 席，30 年增加了 12 席，但是，单选区数量大幅减少，集选区数大幅增加；单选区的分配议席大幅减少，集选区分配的议席大幅增加。

李帕特曾指出，关于选举制度，有两句话是重要的：第一句是，选举制度是相当稳定且抵制改变的；第二句是，根本性的变化是罕见的，而且通常发生在异常的历史情境之中。[①] 实际上，新加坡 1988 年以来的选举制度变革均属微调，而非根本改变；不过，这种微调，却在根本上确保了人民行动党的执政地位。

二、多数席位的生成：1988—2020 年八次大选观察

萨托利认为，经过三次大选就可以观察政党体制的流变，自 1988 年首次改革选举制度以来，新加坡已经举行了八次大选，这八次大选已经足够让我们了解选举制度对政策体制的影响了，接下来，我们对 1988 年以来的八次大选的情况与结果简要加以分析。

1988 年大选，人民行动党在所有选区均提出相应数额的候选人，反对党在 41 个单选区、10 个集选区向执政党发出挑战。在提名结束后人民行动党随即在 2 个单选区、3 个集选区自动胜选，原因是反对党未能在以上选区提出符合要求的候选人。选举结果是反对党仅在单选区获得 1 席，其余全部为人民行动党夺得。[②]

1991 年，人民行动党提前解散国会举行大选，这让反对党猝不及防，仅在 18 个单选区和 5 个集选区提出候选人，而人民行动党在全部选区都提出了候选人，结果人民行动党自动胜出 41 个议席，超过国会议席的一半，蝉联执政毫无悬念。反对党仅在单选区中赢得 4 个议席，在集选区颗粒无收，人民行动党一共赢得 77 个议席。

1997 年大选，反对党在 6 个集选区和 9 个单选区提出候选人；人民行动党在提名结束后随即获得 47 个议席，超过半数国会议席，又一次满足执政要求不战而胜，反对党仅在单选区中赢得 2 个议席，在集选区再次无功而返，最终人民行动党共赢得 81 个议席。[③]

---

① ［美］阿伦·李帕特著，张慧芝译：《选举制度与政党体系》，台北：桂冠图书出版社，2003 年版，第 69 页。

② 韦红、谢伟民：《新加坡集选区制度初探》，载《南洋问题研究》，2012 年第 1 期，第 47—54 页。

③ 黄云静：《新加坡的集选区制度》，载《东南亚研究》，1998 年第 3 期，第 2 页。

21 世纪以来新加坡已举行了五次大选。2001 年大选，反对党只派出 4 支队伍到五人集选区竞选；六人制集选区（超级集选区）都有人民行动党重量级部长坐镇，反对党无人问津，5 个超级集选区的 30 名人民行动党候选人在无竞争对手的情况下自动当选。最终人民行动党赢得 82 席，反对党民主联盟和工人党各仅在单选区赢得 1 席。

在 2006 年的大选提名结束后，人民行动党即获得了来自 5 个五人制集选区和 2 个六人制集选区、没有竞争对手的 37 个议席。虽然这是自 1988 年大选后，人民行动党首次在候选人提名后自动当选议员且未能过半，但反对党依旧在集选区中毫无斩获。人民行动党赢得 82 个议席，反对党工人党和民主联盟各赢得 1 个议席。

2011 年大选，人民行动党以 60.14% 的史上最低得票率，赢得了 81 个议席，反对党工人党赢得 1 个单选区和 1 个五人制集选区，共 6 席。虽然李光耀所领导的丹戎巴葛集选区因没有竞争对手而自动当选，直接获得 5 个国会议席。但在阿裕尼集选区中，工人党以 54.71% 的得票率击败了得票率 45.29% 的人民行动党，赢得了该集选区。这是在实行集选区制后，反对党第一次夺得集选区的议席。

2015 年对新加坡人来说是特殊的一年，这一年是新加坡建国五十周年的辉煌时刻。同年，新加坡国父、政府首任总理、人民行动党创始人和首任秘书长李光耀逝世。在这次大选中，人民行动党获得了 69.86% 的得票率，创下了自 1984 年大选以来历史第二高。人民行动党赢得 83 个议席，反对党工人党赢得 1 个单选区、1 个集选区，共 6 个议席。

2020 年的国会大选在新冠肺炎疫情影响下进行，没有举行群众集会等竞选活动。各党派通过线上及电视广播等方式展开竞选。7 月 11 日，新加坡总理、人民行动党秘书长李显龙在大选结果公布后表示，人民行动党以 61.24% 的得票率，获得国会 83 个议席的大选结果不如预期理想，但是依旧展示了新加坡人民对执政党的信心与信任。就反对党而言，主要反对党工人党获得了 10 个议席，赢得了 1 个单选区和 2 个集选区，议席数和得票率较上届大选均有上升。

纵观 1988—2020 年的新加坡八次大选结果（见表 12），我们有如下发现：

第一，人民行动党始终赢得议会绝对多数，每次都能成功组阁。议会制下，政府组阁与各政党及其在议会赢得席位密切相关，工人党、新加坡人民党、新加坡民主联盟、新加坡民主党、新加坡正义党、国民团结党等政党虽活跃于国会大选，但这些政党均无法赢得议会多数席位，人民行动党则遥遥领先，因而，由他来组阁是太正常不过了。

表 12 新加坡 1988—2020 年国会大选结果

大选时间	政党	单选区	集选区	单选区议席	集选区议席	当选总议席	得票率
1988 年	人民行动党	41	13	41	39	80	63.17%
	新加坡民主党	1	0	1	0	1	9.54%
1991 年	人民行动党	17	15	17	60	77	60.97%
	新加坡民主党	3	0	3	0	3	11.98%
	工人党	1	0	1	0	1	14.29%
1997 年	人民行动党	7	15	7	74	81	64.98%
	工人党	1	0	1	0	1	14.17%
	新加坡人民党	1	0	1	0	1	2.34%
2001 年	人民行动党	7	14	7	75	82	75.29%
	民主联盟	1	0	1	0	1	12.03%
	工人党	1	0	1	0	1	3.05%
2006 年	人民行动党	7	14	7	75	82	66.60%
	工人党	1	0	1	0	1	38.40%
	民主联盟	1	0	1	0	1	32.50%
2011 年	人民行动党	11	14	11	70	81	60.14%
	工人党	1	1	1	5	6	46.60%
2015 年	人民行动党	12	15	12	71	83	69.86%
	工人党	1	1	1	5	6	39.80%
2020 年	人民行动党	13	15	13	70	83	61.24%
	工人党	1	2	1	9	10	52.13%

（资料来源：根据新加坡选举局网站和《联合早报》报道整理自制。）

第二，每次大选前，执政的人民行动党均对选举机制进行调整。或调整议席规模，或调整选区规模与重新划分选区（包括单选区和集选区数量的变化，以及集选区产生议员人数的变化等）。

第三，在集选区，反对党从一无所获到逐步获得议席。反对党在集选区制实行后的前 23 年里在集选区议席上一直未有建树。在 1991 年、1997 年和 2001 年三次大选中，人民行动党自动当选席位数均超过国会总议席的半数，但是从 2006 年大选开始，人民行动党自动当选席位数开始下降直至 0 个。也就是说，集选区制是人民行动党用来阻止反对党崛起的选举程序设计。时间来到2011年大选，工人党以近10%的得票率优势击败了人民行动党，赢得了阿裕尼集选区的5个席位，这标志着自新加坡1988年实行集选区制以来，反对党在集选区实现了从0到1的突破，这也使得2011年的大选成为一道“分水岭”。此后，实力较强的反对党工人党在秘书长刘程强的带领下，于2015年的大选中再次赢得1个集选区，在2020年大选中赢得2个集选区，共取得了10个国会议席，达到了历史新高。

总体来说，人民行动党在历次大选中取得了绝对多数国会议席，牢牢地掌握着执政权，维持了新加坡一党独大的政党体制不变。不过，反对党逐渐改变被动参选的状态，积极调整战略，整合反对党阵营，把愿意从政、有能力从政，但不认同人民行动党的高素质人才聚集起来，以适应集选区制。2006年大选，国民团结党秘书长吴明盛指出：投票会让国人产生认同感，反对党应尽可能挑战所有84个议席。在提名日前夕，8个反对党紧急磋商后决定竞选4个五人制集选区，3个六人制集选区以及9个单选区，使得反对党的竞选议席达到47个，超过了国会总议席数的一半。2011年大选，反对党中的7个政党，竞选除丹戎巴葛集选区之外的26个选区的82个国会议席，竞选议席比例达到94.25%。而2015年大选更加激烈，反对党或无党派人士第一次角逐竞选国会所有议席，全面挑战执政党。

三、讨论与结论：集选区制的政治后果

作为一个多元文化的移民国家，新加坡国内种族多样，信仰宗教多元。多元的种族构成与宗教信仰，历来是影响民族国家政治稳定的潜在威胁。让各种族和谐共处，形成统一的国家意识，是政府治国的核心政策，也是集选区制出台的最大背景，李光耀曾指出，新加坡选举制度是具有实质代表性的，并未引起重大的民族冲突。

选举制度是极其复杂的，新加坡的单选区－集选区制属于何种选举制度类型？由于集选区类似于比例选区，因而，笔者倾向于认为新加坡的单选区－集选区制既不同于复数选区比例代表制，也不同于单选区相对多数制，应该是单选区与复数选区并行的混合选举制。将新加坡的集选区制度视为混合选举制，我们就会发现，新加坡式混合选举制不同于德国的混合选举制，也不同于日本的混合选举制。我们以日本的混合选举制为例，来比较新加坡式混合选举制（2020年）与日本的混合选举制（2000年）(见表13）。

表 13　新加坡选举制度（2020 年）与日本混合选举制度（2000 年）比较

	新加坡（单选区 + 集选区）	日本（单选区 + 比例选区）
议员数	93	480（300+180）
选区划分	14 个单选区 +17 个集选区	300 个小选区，11 个比例选区
参选方式	以政党为基础	以政党为基础
投票方式	一票制	两票制：一票选人，一票选党
计票方式	相对多数制	单选区相对多数制；比例选区按候选人名簿顺序当选
选举门槛	集选区必须有少数族裔议员代表候选人	符合下述条件之一：（1）该党拥有参众议员 5 名以上；（2）在最近一次国会选举中全国平均得票率为 2% 以上"；（3）比例选区，除了包含上述任一条件以外，其候选人数达到该选举区应选名额的 20% 以上的政党也可提出候选人

（资料来源：新加坡选举制度资料作者自制；日本选举制度资料来自：周建勇：《日本混合选举制改革以来的政党体制变迁及其可能走向》，载《中共浙江省委党校学报》，2016 年第 4 期，第 107—114 页。）

与日本相比，新加坡选举制度在某些方面是雷同的，其重要区别在于：一是投票方式，新加坡是一票制，日本是两票制，一票选人，一票选党。二是计票规则，在新加坡，集选区和单选区均实行相对多数制；在日本，单选区是相对多数制，比例选区是比例代表制。新加坡的集选区制——特殊的混合选举制，是人民行动党不断胜出的重要制度原因。

首先，集选区制提高了选举门槛，人民行动党因缺乏对手而在部分集选区自动当选。一个集选区产生 4—6 名议员，远非一个单选区可以比拟。相比于单选区，集选区对参选政党的候选人提出了种族与数量的双重要求，同一政党要提名符合民族要求的 4—6 名候选人共同参选。人才济济、财力资源雄厚的人民行动党可以顺利提出符合要求的党派候选人；但对人才资源严重匮乏的反对党而言，组成竞选小组的候选人在"数量"和"质量"上分别面临着"人丁单薄"和"精英匮乏"的困境，无形中提高了他们参与集选区竞选的门槛。而每个集选区产生的议员数量越多，对反对党的约束也就越大，结果就是反对党因无法足额提出符合要求的候选人，不得不主动放弃一些集选区。反对党直接放弃集选区提名的做法，使人民行动党无须经过选民投票同意而自动当选，将集选区议席收入囊中。从 1991 年大选到 2001 年大选，人民行动党自动当选的议席数均超过国会总议席的半数以上（见图 8），毫无悬念能蝉联执政。

其次，集选区数量和议席数的增多，提高了大党的获胜机会。反对党通常把有限的力量放在拥有一定民众基础的单选区上，而对于组团参选要求甚高的集选区，反对党鲜有能力进行经营。但从 1988 年开始，集选区数量稳定增加，集选区所占国会议席的比例也稳步提升，自1997年大选开始，集选区产生的议席约占国会总议席的90%，而单选区数由1988年的42个剧减至2001年的9个，所占国会议席数量也逐步下降，只有不到10%（见图8、图9），这种选举制度的设计自然有利于大党而不利于小党；加之集选区采取相对多数制的原则，这扩大了“赢者通吃”的政治效应，巩固了人民行动党的一党独大地位。一定程度上讲，新加坡的反对党只能是“永远的”反对党。

图8　1988—2020年新加坡人民行动党（自动）当选席位占总议席比

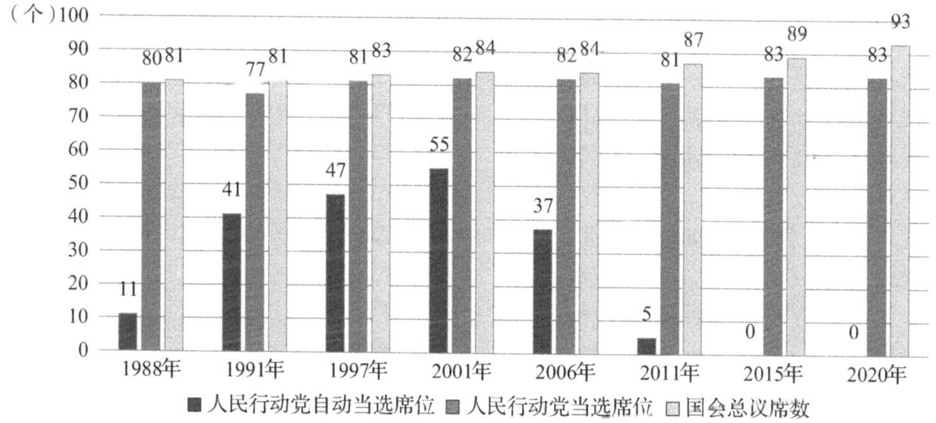

（资料来源：作者自制。）

图9　新加坡1988—2020年大选集选区议席数与国会总议席数比较

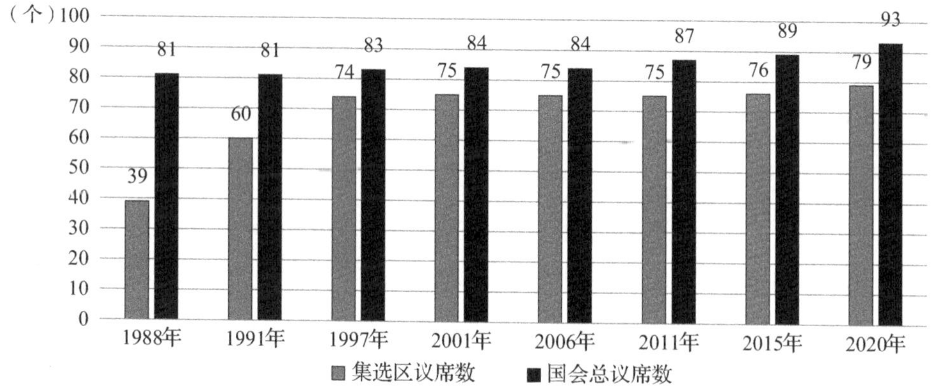

（资料来源：根据《联合早报》报道整理自制。）

第三，集选区制“搭便车”现象有助于人民行动党培养后备议员。集选区制度要求以团队的形式竞选，团队共进退。一些资历浅薄、经验不足的候选人在资深议员或部长的庇护下轻松进入国会，这就是集选区中“搭便车”现象，虽然这部分当选的年轻议员缺乏代表性。但是通过这种“搭便车”的方式，使得人民行动党的年轻力量得到了历练，不断壮大党内人才和精英资源，进一步在集选区中积累马太效应。

第四，集选区的选举比例性偏差更高，大党获得的议席更多。政党将选票转换成议会席位时，“比例代表制下，选举结果的非比例性程度要大大低于相对多数制和过半数制”①，而集选区制下的比例性偏差远远高于相对多数制。以新加坡 2011 年大选为例，人民行动党以 60.14% 的历史最低得票率，获得了 93.1% 的国会议席；工人党得票率为 46.60%。仅获得了 6.9% 的国会议席（见表 12）。根据计算，人民行动党从 1988 年到 2020 年这 33 年间的八次大选平均得票率是 65.36%，国会平均得席率高达 95.29%，两者相差达 30% 左右（见图 10）。国会大选结果的统计数据显而易见，相对多数制下赢者全得，造成了严重的选举不成比例性。

图 10　1988—2020 年大选新加坡人民行动党得票率与得席率比较

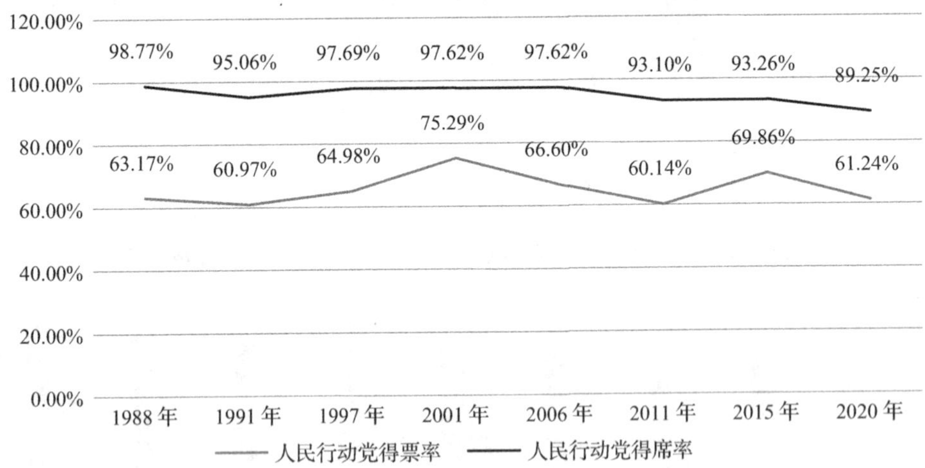

（资料来源：作者自制。）

第五，不断划分选区，让人民行动党可以策略性地拆分反对党“票仓”，加大本党“票仓”，从而赢得更多席位。选区划分对选举结果一般影响重大，议会选举一般按照人口比例进行选区的划分，被称为“选举地理学”。为了党派利益而不规则地划分选区的行为，人为操纵选区不公正划分的行为，被称为“截利蝾螈”现象。集聚对手的选票、分散对手的选票、区别对待现任者和对

① ［美］阿伦·利普哈特著，陈崎译：《民主的模式：36 个国家的政府形式和政府绩效》，北京：北京大学出版社，2006 年版，第 144 页。

复数选区的选择性使用都是选举不公平划分选区的技术。[①] 在新加坡，人民行动党利用其执政党的身份通过控制和操纵选举委员会干预选区划分，分解反对党票源和选举支持。如果反对党在某一个选区得到选民很高的支持率，能够击败人民行动党在该选区的候选人取得胜利，选举委员会就会根据有利于人民行动党竞选的条件，将这个选区合并到人民行动党占绝对优势的选区，或者将这个选区分割成不同的单选区，最终达到分散反对党票源，稀释其支持率的效果。[②]

比如 1997 年大选，在静山集选区参选的工人党候选人邓亮洪、惹耶勒南、陈民生等五人团队获得了 45.18% 的选票，略逊于人民行动党 54.82% 的得票率，总选票数仅相差 9421 张，离获胜只差一步之遥。当到 2001 年大选时，人民行动党利用选举委员会"取消"了静山集选区，将该选区大部分范围并入宏茂桥集选区，剩下部分划入另外两个集选区。静山集选区的消失，使得工人党自 1997 年以来在此区的苦心努力付诸东流。新加坡人民党秘书长詹时中曾批评人民行动党利用选区划分打击反对党，称同人民行动党竞选就像踢一场没有固定球门的足球。这不但削弱了反对党的支持力量，更使得反对党在大选中找不到努力的方向而无所适从。

从 2011 年大选起，新加坡政府回应反对党与选民的长期诉求，逐步缩小集选区的规模，并增加单选区的个数。单选区数量从 2001 年的 9 个递增至 2020 年的 14 个，客观上降低了反对党的竞选门槛，使其在更多的选区参与竞选（见表 10）。从 2006 年大选至今，集选区的平均规模已从 5.36 个席位，减少至 4.65 个席位（见表 11）。这种趋于良性竞争的变化，意味着反对党在集选区凑齐合格候选人的"可能"在增加，另外，单选区数目的增加也为反对党提供了更多的竞选机会，这是新加坡对民主政治的向往和宽容的政治文化所带来的影响[③]，也与反对党调整竞选策略，全面挑战人民行动党息息相关。

总之，集选区制是执政党制衡反对党崛起的重要选举制度安排。在这里，选举制度的机制因素明显，重新划分选区、调整选区规模和议席规模等，提高了选举门槛，加剧了选举非比例性偏差，进一步巩固了新加坡一党独大体制。虽然集选区制有助于消弭民族冲突和宗教矛盾问题，但它巩固人民行动党在国家政治生活中的核心和支配地位，挤压了反对党的竞选空间，是一种不完全竞争的选举制度。

---

① 严海兵：《选举操纵的技术与实践——以选区划分为例》，载《华中科技大学学报（社会科学版）》，2009 年第 4 期，第 59—64 页。

② 陈玲玲：《新加坡的政党政治：在野党的参政议政空间》，长沙：湖南人民出版社，2016 年版，第 35 页。

③ 李路曲：《新加坡道路》，北京：中国社会科学出版社，2018 年版，第 393 页。

论执政党与社会组织的互动形态：新加坡人民行动党的实践及启示

钱　牧[①]

摘　　要： 政党与社会的关系大致可分为均（等）位合作、政党主导、临（即）时合作和双重缺位四种形态。新加坡和中国都属于典型的政党主导模式，即政党在与社会的互动中处于优势和主导地位。人民行动党基于一党独大体制和发展主义导向，将政党权威与民主协商有机结合，实现了社会的高效整合，但也面临利益结构多元的挑战和利益表达不畅的困境。2012 年至 2013 年开展的“全国对话会”就是以民主协商的途径，应对上述困局的有益探索。这些都为推进中国执政党与社会组织的良性互动提供了借鉴。

“社会组织，又称‘民间组织’‘非政府组织’，泛指那些在社会转型过程中由各个不同社会阶层的公民自发成立的、在一定程度上具有非营利性、非政府性和社会性特征的各种组织形式及其网络形态。”[②] 社会组织不仅是社会治理的重要主体，也是反映和整合社会公众多元化的意见诉求，维护社会稳定的重要载体。执政党与社会组织的关系从本质上说，所反映的就是政党与社会互动的状况。本文以政党与社会的互动关系为视角，通过考察新加坡人民行动党在与社会组织互动过程中，所运用的有特色的经验和做法，为协调中国的执政党与社会组织的关系，实现二者的良性互动提供借鉴。

一、政党与社会互动的四种模式：基于类型学视角的考察

政党与社会之间的关系长期以来未能引起学界足够的关注。这主要是因为前者代表政治力量，后者代表社会力量。这种本质属性上的差异割裂了二者

---

① 钱牧，嘉兴学院红船精神研究中心讲师、上海交通大学国际与公共事务学院博士后。

② 王名：《走向公民社会——我国社会组织发展的历史及趋势》，载《吉林大学社会科学学报》，2009 年第 3 期，第 5—12 页。

之间的联系。其实，政党与社会之间的关系是国家治理的重要环节。政党是连接政治国家与市民社会的枢纽和桥梁。执政党对于社会力量的驾驭程度也是其执政地位是否巩固的重要条件。

在比较政治学的研究中，类型学是一种重要的分析范式，具体包括描述性和解释性类型学。前者是依据客观实际对事物的特质加以描述，界定概念所属类别，对个案加以分类。① 这是一种接近客观实际的分析方法；后者是根据理论变量进行理论预测，将数据置于相关单元进行相应检测，并通过比较决定数据是否支持与理论假设。②

相对而言，解释性类型学由于具有扎实的理论基础，并在此基础上从多个视角对概念进行分类，因此更受认可和重视。因此笔者试图以解释性类型学来诠释政党与社会的关系。从这二者中抽取两个重要的变量：政党与社会各自的发育程度。衡量政党发育程度的主要标准是政党意识形态的影响力、连贯性，政党组织的发展程度及其机构体系的健全程度等。衡量社会发育程度的主要标准是社会团体、社会组织以及公民有序政治参与的持续性、活跃度和政策推动力。据此，可以将政党与社会的关系分为以下四类：

第一类是均（等）位合作模式。这种关系模式在西欧，特别是北欧国家较为普遍。这些国家的政党政治和公民社会都已发育到较为成熟完善的层次，二者之间不存在一方控制或依附于另一方的情形，而是一种相互协作、相互影响而又相互制约的关系。政党执政地位的获得与巩固，一方面离不开公民社会的充分动员，另一方面需要充分吸纳公民社会的社会资源。同样，公民社会的发育完善，需要依托执政党所提供的制度和政策保障。

第二类是政党主导模式。这种关系模式在日本（自民党）和新加坡（人民行动党）、马来西亚（巫统）等东亚国家非常普遍。其生成的条件大致包括：一是社会分化程度有限，特别是社会主流利益群体之间的对抗性较弱。二是贤能治理机制较为成熟完善。政治精英对于社会精英具有较强的吸纳与整合能力。三是作为聚合精英集团精锐力量的执政党具有较强的调适能力：首先是自我维持能力，能在内部实现求同存异、和而不同、相向而行。其次是资源汲取能力，有足够的权威掌握和使用全社会的人财物力资源。再次是渠道供给能力，即通过路线方针政策等工具，不断满足广大社会阶层的政治参与需求，实现有序参与。

① 比如解释和回答“什么是君主立宪制政体和总统制政体？日本和法国是君主立宪制还是总统制？”

② 比如解释和回答“根据民主国家之间极少发生战争的”民主和平论“观点，是否可以预测实现君主立宪制国家的外交政策，以及法国和日本的外交政策是否符合该推论？”

第三类是暂（临）时合作模式。这类模式的典型代表是美国。属于这种模式的国家有着比较成熟和强大的公民社会，而政党不具备足够的动员、吸纳与整合公民社会的能力。这些政党往往只会在总统或议会大选期间活跃起来，其余时间则基本处于“休眠”状态。同样，政党与公民社会团体通常也只在大选期间才会有临时性合作。因此，美国的民主党和共和党也被称为“选举党”。在此类模式中，公民社会团体为获得国家政权力量的支持，一般以政府和议会为主要对象开展政策游说，从而铸成了此类国家相对发达的利益集团体系。

第四类是双重缺位模式。这类模式在非洲、拉丁美洲以及部分亚洲国家中较为普遍。属于此类模式的国家，其政党和社会的力量都比较薄弱，既不存在一方对于另一方的主导，也不存在两方之间的牵制制衡。此类国家的政党与公民社会都无法主导国家的发展进程。由于“政党与公民社会都是现代政治的产物，而这种双重虚弱无疑反映了这种政治架构本身还远不是现代政治体制”①。

本文不对上述四种模式作全面性考察，而是选择以一党独大为特征的新加坡，新加坡人民行动党在近 60 年的连续执政过程中，所采取的是政党主导模式。

二、威权民主：新加坡人民行动党的政党主导模式

新加坡威权政治的典型特征是：人民行动党长期执政；以议会民主制确立政权存续的合法性，但这仅仅只是一种仪式性的存在；以行政主导制确保政权运转的有效性，强调“即便与公众的协商程度不断加深，政府仍必须对从个人行为到性行为到艺术价值等一切问题拥有最终决定权”②；对公民社会形成高压态势；以追求经济的高速发展为主要目标。具体到执政党与社会组织的互动关系而言，这种威权民主就体现为政党主导模式。政党主导模式，即政党在与社会的互动关系中，处于引领和主导地位的关系形态。人民行动党自 1959 年以来已经连续不间断执政 61 年，其强势程度可见一斑。相对于强大的执政党而言，新加坡的公民社会相对薄弱，因此在与执政党的博弈中处于弱势地位，从而呈现出显著的威权化特征。

---

① ［新］柯受田著，魏晓慧等译：《高效政府：新加坡式公共管理》，北京：新华出版社，2018 年版，第 247 页。

② ［新］吴元华著：《新加坡良治之道》，北京：中国社会科学出版社，2014 年版，第 112 页。

（一）吸纳、约束与支持并举：人民行动党领导社会组织的基本策略

“1959年人民行动党执政开始就把建设和谐社会提上当务之急的政治议程，采取多管齐下，软硬兼施的政策、措施促进人民在这里形成一个包容性的多种族多宗教和睦共处的社会。”① 人民行动党的高明之处在于针对不同性质的社会组织，采取相应的应对策略，刚柔相济，恩威并用，最终引领社会组织与执政党相向而行。

首先是吸纳传统社团。吸纳的过程实质是一个吸收、利用和改造的过程。人民行动党对于传统社团进行政治吸纳主要是基于大多数传统社团都秉承“合作主义”价值理念。所谓合作主义是“一种利益代表制度，它由少数具有卓越才能、能够进行义务服务和与世无争的人所组成，有着等级差别和职能差异，并且得到国家承认或许可，同时国家允许它们在各自的领域中享有一定的垄断权利，而这些组织通过选举以及提出要求和给予支持作为回报”②。根据这一定义，国家表示“承认”“许可”或“允许”的目的是通过政治吸纳，将主要的社会团体吸收到政权体系中。这尤其体现在人民行动党与工会、商会的关系上。经过多年实践，人民行动党与新加坡全国职工总会（以下简称“职总”）之间已经建立起了双向互动的“荣辱与共”的关系：一方面人民行动党将其政治精英嵌入职总的领导体系，引领其发展方向③；另一方面职总与人民行动党通过互派代表的方式保持常态化、制度化的沟通交流。由于新加坡各级工会均受全国职总的领导和约束。职总与人民行动党的“共生共荣”关系很大程度上保障了人民行动党对于工人运动的领导。同样在新加坡商贸界，由于整合各类企业意见诉求的主要组织是各商会。因此，人民行动党与各重要商会建立了信息传播渠道，以此互通有无，提供咨询，表达诉求，征求意见。而这些环节的最终指向是使政府得以有效的约束企业，使其遵循人民行动党的发展规划。

其次是约束独立“公社”。此处的“公社”是指公民社团。新加坡的独立性公民社团发展起步较晚，始于20世纪80年代。这类组织独立自主的意识较强，受西方政治和社会思潮的影响较深，与公民社会有着诸多交集；但这些组织缺乏足够的经验、能力与资源，来消解公共权力的影响。因此，虽然其发展的速度较快，但发展进程始终处于人民行动党的主导之下。以下三个事例可

---

① ［新］吴元华著：《新加坡良治之道》，北京：中国社会科学出版社，2014年版，第112页。

② ［加］R. 米什拉著，郑秉文译：《资本主义社会的福利国家》，北京：法律出版社，2003年版，第157页。

③ 全国职总的秘书长一般由行动党政府的副总理兼任。

以说明这一点。一是“法律社事件”。该事件的起因是“法律社”对于政府出台的《报纸与印刷品法》(修正)提出异议，人民行动党则针锋相对，援引《法律职业法》相关条款质疑“法律社”的合法性，并最终迫使其领导人去职，代之以法律学会，该团体包括所有法律工作从业人员，并以大法官为会长。二是“回教专业人士协会（the Association of Muslim Professionals，AMP）事件”。该事件源自经济地位和认同感日益被边缘化的马来族群长期所形成的积怨，他们将此迁怒于其在人民行动党内代表权的弱势地位，遂于 1990 年自发组织筹备建立民间性协会，专注于马来人自身事务。他们还借此向政府提出两项要求：一是将两个回教社团去政治化，交由马来人协会管理。二是组建由各马来组织领导人共同组成的，不以政党身份开展活动的机构，实行集体负责制。对此，时任新加坡总理吴作栋明确表达了支持和协助建设马来人自治组织的愿望，但对于“去政治化”的做法持保留意见。这一表态获得了马来人方面的认可，回教专业人士协会就是在这种背景下成立的。2000 年底，人民行动党政府否决了回教专业人士协会作为马来人代表再次提出的，旨在建立统一的领导集体的诉求，并明确告知，双方可就规则制定举行谈判，但回教专业人士协会方面只有建议权，规则制定权必须由政府掌握。三是 1987 年的“马克思主义阴谋案”。1987 年新加坡警方以“马克思主义者密谋推翻国家政权”为由逮捕了 22 名中产阶层人士和社区工作者。其实，警方逮捕这些人士的真实原因是，这些人想通过“外国工人福利中心”社团支持新加坡的主要在野党工人党。由于该福利中心隶属于天主教会，为此“人民行动党政府以干涉内政为由，驱逐 5 名基督教传教人士，解散了亚洲基督教协会”[①]。由此可见，人民行动党对于社团发展的管控，也是出于压缩反对党发展空间的需要，削弱其政治参与的程度，淡化其政策影响力，以维护政府的权威。这正如李光耀对于反对党的讽刺：“他们是一伙小丑和挨门挨户做出空洞许诺的经销商，不可能带来‘和平、安全和稳定’。”[②]

再次是支持公益社团。人民行动党政府支持公益社团的主要原因是：其一，这些社团主要专注于经济和民生领域，对于国家政权的介入程度较低；其二，这些社团在实践中很好地扮演了政府“助手”的角色，所以也可以称之为“协助型社团”。特别是在应对国家治理困局和突发性公共事件过程中，政府负责宏观统筹，协调各类资源；公益社团则承担了大量的事务性工作，有针对性地提供服务。比如人民行动党政府为应对 21 世纪初出现的经济衰退，出台

---

① 卢正涛：《新加坡威权政治研究》，南京：南京大学出版社，2007 年版，第 209 页。

② ［新］《联合早报》编：《李光耀 40 年政论选》，北京：现代出版社，1996 年版，第 423 页。

了一揽子经济援助政策，而华人社团则通过提供华语和方言的讲解服务，对上述政策加以解释说明，有效地推动了政策“落地”。还比如在应对 2003 年的 SARS 疫情期间，全国义工中心等社团组织针对大量被隔离人士提供心理疏导服务，有效地化解了许多不安的因素。由此可见，人民行动党对于公益社团的支持，在推动其发展壮大的同时，也通过这些组织提供的高质量公共服务，提升了人民行动党的公众支持率，夯实其执政合法性。这也是人民行动党得以长期连续执政的要诀之一。

从长远来看，新加坡在继续维持政党主导模式的同时，人民行动党主导性的程度随着时代发展必然有所调适且总的趋势是在减弱。在李光耀上政的时代，政党处于强势主导地位，李光耀一直强调：“政治不容讨价还价。政府可以在作风方面，如给予更多参与方面的让步，但不是在原则上让步。必须把人民召集起来，接受政府推行的一些强硬措施，这并不是太坏的。”[①] 吴作栋主政时期的强势作风有所减弱，比如，吴就明确肯定了通过反对党包容多元化意见诉求，具有独特的价值和意义。而到了李显龙时期，人民行动党的强势地位进一步弱化。这突出体现在竞争激烈的 2011 年大选中，当时李光耀警告选情最复杂的阿裕尼选区的选民，不要投票给工人党，否则将产生严重后果。他的这一表态激起了选民、特别是年轻选民的强烈不满。为此，李显龙亲自出面替父亲向选民致歉，以挽回不利影响。这就表明新一代的新加坡政治精英已经意识到“好政府”不仅仅是“君子”执政，而更应该民主执政。而从今后来看，在新加坡公民社会力量日益成熟壮大的背景下，随着新一代人民行动党政治精英的崛起，以及李光耀家族对于政权的影响力进一步削减，人民行动党的威权主义色彩会进一步减弱。也就是说，新加坡的政党主导模式存在着向瑞典式的均（等）位合作模式过渡的趋势，但这个过程将是长期的和渐进的。

（二）政党与社会发育的显著失衡：政党主导模式所面临的困境

毫无疑问，新加坡能成为当今全球最发达的经济体之一，这一发展成就是在人民行动党的正确引领下实现的。在这过程中，人民行动党培育出了以公共权威为基础的“托管式”民主政治模式。[②] 就新加坡的官方或民间社会组织而言，前者本就是国家机构体系的组成部分，后者虽然在形式上可以维持其独立自主的地位，但实际上不可能摆脱公权力的约束，否则难以生存。人民行动党推行这种管制模式在促进经济发展的同时，却抑制了公众的政治参与热情，

---

① ［新］《联合早报》编：《李光耀 40 年政论选》，北京：现代出版社，1996 年版，第 200—203 页。

② “托管式”民主是由新加坡前总理吴作栋提出的，有两层意思：一是以民选政府彰显人民主权原则；二是以“好政府”体现为民执政的民主实质诉求。

也导致新加坡公民社会发育的孱弱。由于人民行动党奉行以经济发展为核心的发展主义导向，这种导向一方面使得政府可以聚集更多资源，因为只有这样才能集中力量办大事；另一方面也使得独立性公民社团的意志诉求被消解于强势的发展逻辑中。在服务于经济发展的国家建设导向下，人民行动党政府通过主动作为的方式来直接干预独立性社会运动。由于政府的主要政策资源集中于经济领域，因此人民行动党鼓励和支持教科文卫、公共服务等领域社会组织的发展，以此补强政府的社会服务功能，提升执政绩效。社会组织基于自身发展壮大的考虑，也只能在尊重人民行动党领导地位的前提下与之合作，从而获取充足的公共资源，而不是动员社会力量与政府对抗。应该说，社会组织与人民行动党相向而行是理性的选择，这样能实现互利共赢，进而获得体制内介入政策过程的渠道。因此，新加坡的公共部门与非政府组织之间的所谓“合作”带有浓厚的“恩赐”色彩，是一种不对等的合作。但是，政党毕竟是社会发展变迁的产物，其合法性根植于社会生活之中。因此，政党相对于社会的优势地位，只能是暂时性的，而从长远发展来看，必须培育出自主、成熟和发达的，能向政党独立表达意志诉求的社会力量。否则，政党与社会之间的合作关系就会发生变异。因为在利益关系格局日益复杂化和多元化的背景下，利益冲突和矛盾的出现在所难免。就新加坡社会而言，小印度骚乱、“《离婚》剧事件”及相关争议、新移民的有效融合等问题呈现出与威权式、恩赐式民主格格不入的图景。与“李光耀时代”相比，许多社会利益群体，特别是日益壮大的中产阶层，已不满足于再做“听话的乖孩子”，而是敢于从维护自身合法权益的角度出发，通过与人民行动党的平等博弈，谋求更多的发展空间和资源。“1984 年的大选中，反对党民主党候选人詹时中在波东巴西区获得 60.4% 的选票而当选为国会议员，这在很大程度上就是中产阶级选民支持的结果。”① 而且，随着时代发展，这种情况将会愈加普遍，这也为执政党与社会组织的互动关系格局增添了许多“变数”。

三、协商民主：新加坡政党主导模式的调适与改革——以新加坡全国对话会为例

“政治过渡伴随着新加坡人的政治觉醒。”② 在 2011 年的全国大选中，人民行动党遭遇了自执政以来的最大挫折，近四成的反对票额和 6 名进入国会的

① Garry Rodan（ed.），*Singapore Changes Guard*：*Social*，*Political and Economic Directions in the 1990s*，New York：St. Martin's Press，1993，p.57.

② ［新］梁文松、曾玉凤著，陈晔等译：《动态治理》，北京：中信出版社，2010 年版，第 82 页。

非执政党议员，代表了当时新加坡社会所潜藏的一股挑战人民行动党权威的呼声。这也意味着人民行动党所面临的“最困难挑战是他们能否平衡日益增长的政治参与需求和保持政治稳定需求间的关系”①。而破解这一困境的重要对策就是通过民主协商途径，更充分地听取民意。这些因素直接催生了2012年的“全国对话会”(以下简称为“对话会”)。

(一) 协商体系的构建：全国对话会的组织结构与程序结构

“构成政治体系的各种活动，即具有某种行为、意图和期望的规则性活动就是政治结构。”②“全国对话会”作为现代协商治理体系的载体，其建构的关键要素在于组织结构和程序结构：

1.“对话会”的组织结构

在新加坡的一党独大体制下，通常由人民行动党中的政治精英主持“全国对话委员会”(以下简称“委员会”)，该机构是主导“对话会”组织与实施活动的主体。但与领导层的“精英性”不同，该委员会的组成人员具有“平民性”特征，涵盖了社会的各行各业。比如“计程车司机、草根艺人、学生等普通民众。成员中，年龄最大的61岁，最小的19岁”③。由此可见，多元性、包容性和开放性是委员会人员结构的主要特征。为了确保“对话会”的流转顺畅，委员会开展了一系列配套活动作为铺垫，例如“通过网络媒体、公民对话以及全国调查广泛收集民众意见；通过举办方言对话会，使民众能以各种语言随意进行交谈以表达意见，让更多的新加坡人尤其是‘建国一代’参与对话会讨论过程”④。

在这当中，人民协会等各类社会组织的参与和支持是“对话会”得以顺利开展的社会基础。自“对话会”开展以来，人民协会、宗乡会馆等基层组织利用其便捷的民情联络渠道，因地制宜地举办了数百场基层对话会，吸引了数万名民众参与其中。

2.“对话会”的程序结构

从制度设计的角度来看，“对话会”的程序设置体现了科学有序的原则，各个环节之间的有机衔接确保“对话会”能在长达一年多的时间内持续开展，

---

① ［澳］约翰·芬斯顿编，张锡镇等译：《东南亚政府与政治》，北京：北京大学出版社，2007年版，第293页。

② ［美］加布里埃尔·A.阿尔蒙德、小G.宾厄姆·鲍威尔著，曹沛霖等译，《比较政治学：体系、过程和政策》，北京：东方出版社，2007年版，第13页。

③ 《新加坡启动全国对话》，http://sginsight.com/jxp/index.php?id=8754。

④ 吕元礼、张彭强：《全国对话会与新加坡协商式民主》，载《河南师范大学学报（哲学社会科学版)》，2015年第5期，第56—59页。

具体包括三个基本程序环节：

会前筹备，其主要内容是公开与“对话会”相关的信息。“对话会”的权威信息主要是通过委员会的官网发布。该网站会按照会议主题或场次发布相关信息，由民众依据自身的偏好或需求加以选择和报名。

举行会议，会议的举行包括现场交流和官方回应两个具体环节。现场交流的主要途径是分组讨论，每组的人数从 6 人到 10 人不等。在每组的对话协商过程中，对话引导员负责协助参与者开展话题讨论。协商对话的实际运行过程充满诸多不确定因素，不同的参与者会基于各自的业务范围、知识层次、社会背景，以及观念看法等，提出各自的意见。“一拍即合”的情况并不多见，共识达成的背后往往是观点之间的交流、碰撞和博弈。在官方回应环节中，代表官方给予回应的是主持“对话会”的政府部长。不同于常规会议先由政府领导事先讲话定调子的做法。“对话会”先由民众发表各自意见诉求，提出各自关切，然后由政府部长做出回应。回应包括两个具体环节：一是单个回应，即部长对于民众所提关切逐个做出解释说明；二是总体回应，即部长对于整个话题讨论做最后的概述。

会后的总结和提炼，总结提炼的第一个具体环节是汇总报告，现场商讨环节结束后，组织者要负责汇总整理好参与者在对话过程中所提的意见建议，以及部长的意见反馈，并将其以报告的形式呈报委员会，供其做进一步考察研究；总结提炼的第二个具体环节是检讨反思，该环节的主体既包括负责领导与统筹职责的委员会，也包括协商对话所涉及的相关责任部门。委员会一方面负责总体研判其所汇总的民意民智，另一方面召集相关责任单位反思相关意见诉求，从而提升其决策的理性化和科学化水平。

3. “对话会”所产生的效应

全国对话会自 2012 年 8 月初启动，于 2013 年 8 月底结束，历时长达一年之久，参与人数接近 5 万人。人民行动党秘书长、新加坡总理李显龙在 2013 年的国庆讲话中，将“对话会”的成果概括为“五大愿景”：即创造机遇，求同存异，应保尽保，互帮互助，凝聚信任。从学理的角度看，此轮“对话会”产生的最主要的积极效应是有助于提升政府决策的品质。

人民行动党举行“对话会”的最终目的和归宿就是提升政府决策的质量和水平。决策的品质高低取决于两点，一是决策的合法性，即该决策是否符合相关法律规定，包括实体性规定和程序性规定。二是决策的科学性，即该决策是否符合社会发展的客观规律，是否符合实事求是的原则，而这一切又离不开民主决策。在平等的基础上开展的制度化、常态化的协商对于促进科学民主决策具有重要价值。这当中的真知灼见，哪怕是不同意见，甚至反对意见，对于纠正决策中的错误，弥补其缺陷和不足，缓解决策机构的压力都是极为宝贵的。“对话会”其实质就是一个以公民社会为基础，以求同存异、和而不同为特征的自由论坛，一方面有助于“下情上达”，使政府更充分地听取民意，汇集民智；另一方面有助于“上情下达”，使民众更好地认知和落实政策，形成政策共识。“对话会”作为一个专注于民意整合的协商平台，有效地推动了新加坡民众对于重要政策课题的深度思考，从而为高质量政策的出台提供了理性支撑，同时也拓展了政策调整的空间。

以 2013 年的新加坡国家预算案为例，“该预算案从住房、交通、医疗以至教育、文化、社会及家庭等方面都有新的利民措施出台。且这些政策都是针对民众在全国对话会中最关心的共同议题而推出的”①。而人民行动党政府承诺着眼于民众关切，进一步调整政府的决策部署，无疑是此轮“对话会”最有价值的成就。这意味着协商对话会不再是“清谈馆”，而是能生成实际效能的“行动队”。

当然，这次“对话会”也并非十全十美，其主要的治理短板体现在，“对话会”的参与主体是以公民个体为主，无论是特定议题对话会的开展，还是网络问政，抑或是社会调查等，参与者基本以个人身份参与其中，社会组织参与严重不足。社会组织的失位进一步体现出新加坡公民社会发育不良。

四、新加坡模式的启示：加强和完善执政党对于社会组织及其协商的领导

就执政党与社会组织的互动关系而言，中国与新加坡都属于典型的政党主导模式。但新加坡《宪法》并未明确人民行动党的法定执政党地位，即从宪政的角度看，新加坡实行的是多党竞争制。但中国的社会组织，无论是社会团体，还是民办非企业组织、基金会等，都必须接受中国共产党的领导。这一点不同于新加坡，更不同于瑞典。也就是说，改革完善中国政党与社会的关系，就是在坚持中国共产党领导的前提下，如何实现执政党与社会组织，以民主协商为主要途径开展有效互动。

基于此，首先需要加强和完善中国共产党对于社会组织的领导。

由于社会组织是公民社会发育的产物，其“天然地”带有较强的独立性和自主性，而且会影响社会思潮的走向。为此，要根据不同社会组织的特点，采

① 吕元礼、张彭强：《全国对话会与新加坡协商式民主》，载《河南师范大学学报（哲学社会科学版）》，2015 年第 5 期，第 56—59 页。

取有针对性的措施，将其吸纳到执政党的领导体系中，发挥其联结政治国家与市民社会的纽带作用，进而成为执政党主导的社会治理体系中的重要能动性主体。

要通过在社会组织中设立党组来发挥党的主导性角色。具体来说，就是要通过党组将党的路线方针政策中所蕴含的原则、精神和内容，凝练为具体的社会组织开展重要活动的主题，从而确保其活动围绕着党和国家的工作大局有序展开。

民政部门作为社会组织的主管和负责部门，要有效指导、规范和协调社会组织活动，将其纳入工作计划，畅通责任单位与社会组织的沟通联系渠道，及时察觉、研究和解决社会组织工作中所存在的问题。这当中，民政主管部门要特别注意通过试点来摸索开展社会组织协商的有效途径。“民政部门要选择比较成熟的社会组织，开展社会组织协商的试点工作，及时总结经验，提炼相关制度上升为规范，稳步推进社会组织协商的开展。”①

社区社会组织位于中国社会组织和社会治理体系的末梢，这既是国家和社会治理的活跃场域，又是相对敏感的地带。对于其管理要注意依托基层党组织，引导、鼓励其依法有序开展活动。要建构起以社区党委为领导，以社区居委会为载体，有各类社会组织广泛参与，以民主协商为主线的治理架构，从而真正实现政党领导与德治、自治和法治“三治融合”的有机统一。

其次，要在借鉴国外有益经验的基础上，探索符合国情的政社互动模式。

在中国的政党与社会互动结构中，政党无疑主要是指中国共产党，社会主要指由社会团体、社会组织和作为个体的公民组成的社会生活空间。如何推进这二者的良性互动，有学者提出推进“党社协商，尝试执政党与公民社团对话的直接协商模式”②。文中所列举的新加坡的实践案例，是以党社直接协商与间接协商相结合的形式，并取得了不错效果。

这当中需要考虑具体国情的问题。就国家规模而言，新加坡全国约 500 多万人口，大致相当于中国的一个中等规模地级市。也就是说，新加坡的治理模式如果移植到中国的话，大概相当于市域治理的层级。而要在全国范围内，哪怕是省级范围内全面推广党社直接协商，无疑是一项极为浩繁复杂的工程。正因为如此，在 2015 年中共中央发布的《关于加强社会主义协商民主建设的意见》中，对于社会组织协商使用了最为谨慎的表述，即“逐步探索”，而其他协商形态的相关表述或为“重点加强”，或为“积极推进”。这也充分表明，

---

① 谈火生：《协商治理的当代发展》，广州：广东人民出版社，2018 年版，第 297 页。

② 高奇琦：《试论政党与公民社会间的双向赋权》，载《学术界》，2013 年第 1 期，第 32—43 页。

至少就目前而言，大规模全方位推进党社协商的时机还未成熟。

那么如何应对这一张力，笔者以为可以充分发挥中国共产党领导的专门化协商平台－人民政协的作用，推进政协协商与社会组织协商的有机结合。政协开展活动与履行职能的基本单位是界别。政协界别可具体分为四类，一是政党性界别，包括中共、各党派和无党派界别；二是团体性界别，包括工商联、工青妇等人民团体；三是行业性界别，比如教育界、经济界等；四是其他的特殊界别，比如港澳界、宗教界等。在实践中，社会组织参与政协协商主要途径一是由工商联界别联系行业协会商会，二是行业性界别中包含了一定数量的社会组织中的代表性人士。由于近年来随着改革开放向纵深推进，社会利益结构分化调整的速度加快，新的社会阶层、社会组织不断涌现，单靠现有的渠道显然无法满足社会公众日益增长的政治参与诉求。而且这当中的工商联界别作为政治性和统战性的人民团体界别，需要保持相对稳定。为此，要破解这一发展难题，一方面在坚持界别设置政治性、统战性、代表性的基础上，特别注重职业性标准，扩大和优化行业性政协界别的覆盖面；另一方面可以考虑设置专门的“社会组织界别”，至少在一些经济比较发达，特别是民营经济活跃的地区先行先试。比如，2013 年初广东省顺德区政协就设立了“新社会组织界别。”

之所以关注政协在政社互动中的作用，是因为许多新社会组织及其代表性人士，思想活跃、利益需求多元化且层次较高。如果对此以简单化一的刚性治理来控制的话，其结果可能适得其反。政协一方面处于国家机器和市民社会的中间位置，另一方面又以协商沟通为主要途径，有助于整合多元化的意见诉求，甚至可以吸纳合理的异见，做到“兼听则明，偏信则暗”。同时，它还可以将少数不合理的、偏激的“杂音”排除在政策制定过程之外，使其不至于损害党的集中统一领导。这也是一个取其精华，去其糟粕的过程。

土耳其百年大党共和人民党发展历程
——意识形态的转变及其成因

李智育 [①]

摘　　要：共和人民党成立于1923年，是土耳其共和国的第一个政党，政党的创始人也是共和国的创立者——国父凯末尔·阿塔图尔克。该党在共和国成立初期国家政策的制定和执行过程中发挥了决定性作用，因此在土耳其政坛具有非常重要的地位。一般来说，共和人民党被视作中左翼政党，其意识形态的发展经历了几个阶段。从成立之初的超阶级政党，到20世纪六七十年代逐渐发展为一个中左翼政党，再到20世纪八九十年代转变为主张社会主义民主的中间政党，其意识形态的演变过程，受到国内外诸多因素的影响。本文将分析共和人民党建党百年来意识形态的演变及其成因，将着重分析主要领导人在党的发展历程中发挥的关键作用。

共和人民党成立于1923年9月9日，迄今已近百年，其创建者是土耳其共和国国父——凯末尔·阿塔图尔克。该党创建于反抗帝国主义斗争的战场上，建党时间略早于共和国的建国时间。可以说，共和人民党是伴随着共和国成长的政党，保护国家利益、保护革命成果、保护创建者的意识形态是凯末尔创建共和人民党的主要目的。该党党旗上的六个箭头，分别代表着共和主义、民族主义、平民主义、国家主义、世俗主义、革命主义。尽管红色的党旗至今未变，但共和人民党的意识形态早已随着国内外环境的变化发生了改变。

一、共和人民党意识形态的演变及其表现

凯末尔领导的土耳其民族解放运动始于1919年5月19日，这是一场为反对帝国主义、阻止瓜分安纳托利亚、争取民族独立的运动。解放运动由一个松散的政治联盟组成，其参加者跨越了阶级界限，包括军人、文官官僚、新兴

---

① 李智育，北京外国语大学亚洲学院副教授。

资产阶级、安纳托利亚的贵族和地主。这样一个临时成立的“杂牌军”，其内部不可避免地存在矛盾与冲突，特别是在外国侵略者逐步被赶出安纳托利亚之后。没有了外部敌人，为争取民族解放而组建的联盟内部的斗争愈发凸显。

1923 年，凯末尔意识到其支持者在大国民议会是少数派，影响力有限，只有通过建立一个自己能够掌控的政党，才能扩大影响，引导变革。1923 年 4 月组建人民党（后改名为共和人民党）的工作开始进行，9 月 9 日举行了建党大会，凯末尔当选为党主席。同年 10 月，土耳其共和国成立，凯末尔当选首任总统。从此，土耳其政治活动的中心是人民党而不是议会。

凯末尔希望建立一个新的意识形态和符号，以使土耳其远离保守、落后的伊斯兰世界，赶上代表先进发展方向的西方国家。20 世纪二三十年代，凯末尔在司法、社会、文化等领域实施了一系列激进的改革，1922 年底废除了苏丹制，1924 年废除哈里发制和宗教法，之后又颁布了《1924 年宪法》《民法》《刑法》《商法》等法律，在制度上实现了与伊斯兰的决裂。1925 年凯末尔推行“帽子革命”，废除了代表奥斯曼伊斯兰的菲斯帽。同年又推行历法改革，弃伊斯兰旧历，改行公元历法。1928 年实行文字改革，弃阿拉伯字母改用拉丁字母。1934 年通过《姓氏法》，取消了象征封建等级的称号和头衔。社会、文化领域的一系列改革对普通民众的生活产生了巨大影响。此外，凯末尔政府于 1924 年开始在教育领域开展世俗化改革，停办中小学宗教学校，停授所有宗教课程，努力建立和推广高等教育。

对于上述改革，共和人民党内部有不少反对声音。1938 年凯末尔去世，伊诺努接任共和人民党主席，这个超阶级的政党内部变得更加不稳定。1923 年至 1945 年间，为修复战争带来的破坏，减轻农民沉重的税收负担，共和人民党欲推行土地改革，给农民分土地。这一计划一经提出，即遭到党内以门德列斯为代表的大地主党员的强烈反对。不久，门德列斯等人退出共和人民党，创建民主党。民主党于 1950 年赢得大选，土耳其从此进入两党制时期。

（一）进入多党制，向左转

早在土耳其向多党制过渡时，共和人民党内部就有人提出有关左翼政党的观点。1946 年，伊斯马伊尔·托金在制定党的路线时指出，共和人民党主张通过法律处理土地诉讼案，重视工人的健康和工人组织，支持社会援助、社会保险等措施，这些都是左翼主张。从这个角度来看，共和人民党关注社会，是处于民主党的左翼位置上的政党。

从 1950 年起，共和人民党从执政党变为反对党，开始保护穷人和受压迫群体的利益，与民众建立起密切、真诚的对话，反对代表大地主利益的民主党。20 世纪 50 年代末，自由党与共和人民党合并，一些与广大群众关系密切的自由党党员加入了共和人民党。1959 年，共和人民党发表“初期目标宣言”，可以说，这是该党走向中左翼的重要里程碑。在宣言中，共和人民党提出了“建立合理的体制”“现行体制必须改变”的口号。在此期间，大量农民从农村移居到城市，工人阶级的力量日益壮大。可惜的是，工人的阶级意识尚未觉醒。

土耳其进入多党制后，共和人民党越来越清楚地认识到，只有实施左翼的、社会民主的政策，政党才有出路。在此阶段，城镇化的发展以及工人阶级力量的壮大也对共和人民党意识形态的更新产生了影响，自此它逐渐走出了建党初期的超阶级立场，开始团结广大的工人阶级。

（二）20 世纪六七十年代，从中左到民主左翼

1960 年土耳其军事政变后，民主党被取缔，共和人民党重新成为执政党。1961 年，世界局势瞬息万变，社会主义思想在全世界，包括在土耳其引起极大关注，第三世界国家纷纷开始反对殖民、争取独立，建立有社会主义倾向的政权。1961—1965 年，共和人民党占主导的联合政府实施的政策也呈现出比较明显的中左倾向。1965 年选举前，伊斯麦特·伊诺努更是明确提出共和人民党是中左翼政党，除了党的宣传手册，《自由人》杂志也成为表达该观点的重要平台。共和人民党优先关注的议题是农业，主张进行土地改革，还讨论了农业合作社、农业税收等问题。1968 年全世界都刮起了左翼和社会主义之风，共和人民党也努力顺应潮流。共和人民党在 1969 年选举中败给正义党之后，于 20 世纪 70 年代初开始主推“土地属于耕地者，水属于使用者”口号，以争取正义党票仓中农民群体的支持。

1972 年 5 月 4 日，比伦特·埃杰维特当选为共和人民党主席，成为继凯末尔和伊诺努之后党的第三任主席。1973 年选举前，共和人民党出台了详细的竞选纲领，名为《走向光明》，同时将选举口号定为“改变体制”。共和人民党希望建立合理的制度，与群众打成一片。最终，共和人民党得到 33% 的选票，成为土耳其第一大党。“反对军事政变、支持民主、与人民打成一片”的政策和主张，为共和人民党带来一个又一个胜利。

20 世纪 70 年代中后期，土耳其充斥着骚乱、学生争斗、罢工等现象。1976 年共和人民党内部矛盾加剧，巴伊卡尔等人辞去党内领导职务。1976 年 11 月，共和人民党召开第二十三届党大会，在原有的六箭头原则外增加了“民主左翼”的内容，包括自由、平等、团结、劳动、全面发展、人民自主领导六项原则。在此时期，左翼政党逐渐壮大，其同情者也日益增多，他们与工

会联手，在土耳其国内形成了一股强大的政治力量。埃杰维特呼吁左翼团体团结起来，在选举中支持共和人民党。

1977 年选举前，共和人民党展现了明显的左翼意识形态，并提出“民主左翼”的概念。可以说，这段时间是该党历史上最“左”的时期，很多左翼工会和协会都与共和人民党联合，为其提供支持。得到这些支持之后，共和人民党在选举前发表了更加左翼的言论。借助于左翼联盟，共和人民党在大选中赢得 41.9% 的选票，成为议会第一大党。不过，埃杰维特选举后的一些言论在社会上引起不小的反响，左翼组织因此撤回对共和人民党的支持。在之后的中期选举中，民众对共和人民党的支持也有所减少。

（三）20 世纪 90 年代开始，强调社会民主

1980 年军事政变后，土耳其所有的政党均被取缔，包括埃杰维特在内的老牌政治家被禁止从政。这一禁令直到 1987 年全民公决后才得以解除。在被取缔 11 年后，共和人民党于 1992 年重新登上政治舞台。此时的共和人民党已经分裂为三部分：前主席埃杰维特已另立新党，是民主左翼党的主席；共和人民党第二任主席伊诺努之子埃尔达尔也另立新党，是社会民主人民党的主席；而重登政治舞台的共和人民党，只是由前共和人民党分裂出来的第三股力量。

1992 年 9 月 9 日，共和人民党召开二十五届党大会，代尼兹·巴伊卡尔当选主席，成为共和人民党第四任主席。此时的共和人民党打出了“新左翼、新共和人民党”的口号，发布了《新目标、新土耳其》纲领。新目标包括：从自由、平等、发展的理念出发，在政治领域强调人和道德因素，在社会领域强调爱、团结、正义，努力建设一个为实现此目标而奋斗的土耳其。

2010 年，巴伊卡尔因绯闻录音带事件辞职，不久凯末尔·科勒齐达奥卢当选为共和人民党新主席。

2012 年共和人民党更新了党章，增加了议员候选人预选环节，加强了党组织在确定议员候选人方面的权力。并且将领导层女性党员比例扩大到 33%，从而为女性在领导层担任要职打开了大门。规定青年党员比例为 10%，使青年人有机会担任领导职务。从这些改变来看，科勒齐达奥卢领导下的共和人民党变得更加“平易近人”，更加民主了。同时，20 世纪 90 年代以来，共和人民党逐渐接纳新自由主义的主张，逐渐转变为中间政党。

二、共和人民党意识形态演变的成因

从共和人民党百年来意识形态的演变过程中不难看出，共和人民党意识

形态的演变，除受国际大环境的影响外，主要还是受土耳其国内形势变化以及共和人民党内部分裂的影响。

如上所述，共和人民党建党之初是一个超越阶级的政党，并不强调阶级属性。由于党员成分混杂，共和人民党建党不到半年，党内就出现了分裂，部分党员退党，并于 1924 年 1 月 17 日组建了反对党——进步共和党。该党主张主权在民，承诺会尊重“宗教意见和信仰”，提出用普选代替两级制选举，还提出要减少国家干涉，实行国内和国际贸易自由化等。凯末尔感受到威胁，恰逢此时，实体经济遇到的问题引发土耳其全国范围内不满情绪大爆发。1925 年 2 月，安纳托利亚东部地区发生了库尔德人叛乱，议会通过《维持秩序法》，政府被赋予绝对的权力，反对派遭到镇压，进步共和党也于 1925 年 6 月被取缔，执政党以外的所有政党活动都停止了。

之后，土耳其进入工业化进程，劳动群体人数上升，城市居民增加。城市化进程深刻影响了共和人民党意识形态的更新。为了适应城市化进程的快速发展，共和人民党在新时期转向低收入劳动阶层。同时，土耳其阶级结构的变化也促使该党逐渐认同中左政策。可以说，从商业资本主义向工业资本主义过渡的加速、工人阶级和工会力量及其影响的加强，是促使共和人民党转向劳动阶级的决定性因素。

1961 年宪法带来了宽松自由的环境，左翼新思维获得生机。土耳其工人党成立,《方向》杂志、《革命报》等左翼刊物先后发行。1965 年伊诺努首次提出“中左”一词时，并没有丰富的内涵，但是中左思想的提出，为共和人民党制定民主左翼 - 社会民主政策提供了支撑。共和人民党的目标是希望适应变化的世界和国内环境。

1965—1972 年间，共和人民党内部出现不同派别，尽管伊诺努努力在各派之间维持平衡，但派别间并非任何时候都能达成和解，甚至有些人退出政党。派系之间的斗争，也受争夺伊诺努之后的主席职位斗争的影响。不过，派系间斗争最根本的原因还是如何重新定义政党意识形态的问题。1966 年共和人民党的第十八届党大会成为中左和中右派系之间竞争的舞台，最终中左派获胜。

1971 年“3・12”备忘录政变后，埃杰维特反对共和人民党党员出任部长，但伊诺努没有采纳埃杰维特的意见，导致埃辞去了党的总书记之职，尽管如此，他与政党的联系却得到了进一步加强。1972 年党大会恰逢困难时期，国家遇到的问题也反映到党大会上。埃杰维特在会上提出，真正应该优先考虑的是，共和人民党是靠命令，还是靠法律来运行？我们要决定的是，我们要不要成为一个民主政党，尊重法律？ 1972 年 5 月 4 日，埃杰维特当选为党主席。

之后，他马上宣布决定退出“3·12”临时政府。不久，共和人民党的部分党员退党，成立了共和党。之后，共和党与信任党合并，名为共和信任党。

20世纪70年代末，土耳其国内恐怖活动范围扩大，经济禁运、汇率收窄导致黑市猖獗、通胀高企，经济情况日益恶化；刑事案件也在快速增长。共和人民党政府的威望严重受损，1979年选举后共和人民党政府让位于德米雷尔的少数派政府。

三、主要领导人对政党发展所起的关键性作用

在共和人民党的发展史上，凯末尔、伊诺努和埃杰维特三任主席对政党意识形态的确立和发展发挥了重要作用。

如上所述，共和国的缔造者凯末尔希望创建新的意识形态和符号，因而对司法、社会等进行了一系列激进的改革。在政治领域，凯末尔不希望土耳其成为一个专制国家，不想留下专制政权作为政治遗产。20世纪20年代，凯末尔强制推行的激进改革并未被民众发自内心地接受。伴随着改革的推进，共和人民党内部也争论不断，最终决定由部分共和人民党的自由派组成一个象征性的反对党，目的是接受人民对政府的批评，为公众的不满情绪提供一个安全阀。为此目的，1930年7月凯末尔召回前总理兼土耳其驻巴黎大使费特希，商讨共同创建一个忠诚的反对党。凯末尔提出由费特希领导这个反对党，并给它取名为自由共和党。作为自由化政策的一部分，凯末尔还于1929年允许出版左翼期刊。费特希在安纳托利亚受到极大拥戴，自由共和党收集了很多反对政府的意见。1930年劳动阶层甚至出现了小规模罢工和斗争。这一出人意料的局面令凯末尔感到震惊，他马上决定结束两党制。1930年11月，自由共和党被取缔。

20世纪30年代末，由于深受德国影响，土耳其政府变得更加专治，压制左翼和工人运动。就土耳其建国初期其周边的意识形态来看，凯末尔既不畏惧世俗的现代主义，也不害怕西方的自由民主。在凯末尔看来，唯有建立在阶级和阶级斗争基础上的马克思主义有可能取代自己的世界观。①

凯末尔于1938年11月10日去世，伊诺努当选为总统和执政的共和人民党主席。同年12月26日，共和人民党非常大会宣布，凯末尔为党的奠基人和永远的领袖，伊诺努则为“民族领袖”。伊诺努在建党和建国时虽与凯末尔并

---

① Feroz Ahmad, *The Making of Modern Turkey*, London and New York: Routledge, 1993, pp.31-51.

肩作战，但缺乏凯末尔般的魅力和影响力，他先是通过一些人事调动巩固了自己在党内的地位，撤销了一些副职，之后扩大了政治和解，允许曾经批评凯末尔的人及自 1926 年起被排除在政界之外的人参政。不过，伊诺努并未像凯末尔那样允许反对党存在。但是，在 1939 年 5 月底召开的第五次党代会上，伊诺努允许议会成立“独立组织”，以便在党内批评政府的政策。在此次党代会期间，伊诺努还放松了党政关系，决定结束政党对官僚的控制。共和人民党与国家从控制与被控制的关系，逐渐转为合作关系。

二战结束后，西方国家为加强和扩大反共阵营，以经济援助等手段拉拢土耳其。在此大背景下，伊诺努接受了西方民主观念，允许土耳其出现反对党。民主党成立后，土耳其的政党体制从一党制变为两党制。整个 20 世纪 50 年代都是民主党当执，共和人民党则从台上走到了台下。20 世纪 60 年代初，为了减小民主党及其继任政党正义党的影响，反对他们的右翼观点和自由立场，共和人民党不得不寻找新的话语，新的视角，伊诺努在此时提出“中左”概念，逐渐接受左翼 - 社会民主的观点。

中间偏左政党观念的提出，是共和人民党意识形态发展史上的一次重大突破，但当时这个观点也只是停留在口头上，真正使共和人民党成为中左翼政党的，是常年在伊诺努身边工作、提任共和人民党总书记的埃杰维特。

埃杰维特在伊诺努政府时期曾担任过劳动部长，清正廉洁，无论是在共和人民党内部，还是在人民群众中都深受欢迎和爱戴。20 世纪 60 年代末他提出了“农村城市”项目，该提议被写入 1969 年竞选纲领。埃杰维特当选共和人民党总书记之后，身边逐渐形成了一个小团体。他的支持者都希望赋予“中左”概念以实际内涵。埃杰维特主张全面接受民主、反对政变。另外，埃杰维特还提出了“土地属于耕地者，水属于使用者”的口号，通过该口号不难看出，共和人民党要进行凯末尔想做却没来得及做的土地改革。

1972 年 5 月 4 日，埃杰维特当选为共和人民党主席。1972 年党大会修订了党章，增加了党大会的权力，明确了党的新政策，通过了将石油和地下资源国有化的决定。埃杰维特在总结党的新方向时指出，那些认为革命不是为了人民大众，而是为了超越大众的知识分子的人，我们是不会与他们为伍的。那些没有群众观念的革命者，是官僚革命者。埃杰维特一直强调为人民革命，为人民服务，这是他区别于其他领导人的一点。

1980 年军事政变后，共和人民党像其他所有政党一样被取缔。埃杰维特也像其他政治家一样被禁止从政，他重回老本行，当起了记者，后因在《寻找》杂志和其他渠道发表的文章被判入狱。埃杰维特希望建立一个民主左翼的政党，重新回归政治。1985 年 11 月，他的妻子拉赫姗创立民主左翼党。1987

年 9 月政治禁令取消，埃杰维特担任民主左翼党主席。[①]

四、结语

作为土耳其唯一一个百年大党，共和人民党自 1923 年成立以来，无论是在单独执政时，还是与其他政党联合执政时，抑或作为反对党处于在野时，都是土耳其政坛不可或缺的政治力量，其意识形态的演变是研究和考察土耳其共和国政治史的一个重要线索。尽管百年来共和人民党内矛盾与斗争不断，党的领导人依然努力探寻适合土耳其发展的道路，维护凯末尔倡导的世俗主义是共和人民党人不变的追求。从建党之初的超阶级立场，发展到中间偏左的意识形态，再到后来持有社会民主主张，转变成一个中间意识形态的政党，在共和人民党意识形态的演变过程中，政党领导人发挥了极其重要的作用。

① Korkut Boratav，Bir söyleşi，“2020 başında Turkiye’de sol ”，https://haber.sol.org.tr/yazarlar/korkut-boratav/bir-soylesi-2020-basinda-turkiyede-sol-282470.